L'Histoire de France
De 1789 à nos jours

POUR LES NULS

Jean-Joseph Julaud

FIRST
Editions

ISBN 978-2-7540-0181-6
Dépôt légal : 2ᵉ trimestre 2006

Production : Emmanuelle Clément
Illustrations : © Corbis
Cartographie : Guillaume Balavoine
Mise en page : KN Conception
Imprimé en Italie par «La Tipografica Varese S.p.A.» Varese

Éditions First-Gründ
60, rue Mazarine
75006 Paris – France
e-mail : firstinfo@efirst.com
Site internet : www.editionsfirst.fr

Sommaire

Deuxième partie : De 1815 à 1914 : Une montée en puissance.....................147

Chapitre 4 : 1815 à 1848 : Le retour des rois 149

Troisième partie :
De 1914 à 1945 : La tragédie européenne ...233

Chapitre 9 : 1939 à 1945 : La Seconde Guerre mondiale : collaboration et résistance 275

Quatrième partie : De 1945 à nos jours : la France et l'Europe 295

Cinquième partie : La partie des dix............*373*

Chapitre 14 : Les dix grands inventeurs français . .*375*

Chapitre 15 :
Les dix grands monuments parisiens *383*

Introduction

*A*h ! ça ira, ça ira, ça ira…

Ira… Tout l'espoir de la Révolution est contenu dans ce futur simple du verbe aller : ira – en latin, ira, c'est la colère… Un futur simple trois fois répété, comme une incantation, afin que dans l'avenir proche et lointain tout aille mieux, tout aille bien. L'avenir proche, c'est la naissance de l'Assemblée nationale, c'est la prise de la Bastille, l'abolition des privilèges féodaux, la Déclaration des droits de l'homme et du citoyen. L'avenir lointain, c'est, dans les esprits, les lois et les faits, l'implantation des idées de liberté, d'égalité et de fraternité. Long combat que celui-là ! Après les flottements et les flous politiques et économiques du Directoire, on peut croire que le Petit Caporal va consolider les trois vœux des sans-culottes coléreux. Mais voici que s'avancent l'Empereur et sa Grande armée, bâtisseurs de légendes et de grands monuments dans l'ombre desquels souffrent les idéaux de 1789. Austerlitz, Waterloo, Sainte-Hélène. *Sic transit gloria mundi* (la traduction de cette locution latine se trouve dans les pages roses du Petit Larousse ; consultez-les, on ne peut tout de même pas tout faire à votre place…) ! Où en sont les trois vœux ? Ils flottent dans l'indécis entre les mains des deux frères de Louis XVI – Louis XVIII et Charles X –, et puis de leur cousin – Louis-Philippe. Ils flottent sur les drapeaux de 1848. Ils font un peu grise mine sous le Second Empire. Après la défaite de Sedan, les voici, claironnants et de nouveau pleins d'espoir, le 4 septembre 1870, jour de la proclamation de la République ! Et depuis ? Suivez-les à travers les rêves de la Commune, les combats de Jules Ferry, les épisodes de l'affaire Dreyfus. La liberté à tout prix, l'égalité et la fraternité face à la mort au Champ d'honneur… Les trois vœux s'exacerbent pendant les deux guerres mondiales, afin qu'aujourd'hui, sur tous les frontons, ils soient gravés, et que jamais on n'oublie…

La liberté, l'égalité, la fraternité… Entre vos mains de citoyen, c'est à vous, maintenant, de les conduire un peu plus loin.

Jean-Joseph Julaud

À propos de ce livre

Quinze chapitres vous attendent. Ils sont divisés en quatre parties concernant l'histoire de la France de 1789 à nos jours, suivies d'une cinquième, bien connue des utilisateurs de cette collection : la partie des dix. À la fin de chaque partie – de la première à la quatrième –, une chronologie récapitulative vous permet de trouver des repères précis, faciles à mémoriser afin qu'au terme de votre lecture, vous possédiez ce petit bagage de dates, de faits, d'événements, si utile en tout temps, dans la simple conversation ou dans l'entretien le plus décisif.

« Un peu chauvine, un peu trop hexagonale cette histoire », pensez-vous. Point du tout : régulièrement, au fil des pages, le point sera fait sur ce qui se passe à l'étranger, sous la rubrique : « Pendant ce temps chez nos voisins. »

Alors, prêt ? prête ? Oui ? Livre en main, engageons-nous sur le chemin !

Comment ce livre est organisé

Première partie :
De 1789 à 1815 : C'est une révolution !

Ces vingt-six années, quelle époque ! Quelle époque épique ! Des rêves de toutes sortes, la liberté, l'égalité, la fraternité ; et toutes sortes de moyens pour les réaliser : la prise de la Bastille par exemple, le 14 juillet 1789, mais aussi l'échafaud dressé aux grands carrefours, sur les places… Et puis, vous vous souvenez sans doute d'un certain « Petit caporal »… : voici donc Bonaparte qui conquiert le cœur des Français, devient Napoléon Ier, commence sa légende à Austerlitz, la clôt à Waterloo et nous emmène à Sainte-Hélène…

Deuxième partie : De 1815 à 1914 : Une montée en puissance

Louis XVI qui fut guillotiné avait deux frères. Lorsque Napoléon est exilé à Sainte-Hélène, on les rappelle ! Eh oui ! De nouveau un roi – Louis XVIII –, puis un autre – Charles X –, et un troisième et dernier – Louis-Philippe. Le pouvoir penche tantôt du côté des conservateurs, tantôt du côté des libéraux. Pendant ce temps, on s'active dans les affaires : l'industrie est en plein essor. La République fait un bref passage entre 1848 et 1851, doucement détournée par un prince-président qui s'approprie tout, et devient sous le nom de Napoléon III empereur des Français. Regardez-le, dans Sedan en 1870, encerclé, prisonnier, si loin des triomphes de l'« oncle » qu'il rêvait de dépasser. Après la douloureuse Commune, voici la République, cette fois bien installée. Elle se fait chahuter mais tient bon. L'affaire Dreyfus éclate, elle sait faire face à l'antisémitisme croissant. La voilà face à la guerre qu'elle ne peut éviter : la grande boucherie commence en plein été 1914.

Trosième partie : De 1914 à 1945 : La tragédie européenne

La bataille de la Marne, la guerre des tranchées, Verdun ! Le Chemin des Dames ! Le cataclysme de la guerre s'est abattu sur la jeunesse pendant quatre ans. Il fallait récupérer l'Alsace et la Lorraine perdues en 1870. Et ce fut fait. Mais à quel prix ! La paix fragile succède à cette tragédie. Des décisions importantes sont prises par le Front Populaire en 1936, et qui vous concernent toujours, vous permettant peut-être de prendre le temps de lire ce livre en ce moment : les congés payés ! Dans le même temps, en Allemagne, dès 1932, toutes les commandes vont passer aux mains d'un dictateur qui met en œuvre le plus horrible des plans : l'holocauste. De 1939 à 1945, vous serez le témoin d'une France à la fois trouble et courageuse. Trouble parce qu'elle collabore et dénonce. Courageuse parce qu'elle résiste et reconquiert sa liberté. L'action militaire des États-Unis va être décisive : les troupes alliées débarquent le 6 juin 1944 sur les côtes de Normandie. À peine un an plus tard, le 8 mai 1945, l'Allemagne capitule. L'Europe est libérée du nazisme.

Quatrième partie : De 1945 à nos jours : La France et l'Europe

La France est victorieuse sans doute, mais dans quel état ! La IVᵉ République naît sur des ruines. Le Plan Marshall, une aide financière venue des États-Unis, est accepté en 1947 afin d'aider à la reconstruction, mais un nouveau conflit vient d'éclater dans une Indochine qui demande son indépendance, et que la France quitte après la défaite de Dien Bien Phu le 7 mai 1954. Peut-être pensez-vous que la paix va maintenant s'installer ? Point du tout ! Une guerre chasse l'autre : c'est la tragédie algérienne qui va occuper la scène française jusqu'en 1962, année de l'indépendance de l'Algérie au terme des accords d'Évian obtenus par le général de Gaulle. Le Général, président de la Vᵉ République depuis 1958, trébuche sur les manifestations étudiantes et ouvrières de 1968, chute sur le référendum de 1969, et s'en va. Les années qui suivent, vous les connaissez sans doute. Sans doute les avez-vous vécues en grande partie. Vous avez compris combien la France fait partie de l'Europe qui ne cesse de s'agrandir. Pompidou, Giscard, Mitterrand, et aujourd'hui Jacques Chirac, tous les présidents, tous les gouvernements ont mis au centre de leurs préoccupations l'Europe. N'est-ce pas, finalement, la voie la plus sûre pour la paix ?

Cinquième partie : La partie des dix

Bien connue des lecteurs de la collection, cette partie des dix ! Si vous la découvrez, sachez que cette partie est spécialement conçue pour vous offrir une occasion à la fois récréative et pratique. Récréative parce que, pour ce qui concerne l'histoire, vous allez quitter le long convoi chronologique dans lequel vous êtes embarqué, pour rencontrer un grand inventeur, un monument de Paris… Bref, vous allez choisir ce qui vous plaît, et en même temps, accumuler, compiler un savoir – c'est l'aspect pratique –, acquérir cette culture historique si utile, si enrichissante pour la communication.

Les icônes utilisées dans ce livre

Voulez-vous faire plus ample connaissance avec Danton, Eugénie, l'épouse de Napoléon III, Louis Michèle, dite la vierge rouge ? Ou encore Pierre Mendès-France ? Alors suivez cette icône.

Vous avez toujours été intrigué par la stratégie militaire, par son évolution, par les tactiques employées pour surprendre ou dérouter l'adversaire.

Un traité, une prise de pouvoir, un couronnement, un assassinat politique, une mort suspecte, une naissance capitale, une disparition imprévue et tragique, une exécution en public, la phrase qui tue... Tout cela vous est raconté de façon que vous ne l'oubliiez plus, et que vous-même, le transmettiez. Ainsi va l'histoire...

Au fil des pages, ces dates mises en relief vont vous permettre de vous constituer - à condition que vous décidiez de les retenir à long terme - une armature solide, un ensemble de repères qui vous éviteront l'inévitable malaise lorsque dans votre mémoire, Charles X, par exemple, flotte entre le XVe et le XXe siècle...

Une curiosité, l'origine d'un mot, d'une chanson, la réponse à une question que vous vous êtes souvent posée – ou peut-être jamais –, bref, de petits paragraphes à déguster comme des gourmandises qui donnent l'envie d'en reprendre...

Ce qui se passe chez nos voisins conditionne souvent les événements qui surviennent dans l'Hexagone. Nous irons régulièrement jeter un coup d'œil par-dessus les frontières, au nord, au sud, à l'est, et même à l'ouest !

Les arts reflètent l'époque dans laquelle ils naissent et se développent ; ils sont l'expression de ses doutes, de ses triomphes ou de sa souffrance. Vous rencontrerez par exemple Victor Hugo racontant Waterloo, ou encore Charlie Chaplin, qui remporte un énorme succès avec *Les Temps modernes*. Les arts, certes, mais n'oublions pas les sciences ! Les inventions et les découvertes se sont multipliées dans les domaines aussi variés que la physique, la médecine, les mathématiques…

L'anecdote, c'est le sel, le piment, le condiment indispensable à l'histoire. Ce livre en est assaisonné, avec mesure, juste ce qu'il faut pour vous donner le goût de poursuivre l'aventure. De l'insolite, de l'inattendu, de l'attendrissant ou du révoltant vous attendent !

Première partie

De 1789 à 1815 :
C'est une Révolution

Dans cette partie...

Dans cette partie, vous allez assister à l'irrésistible ascension d'une idée : la société injuste et cloisonnée, hiérarchisée peut changer, il suffit de le vouloir. Et cet effort de volonté, parfois aveugle, parfois excessif, mais si généreux est fourni par les révolutionnaires de toutes les catégories sociales. Pour eux, il faut tenir coûte que coûte, jusqu'à ce que le pouvoir revienne au peuple, dans une république de la liberté, de l'égalité et de la fraternité. Bonaparte va traiter à sa façon cet idéal, et dans un style très personnel en devenant l'empereur Napoléon Ier. Les quinze années de son épopée guerrière ont marqué l'Europe entière pour des siècles.

Chapitre 1

1789 à 1791 :
La Révolution : échec au roi

Dans ce chapitre :

▶ Installez-vous à Versailles pour assister à la première étape de la Révolution

▶ Transportez-vous à Paris et criez avec les sans-culottes : « À la Bastille ! »

▶ Relisez la déclaration des Droits de l'homme et du citoyen, de 1789

▶ Ramenez au cœur de son royaume le souverain qui s'est enfui

*L'*idée n'est pas neuve : la société française pourrait revoir à la baisse les hiérarchies qui se sont installées, affinées et figées au cours des siècles. Elle pourrait faire l'économie des arrogances qui la parcourent à cheval et en carrosse, qui la fouaillent et l'humilient. Elle pourrait tenter le pari de la liberté, de l'égalité, de la fraternité. Eh bien les députés qui se réunissent en 1789 ne se doutent certainement pas que trois années plus tard, la République va être proclamée, et remplacer l'une des plus anciennes traditions monarchiques du monde ! La Révolution est en marche dès l'ouverture des états généraux. Bientôt le peuple va faire entendre sa voix, désordonnée souvent, excessive parfois, mais sincère dans sa misère. Il s'attaque aux symboles – la Bastille par exemple, le 14 juillet 1789. Une première assemblée – la Constituante – donne une constitution à la France ; elle est remplacée par une autre assemblée chargée de rédiger des lois écrites : la Législative. Des tentatives de cohabitation avec le roi sont expérimentées. Elles ne satisfont personne. L'Ancien Régime encombre, tente de reprendre la main. Et pour mieux y parvenir en rejoignant les émigrés aux frontières, le roi et sa famille s'enfuient le 20 juin 1791 ! C'est la rupture avec la France de l'espoir. Le monarque a quitté le cœur de ses sujets.

1789 : l'année de l'audace

Les états généraux de la mauvaise humeur

L'atmosphère, à la veille de la réunion des états généraux, est explosive. La vieille société française, installée dans ses trois ordres déséquilibrés, craque de partout.

« Qu'est-ce que le tiers état ? Tout ! »

Rien ne va plus en France : partout des pillages, partout des émeutes. À Paris, au faubourg Saint-Antoine, une violente manifestation fait 200 morts et 300 blessés, les 27 et 28 avril : la manufacture de papiers peints Reveillon est pillée, de la cave au grenier ! Tout le monde sait que les états généraux vont se réunir, tout le monde prend conscience que c'est un événement majeur : les derniers se sont réunis en... 1615 ! En ce mois de mai 1789, tout le monde espère un sort meilleur. Y compris les privilégiés : le système de vote leur sera de toute façon favorable, ainsi seront préservés leurs droits, et ils souhaitent même qu'augmentent leurs pensions et leur pouvoir politique ! Cependant, derrière cette façade trop facilement triomphante et qui déchantera sous le couteau de la guillotine, le peuple des campagnes et des villes reprend comme un refrain les trois questions et les trois réponses qu'Emmanuel-Joseph Sieyès, député du tiers état de la ville de Paris, a posées dans la brochure qu'il a publiée en janvier :

✔ Première question : « Qu'est-ce que le tiers état ? – Tout ! »

✔ Deuxième question : « Qu'a-t-il été jusqu'à présent dans l'ordre politique ? – Rien » ;

✔ Troisième question : « Que demande-t-il ? – À y devenir quelque chose ! »

C'est l'une des impulsions décisives qui vont faire basculer l'archaïque société française dans la modernité.

Le clergé, la noblesse, le tiers état

Examinons en détail ces trois ordres dont la composition est moins simple qu'on ne l'imagine.

Le clergé : des hauts et des bas

Le clergé est double : celui qui est issu du peuple en conserve les habitudes et surtout la pauvreté et l'humilité ; celui qui vient de l'aristocratie demeure excessivement attaché aux biens terrestres du royaume de France qui ne constituent pourtant pas, selon le Nouveau Testament, le meilleur passeport pour le royaume des cieux...

La dîme de Charlemagne

Premier ordre du royaume, le clergé est fort riche, il possède à peu près 10 % des terres, sans compter les biens immobiliers, à la ville comme à la campagne. Et puis il y a la dîme, cet impôt si injustement ressenti par ceux qui le paient : la dîme a été instituée par Charlemagne. Elle consiste, pour les possesseurs de terres, à verser à l'Église une partie de ce qu'elle produit – récoltes ou animaux. Cette part versée en général à celui qui est chargé de la percevoir – le décimateur, titulaire d'un office – est environ de 10 %. Mais le décimateur en conserve souvent pour lui une partie importante, ne donnant au clergé modeste que la « portion congrue » – du latin *congruus* : convenable –, celle qui est tout juste nécessaire pour vivre.

La portion congrue

Qui donc jouit des immenses richesses du clergé ? Non pas le bas clergé à la portion congrue qui travaille, trime et vaque à ses occupations d'enseignement, d'état civil, de secours aux nécessiteux, mais le haut clergé, dont la plupart des membres sont issus de la noblesse. Pour devenir archevêque, évêque ou bien chanoine, il faut prouver qu'on appartient à une noble lignée depuis plusieurs générations. Ces prélats vivent dans l'opulence, ce sont des seigneurs qui profitent des bénéfices de leurs abbayes, de leurs terres et de l'argent que leur envoie le bas clergé qui, lui, n'en peut plus de cette injustice et se rapproche du tiers état.

La noblesse : le rêve de Monsieur Jourdain

La noblesse ! Ah la noblesse qui a tant fait rêver Monsieur Jourdain, personnage du *Bourgeois Gentilhomme* de Molière !

Quels fantasmes de grandeur, de magnificence n'a-t-elle pas fait germer dans les chaumières ou les bergeries ! Quelles naïvetés étourdies n'a-t-elle pas couvertes de ridicule ! Quelles médiocrités elle a travesties de sa particule ! La noblesse ! Élégance des manières, mais arrogance ; esprit – peut-être –, savoir, mais suffisance : c'en est assez pour le tiers état ! Il faut la mettre au pas ! Mais quelle est-elle cette noblesse que le peuple se promet de pendre à la lanterne ?

« Ah, ça ira, ça ira ! »

Le bien connu « Ah ! Ça ira, ça ira, ça ira, les aristocrates à la lanterne, les aristocrates, on les pendra ! » sera écrit en mai 1790 par un ancien soldat devenu chanteur à la mode : Ladré. Lui-même ne faisait que reprendre une célèbre contredanse composée en 1786, par un violoniste nommé Bécourt. Il l'avait intitulée Le Carillon national. Marie-Antoinette adorait l'interpréter au clavecin !

L'expression elle-même « Ça ira, ça ira ! » est tirée d'un tic de langage de Benjamin Franklin – l'inventeur du paratonnerre, le rédacteur, avec Thomas Jefferson, de la déclaration d'Indépendance des États-Unis, l'homme aux verres de lunettes cassés – qui répétait, comme pour se donner du courage lorsqu'on lui parlait de la Révolution américaine : « Ah, ça ira, ça ira ! »

La noblesse d'épée : l'impôt du sang

Les nobles, ce furent d'abord ceux qui payaient l'impôt du sang, en allant se faire tuer sur les champs de bataille – ils étaient donc dispensés des autres impôts. Mais l'impôt du sang chez ces aristocrates qu'on appelle les nobles d'épée s'est fait rare au fil des siècles, sans toutefois se trouver remplacé par l'impôt en espèces sonnantes et trébuchantes ! Cette noblesse d'épée décorative vit à la cour où elle bénéficie des grasses pensions octroyées par le roi, pensions qu'elle dépense si rapidement – il faut briller à Versailles – qu'il lui faut recourir à l'emprunt. Ou bien elle vit en province, sur ses terres dont les faibles revenus ne lui garantissent pas un train de vie bien élevé.

La noblesse de robe : la noblesse de fortune

Il existe une autre noblesse, méprisée par la noblesse d'épée – la noblesse d'épée ! celle qui s'estime la vraie, la seule, celle du muscle, des gros bras et de la chevalerie de Crécy, Poitiers ou

Azincourt… – il s'agit de la noblesse de robe. Elle est composée, en grande majorité, de bourgeois qui ont amassé la fortune nécessaire pour s'acheter un rôle, un office dans la justice, les finances ou le conseil royal. Il fallait, pour acquérir un titre de noblesse, en général associé à un office, payer l'équivalent de deux millions d'euros ! Cette noblesse occupe les parlements et l'administration, c'est une noblesse active qui cherche à devenir indépendante du pouvoir royal, à combattre l'absolutisme sous toutes ses formes afin de disposer des leviers de commande du pays.

La caste à abattre

On peut donc parler non pas de la noblesse, mais des noblesses dont les unes jalousent les autres. Cependant, dès que leurs intérêts communs sont menacés – l'impôt qu'on veut leur faire payer, les privilèges qu'on veut leur enlever –, elles font bloc contre l'adversaire. Et l'adversaire se découvrant de plus en plus dans les années qui précèdent 1789, elles se sont refermées sur elles-mêmes. La noblesse est alors ressentie par le petit peuple comme une caste à abattre, parce qu'elle s'octroie tous les biens, tous les pouvoirs, s'arroge tous les droits.

Le tiers état ? Un malentendu…

Attention : si vous entendez par tiers état le menu peuple, celui des pauvres, des miséreux, des petites gens, des petits métiers, des ouvriers, vous vous trompez ! Dans l'esprit de Sieyès – et de sa brochure –, ce tiers état est si peu intéressant qu'on n'en parle pas – ça vous révolte un peu, non ?

« Tout » n'est pas si simple !

Le tiers état ! Sieyès a cru le définir en le résumant dans son hâtif « Tout » ! Mais « Tout » n'est pas si simple ! Si le tiers état compose effectivement tout ou presque tout, à savoir 96 % de la population française, il est bien plus composite que le clergé et la noblesse. En effet, le tiers, ce sont les pauvres paysans, sans doute, les manœuvres, les ouvriers sans le sou, les va-nu-pieds, les traîne-misère et les traîne-savate, les artisans modestes, les compagnons, les apprentis, les porteurs d'eau, les domestiques, mais c'est aussi le procureur, le notaire, l'avocat ou l'apothicaire, c'est le médecin, le chirurgien, le greffier ou le magistrat, c'est l'essayiste et l'écrivain, toute une petite et moyenne bourgeoisie, soucieuse de son ascension sociale, et qui sait, par de multiples détails dans sa vie quotidienne, montrer sa différence par rapport à ceux qu'elle prend de vitesse.

Le tiers... du tiers

Le tiers état, c'est aussi la bourgeoisie de l'industrie, celle des fabriques, des marchands, des grossistes et des détaillants aux énormes revenus. C'est enfin la bourgeoisie d'affaires, la riche bourgeoisie, celle dont la fortune est telle qu'elle prête de l'argent au Trésor royal ! Celle qui perçoit les intérêts de la dette publique, et ces intérêts, ce sont des centaines de millions de livres pas an ! Alors, qu'est-ce que le tiers état, Monsieur Sieyès ? Ne serait-ce pas, sous votre plume, un malentendu ? Et dans votre esprit qui n'a sélectionné que la bourgeoisie, ce tiers qui aspire à devenir quelque chose dans l'ordre politique, ne représenterait-il pas le tiers... du tiers ?

Les cahiers de doléances : bilans et espoirs

Le roi a donné la parole à ses sujets : il leur a demandé de rédiger, dans des cahiers, leurs doléances, leurs désirs pour une vie meilleure.

Émouvants et légitimes

À la veille de 1789, les trois ordres vont livrer au roi et à la postérité une sorte de mémoire socio-économique national : les cahiers de doléances ! Ces cahiers sont de vrais cahiers, des feuilles assemblées sur lesquelles sont écrites les revendications du clergé, de la noblesse et du tiers état, lorsque chacun de ces ordres s'est réuni en présence de son représentant. Ceux qui assistent aux séances de rédaction peuvent dire tout ce qu'ils ont sur le cœur, exprimer leurs craintes, leurs désirs.

Craintes et désirs

Et quelles sont ces craintes et ces désirs ? Évidemment, le haut clergé et la noblesse craignent surtout qu'on s'attaque à leurs privilèges, et ne désirent qu'une chose : que la monarchie devienne constitutionnelle, autrement dit que le pouvoir ne soit plus absolu, que la noblesse et le clergé en aient leur part définitive, attestée par écrit ! Le tiers état, celui des petites gens, des petits paysans, des petits artisans, bref, celui des petits en général – mais pas celui des très pauvres, si nombreux, et qui, eux, seront écartés de ces revendications –, ce tiers état des modestes se tourne vers l'aristocratie et l'Église.

✔ Il demande que les droits seigneuriaux et féodaux soient diminués ou abolis.

✔ Il demande que l'impôt soit payé par tout le monde.

✔ Il souhaite que la dîme versée au clergé diminue ou disparaisse.

✔ Il voudrait surtout que, lorsqu'ils ont payé la taille, la gabelle, les aides, le champart, le vingtième, leurs baux divers, il leur reste davantage que 20 % de ce qu'ils ont gagné !

80 % des revenus disparaissent

Les paysans voient disparaître chaque année 80 % du fruit de leurs efforts en impôts, en charges diverses, pourcentage presque identique pour tout le tiers état de la petite bourgeoisie rurale. Quant à ceux qui n'ont pas la parole, il ne leur reste rien, puisque, de toute façon, ils ne possèdent rien. Les cahiers primaires sont rédigés la plupart du temps selon un modèle. Des rédacteurs se chargent ensuite d'en extraire l'essentiel. C'est cela qui sert à la rédaction du cahier de doléances définitif de chaque baillage ou sénéchaussée. Un compte rendu général de toutes ces réclamations sera effectué par le comte de Clermont-Tonnerre le 27 juillet 1789, devant l'Assemblée. La Révolution sera déjà en marche !

L'approche du grand soir !

Les 60 000 cahiers de doléances rédigés, il reste à les emporter au roi. Et tout le monde espère qu'il les lira, de la première ligne à la dernière, et que, thaumaturge tenant de Dieu son pouvoir absolu, prenant conscience des misères de son peuple, il étendra son bras justicier sur son royaume bienaimé ; et celui-ci sera secoué d'une commotion de générosité contagieuse, figé dans une pamoison de félicité, comme au pied d'un immense sapin, un soir de nativité... Vision utopique ? Pas tant que cela : si Noël est loin lors de la réunion des états généraux, le grand soir est proche !

Ils sont venus, ils sont tous là !

4 mai 1789. Ils sont venus, ils sont tous là, leurs petits cahiers
sous le bras ! Depuis des mois qu'ils le préparent, ce grand
rendez-vous ! Ils sont arrivés en grand carrosse, à cheval, en
coche d'eau, ou bien en turgotine – cette diligence de quatre
ou huit places tirée par six chevaux et mise à la mode par
Turgot. Des quatre coins du royaume, ils ont répondu à la
convocation des états généraux. Et dans le vent coupant de ce
4 mai 1789, ils défilent dans les rues de Versailles. Toutes les
cloches sonnent ! Partout des oriflammes, des gonfalons, des
bannières, des tapisseries à fleurs de lys ! Tiens, voici le duc
d'Orléans, descendant de Louis XIII et du régent – père du
futur Louis-Philippe. Voici les frères de Louis XVI – les futurs
Louis XVIII et Charles X. Voici Mirabeau, voici Danton, voici
Camille Desmoulins. Et puis voici le roi qui s'avance, porté par
l'immense ovation à laquelle il répond par des gestes de la
main. Et puis voici la reine Marie-Antoinette qui vient de quitter le chevet de son fils de sept ans, le petit dauphin mourant.
À sa vue, le silence est total. Plus un bruit. Rien que du mépris
pour « l'Autrichienne » !

Le Contrat dans la poche

Tiens, qui est ce jeune homme à l'allure stricte, petit et
maigre, aux cheveux blond-châtain, bien coiffé, bien poudré,
et qui marche dans la foule de ce 4 mai 1789, un cierge à la
main, comme tout le monde ? C'est un jeune noble qui a été
élu député du tiers dans le baillage de l'Artois. Il a l'air plutôt
froid et distant, impassible ; en réalité, il est très nerveux, très
sensible. Ses lèvres sont minces, ses yeux sont bleu-vert. Dans
sa vie, pas de femme, pas d'amours. Dans sa poche, un exemplaire du livre qui est devenu sa bible : *Du Contrat social*, de
Jean-Jacques Rousseau. C'est à travers cet ouvrage que le
jeune homme en question se fait une idée du peuple, un
peuple vertueux, bon, généreux, un peuple comme le voit
Rousseau. Mais ce peuple existe-t-il ailleurs que dans une
rêverie studieuse où il est si facile d'occulter l'âpreté du quotidien et de ceux qui le traversent ?

Le peuple ? Quel peuple ?

Le jeune homme qui passe sous vos yeux, jeune aristocrate,
n'a jamais eu, et n'aura jamais vraiment de contact avec le

peuple, le vrai, pas celui des livres de philosophie, mais celui du quotidien. Par exemple celui qui, dans les quartiers de misère, se désespère. Ce peuple-là, si on le pousse un peu, est capable de dépecer Launay, le gouverneur de la Bastille, de transporter ses tripes aux quatre coins de la capitale, de couper la tête de la princesse de Lamballe avec un couteau de boucher, la mettre au bout d'une pique. Entre autres… Le nom de ce jeune noble : Maximilien de Robespierre.

5 mai 1789 : ouverture des états généraux

Le défilé qui transporte l'image des inégalités se termine le 4 mai en milieu d'après-midi. Dès le lendemain, ces inégalités vont être remises en cause, lors de l'ouverture des états généraux.

Figure 1-1 :
Ouverture
des états
généraux.

Chapeau, le tiers !

Quelle différence entre les députés de la noblesse, du clergé, et ceux du tiers état. Le 4 mai 1789, lors du défilé qui a commencé à sept heures du matin, le clergé venait en tête, dans ses habits d'apparat, les plus ornés, les plus brodés de fils d'or. Ensuite, c'était la noblesse, vêtue de noir avec des parements d'or ; sur la tête, un chapeau à plumes blanches ; aux pieds, des souliers à boucle d'argent. Puis venaient les députés du tiers, en simple habit noir et cravate. À Notre-Dame-de-Versailles, à la fin de la procession, des députés représentant le peuple le plus humble ont remonté l'allée centrale et sont allés s'asseoir dans les premiers rangs. Ils ont immédiatement été refoulés à leur place : au fond !

Le bon sens de Louis XVI

Le lendemain, 5 mai, dans la salle des Menus-Plaisirs, au château de Versailles, la séance d'ouverture des états généraux est présidée par le roi qui garde sur sa tête son chapeau à plumes blanches. La noblesse reste couverte. C'est l'usage. L'usage veut aussi que les inférieurs que sont les députés du tiers se découvrent avec respect. Eh bien, non ! Les députés du tiers ne se découvrent pas ! On attend, tous les chapeaux restent sur les têtes. C'est le silence, presque comique ! Le roi fait alors preuve de bon sens : prenant le prétexte qu'il fait trop chaud, il se découvre, et tout le monde en fait autant !

« Ce jour que mon cœur attendait... »

Le roi déclare ouverts les états généraux qui ne se sont pas réunis depuis... 1615 ! Aux députés des trois ordres, il dit : « Messieurs, ce jour que mon cœur attendait depuis longtemps est enfin arrivé ! Une inquiétude générale, un désir exagéré d'innovations se sont emparés des esprits... » Barenton, le garde des Sceaux, prononce ensuite un discours à peine audible, et interminable. Puis, voici Necker. Il est applaudi à tout rompre ! Il commence son discours, fort long aussi, ponctué – au début seulement – de soudaines ovations déclenchées par ceux qui ont l'avantage de l'entendre. Fini ! C'est la fin ! Déjà ! Le roi se lève, les députés crient « Vive le roi ! » La reine se lève ! L'affront de la veille est soudain réparé : on entend l'ensemble des députés qui crient : « Vive la reine ! » Elle répond à cette acclamation par un sourire et une gracieuse révérence.

On pourrait vendre du tabac râpé, en Bretagne...

Aucune des questions essentielles n'a été abordée. Quelle déception ! Necker a simplement déclaré que le déficit n'était pas aussi important qu'on le prétendait, qu'il suffisait pour le combler de lever de nouveaux impôts, et pourquoi pas d'étendre la vente du tabac râpé en Bretagne ! Tant de mois d'espérances écrites dans les cahiers de doléances ! Tant d'enthousiasme tout neuf pour changer la vieille société poussive pour ce résultat ! Les députés du tiers sont consternés !

17 juin 1789 : la naissance de l'Assemblée nationale

Après un moment de flottement, des députés résolus décident de se déclarer Assemblée nationale.

La pagaille dans la salle des Menus-Plaisirs

Rien ne va plus ! Le 6 mai qui est la première journée de travail des états généraux, les députés du tiers se sont installés dans la salle des Menus-Plaisirs. Où sont les députés de la noblesse ? Ceux du clergé ? Ils ne veulent pas continuer de siéger avec le tiers ! Ils ont choisi des salles particulières. C'est la pagaille dans la salle des Menus-Plaisirs. Tout le monde veut prendre la parole. Aucun président de séance n'est désigné. On commence à entendre des insultes à l'adresse des députés de la noblesse, de ceux du clergé.

Mirabeau, l'idole

Premier travail : la vérification des pouvoirs – il s'agit de contrôler si toutes les opérations ayant conduit à l'élection de chaque député se sont déroulées normalement. Les députés du tiers veulent que les trois ordres s'assemblent pour effectuer cette vérification. Évidemment, les nobles refusent avec hauteur ! Le clergé hésite, mais finalement se range à l'avis de la noblesse. Le tiers tient bon ! Au soir du 6 mai 1789, il prend le nom de « Communes », comme la chambre des Communes anglaise ! Mirabeau, député du tiers, n'est pas pour rien dans cette agitation. Procès, scandales, poursuites, condamnations, Mirabeau a connu tout cela. Il a même été condamné à avoir la tête tranchée pour l'enlèvement de celle qui l'aime à la folie : Sophie de Monnier. Mais il s'en tire toujours, Mirabeau. La preuve : il est devenu l'idole des foules, l'idole du tiers !

Une Assemblée nationale est née

Le 7 mai, la situation est bloquée. À Paris, la farine manque, la récolte a été désastreuse l'année précédente. Le mécontentement ne cesse de croître. Le 10 juin 1789, alors que le clergé tend de plus en plus à se rapprocher du tiers – surtout les curés et vicaires de campagne –, l'abbé Sieyès, député du tiers, propose d'envoyer une invitation aux deux autres ordres afin de vérifier leurs pouvoirs. Trois curés seulement se présentent, aucun noble ! Le 15 juin, c'en est assez : les députés de la noblesse et du clergé ? Le tiers s'en passera ! Il lui faut maintenant se trouver un nom. Mirabeau propose : « Représentants du peuple français » ; Sieyès avance : « Assemblée nationale » ; ce que proposaient les autres députés : « Assemblée légitime des représentants de la majeure partie de la nation agissant en l'absence de la mineure partie » est abandonné, jugé un peu long... Le 17 juin, Sieyès propose que les députés qui ont refusé de se joindre au tiers ne puissent plus voter de loi. Le roi ? Seul un droit de veto – le droit de dire non – lui sera accordé. Les députés passent au vote : 491 oui, 89 non ! L'Assemblée nationale vient de naître !

20 juin 1789 : le serment du Jeu de paume

C'est sous la pluie, le 20 juin 1789, que les députés du tiers et ceux du clergé se mettent en marche pour trouver une salle : à Versailles, on leur a fermé la porte au nez !

La collusion du tiers

Le 19 juin 1789, le clergé, par 149 voix contre 137, décide de rejoindre le tiers. « Il faut fermer la salle des Menus-Plaisirs ! », c'est ce que se disent Marie-Antoinette et les princes ! Ainsi, les députés du tiers et du clergé ne pourront se réunir, et eux, reine et princes, vont gagner du temps, s'organiser pour riposter ! Le 20 juin, alors que le roi chasse le cerf en forêt, les députés du tiers, comme prévu, trouvent donc la salle des Menus-Plaisirs close ! Qu'à cela ne tienne, ils vont trouver un autre local. Soudain, le député Joseph Guillotin (oui, le vulgarisateur de la guillotine...) se dit que, dans Versailles, à dix minutes de marche, une grande salle, la salle du jeu de paume – l'ancêtre du tennis –, pourrait bien contenir les députés sans local. Tous se mettent en marche, acclamés sur leur passage par les Versaillais. Arrivés dans cette salle à dix heures du matin, ils décident « de ne jamais se séparer et de se rassembler partout où les circonstances l'exigeront jusqu'à ce que la Constitution du royaume soit établie et affermie sur des fondements solides ». Le texte du serment du Jeu de paume, rédigé par le député Target, et lu par Bailly, est signé par tous les députés du tiers état, sauf un !

« Eh bien ! F… ! Qu'ils restent ! »

Le 21 juin, Necker conjure le roi de s'adoucir ! Pas question de s'attendrir, déclare Marie-Antoinette – que son frère Joseph, le futur empereur Joseph II, appelait « Tête à vent »… – et les princes la soutiennent ! Le 22 juin, 150 députés du clergé rejoignent le tiers. Deux nobles, timidement, effectuent la même démarche. Le 23 a lieu dans la salle des Menus-Plaisirs la séance royale. Le maître de cérémonie, le marquis de Dreux-Brézé, fait entrer, fort cérémonieusement par la grande porte, les députés de la noblesse et ceux du clergé. Dehors, il pleut à verse ! Les députés du tiers sont volontairement maintenus sous les trombes d'eau, ils attendent dans la boue qu'une petite porte leur soit ouverte. Trempés, ils entrent quand même pour entendre le roi, conseillé par la reine et les princes, qu'il pourrait bien, s'il le voulait, dissoudre les états généraux !

« Allez dire à ceux qui vous envoient… »

La séance levée, les députés du tiers, et beaucoup de ceux du clergé ne bougent pas ! Le marquis de Dreux-Brézé s'approche : « Le roi a levé la séance, il vous ordonne de partir. » Alors, comme dans *Cyrano*, comme dans les romans de cape et d'épée, comme au théâtre, des répliques vont jaillir et couvrir de leur panache la postérité toujours médusée quand elle les entend – même si on prétend qu'elles ont été inventées après coup.

- ✔C'est Bailly qui d'abord répond à Dreux-Brézé : « La Nation assemblée ne peut recevoir d'ordres ! »

- ✔C'est Mirabeau qui tonne à l'oreille des générations futures : « Allez dire à ceux qui vous envoient que nous sommes ici par la volonté de la Nation, et que nous n'en sortirons que par la force des baïonnettes ! » Non mais !

- ✔Tout penaud, le marquis s'en va porter intacte la phrase au roi qui répond : « Ils veulent rester ? Eh bien ! F… ! Qu'ils restent ! »

« La famille est complète ! »

Dès le 24 juin 1789, la plupart des députés du clergé ont rejoint le tiers état. Le vote par tête – et non plus par ordre qui garantissait la victoire à la noblesse et au clergé – est décidé. Les élus sont 1 139 au total :

- Le clergé : 291 députés, dont 208 curés, 47 évêques et 36 abbés.
- La noblesse : 270 députés.
- Le tiers état, depuis qu'il a été décidé de doubler le nombre de ses représentants, rassemble 578 élus.

Le vote par tête leur garantit la majorité. Le 25 juin, quarante-sept députés de la noblesse franchissent le pas : les voilà avec le tiers. À leur tête, le duc d'Orléans. À Paris, on veut le faire roi ! Le 27 juin, tout Paris et tout Versailles sont illuminés : le roi a donné l'ordre au reste de la noblesse, au reste du clergé, de se rallier à l'Assemblée nationale. Bailly peut alors dire : « Et voilà ! La famille est complète ! »

14 juillet 1789 : la prise de la Bastille

Acte révolutionnaire, la prise de la Bastille répond aussi à un réflexe de peur : les Parisiens se savent encerclés par des soldats dont ils ignorent les intentions : ils vont alors tenter de trouver des armes pour se défendre. La prise de la Bastille va avoir dans toute l'Europe un retentissement considérable : les philosophes allemands et anglais de l'époque considèrent cet événement comme le triomphe des idées nouvelles, la fin d'un monde.

Trente mille hommes armés encerclent Paris

Louis ! Louis XVI ! Louis Capet ! Que faites-vous ? Des troupes se massent autour de Paris, autour de Versailles ! Plus de 30 000 hommes en armes. Déjà, lorsque Mirabeau a lancé sa fameuse réplique où il est question des baïonnettes, elles étaient là, ces baïonnettes, dehors, prêtes à entrer en action, contre les poitrines des représentants du peuple. Bien sûr, il faut comme vous le dites protéger les députés, mais à ce point, est-ce raisonnable ? Bien sûr, l'agitation dans Paris est inquiétante, et même l'armée n'est pas sûre ! Voilà pourquoi, Louis, vous avez demandé à des mercenaires suisses et allemands de cerner les villes où l'inquiétude progresse en même temps que la démocratie. Des bruits courent : les aristocrates ont ourdi un complot, Marie-Antoinette et les princes en sont la tête pensante ! L'assaut va être donné contre la capitale !

Figure 1-2 :
La prise de
la Bastille.

9 juillet : l'Assemblée nationale se proclame constituante

Il faut faire vite ! Le 7 juillet 1789, à l'Assemblée nationale, un comité de trente membres est chargé de préparer la constitution. Le 8 juillet, cette commission demande au roi – sur les conseils de Mirabeau – d'éloigner les troupes massées autour de la capitale. Le souverain répond par un non ferme. En fait, il écoute, à Versailles, la vieille garde, celle des princes, cette vieille France de dix siècles aux jambes trop lourdes pour avancer ! Le 9 juillet, l'Assemblée nationale se proclame Assemblée constituante. C'est une décision lourde de sens : cela signifie qu'elle ne reconnaît plus au roi son pouvoir, et que ce pouvoir est aux mains des élus du peuple ! Le 9 juillet 1789, l'Ancien Régime n'est plus !

« Prenons tous des cocardes vertes ! »

Que faire ? se demande Louis. La reine et les courtisans le poussent à congédier Necker, le populaire Necker. Son renvoi mettrait le feu aux poudres. Necker est quand même renvoyé le 11 juillet. Dès le lendemain, Camille Desmoulins, un familier de Mirabeau, un ancien condisciple de Robespierre à Louis-le-Grand, harangue la foule qui s'est assemblée dans le jardin du Palais-Royal : « Aux armes ! Prenons tous des cocardes vertes, couleur de l'espérance ! Ils ont renvoyé Necker ! C'est une Saint-Barthélemy des patriotes qui se prépare ! Arrachons les feuilles de marronnier, formons-en une cocarde en signe de ralliement ! Je vous appelle, mes frères, à la liberté ! » Piètre orateur – il est bègue –, mais excellent bâtisseur de discours, Desmoulins n'a pas de mal à convaincre la foule qui se précipite dans les jardins des Tuileries. La troupe charge mais ne parvient pas à disperser les manifestants. Le 13 juillet, quarante barrières de l'octroi de Paris sont pillées, saccagées et incendiées. Partout, on cherche des armes : la grande crainte est que le roi donne à la troupe qui entoure Paris l'ordre d'attaquer ! Il est trouvé 360 fusils à l'Hôtel de Ville. À l'aube du 14 juillet 1789, un fourrier nommé Labarthe crie : « Il y a des armes à la Bastille ! »

« À la Bastille ! »

« À la Bastille ! À la Bastille ! » Près de 1 000 Parisiens se dirigent vers cette construction vieille de plus de 400 ans, où le roi fait emprisonner, par lettres de cachet, dans des conditions extrêmement confortables, des fous, des faussaires ou des fils de famille. Les prisonniers y emportent leurs meubles, y reçoivent comme chez eux, la nourriture y est excellente ! Peu utilisée, la Bastille doit être détruite, d'autant plus que ce n'est pas un chef-d'œuvre d'architecture. Ce que les Parisiens désirent, ce sont les 30 000 fusils qui y sont entreposés, et les canons installés sur ses tours. Quatre-vingt-deux invalides et trente-deux Suisses la défendent. Et dans les magasins, sont entreposés 125 barils de poudre. Le pont-levis a été relevé, mais à coups de hache, deux hommes parviennent à briser les chaînes qui le libèrent. Les assiégeants se précipitent alors dans la cour de la Bastille. À ce moment seulement, le gouverneur, le marquis Bernard de Launay, constatant que les Parisiens sont armés, fait tirer une décharge de mousquets. Les premiers rangs tombent.

Deux fous, un débauché, un sadique...

C'est la stupeur chez les assaillants ! Alors, un cri s'élève :
« Trahison ! La Bastille tire sur ses Parisiens ! » L'assaut va
reprendre dans l'après-midi, mais les invalides décident de se
rendre. Launay menace dans un premier temps de tout faire
sauter, mais il se rend aussi, sur la promesse que toute sa garnison et lui-même auront la vie sauve. Les portes sont
ouvertes. Les assiégeants se ruent alors dans la cour, tuent et
pendent des invalides et des Suisses. Ils s'emparent de Launay
pour le conduire à l'Hôtel de Ville, mais, en cours de route, ils
l'assassinent et lui coupent la tête qu'ils installent au bout
d'une pique. Toute la troupe arrive à l'Hôtel de Ville où le pré-
vôt des marchands, Flesselles, subit le même sort que Launay.
Un cuisinier ivre, nommé Desnots, assure le découpage des
victimes dont les entrailles vont être portées en triomphe, et
même consommées, dans un Paris plutôt interloqué par ces
atrocités. Dans la capitale circulent librement les prisonniers
de la Bastille qui ont été libérés : quatre faussaires, deux fous,
un débauché et un sadique !

« Non, sire, c'est une révolution ! »

14 juillet 1789. Il fait nuit à Versailles. Louis XVI s'est endormi après quelques heures de chasse. Comme à l'accoutumée, il a mis à jour le carnet où il note ce qu'il a rapporté. Ce jour-là, il est revenu bredouille. Il a écrit : « Rien ». Le grand-maître de la garde-robe, le duc de La Rochefoucauld-Liancourt, l'un des chefs de l'aristocratie libérale, apprend dans la nuit ce qui s'est passé à Paris. Il décide de réveiller le roi : « Sire, la Bastille a été prise ! », « La Bastille ? Prise ? » répond Louis XVI qui sort difficilement de son sommeil. « Oui, sire, prise par le peuple. Le gouverneur a été assassiné, et puis Flesselles. Leurs têtes ont été portées dans la ville, au bout d'une pique... » « Mais, c'est une révolte ! », s'écrie Louis XVI qui semble sortir d'un songe de mille ans. Et Liancourt de lui donner cette réplique fameuse qui lui était quand même servie sur un plateau royal : « Non, sire, c'est une révolution ! »

« Le peuple a reconquis son roi ! »

Au lendemain de la prise de la Bastille, le roi décide d'aller vers
le peuple afin d'éviter d'autres débordements. Le 15 juillet, il
prend soin de nommer le populaire La Fayette commandant

général de la Garde nationale ; le même jour, Bailly est proclamé maire de Paris. Le 16 juillet, Louis XVI rappelle Necker. Le 17, le peuple se réunit devant l'Hôtel de Ville. La Fayette a demandé à ses troupes de porter la cocarde tricolore qu'il vient d'imaginer : le bleu et le rouge, couleurs de Paris, entourant le blanc de la royauté. La foule est nombreuse, bruyante. Soudain, le silence se fait : voici le roi ! Aussitôt qu'il arrive, Bailly s'avance vers lui, une cocarde à la main. Le roi la prend volontiers et la met à son chapeau : « Sire, dit alors Bailly, Henri IV avait reconquis son peuple. Aujourd'hui, le peuple a reconquis son roi ! » Une immense ovation s'élève, le peuple en liesse se dit que la révolution est terminée, que son souverain va désormais agir pour le bonheur de tous ses sujets !

La Fayette appelle son fils… George Washington

Autres temps, autres mœurs : le 11 avril 1774, Marie Paul Joseph Gilbert Motier – le marquis de La Fayette - seize ans et demi, épousait dans la chapelle du château de Noailles, rue Saint-Honoré, à Paris, Marie-Adrienne de Noailles, quatorze ans et demi ! Trois ans plus tard, il s'embarque pour l'Amérique afin d'apporter son aide aux colonies qui se battent pour leur indépendance. George Washington le renvoie en France. Sa mission ? Convaincre le roi d'organiser un véritable corps expéditionnaire.

De retour aux États-Unis, La Fayette reçoit le commandement des troupes de Virginie, et participe à la bataille de York Town au terme de laquelle les États-Unis deviennent indépendants. Rentré en France en 1782, il est député de la noblesse en 1789, membre fondateur de la Société des amis des noirs et francs-maçons. Il rêve de devenir le Washington français !

D'ailleurs, il admire tellement le premier président des États-Unis qu'il appelle son propre fils… George Washington ! Sa popularité est immense jusqu'au 17 juillet 1791. Ce jour-là, La Fayette fait tirer sur les Parisiens qui manifestaient au Champ-de-Mars.

Le 19 août 1792, voulant rétablir une monarchie constitutionnelle, il est déclaré traître à la nation. Réfugié à Liège, capturé par les Prussiens puis les Autrichiens, il n'est libéré qu'en 1797. Durant le premier Empire, il vit retiré des affaires publiques, puis se rallie aux Bourbons en 1814. En 1824, les États-Unis l'accueillent pour une tournée triomphale dans 182 villes. 200 000 dollars et 12 000 hectares en Floride lui sont offerts. En 1830, il soutient Louis-Philippe à qui il donne la cocarde tricolore. La Fayette meurt à Paris le 20 mai 1834. Il est enterré au cimetière de Picpus, à Paris.

Juillet - août 1789 : la grande peur dans les campagnes

Dès le lendemain de cette scène de fraternisation autour de la cocarde tricolore devant l'Hôtel de Ville de Paris, les aristocrates commencent à émigrer : le comte d'Artois, le prince de Condé, le prince de Conti, le duc d'Enghien, le maréchal de Broglie, le baron de Breteuil. En province où personne n'est au courant de la réconciliation autour de la cocarde, c'est le début de la Grande Peur : la rédaction des cahiers de doléances a excité les paysans contre les seigneurs. L'annonce des événements révolutionnaires parisiens sert de déclencheur : dans les campagnes, on s'attaque aux châteaux ; les archives sur lesquelles sont inscrites les dettes sont brûlées, on pille les abbayes, on massacre aussi.

23 juillet 1789 : on arrache le cœur de l'intendant de Paris

À Paris, la béatitude cocardière n'a pas duré. Les bruits les plus fous circulent : les émigrés arrivent avec des troupes pour reprendre leurs droits. La reine veut faire sauter l'Assemblée sur une mine, et ensuite lancer des troupes contre la capitale pour faire égorger tous les Parisiens ! Les Parisiens craignent l'attaque de leur ville. Plus de pain ! Ils ont faim. La foule s'empare du conseiller d'État Joseph Foulon de Doué, accusé d'affamer volontairement les habitants, et le pend près de la place de Grève. Son gendre, Louis Bertier, intendant de Paris, est massacré au couteau. Ses assassins arrachent son cœur et le lancent sur un bureau de l'Hôtel de Ville.

La nuit du 4 août 1789 : un rêve passe, et s'arrête...

Les privilèges féodaux sans cesse reviennent sous la plume des rédacteurs des cahiers de doléances. Les paysans, par exemple, ne comprennent pas pourquoi ils n'ont pas le droit de chasse, pourquoi ils doivent la corvée... Dans un grand élan romantique, tout cela va disparaître, au cours d'une nuit mémorable.

Sur une idée du duc d'Aiguillon

La peur gagne Versailles, les députés eux-mêmes ! Les voici face aux conséquences de ce qu'ils ont déclenché. Et tous maintenant sont réunis au chevet de cette France saisie de convulsions, de fièvre dangereuse ! La solution vient du club breton, le 3 août. Et c'est l'homme le plus riche du royaume, le duc d'Aiguillon, qui l'imagine. Sa proposition est simple : « Et si on abolissait les privilèges féodaux ? Ils nous seraient remboursés, évidemment. » Charité bien ordonnée... Le vicomte de Noailles, beau-frère de La Fayette, est lui aussi favorable à cette proposition qu'il défend le 4 août à l'assemblée, séduit par l'option rachat qui lui servira à payer ses dettes astronomiques.

Aussitôt dit, aussitôt fait : dans la nuit du 4 août 1789, les députés, dans ce qu'on pourrait nommer une sorte d'ivresse patriotique, proposent :

- l'égalité devant l'impôt ;
- l'abolition de tous les droits ressortissant au régime féodal ;
- la suppression des servitudes et des corvées, des droits de chasse, de colombier, la suppression des doits de mainmorte, des rentes foncières perpétuelles, des dîmes ecclésiastiques...

Trois heures du matin : tout est consommé

Tout ce qui peut être supprimé, rappelant le régime seigneurial, l'est dans un enthousiasme où se mêlent les trois ordres gouvernés par une fraternité et une solidarité toutes neuves. Il faut dire que tout le monde lâche du lest d'autant plus volontiers qu'il faut du spectaculaire pour calmer les désordres en cours. À trois heures du matin, il ne reste apparemment plus rien à supprimer. Les députés se séparent après avoir, en quelques heures, démonté des siècles d'habitudes, de coutumes, de soumissions, d'excès, d'égoïsmes, les rangeant dans l'histoire afin de laisser la place à l'imagination, à l'innovation, que tous espèrent meilleures que ce qui fut.

Édifices féodaux : on démonte !

Pendant ce temps, l'entrepreneur Palloy emploie de plus en plus d'ouvriers – jusqu'à 2 000 – pour démolir la Bastille, en leur demandant de travailler le plus lentement possible ! Étrange ? Non : il faut que la démolition de la Bastille devienne le symbole visible et durable de la destruction du régime féodal, de la royauté, du pouvoir absolu ! Palloy fait même sculpter quatre-vingt-trois représentations de la forteresse qui seront envoyées aux quatre-vingt-trois départements tout neufs ! D'autres pierres servent à construire le pont de la Concorde, d'autres à confectionner des encriers, des souvenirs, vendus par le patriote – et astucieux – Palloy, dans toute la France !

26 août 1789 : la déclaration des droits de l'homme

Inspirée d'un philosophe anglais du XVIIe siècle, la déclaration des droits de l'homme et du citoyen range l'absolutisme au rayon des antiquités…

Ouf !

Les droits féodaux sont abolis – mais, au grand désespoir des privilégiés, l'option rachat a été écartée ! Que faire encore qui puisse donner au peuple la certitude que tout va changer, que tout a changé. En 1778, aux États-Unis, la déclaration d'Indépendance était précédée d'un *Bill of the rights* – liste des droits – lui-même inspiré des écrits du philosophe anglais John Locke (1632 - 1704). Dès le mois de juin 1789, des groupes ont été constitués qui doivent rédiger un projet de déclaration des droits de chaque Français, qui servira de préambule à la constitution. Le projet retenu a été rédigé par le groupe de l'archevêque de Bordeaux : Champion de Cicé. Il est intitulé « Déclaration des droits de l'homme et du citoyen ». L'article premier parle de liberté, d'égalité : « Les hommes naissent libres et égaux en droits… », « naissent » et non pas « sont », ainsi que certaines transcriptions fautives – et erronées – le laissent parfois entendre. Cette déclaration est adoptée le 26 août 1789. Elle a bien failli ne comporter que seize articles, mais, quelques minutes avant qu'elle soit déclarée définitive, on a ajouté l'article 17… : « La propriété étant un droit inviolable et sacré, nul ne peut en être privé », qui a été transcrit au milieu de centaines de « ouf » absolument indécelables et silencieux !

La déclaration des droits de l'homme et du citoyen

Voici la version intégrale de la déclaration des droits de l'homme et du citoyen de 1789 :

- ✔ Article premier - Les hommes naissent et demeurent libres et égaux en droits. Les distinctions sociales ne peuvent être fondées que sur l'utilité commune.

- ✔ Article 2 - Le but de toute association politique est la conservation des droits naturels et imprescriptibles de l'homme. Ces droits sont la liberté, la propriété, la sûreté et la résistance à l'oppression.

- ✔ Article 3 - Le principe de toute souveraineté réside essentiellement dans la Nation. Nul corps, nul individu ne peut exercer d'autorité qui n'en émane expressément.

- ✔ Article 4 - La liberté consiste à pouvoir faire tout ce qui ne nuit pas à autrui : ainsi, l'exercice des droits naturels de chaque homme n'a de bornes que celles qui assurent aux autres membres de la société la jouissance de ces mêmes droits. Ces bornes ne peuvent être déterminées que par la loi.

✔ Article 5 - La loi n'a le droit de défendre que les actions nuisibles à la société. Tout ce qui n'est pas défendu par la loi ne peut être empêché, et nul ne peut être contraint à faire ce qu'elle n'ordonne pas.

✔ Article 6 - La loi est l'expression de la volonté générale. Tous les citoyens ont droit de concourir personnellement ou par leurs représentants à sa formation. Elle doit être la même pour tous, soit qu'elle protège, soit qu'elle punisse. Tous les citoyens, étant égaux à ces yeux, sont également admissibles à toutes dignités, places et emplois publics, selon leur capacité et sans autre distinction que celle de leurs vertus et de leurs talents.

✔ Article 7 - Nul homme ne peut être accusé, arrêté ou détenu que dans les cas déterminés par la loi et selon les formes qu'elle a prescrites. Ceux qui sollicitent, expédient, exécutent ou font exécuter des ordres arbitraires doivent être punis ; mais tout citoyen appelé ou saisi en vertu de la loi doit obéir à l'instant ; il se rend coupable par la résistance.

✔ Article 8 - La loi ne doit établir que des peines strictement et évidemment nécessaires, et nul ne peut être puni qu'en vertu d'une loi établie et promulguée antérieurement au délit, et légalement appliquée.

✔ Article 9 - Tout homme étant présumé innocent jusqu'à ce qu'il ait été déclaré coupable, s'il est jugé indispensable de l'arrêter, toute rigueur qui ne serait pas nécessaire pour s'assurer de sa personne doit être sévèrement réprimée par la loi.

✔ Article 10 - Nul ne doit être inquiété pour ses opinions, mêmes religieuses, pourvu que leur manifestation ne trouble pas l'ordre public établi par la loi.

✔ Article 11 - La libre communication des pensées et des opinions est un des droits les plus précieux de l'homme ; tout citoyen peut donc parler, écrire, imprimer librement, sauf à répondre de l'abus de cette liberté dans les cas déterminés par la loi.

✔ Article 12 - La garantie des droits de l'homme et du citoyen nécessite une force publique ; cette force est donc instituée pour l'avantage de tous, et non pour l'utilité particulière de ceux à qui elle est confiée.

✔ Article 13 - Pour l'entretien de la force publique, et pour les dépenses d'administration, une contribution commune est indispensable ; elle doit être également répartie entre les citoyens, en raison de leurs facultés.

✔ Article 14 - Les citoyens ont le droit de constater, par eux-mêmes ou par leurs représentants, la nécessité de la contribution publique, de la consentir librement, d'en suivre l'emploi, et d'en déterminer la quotité, l'assiette, le recouvrement et la durée.

✔ Article 15 - La société a le droit de demander compte à tout agent public de son administration.

✔ Article 16 - Toute société dans laquelle la garantie des droits n'est pas assurée, ni la séparation des pouvoirs déterminée, n'a point de Constitution.

✔ Article 17 - La propriété étant un droit inviolable et sacré, nul ne peut en être privé, si ce n'est lorsque la nécessité publique, légalement constatée, l'exige évidemment, et sous la condition d'une juste et préalable indemnité.

Où sont les femmes, en 1789 ?

Des troupes autour de Paris, des banquets au château de Versailles où on foule au pied la cocarde tricolore : les Parisiens s'inquiètent, les Parisiennes se mettent en colère ! Des canons devant le château pour le protéger, la garnison des défenseurs de la place acclamée : les nouvelles vont vite, gagnent Paris où Marat échauffe les esprits des hommes et des femmes.

Louis, qu'avez-vous fait ?

Louis ! Louis XVI ! Qu'avez-vous fait, le 14 septembre 1789 ? J'ai fait venir de Douai à Versailles le régiment de Flandre. Pourquoi cela ? Parce que j'ai peur des émeutes, je me sens si isolé depuis que les gardes françaises ont fraternisé avec le peuple ! Le 23 septembre, les 1 100 hommes du régiment de Flandres entrent à Versailles. Ils installent leurs canons, les pointant vers l'extérieur au cas où on nous attaquerait, étalent leurs munitions. Que s'est-il passé le 1er octobre ? Le 1er octobre ? La reine et moi-même avons été acclamés par la garnison de Versailles et le régiment de Flandres, au cours d'un grand banquet, au château, dans la salle de l'opéra ! Et trois jours plus tard ? Eh bien, trois jours plus tard, Paris a commencé à gronder : on banquette à Versailles et les Parisiens manquent de pain !

Figure 1-4 : Louis XVI et Marie-Antoinette avec leurs enfants à Versailles, le 6 octobre 1789, par Gyula Benczur.

5 octobre 1789 : elles approchent...

Marat, le terrible Marat, celui que son séjour de dix ans outre-Manche a transformé en représentant des droits à l'anglaise, ce médecin qui souffre terriblement d'une maladie de peau au point qu'il porte souvent une espèce de turban sur son air lugubre, Jean-Paul Marat qui publie le journal *L'Ami du Peuple* a lancé, dans son numéro du 3 octobre 1789, cet appel « Tous les citoyens doivent s'assembler en armes... » En fait de citoyens, ce sont des citoyennes qui vont se réunir, le 4 octobre, au Palais-Royal et sur les Boulevards : il paraîtrait que les dames, à la cour de Versailles, ont donné leur mains à baiser à ceux qui acceptaient de porter la cocarde blanche royaliste, il paraîtrait que la cocarde tricolore a été foulée au pied par le régiment de Flandres ! Et puis le bruit court que des monceaux de farine sont conservés en lieu sûr à Versailles. Les femmes affamées décident d'aller les chercher, ces monceaux de farine ! Elles approchent ! Les voici !

Figure 1-5 :
À Versailles,
à Versailles !

6 octobre 1789 : « Je vais lui arracher le cœur ! »

« Tue ! Tue » « À mort l'Autrichienne ! » « Je vais lui ouvrir le ventre, je vais y fourrer mon bras jusqu'au coude, et je vais lui arracher le cœur ! » Les voici, les femmes, en ce petit matin du 6 octobre 1789, qui arpentent le labyrinthe du château de Versailles ! Elles ont quitté Paris à pied le 5 octobre au matin. Lorsque à midi, ce même 5 octobre, elles arrivent à Versailles, le roi chasse dans les bois de Meudon, la reine est à Trianon, les enfants royaux sont en promenade. Les 6 000 femmes sont trempées, crottées tant la pluie s'est déchaînée sur leur troupe que dirige un nommé Maillard, commis aux écritures.

La ruée ruisselante à la buvette

Louis XVI revenu au château accueille une délégation qu'il rassure et restaure, et qui est copieusement huée par celles qui sont restées dehors, grelottant de froid ! Des hommes les ont suivies, ou se sont glissés parmi elles, déguisés en femmes ! Et puis, qui clôt la marche à distance, vient La Fayette avec les Gardes nationaux, prêts à endiguer tout débordement. Dans la nuit, toute cette ruée populaire et ruisselante a envahi la salle de l'Assemblée, elle a insulté ceux qu'on appelle les « monarchiens » – les anglomanes, partisans d'une monarchie constitutionnelle –, elle s'est fait ouvrir la buvette, a beaucoup bu, s'est installée sur la place d'Armes du château en attendant le petit matin.

La reine sans peur

Petit matin, cour du château de Versailles, 6 octobre 1789. La foule se rue dans les appartements, cherche la reine qui a tout juste le temps de quitter sa chambre et de se réfugier dans celle du roi, avec ses enfants. Les gardes françaises chargent et réussissent à dégager le château. La foule crie au dehors, appelle le roi. La Fayette conseille à Louis XVI de paraître en famille à la fenêtre, ce qu'il fait. Les femmes et les hommes qui s'apprêtaient à décharger leurs armes sur Marie-Antoinette se figent : elle vient sans peur s'offrir à leur colère.

« Le boulanger, la boulangère et le petit mitron »

« Tête à vent » disait son frère, oui, mais pas forcément sans cervelle lorsque l'heure est tragique. Et elle l'est, parce que des têtes de gardes du château sont déjà plantées au bout des piques qui vont ouvrir la marche de retour vers Paris. Le roi et sa famille acceptent de quitter Versailles qu'ils ne reverront jamais ! Ils s'en vont vers la capitale escortés des Parisiennes et des Parisiens qui dansent autour du carrosse et chantent : « Nous ramenons le boulanger, la boulangère et le petit mitron ! Ils nous donneront du pain ! Ou bien ils verront… » La famille royale est installée au château des Tuileries, sous bonne garde, prisonnière de la Révolution.

La Constituante au travail

Le 9 juillet 1789, l'Assemblée nationale a pris le nom d'Assemblée constituante afin de donner une constitution à la France.

Les départements : noms de fleuve, de montagne

Pendant que les femmes ramènent le roi à Paris, l'Assemblée constituante travaille : pour mieux unir, il faut mieux diviser, c'est-à-dire substituer à l'ancienne division du royaume en 34 provinces, 135 diocèses, 40 gouvernements militaires, 13 parlements judiciaires, de nouvelles unités qui seront à dimension humaine et éviteront la dispersion des responsabilités. Le 11 novembre 1789, l'assemblée décide que la France sera divisée en 75 à 85 départements auxquels seront donnés des noms de fleuve, de rivière, de montagne. Tout habitant d'un département devra être capable d'atteindre son chef-lieu en une journée de cheval (au triple galop sans doute dans certains cas de figure…).

Retour à la case gauloise

Sans s'en apercevoir, ceux qui vont créer les départements vont recréer les territoires des anciennes… tribus gauloises : autour de Nantes se situe l'ancien pays des Namnètes, autour de Vannes, celui des Vénètes, près de Reims, les Rèmes, près de Poitiers, les Pictones, autour de Paris, les Parisii… Ces départements seront dirigés par un conseil de département (ces conseils sont supprimés le 4 décembre 1793, et rétablis le 17 février 1800, sous le nom de conseil général) de 28 membres, élu par les citoyens. Le décret du 15 janvier officialise la naissance de 83 départements. Ils contiennent les 44 000 municipalités dont la création avait été décidée deux mois auparavant.

2 novembre 1789 : les biens de l'Église confisqués

L'Église, l'Église de France, si riche, les caisses de l'État, si vides… Le 2 novembre 1789, tous les biens ecclésiastiques : les terres, les abbayes, les monastères, tout ce dont l'Église est propriétaire tombe dans l'escarcelle de la Nation qui en a grand besoin pour payer ses dettes ! D'un seul coup ! Talleyrand l'avait imaginé, Mirabeau l'a proposé, l'Assemblée constituante l'a fait ! Elle l'a décidé d'autant plus volontiers que Talleyrand a précisé que l'Église n'était pas vraiment propriétaire de ses propriétés : celles-ci n'ont jamais été destinées aux intérêts des personnes que sont les membres de l'Église, elles sont seulement une sorte d'outil pour leurs fonctions.

Les prélats moins riches, les curés moins pauvres

Deuxième étape : le 12 juillet 1790, l'Assemblée vote la constitution civile du clergé. Le pape ? Il n'est plus le chef de l'Église de France – le gallicanisme triomphe. Les évêques et les curés sont élus par ceux qui ont été sélectionnés en fonction de leurs revenus pour élire les administrations locales. Le nombre de diocèses est réduit à quatre-vingt-trois : un par département. La résidence et le traitement des ecclésiastiques, quels qu'ils soient, sont réglés par la loi. Ainsi, les riches prélats seront beaucoup moins riches, et les pauvres curés vont devenir un peu moins pauvres ! Le 27 novembre 1790, tous les prêtres sont contraints de prêter le serment de fidélité à la

Nation, au roi et à la constitution civile du clergé. Ceux qui acceptent vont être appelés jureurs, les autres deviennent les réfractaires.

La planche à billets

Comment transformer les biens du clergé en métal précieux qui permettra à l'État de rembourser ses créanciers ? Les députés décident de créer un billet portant l'indication d'une valeur garantie sur les biens du clergé. Garantie, c'est-à-dire assignée. D'où le nom d'assignat donné au billet lui-même. Le procédé est simple : les particuliers qui possèdent de l'or ou de l'argent échangent ces métaux précieux contre des billets en papier qui leur rapportent un intérêt de 5 %, et leur donnent la possibilité d'acquérir ensuite des biens d'église.

Il est prévu de n'émettre qu'un nombre limité d'assignats afin de garantir leur valeur. Ils doivent même être brûlés lorsqu'ils auront servi à l'achat des biens d'église ! Mais l'État se garde bien de procéder à cette incinération. Au contraire, la planche à billets fonctionne de plus en plus, créant une inflation galopante. L'assignat qui est devenu la monnaie en vigueur baisse vertigineusement et entraîne un énorme désordre dans la vie quotidienne et le petit commerce. En 1796, la planche à billets est solennellement détruite. L'assignat ne vaut plus rien ou presque.

Le roi gagne et perd

On pourrait croire la France heureuse de son nouveau sort et de son roi en 1790, lors de la fête de la Fédération. Le roi, lui, n'est pas heureux de son sort : il va s'enfuir vers la frontière qu'il n'atteindra pas.

14 juillet 1790 : la fête de la Fédération

La Bastille est prise depuis un an. Une grande fête rassemblant des centaines de milliers de personnes va se dérouler au Champ-de-Mars.

Les municipalités libres

Qu'est-ce que la Fédération ? Revenons un peu en arrière : lors de la Grande Peur, les villes de province se sont transformées en municipalités libres, se séparant du centralisme parisien. Ces municipalités ont fait respecter les décisions de l'Assemblée constituante où siégeaient leurs députés. Enfin, toutes ces municipalités se sont regroupées en une fédération nationale, fédération dont c'est la grande fête au Champ-de-Mars, face à l'École militaire à Paris, en ce 14 juillet 1790 ; Bailly, le maire de Paris, a proposé cette date. Talleyrand a approuvé, précisant que cette fête est celle de la France armée – au nom des mille qui ont pris la Bastille – et non de la France délibérante ! Trompettes, tambours, trombes d'eau, près de 400 000 personnes trempées jusqu'aux os y assistent ! Ce sont donc des soldats qui vont défiler, des délégués des gardes nationales venus de toutes les nouvelles municipalités de France, y compris celle de Paris. Ils sont 14 000.

Le double jeu de Mirabeau

Un absent lors de la fête de la Fédération : Mirabeau. Mirabeau le tribun ! En secret, il s'est désolidarisé de la Révolution en 1790, jouant un double jeu. Le 3 juillet 1790, il est reçu à Saint-Cloud par le roi et la reine. Il s'agenouille devant eux et leur déclare : « La monarchie est sauvée ! » – et ses dettes remboursées par la générosité du roi. Cette duplicité ne sera découverte qu'après sa mort, le 2 avril 1791 à quarante-deux ans. En attendant, toute la France le pleure. Il est enterré en grande pompe au Panthéon. Deux ans plus tard, en 1793, on découvrira sa correspondance secrète avec les souverains, tout sera révélé : il sortira du Panthéon sous les vociférations et les crachats laissant la place à Marat !

La fête de l'ovation

Le roi et la reine sont aux anges : on les acclame, on les ovationne. Marie-Antoinette sourit comme jamais, elle lève vers la foule le petit dauphin, le futur Louis XVII… Les ovations redoublent ! La Nation, la vraie Nation vient de naître. Talleyrand, entouré de 300 prêtres ayant ceint l'écharpe tricolore, célèbre la messe sur l'autel de la patrie. La Fayette prononce le serment de fidélité à la Constitution. Le roi jure à son tour qu'il sera fidèle à la Nation et à la loi. Qu'entend-on qui s'élève et plane sur le Champ-de-Mars. Vous l'avez deviné : une ovation de plus ! Le soir arrive : tout le monde danse, tout le monde s'embrasse ! Il n'y a plus de serfs, plus de classes oppressantes, plus d'hommes victimes des hommes : chaque Français est un citoyen dans l'esprit de la liberté, de l'égalité et de la fraternité ! On pourrait croire, ce jour-là, la Révolution terminée.

20 juin 1791 : le roi s'enfuit en famille

La confiscation des biens de l'Église et la constitution civile du clergé ont troublé beaucoup de notables, de gens du peuple, notamment dans le Midi et en Bretagne où des troubles ont éclaté. Le roi très catholique n'a pas accepté non plus cette mainmise de la Révolution sur le clergé. Certain qu'il recueillera l'approbation d'une grande partie du pays, il décide de fuir avec sa famille, et de retrouver à la frontière rhénane l'armée de Condé, une armée de nobles français émigrés qui n'attend qu'un signal pour envahir le royaume.

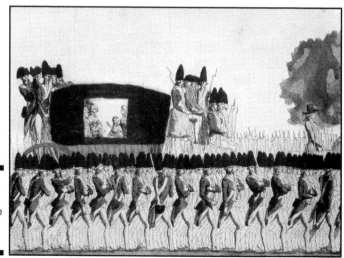

Figure 1-6 ;
Retour de la famille royale à Paris le 25 juin 1791.

Le bel Axel conduit l'attelage

Que se passe-t-il ? Dans la nuit du château des Tuileries, des ombres glissent contre les murs, courent dans les jardins, franchissent une petite porte et s'engouffrent dans une voiture de louage. Aussitôt le cocher fouette les chevaux. Un rayon de lune dans cette nuit claire du 20 juin 1791 vous a permis de reconnaître Axel de Fersen. Même si vous ne l'avez pas reconnu, soyez en sûr : c'est bien lui ! C'est bien l'amant de Marie-Antoinette, ce Suédois d'origine écossaise qui s'est exilé pour tenter d'éteindre sa flamme. Et sa flamme a redoublé.

La grosse berline prend du retard !

Dans la nuit de Paris, le cocher aux yeux de braise conduit porte Saint-Martin ses passagers. Une grosse berline verte les y attend. Les deux voitures sortent sans encombre de la capitale. La scène qui se déroule au relais de Bondy est à la fois pathétique et insolite : Fersen, l'amant, fait ses adieux à sa maîtresse, la reine, puis au mari : le roi ! Chut... Paris dort. Il est deux heures du matin. Les fugitifs ont deux heures de retard sur l'horaire prévu. Dans la voiture somnolent le petit dauphin et sa sœur, et puis la sœur du roi, Madame Élisabeth, la gouvernante, Madame de Tourzel, et puis, fragiles et seuls plus que jamais, Louis et Marie-Antoinette. Tous les douze kilomètres, il faut changer les chevaux tant la berline est lourde et chargée. Le retard ne cesse de croître !

« Le roi s'est enfui ! »

21 juin, huit heures du matin. Paris. Un cri : « Le roi s'est enfui ! » La Fayette envoie dans toutes les directions des soldats pour l'arrêter ! Où est-il parti ? En Bretagne ? En Belgique ? Dans l'Est ? Onze heures, la grosse berline est à Montmirail. Midi, Fromentières ! Tout le monde descend ! On se dégourdit les jambes, on repart. Quatorze heures ! Chaintrix ! Tout le monde descend encore, même si le retard est de trois heures et demie ! À mesure que le temps passe, Louis XVI se rassure : il sait qu'au pont de la Somme-Vesle, le jeune Choiseul l'attend avec soixante cavaliers armés.

Un gros homme myope...

Le pont de la Somme-Vesle est atteint à dix-huit heures. Personne ! Les cavaliers, jugeant que la berline ne viendrait plus, sont partis depuis deux heures. Étape suivante, vingt heures, la berline s'arrête devant la maison de poste de Sainte-Menehould. Le détachement armé qui devait s'y trouver n'est pas là non plus. Mais une rumeur parcourt la petite ville : le roi vient de passer. Au conseil de la ville, réuni à la hâte, le maître de poste, Drouet, qui n'a pas reconnu le roi, décrit le passager de la berline comme un « gros homme myope, avec un long nez aquilin, un visage bourgeonné ».

Marche funèbre

Drouet saute à cheval et dépasse la voiture à vingt-trois heures à l'entrée de Varennes-en-Argonne. Dix minutes plus tard, elle s'arrête sous les voûtes de l'église Saint-Gengoult. Les passagers cherchent leur route. C'est Marie-Antoinette qui tente de lire la carte routière : ils sont perdus ! Les patriotes entourent la voiture. Bien que les passeports soient en règle, Drouet exige que la famille royale descende de la berline et passe la nuit dans l'arrière-boutique de l'épicier Sauce, qui est aussi procureur de la commune. Le lendemain matin, à six heures, deux émissaires de l'Assemblée, Romeuf, aide de camp de La Fayette, et Bayon arrivent à Varennes. À neuf heures du matin, le 22 juin, la berline repart pour Paris. Le 25 juin, elle entre dans la capitale au son lugubre des tambours. Le peuple est silencieux, atterré. Certains sont armés de couteaux, de sabres. Personne ne bouge. On dirait une marche funèbre qui n'en finira plus.

Figure 1-7 :
Salle du serment du Jeu de Paume.

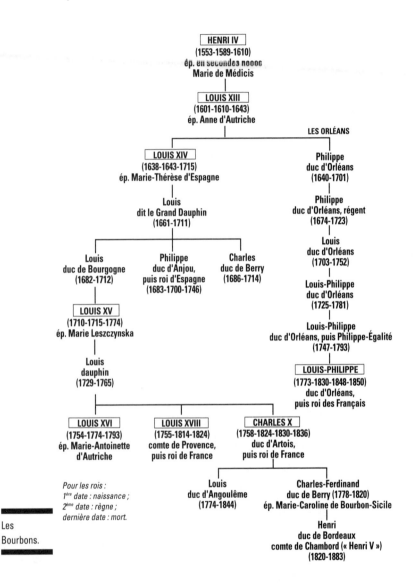

HENRI IV
(1553-1589-1610)
ép. en secondes noces
Marie de Médicis

LOUIS XIII
(1601-1610-1643)
ép. Anne d'Autriche

LES ORLÉANS

LOUIS XIV
(1638-1643-1715)
ép. Marie-Thérèse d'Espagne

Louis
dit le Grand Dauphin
(1661-1711)

Philippe
duc d'Orléans
(1640-1701)

Philippe
duc d'Orléans, régent
(1674-1723)

Louis
duc d'Orléans
(1703-1752)

Louis
duc de Bourgogne
(1682-1712)

Philippe
duc d'Anjou,
puis roi d'Espagne
(1683-1700-1746)

Charles
duc de Berry
(1686-1714)

Louis-Philippe
duc d'Orléans
(1725-1781)

LOUIS XV
(1710-1715-1774)
ép. Marie Leszczynska

Louis-Philippe
duc d'Orléans, puis Philippe-Égalité
(1747-1793)

Louis
dauphin
(1729-1765)

LOUIS-PHILIPPE
(1773-1830-1848-1850)
duc d'Orléans,
puis roi des Français

LOUIS XVI
(1754-1774-1793)
ép. Marie-Antoinette
d'Autriche

LOUIS XVIII
(1755-1814-1824)
comte de Provence,
puis roi de France

CHARLES X
(1758-1824-1830-1836)
duc d'Artois,
puis roi de France

Pour les rois :
1ère date : naissance ;
2ème date : règne ;
dernière date : mort.

Louis
duc d'Angoulême
(1774-1844)

Charles-Ferdinand
duc de Berry (1778-1820)
ép. Marie-Caroline de Bourbon-Sicile

Les
Bourbons.

Henri
duc de Bordeaux
comte de Chambord (« Henri V »)
(1820-1883)

Chapitre 2

1791 à 1795 : La Révolution : l'avènement de la République

* *

Dans ce chapitre :

▶ Comprenez l'influence des clubs sur l'esprit révolutionnaire

▶ Prenez conscience de l'œuvre des assemblées constituante, législative, et de la Convention

▶ Assistez à la naissance de la République

▶ Vivez les grands épisodes tragiques de la Révolution, jusqu'à la fin de Robespierre

* *

Les Assemblées possèdent certes un grand pouvoir de décision, mais l'inspiration provient souvent des clubs que vous allez apprendre à connaître. Danton, Robespierre, Marat, les ténors de la Révolution en sont les piliers. L'œuvre de la Constituante va être poursuivie par celle de l'Assemblée législative, elle-même remplacée par la Convention qui va proclamer la République puis condamner à mort le roi déchu le 10 août 1792. Exécuté le 21 janvier 1793, Louis XVI laisse la place à l'affrontement sans merci entre les Montagnards, essentiellement parisiens, et les Girondins, partisans de la décentralisation. Les Girondins éliminés, Danton qui veut la paix et Robespierre qui veut la guerre se livrent une lutte sans merci. L'un et l'autre vont faire connaissance avec le bourreau Charles-Henri Sanson et avec sa veuve…

Des victoires politiques et militaires à tout prix

L'effervescence et l'enthousiasme gouvernent les clubs qui inspirent l'Assemblée. Le peuple quant à lui subit parfois de rudes revers pendant que la guerre arrive aux frontières et que le roi est emprisonné...

Bienvenue aux clubs !

Pour comprendre comment naissent, se développent et circulent les idées en cette période révolutionnaire et effervescente, il faut opérer un petit retour en arrière, revenir en mai 1789. Vous allez être témoins de la naissance des clubs où s'agitent les pensées novatrices. Les clubs ne sont pas une invention révolutionnaire : pendant tout le XVIIIᵉ siècle, les philosophes ont créé des groupes où la société est remise en question, ou de multiples théories sont élaborées pour la transformer. En 1789, la philosophie se fait politique, et la politique des clubs associe étroitement la théorie à la pratique !

Rendez-vous au café Amaury

Tout est parti d'un café, le café *Amaury* à Versailles. En mai 1789, des députés bretons s'y réunissent afin de préparer les séances de l'Assemblée, définir précisément les questions qui seront posées. Qui sont-ils ces députés qu'on imagine réunis autour d'une table dans l'effervescence, le brouhaha des énergies qui rêvent la France nouvelle ? On aperçoit un avocat de Rennes, Isaac Le Chapelier, le comte Jean-Denis Lanjuinais, conseiller aux états de Bretagne, Joseph-Jacques Defermon des Chapellières, député de Châteaubriant – président de l'Assemblée nationale en 1791. Venus d'autres régions, Barnave, du parlement de Grenoble, Sieyès, l'excellent orateur Jacques Pétion de Villeneuve, qui vient de Chartres, les frères Lameth, de Péronne.

Populaire, le club des Jacobins ? Pas vraiment...

Lorsque l'Assemblée nationale devient Constituante et migre à Paris, le club breton la suit et s'installe rue Saint-Honoré, au couvent des Jacobins – ainsi appelés parce qu'à l'origine ce couvent était établi rue Saint-Jacques. Le club breton devient alors la « Société des amis de la constitution », et par métony-mie, le club des Jacobins. Les rangs s'enrichissent de la pré-sence de Mirabeau, La Fayette, Brissot, Robespierre, Talleyrand… Populaire, ce club ? Pas vraiment : il faut, pour y être admis, bénéficier de la recommandation de trois parrains, prêter un serment, et surtout, s'acquitter d'un droit d'entrée de 25 000 livres, c'est-à-dire une petite fortune !

Les Jacobins : un réseau national bien organisé

De 1 000 adhérents en 1789, dans toute la France, le club des Jacobins passe à plus de 10 000 en 1791, répartis en 800 filiales. C'est un réseau fort efficace que la maison mère de Paris irrigue de ses idées, rapidement transmises par une abondante corres-pondance. Son influence sur les décisions prises par l'Assemblée est importante. Les opinions qui y sont dévelop-pées sont pro-révolutionnaires, mais demeurent modérées.

L'espoir pour cotisation

Vingt-cinq mille francs ! Où trouver vingt-cinq mille francs quand on habite au temps de la Révolution le Quartier Latin, l'un des quartiers les plus pauvres de Paris ? Est-ce qu'on doit pour autant se mettre en marge du mouvement révolution-naire, et laisser travailler seulement l'Assemblée constituante inspirée par le grave et sérieux séminaire des penseurs Jacobins ? Non ! Au Quartier Latin, ce n'est pas une cotisation qui permet de militer pour la liberté, c'est l'espoir, l'immense espoir de tous, sans distinction. Dans les cafés on discute, dans les quarante-huit sections de la commune de Paris, on s'échauffe, des dizaines de petits groupes se constituent qui publient leur feuille souvent chaque jour.

Jacques Hébert, « Homère de l'ordre »

On dénombre 340 titres de journaux à Paris, près de 500 en province ! Au quartier latin, l'une de ces feuilles est particuliè-rement engagée, son langage est direct, souvent violent, il frappe comme un coup de poing. Son titre : *Le Père Duchesne*. Son rédacteur principal ? Jacques Hébert, un domestique, ancien contrôleur au théâtre des Variétés. Hébert est issu du peuple, il est le peuple ! Sa plume embroche les aristocrates, tous les riches, quels qu'ils soient, et tous ceux qu'il considère les ennemis des siens : les pauvres oppressés, exploités, épui-sés par l'impôt, révoltés par l'injustice. Excessif parfois, Hébert récolte le surnom d'« Homère de l'ordre ».

George Danton et sa hure au club des Cordeliers

Suivons jusqu'à son club Jacques Hébert qui vient de distribuer son *Père Duchesne*. Il emprunte la rue de L'École-de-Médecine, s'arrête au niveau de la rue de Hautefeuille. Il pénètre dans l'ancien couvent des Cordeliers, ces moines qui faisaient vœu de pauvreté, possédant tout en commun. Assis autour des tables, debout, on parle fort, c'est une effervescence d'idées dans une atmosphère surchauffée où se côtoient des artisans, des ouvriers, des domestiques, des laissés pour compte, des rêveurs, des femmes, des enfants. Vous venez d'entrer au club des Cordeliers, fondé en avril 1790 !

Qui sont ceux-là, que vous venez de remarquer sans peine à leur air décidé, à leurs emportements ? Ce sont les meneurs : George Danton et sa hure sculptée par la charge d'un taureau qui lui avait arraché la lèvre supérieure alors qu'enfant il tétait une vache ! Camille Desmoulins qui se bagarre avec les syllabes, Jean-Paul Marat à l'épiderme malade, Fréron, créateur d'une feuille, *L'Orateur du peuple* qu'il signe du nom de Martel, Chaumette qui vient de Nevers et qui rêve de créer une déesse nommée Raison. Le voilà, ce club des Cordeliers, le foyer le plus vif, le plus enflammé, le plus déterminé de la Révolution, avec tout ce que cela peut entraîner.

17 juillet 1791 : La Fayette fait tirer sur le peuple

Le club des Cordeliers, radical dans les solutions qu'il propose, veut déposer sans tarder le roi, afin d'instaurer un système politique dont le peuple sera le maître.

Le roi a été enlevé !

« La République ! » Voilà ce que réclament les Cordeliers. Ils ont une devise, forgée en 1791, avant même la fuite du roi : « Liberté, égalité, fraternité ». Chez les Jacobins, on se montre moins convaincu de l'utilité d'une république, on préfère temporiser. On préfère demander la déchéance du roi. Barnave –

rappelez-vous, le Grenoblois du café *Amaury* en 1789 – ne partage pas l'enthousiasme des Cordeliers. Il se montre même méfiant, il craint les débordements, cette crainte est partagée par ceux qu'on appelle les constitutionnels, députés modérés qui en ont assez du climat révolutionnaire. Le roi s'est enfui ? Non, disent en chœur Barnave et les constitutionnels, il a été enlevé par l'étranger qui voulait le protéger ! Mensonge, répliquent les Cordeliers et leurs troupes populaires en colère ! Mensonge : Louis XVI lui-même a laissé une lettre rendue publique où il a expliqué pourquoi il s'est enfui ! Oui, répondent les députés constitutionnels, mais elle est sans valeur ! Et ils rétablissent dans ses fonctions Louis XVI pardonné, le 15 juillet 1791. C'en est trop pour les Cordeliers !

« Tirez, chargez, sabrez ! »

Les Cordeliers lancent une pétition le 16 juillet 1791. Le 17, ils sont plus de 5 000 au Champ-de-Mars qui viennent signer cette pétition sur l'autel de la patrie. La garde nationale, aux ordres de La Fayette est chargée de contenir les débordements. Des pierres sont lancées sur la garde, on se bouscule, on se bat, un nommé Fournier pose le canon de son pistolet sur la poitrine de La Fayette. La garde recule, se met en position, tire, charge et sabre ! Le peuple de Paris recule et laisse plus de cinquante morts sur le terrain.

Les sans le sou mis au pas !

Le lendemain, Barnave justifie à l'Assemblée ce coup de force qui rassure les conventionnels : le monde menaçant des citoyens sans avoir, des sans le sou, est mis au pas par celui des citoyens propriétaires ! Les agitateurs du peuple, Marat, Danton, Hébert, sont activement recherchés et doivent se cacher. Au club des Jacobins, rien ne va plus : on regarde de travers la Fayette. Lameth, Barnave quittent le club et vont s'installer un peu plus loin, à la terrasse de l'ancien couvent des Feuillants, fondant ainsi le club du même nom. Les Jacobins cependant tiennent bon, avec à leur tête Robespierre le pur, et Brissot, pour un temps encore…

La Constituante : de fiers services rendus à la France

Elle avait été commencée le 9 juillet 1789, elle vient d'être votée en ce 14 septembre 1791 : la constitution de la France, œuvre de l'Assemblée constituante ! Quels changements en deux ans !

- ✔ La France est divisée en départements, districts, cantons et communes.
- ✔ Les privilèges féodaux sont abolis.
- ✔ L'égalité devant l'impôt devient effective. Celui-ci comporte trois volets : la contribution foncière sur le revenu des terres, la contribution mobilière calculée sur la valeur locative des habitations, et la patente perçue sur les revenus de l'industrie et du commerce.
- ✔ La presse est libre.
- ✔ Les droits de citoyen sont accordés aux juifs, aux protestants.
- ✔ Les progrès en matière de justice sont considérables : l'accusé qui paraît devant ses juges dans les vingt-quatre heures bénéficie de l'assistance d'un avocat, il ne subira plus la torture, sa peine sera décidée par un jury populaire composé de citoyens tirés au sort.
- ✔ Une cour de cassation est créée afin de vérifier l'application des lois.
- ✔ Un code pénal est rédigé, sur le modèle de l'ancien code romain.
- ✔ Le roi ? Il ne lui reste plus qu'un droit de veto suspensif, c'est-à-dire un seul mot s'il n'est pas d'accord avec ce que décide, seule, l'assemblée : non !

Bref, la Constituante a bien mérité de la patrie, elle peut entrer dans l'histoire, on parlera longtemps d'elle, du grand ménage qu'elle a fait, toujours en bien !

L'abbé Grégoire : « Il faut donner aux Juifs des droits économiques et politiques ! »

Une monarchie constitutionnelle ? Impossible ! La peine de mort ? Il faut la supprimer ! La République ? Il faut la proclamer ! Voici en quelques mots ce que défend l'abbé Henri Grégoire (1750 - 1831), curé d'Embermesnil en Lorraine. Né dans une humble famille de paysans, il est devenu député du clergé aux états généraux. Il n'a qu'une idée : la tolérance. Il ne comprend pas que les communautés juives en France soient privées de leurs droits économiques et politiques. Lié au rabbin, Isaac Behr-Bing, il va présenter à l'Assemblée une motion où est réclamée pour les Juifs « la faculté de s'établir dans tous les lieux du royaume, d'exercer tous les arts et métiers, d'acquérir des immeubles, de cultiver des terres ». Le décret accordant la citoyenneté aux membres des communautés juives est promulgué le 27 septembre 1791. Le 15 mai 1791, il avait obtenu que les gens de couleur, nés de père et de mère libres, bénéficient des doits politiques accordés à tout citoyen. Hélas, cette dernière décision demeura lettre morte pour longtemps.

1er octobre 1791 : bienvenue à l'Assemblée législative

Sur une idée de Robespierre, les députés de la Constituante avaient voté leur non-rééligibilité. La nouvelle assemblée qui se réunit le 1er octobre 1791, l'Assemblée législative, est donc composée de nouveaux députés. Parmi eux, 400 avocats.

Feuillants à droite, Jacobins à gauche

Une constitution, c'est bien, mais il faut aussi des lois afin de décider des droits et des devoirs de chacun. Voici maintenant l'Assemblée législative. Elle siège au lendemain de la dernière séance de la Constituante qui a lieu le 30 septembre. Le 1er octobre 1791, 745 nouveaux députés viennent siéger à l'Assemblée. On y trouve un centre composé de 449 éléments favorables à la monarchie constitutionnelle. Les Feuillants, au nombre de 160, se sont assis à droite : ce sont les partisans du roi et de l'aristocratie. À gauche ont pris place 136 députés composés de Jacobins et de Cordeliers.

Le sans-culotte Gilbert, le major Brutus

Pauvre poète, très pauvre, le poète Gilbert, en 1769, vingt ans avant la Révolution. Il est si démuni qu'il porte, au lieu de la culotte des gens de bonne société, le pantalon. Et Gilbert le poète qui connaît les philosophes plus prompts à se réunir dans les salons qu'à se mêler au peuple pour connaître ses misères, les invective souvent, ce qui leur déplaît. Alors, pour se moquer de lui, ils l'appellent le sans-culotte ! Ainsi les riches désignent-ils alors avec mépris ceux qui ne sont pas vêtus comme eux. Ce nom de sans-culotte est utilisé dans un journal contre-révolutionnaire en 1791 pour désigner ironiquement ceux qui, dans les rues de Paris, sèment le trouble, réclament la justice sociale, et surtout du pain. Le nom composé est fièrement repris par ceux qui sont visés.

À quoi reconnaît-on le sans-culotte ? Il porte un pantalon rayé de grosse étoffe – l'aristocrate porte des bas de soie et la culotte courte qui s'arrête aux genoux. Il est chaussé de sabots remplis de paille, porte sur la tête le bonnet phrygien rouge rappelant l'affranchissement des esclaves. En main, le sans-culotte tient une pique. Son drapeau est le drapeau rouge, signe de la loi martiale, celui qu'on lève dans l'armée lors de ses révoltes. Il retrouve ses semblables à la section où sont prises les décisions. Son idéal ? L'égalité qu'il pratique en tutoyant tous ceux qu'il rencontre, et qui sont pour lui des citoyens et des citoyennes, un point c'est tout. Le sans-culotte est contre les grands propriétaires, mais approuve la petite propriété. Il abandonne son nom de baptême pour prendre les glorieux noms de l'antiquité. Ainsi le major Léopold-Sigisbert Hugo, le père de Victor, sacrifiera-t-il à cette mode, adoptant le nom de Brutus !

La révolution menacée ?

La situation du pays, en ce début d'octobre 1791, est catastrophique : la valeur des assignats est en chute libre, les prix grimpent chaque jour, des spéculateurs qu'on appelle les accapareurs stockent des farines, provoquant des émeutes. Les boulangeries sont partout prises d'assaut. À Saint-Domingue, les esclaves se sont soulevés, des plantations ont brûlé. On commence à parler d'un complot : l'empereur d'Autriche et le roi de Prusse ont fait alliance pour anéantir la Révolution en France à l'aide des nobles qui ont émigré !

La guerre aux frontières

Aux frontières, des troupes sont massées qui pourraient entrer en France et rétablir la royauté dans ses droits. C'est ce que Louis XVI espère. Mais la guerre est souhaitée aussi par certains révolutionnaires.

Que devient Louis XVI ?

Et que devient le roi dans toute cette incertitude, toute cette agitation ? On lui présente ce que l'Assemblée législative vient de décider : les princes émigrés doivent immédiatement rentrer en France, sinon ils seront punis de mort et leurs biens seront saisis ; les prêtres réfractaires doivent prêter le serment constitutionnel dans la huitaine ; le roi doit exiger que l'électeur de Trèves disperse les émigrés séjournant sur son territoire et menaçant à tout instant d'envahir la France. Louis XVI accepte le troisième décret, mais, disposant de son droit de refus – le *veto* –, refuse les deux premiers. Ainsi naît le surnom que le peuple en colère lui donne : Monsieur Veto !

« Les imbéciles ! »

À l'Assemblée, Brissot s'emporte contre le veto du roi, et avec lui protestent tous ceux qui composent le groupe venu de la Gironde, ou leurs sympathisants : les Girondins. Cependant, le troisième décret accepté ouvre une perspective qui va servir à la fois le roi et les Girondins : le roi ne cherche qu'une occasion pour déclarer la guerre à l'étranger, espérant qu'elle sera perdue par les soldats de la Révolution, et que les souverains étrangers viendront le rétablir sur son trône. Les Girondins, eux, désirent la guerre pour exporter la Révolution au-delà des frontières, effectuer une grande croisade contre les tyrans, libérer les peuples européens et créer une immense république ! « Les imbéciles ! Ils ne voient pas qu'ils nous servent ! » Le bel Axel de Fersen entend cette réflexion à propos des Girondins. De qui vient-elle ? De Marie-Antoinette…

Chant de guerre pour l'armée du Rhin

La guerre ! Seul Robespierre s'y oppose : il sait que les troupes révolutionnaires sont faibles en nombre, mal entraînées, sans chef de valeur, et qu'elles seront battues à plate couture dès le premier engagement ! Trop modérés, les ministres feuillants sont remplacés par des brissotins – ou girondins. Le 20 avril 1792, le roi propose à l'Assemblée un vote pour décider si la guerre doit être déclarée : le résultat est à la hauteur de ses espérances et de celles des Girondins : l'unanimité moins une voix ! La guerre est donc déclarée au « roi de Bohème et de Hongrie », c'est-à-dire à l'Autriche seule dont le nouvel empereur s'appelle François II, le neveu de Marie-Antoinette – Léopold étant mort un mois plus tôt. Cinq jours plus tard, le 25 avril 1792, Rouget de Lisle compose à Strasbourg un chant de guerre pour l'armée du Rhin, la future *Marseillaise*.

Mauvais départ

La guerre commence fort mal, ainsi que l'avait prévu Robespierre. Les soldats n'obéissent pas, les chefs sont incompétents, l'intendance est inexistante. Aux Pays-Bas, le général Dillon a même été massacré par ses troupes dont il ordonnait la retraite ! À cette guerre désastreuse s'ajoutent des troubles dans l'ouest, suscités par les prêtres réfractaires. L'Assemblée vote alors trois décrets :

- ✔ l'emprisonnement des prêtres réfractaires ;
- ✔ la dissolution de la garde du roi ;
- ✔ la constitution d'un camp de 20 000 gardes nationaux fédérés – c'est-à-dire fidèles à la Révolution – près de Paris.

20 juin 1792 : la journée des Tuileries

Louis XVI dispose du droit de veto, un droit dont il use dès qu'il sent son pouvoir personnel menacé, ce qui contribue à semer le doute dans l'esprit des révolutionnaires, on parle de complot…

« À bas le veto »

Monsieur Veto s'oppose au premier et au troisième décrets, dévoilant ainsi ses pensées et intentions profondes. De plus, il renvoie ses ministres girondins. Quelques jours plus tard, le 20 juin 1792, plus de 6 000 personnes conduites par le brasseur Santerre – à la fortune confortable – se ruent à l'Assemblée. Les hommes sont armés de couteaux, de tranchets, de piques, de doloires. Sur des pancartes, on peut lire : « À bas le veto ». Puis, Santerre ordonne à sa troupe d'envahir le château des Tuileries. Il est quatre heures, les grilles sont enfoncées. Le roi est entouré par la foule mena-çante. On lui fait coiffer le bonnet rouge, boire du vin à la bouteille, comme un vrai sans-culotte. Mais il maintient son veto. Courageusement.

« J'étais heureuse quand vous m'aimiez ! »

Les femmes aussi ont défilé devant le roi le 20 juin 1792. Et devant la reine. L'une d'elles l'insulte. Marie-Antoinette l'interpelle : quel mal lui a-t-elle fait ? La femme lui répond et l'accuse de vouloir tromper la nation. Très digne, Marie-Antoinette répond alors : « C'est vous qu'on a trompée. J'ai épousé le roi de France, je suis la mère du dauphin, je suis Française, je ne reverrai jamais mon pays. Je ne puis être heureuse ou malheureuse qu'en France. J'étais heureuse quand vous m'aimiez... » La femme alors fond en larmes : « Ah ! Madame, pardonnez-moi, je ne vous connaissais pas, je vois que vous êtes bonne. »

La patrie en danger !

Malgré la détermination du roi, les soldats fédérés sont en route pour Paris, ils arrivent de toute la province afin de célé-brer l'anniversaire de la prise de la Bastille dont la démolition se termine. Soudain, au début de juillet 1792, la Prusse entre en guerre, par solidarité avec l'Autriche, mais aussi parce que la France se présente comme une proie facile... Les Prussiens avancent rapidement vers la France, vers la patrie qui, le 11 juillet, est déclarée en danger. Aussitôt, près de 20 000 volon-taires sans-culottes s'enrôlent pour partir vers les frontières.

10 août 1792 : la chute de la royauté

Un message que fait rédiger Axel de Fersen, l'ami de la reine, et qui menace les révolutionnaires, va précipiter la chute de la royauté.

Les menaces du bel Axel

Parmi les fédérés qui continuent d'arriver à Paris, les Marseillais marchent au rythme du *Chant de guerre de l'armée du Rhin* qui devient ainsi *La Marseillaise !* Cela n'empêche pas les Prussiens de poursuivre leur avance. Leur général, Charles Brunswick, adresse alors aux Parisiens médusés un manifeste rédigé par un immigré, à l'instigation du bel Axel réfugié en Belgique. Ce manifeste menace de livrer Paris à une exécution militaire s'il est fait le moindre mal à la famille royale. La capitale réagit à cette maladroite menace par une explosion de colère !

Un souffle d'air frais sur la nuque

Place de Grève. 25 avril 1792. La foule se presse pour voir la première exécution publique d'un condamné, elle est effectuée avec une machine… révolutionnaire : la guillotine ! C'est Joseph-Ignace Guillotin qui l'a proposée à la Constituante. Il ne l'a pas inventée, elle existe déjà dans d'autres pays. Guillotin affirme que la sensation du supplicié au moment où le tranchant lui coupera le cou ressemblera à un souffle d'air frais sur la nuque !

Donc, ce 25 avril 1792, Nicolas-Jacques Pelletier va être exécuté. La foule se presse autour de la machine, on essaie de voir… Le couperet tombe, c'est déjà fini ! Soudain, des cris s'élèvent : on hue le bourreau ! Le supplice est trop court, la guillotine trop efficace ! La Terreur saura utiliser cette efficacité, installant dans la capitale plusieurs machines dont certaines exécuteront plus de cent condamnés par jour.

Les bourreaux aussi sont de plus en plus efficaces. À la fin de la Terreur, ils vous expédient votre homme – déjà préparé, il est vrai – en trois minutes à peine ! Cette facilité effraie Guillotin lui-même qui fait fabriquer, à l'attention de ses amis, des pastilles de poison qu'ils pourraient prendre au lieu de subir la décapitation.

Toutes les cloches se mettent à sonner

La rumeur d'un complot aristocratique ne cesse de s'amplifier dans la capitale : le roi serait complice de tous ces ennemis qui se sont massés aux frontières et qui veulent envahir la France pour le rétablir sur son trône ! Les sections de sans-culottes demandent alors la déchéance de Louis XVI le 3 août 1792. L'Assemblée fait la sourde oreille jusqu'au 9 août. Mais le soir du 9 août, tous les bourdons, toutes les cloches de la capitale commencent à sonner, dans un lugubre concert, grave de menaces ! Bientôt ne demeure que le tocsin, ce battement effaré de la cloche la plus aiguë, comme un cœur qui palpite.

« Les feuilles tombent bien tôt, cette année ! »

Des groupes se forment autour des Tuileries, ils sont armés, silencieux, inquiétants ! Toute la nuit le tocsin va sonner, s'arrêtant au petit matin. Grand silence. Bruits des pas sur le pavé : des faubourgs ont surgi tous ceux qui ont décidé de prendre d'assaut le château. Ils sont des milliers. Ils braquent douze pièces de canon sur les Tuileries. Le roi est emmené dans les locaux de l'Assemblée. Pendant le court trajet qui l'y conduit, traversant le jardin des Tuileries, il remarque des tas de feuilles amassées par les jardiniers. Alors, tristement résigné, il murmure : « Les feuilles tombent bien tôt, cette année ! »

Tous les Charles et tous les Louis, c'est fini !

Au matin du 10 août 1792, les sans-culottes attaquent les Tuileries. Les gardes du palais ouvrent le feu. Des dizaines de Parisiens tombent, leur troupe recule. Mais voici les volontaires marseillais et brestois : ils mettent en batterie les canons qu'ils roulent depuis le faubourg Saint-Antoine. Des coups de feux et des boulets sont échangés. Puis les Suisses et tous ceux qui gardent le château déposent les armes, le roi leur ayant envoyé l'ordre de cesser le feu. Ils sont alors tués sur place, détroussés, dénudés, et pour beaucoup décapités (petite parenthèse dans le récit : regardez, là-bas, légèrement en retrait, ce militaire de petite taille, anodin, qui observe la scène, et qui a failli tout à l'heure etre traversé par une balle perdue ! Voulez-vous connaître son nom ? Il s'appelle Napoléon Buonaparte... Fermons la parenthèse). Alors, Robespierre, Marat, Danton demandent que le roi soit définitivement suspendu de ses fonctions. Ce qui est fait. La famille royale va être conduite à la prison du Temple. Clovis, Charlemagne, Hugues Capet, tous les

Charles, tous les Henri, tous les François, et tous les Louis, c'est fini ! Ou presque…

Les massacres de septembre 1792

Le roi déchu, la guerre aurait dû cesser, l'Europe considérant vainqueurs les révolutionnaires. Ce n'est pas le cas…

Marat enrage

Plus de roi, mais la guerre continue. Brunswick le Prussien est en Champagne, il avance lentement mais sûrement vers Paris. Il s'est emparé de Longwy, de Verdun. La Fayette a déserté – mais il a été arrêté derrière la frontière par les ennemis qui vont l'emprisonner durant cinq ans ! Les bruits du complot des aristocrates contre la France se renforcent. Marat, l'enragé, sort de ses gonds. Dans son journal, *L'Ami du peuple*, il appelle les citoyens, tous les patriotes, à l'action directe, de sorte que fin août le comité de surveillance de la commune de Paris a signé un arrêté qui ordonne de juger tous les prisonniers séjournant dans les geôles.

« De l'audace, encore de l'audace, toujours de l'audace »

Danton, le 2 septembre 1792, termine son discours à l'Assemblée par cette phrase demeurée célèbre : « Pour vaincre les ennemis de la patrie, il nous faut de l'audace, encore de l'audace, toujours de l'audace. » Il invitait le peuple français à se mobiliser contre tous ceux qui pourraient menacer l'œuvre de la révolution en marche. Des rumeurs de complot circulaient partout en France. Les massacres venaient de commencer…

« À la Force ! »

L'ordre de Marat va être suivi au pied de la lettre : des exécuteurs sont recrutés dans les faubourgs, les 31 août et 1er septembre 1792. Ils passent la nuit en libations diverses et dès l'aube, ivres, se ruent sur les prisons. Un tribunal sommaire est mis en place. À la prison de l'Abbaye, chaque prisonnier entend le juge Maillard lui dire : « À la Force ! » – il n'y aura qu'une dizaine d'épargnés. Les condamnés croient alors qu'ils vont être transférés à la prison de la Force. Ils sont dirigés vers la sortie et précipités sur une quinzaine de tueurs avinés qui les transpercent de leur sabre, de leur baïonnette, de leur couteau ou bien leur brisent le crâne avec des masses de fer ou des haches. Les massacres durent trois jours, les 2, 3 et 4 septembre. Ils font 1 400 victimes à Paris, beaucoup moins en province.

Marie-Thérèse de Savoie-Carignan, princesse de Lamballe

Au matin du 3 septembre 1792, vers dix heures, la délicieuse et ravissante princesse de Lamballe est tirée de son cachot. Elle est malade, fiévreuse. Terrorisée par les bruits qu'elle entend, elle demande ce qui se passe : « Levez-vous, il faut aller à la prison de l'Abbaye ! », lui disent les deux gardes qui l'emmènent devant Hébert. « Dites que vous haïssez le roi et la reine » « Je ne le puis, cela n'est pas dans mon cœur ! » « Jurez-le ou vous êtes morte ! » Elle détourne la tête. « Élargissez madame ! », dit alors Hébert. On prend la princesse par les aisselles, on la porte dehors, un sabre s'abat sur son cou. Aussitôt, elle est entièrement dévêtue. Son cadavre est exposé pendant deux heures contre une borne devant laquelle défilent, obscènes, des curieux. Vient ensuite un nommé Charlat qui la relève pour poser son cou sur la borne ; il la décapite avec un couteau de boucher, et met la tête au bout d'une pique. Vient aussi un nommé Grison qui lui ouvre la poitrine et en tire le cœur. Eux deux, suivis d'une foule haineuse, vont porter la tête au bout de la pique sous les fenêtres de la prison du Temple. En reconnaissant le visage de son amie, sa confidente, Marie-Antoinette s'évanouit.

20 septembre 1792 : Valmy, la victoire sous la pluie

Sur le front des opérations militaires, l'armée des sans-culottes se trouve face aux Prussiens, le 20 septembre 1792 à Valmy, près de Sainte-Menehould, dans la Marne. Brunswick, avec ses 80 000 hommes, dont 5 000 émigrés seulement, s'apprête à ne faire qu'une bouchée de l'armée française placée sous les ordres de Dumouriez et de Kellermann, et qui n'aligne que 50 000 combattants !

« *Vive la Nation !* »

Dumouriez a choisi de se placer sur la butte de Valmy, dominée par un moulin. Le combat s'engage au matin par un bombardement ennemi sur le moulin de Valmy. Les Français répondent par un violent tir d'artillerie. À treize heures, les Prussiens passent à l'attaque, mollement ; les Français ripostent aux cris de « Vive la Nation ! ». Il pleut à verse. À seize heures, Brunswick, pour une raison qu'on ne s'explique pas encore, décide d'arrêter la bataille et de retirer ses troupes ! C'est donc la victoire pour les Français ! Une victoire dont l'impact psychologique est énorme pour les révolutionnaires.

Figure 2-1 :
Sculpture
évoquant la
bataille de
Valmy, au
Panthéon.

Les mystères de Valmy

Étrange cette bataille qui, opposant au total 130 000 hommes, ne fait – si l'on peut dire – qu'un peu plus de 300 morts, alors que les pertes auraient dû se chiffrer en milliers, vu le nombre de canons, de fusils, de coups tirés. Étrange ce retrait de Brunswick en plein après-midi, alors qu'il pourrait vaincre ! Afin d'expliquer ce mystère, on a émis des hypothèses :

- ✔ La plus inattendue : les Prussiens étaient atteints de dysenterie, avec les conséquences qu'on imagine à chaque assaut.

- ✔ La plus choquante : Dumouriez ayant réussi à se procurer les diamants de la reine, les aurait offerts à Brunswick en échange de la victoire !

- ✔ La plus stratégique : Brunswick n'aurait pas voulu faire le jeu de l'empereur d'Autriche, allié mais aussi rival du roi de Prusse.

- ✔ La plus extravagante : selon l'écrivain Guy Breton, un spectre serait apparu au roi de Prusse avant la bataille, le dissuadant, s'il ne voulait pas mourir, de livrer le combat.

- ✔ La plus complice : Dumouriez le Français, et Brunswick, le Prussien, francs-maçons tous deux, n'ont pas voulu d'une lutte fratricide.

- ✔ La plus vraisemblable : les Français auraient gagné, tout simplement ! À moins que…

Place à la Convention et à la République

Le roi ayant été déchu de ses pouvoirs au soir de la journée des Tuileries, une nouvelle assemblée va être élue afin d'élaborer une constitution adaptée à la situation. Cette assemblée prend le nom de Convention nationale.

Le temps des Girondins et des Montagnards

D'abord unis dans les clubs par le même souci de changement, ils se sont divisés parce que leurs conceptions de la nouvelle société s'opposent totalement. Leur combat est une lutte à mort.

Jacobins de droite, Jacobins de gauche

Au soir du 10 août 1792, l'Assemblée législative estime sa mission achevée. Elle laisse la place à la Convention, c'est-à-dire à une assemblée qui dispose des deux pouvoirs : législatif et exécutif, une assemblée identique à celle que Cromwell avait mis en place après l'exécution de Charles Ier en Angleterre en 1649.

La Convention se réunit pour la première fois le 21 septembre 1792. Les élus girondins – Jacobins de droite – occupent le tiers des sièges ; les modérés, appelés ironiquement le marais, en occupent le quart. Le reste est réservé aux Jacobins de gauche et aux Montagnards, appelés ainsi parce qu'ils siègent sur les plus hauts degrés de l'Assemblée.

Danton, Robespierre, Marat

Trois noms se détachent de la minorité jacobine de gauche et montagnarde, très active et jugée terroriste : Danton, Robespierre et Marat. Dans deux ans à peine, tous les trois auront disparu tragiquement ! Aux côtés de Danton, son secrétaire, Fabre d'Églantine, le poète qui composa cette chanson que Marie-Antoinette aimait tant : *Il pleut, il pleut, bergère !*, l'auteur aussi du délirant discours qui justifie à la France entière les abominations des tout récents massacres de septembre ! Dès son ouverture, le 21 septembre, la Convention abolit la royauté. Le lendemain, sur une proposition de Billaud-Varenne, elle décide de dater les actes de l'An I de la République – la République naît ainsi, sans grande cérémonie, le 22 septembre 1792. Elle est déclarée une et indivisible – ce sera le premier article de la constitution de l'an I –, mais en réalité, au moment même de sa naissance, elle est profondément fissurée : d'un côté, la bourgeoisie possédante – fortunée –, de l'autre, les classes populaires – et les classes moins fortunées…

Des temps nouveaux

Pendant un an, à partir du 22 septembre 1792, les mathématiciens Romme et Monge, et le poète Fabre d'Églantine vont mettre au point le calendrier républicain. Il est destiné à mettre sur un pied d'égalité tous ceux qui l'utiliseront, en supprimant toute référence à la religion. L'année commence à l'équinoxe d'automne, le 22 septembre. Le calendrier compte 12 mois de 30 jours, ce qui fait en tout 360 jours. Et les cinq jours restants ? Ce sont des jours de fêtes appelés les sans-culottides ! Tous les quatre ans – années bissextiles –, on ajoute un sixième jour (an III, an VIII, an XI). Adopté par la Convention les 21 et 24 octobre 1793, il entre donc en vigueur l'an II de la République ! Les jours portent des noms d'animaux domestiques, de plantes ou d'outils. Les mois sont groupés par trois et riment en fonction de la saison. En voici le détail :

Mois et jours du calendrier républicain

Le calendrier révolutionnaire va demeurer en vigueur jusqu'au 10 nivôse de l'an XIV, c'est-à-dire le 31 décembre 1805.

- Les mois d'automne (terminaison en *aire*) : vendémiaire, mois des vendanges (22 septembre - 21 octobre) ; brumaire, mois des brumes (22 octobre - 20 novembre) ; frimaire, mois des frimas (21 novembre - 20 décembre).

- Les mois d'hiver (terminaison en *ôse*) : nivôse, mois de la neige (21 décembre - 19 janvier) ; pluviôse, mois de la pluie (20 janvier - 18 février) ; ventôse, mois du vent (19 février - 20 mars).

- Les mois du printemps (terminaison en *al*) : germinal, mois des germinations (21 mars - 19 avril) ; floréal, mois des fleurs (20 avril - 19 mai) ; prairial, mois des prairies (20 mai - 18 juin).

- Les mois d'été (terminaison en *idor*) : messidor, mois des moissons (19 juin - 18 juillet) ; thermidor, mois de la chaleur (19 juillet - 17 août) ; fructidor, mois des fruits (18 août - 16 septembre)

- Les dix jours des décades : primidi, duodi, tridi, quartidi, quintidi, sextidi, septidi, octidi, nonidi, décadi.

- Les six jours supplémentaires de fin d'année (sansculottides) : jour de la vertu (17 septembre) ; jour du génie (18 septembre) ; jour du travail (19 septembre) ; jour de l'opinion (20 septembre) ; jour des récompenses (21 septembre) ; jour de la Révolution (seulement les années bissextiles).

Girondins et Montagnards : deux mondes

Voici donc face à face deux factions, deux façons de penser. Les Girondins, plutôt originaires des grands ports, condamnent les massacres de septembre – même s'ils n'ont rien fait pour les arrêter. Ils représentent la bourgeoisie fortunée, possédante, industrielle et commerçante.

- Leur grand projet est de décentraliser le pouvoir.

- Ils l'ont ébauché en créant les quatre-vingt-trois départements et ils voudraient que Paris ne représente qu'un quatre-vingt-troisième d'influence, comme chacun des autres départements.

- Le commerce et les prix doivent être libres.

Les Montagnards représentent la bourgeoise moyenne et les classes populaires. Cette bourgeoisie moyenne va se servir des sans-culottes comme d'une main armée. Les idées montagnardes sont exactement inverses :

- ✔ Paris est le centre de la France.
- ✔ Pour les députés de la Montagne, la plupart élus parisiens, tout doit converger vers la capitale.
- ✔ Le gouvernement doit ajouter à la centralisation une autorité sans faille, y compris dans le commerce qui est rigoureusement surveillé et organisé !
- ✔ La Révolution doit être sauvée par tous les moyens, même les plus impopulaires.

Les Montagnards sont là !

Deux hommes dominent cette Montagne : Danton, dit l'aboyeur – ou le corrompu – et Robespierre l'incorruptible, son Rousseau toujours en poche et en bouche. Sans tarder, les Girondins attaquent Danton : ils l'accusent d'avoir détourné des fonds lorsqu'il était ministre. Ils attaquent Robespierre : il n'a cessé de tyranniser l'Assemblée. Ils attaquent Marat : il a excité les septembriseurs, les massacreurs de septembre ! Halte là ! Les Montagnards sont là : en réponse à ces accusations, après la découverte le 20 novembre 1792 d'une armoire de fer contenant la correspondance de Louis XVI avec l'étranger, Robespierre va exiger que se tienne le procès du roi. Et demander sa mort !

« Guerre aux châteaux, paix aux chaumières ! »

Le projet de Robespierre est voté, par 707 voix sur 718. Le 11 décembre 1792, Louis XVI comparaît à la barre de la Convention pour la première fois. Les réponses qu'il fournit aux questions posées sont embarrassées. Il sait trop bien quelle sera l'issue de son procès. Le 25 décembre, il rédige son testament. Le lendemain, il comparaît pour la deuxième fois à la Convention : son procès s'ouvre enfin. Les Girondins vont tenter de sauver le roi, quitte à renier leurs discours enflammés contre le pouvoir monarchique, prononcés quelques mois auparavant. Mais le 4 janvier 1793, Bertrand Barère, le président de la Convention, invite clairement les députés à prendre leurs responsabilités, sans tenir compte de l'indulgence contenue dans les arguments des Girondins. Quelle peine doit être prononcée contre le roi Louis XVI ? L'Assemblée passe au vote le 18 janvier :

> ✔ 361 députés se prononcent pour la peine de mort, dont Philippe d'Orléans, devenu, dans le style sans-culotte, Philippe-Égalité. Philippe-Égalité est le cousin du roi, le descendant du frère de Louis XIV, le père du futur Louis-Philippe.
>
> ✔ 360 députés votent contre la peine de mort.

Louis XVI, trente-neuf ans, calme et déterminé

Louis XVI a dormi paisiblement dans la nuit du 20 au 21 janvier. À son réveil, il s'est mis en prière, puis il s'est préparé.

Paris sous la neige

21 janvier 1793. Six heures du matin. Louis XVI entend la messe. À huit heures, Santerre – le riche brasseur – se présente à la prison du Temple avec les officiers municipaux. Sur la place Louis-XV où est dressée la guillotine – place de la Concorde –, les spectateurs ont commencé à s'attrouper depuis une heure du matin ! Paris est couvert de neige. À huit heures, Louis, vêtu d'une chemise, d'un gilet de molleton blanc, d'une culotte et de bas gris, s'assoit dans le carrosse de couleur sombre qu'entourent 1 500 soldats. Un déploiement de force étonnant maintient Paris dans une atmosphère étrange. Cet homme qui va être décapité est le roi ! Il a trente-neuf ans. Un complot a-t-il été préparé pour l'enlever ? Sans doute : les conjurés auraient prévu d'emprunter un petite rue coupant celle du trajet, forçant la garde et s'emparant du roi. Au dernier moment, ils auraient renoncé.

Ferme et courageux

Pendant deux heures, le cortège roule dans les rues enneigées. À dix heures, le roi parvient au pied de l'échafaud. Il enlève son gilet, accepte après avoir esquissé un mouvement de refus, de se laisser lier les mains. Il accepte aussi qu'on lui coupe les cheveux. Il gravit l'escalier raide qui le conduit sur la plateforme, lentement, avec assurance. Tout le monde note son air déterminé, courageux, sa fermeté et son calme.

« Fils de Saint-Louis, le ciel vous attend ! »

Les tambours de l'escorte ne cessent de battre. Ils s'arrêtent un moment lorsque Louis fonce vers ceux qui l'attendent depuis le cœur de la nuit. On l'entend alors dire avec force : « Je meurs innocent des crimes dont on m'accuse ! Je pardonne aux auteurs de ma mort ! Je prie Dieu que mon sang ne retombe pas sur la France. » Santerre est là qui fait repartir le roulement des tambours. Louis crie à la foule des mots que les plus rapprochés ont pu reconnaître : « Dieu… Sang… France… » On entend aussi son confesseur, l'abbé Edgeworth, lui dire : «Allez, fils de Saint-Louis ! Le ciel vous attend ! »

Le sang du roi

Louis est plaqué contre la planche verticale qui bascule sur son axe. Il se retrouve à l'horizontale, le cou engagé dans le demi-cercle de bois, sous la lame. La pièce coulissante destinée à lui maintenir la nuque glisse aussitôt. Puis la lame tombe. La tête est détachée du corps. Charles-Henri Sanson, le bourreau, la saisit par les cheveux et la montre au peuple assemblé. Des Marseillais, des Brestois trempent dans le sang du roi leur mouchoir, leurs mains, ou bien des enveloppes qu'ils placent au bout de leur pique. Un citoyen se hisse près de la guillotine, prend des caillots qui se sont formés, et les lance sur la foule. 10h22, place Louis-XV, le paroxysme de l'horreur vient d'être atteint.

La guerre de Vendée

Il faut à la Convention de plus en plus de soldats pour lutter contre l'envahisseur prussien et autrichien. La Vendée sollicitée par la Convention va répondre à sa façon.

Les Blancs de Cathelineau

La mort du roi ne résout rien. Elle provoque même le déchaînement des monarchies européennes contre la France ! L'armée révolutionnaire, galvanisée par la – fausse ? – victoire de Valmy, poursuit sa politique de conquête qui est pour elle une politique de libération des peuples opprimés par les rois : les généraux qui conduisent les troupes françaises à l'assaut de l'Europe justifient leur action par cette formule : « Guerre aux châteaux, paix aux chaumières ». Une victoire suit celle de Valmy : Jemmapes. Mais les revers ne tardent pas : en mars 1793, Dumouriez est battu à Neerwinden ; puis Custine doit évacuer la rive gauche du Rhin. C'est le moment que choisissent Dumouriez et le futur Louis-Philippe pour trahir leur camp et passer à l'ennemi !

La fleur de lys pour emblème

Après la défaite de Neerwinden, la retraite de Custine, il faut réagir : la Convention décide la levée en masse de 300 000 hommes. Des administrateurs sont envoyés dans tous les départements dans les villes, les villages pour tirer au sort des hommes parmi les célibataires. Mais en Vendée, ces

Blancs, Bleus, chouans

Contre les Vendéens, les soldats de la République – les Bleus – sont envoyés au cours de l'été 1793. Les Blancs – les Vendéens – battent les Bleus à Torfou, en septembre. Les Bleus battent les Blancs à Cholet, le 17 octobre 1793. Les Vendéens doivent franchir la Loire. La plupart de leurs chefs ont été tués. Ils sont 80 000 hommes, femmes, enfants, longue et lente colonne sans ordre et sans grand espoir qui s'en vont alors vers Granville. C'est ce qu'on appelle la virée de galerne – d'un mot celtique qui désigne le vent du nord-ouest. Ils espèrent le secours des émigrés et des Anglais qui combattent aussi la Révolution.

Mais rien ne viendra. Ils échouent dans leur tentative de prendre Granville, se replient sur Angers, puis sont refoulés vers Le Mans où les Bleus de Marceau les écrasent. Le reste repart vers Savenay – en Loire-Atlantique – où Kléber, Marceau et Westermann les achèvent le 23 décembre : 15 000 morts jonchent les terres de Savenay. Les prisonniers, femmes et enfants compris, ont été fusillés, dépouillés de leurs vêtements. Jusqu'en mai 1794, la Vendée va être parcourue par les colonnes infernales de Turreau qui vont brûler, détruire, piller, assassiner les populations dans des conditions atroces : des jeunes filles sont écartelées, les jambes attachées à des branches d'arbres, des femmes enceintes sont écrasées sous des pressoirs, des enfants sont embrochés et rôtis.

En février 1795, une paix temporaire est signée avec Charrette. Mais, dès l'été, le 27 juin 1795, des émigrés et des Anglais débarquent à Quiberon. Ils se joignent aux chouans de George Cadoudal. Les chouans sont les combattants du nord de la Loire, initialement sous les ordres de Jean Cottereau dont le grand-père, contrebandier du sel, imitait le cri du chat-huant, cri repris comme signe de ralliement. Les 16 et 17 juillet 1795, les chouans et leurs alliés sont battus. Les 751 prisonniers sont condamnés à mort et exécutés. Stofflet et Charrette sont arrêtés et fusillés. Les guerres de Vendée ont fait 150 000 morts.

administrateurs sont molestés, et bientôt, c'est une armée de Vendéens qui se constitue, contre la Révolution ! Elle a pour emblème, non pas la fleur de lys – ce n'est pas une armée qui défend la royauté – mais le sacré-cœur : elle se bat pour conserver sa religion, protéger ses prêtres réfractaires.

17 juillet 1793 : la mort de Cathelineau

Cathelineau, un ancien colporteur, et Stofflet, l'officier royaliste lorrain, en prennent le commandement, en même temps que les nobles d'Elbée, Charrette, La Rochejaquelin. Ces Vendéens qu'on appelle les Blancs s'emparent de Cholet le 14 mars 1793, puis de Chalonnes le 22 mars. Le 9 juin, ils prennent Saumur. Trois jours plus tard, Cathelineau est nommé généralissime de l'armée catholique et royale. Il veut diriger ses troupes sur Tours, puis sur Paris ! Mais il juge plus prudent d'investir pour l'instant Angers, puis Nantes où il est gravement blessé d'un coup de mitraille pendant que ses troupes battent en retraite. Il meurt le 17 juillet à Saint-Florent le Vieil.

2 juin 1793 : la fin des Girondins

L'armée révolutionnaire accumule les défaites. Pour les expliquer, à Paris, circule le bruit d'un complot royaliste ! Et qui seraient les complices de ce complot ? Les Girondins…

La loi du maximum

Dans la capitale, il n'y a plus de pain ! Dans tout le pays, les assignats ne valent plus rien ! Des émeutes éclatent partout ! Tout cela, selon les extrémistes révolutionnaires, ne peut avoir qu'une cause : les Anglais qui se seraient joints aux royalistes pour convaincre les Girondins de terminer cette Révolution française qui n'en finit pas ! La solution est trouvée par Marat et Robespierre : au début d'avril 1793, ils demandent l'arrestation des députés girondins ! En même temps, afin de se concilier le peuple, ils font voter la loi du maximum qui fixe un prix plafond pour les grains : les prix ne grimperont plus !

Comment les Girondins ripostent-ils aux accusations de Marat et Robespierre ? Ils commettent une maladresse : Marat s'étant répandu en injures contre eux dans son journal, ils le font traduire devant le tribunal révolutionnaire créé le 10 mars 1793 et dont l'accusateur public se nomme Antoine Fouquier-Tinville – fils d'un riche cultivateur picard.

Figure 2-2 :
Marat par
Jacques-
Louis David.

Les Girondins experts en maladresses

Évidemment, Marat compte nombre d'amis ou sympathisants dans ce tribunal. Il est triomphalement acquitté ! Experts en maladresses, les Girondins en commettent une deuxième : l'arrestation de deux révolutionnaires « enragés » Hébert et Varlet. Les délégués de la commune de Paris viennent dès le lendemain réclamer leur libération. Troisième maladresse : le bruit court – et il n'est pas faux – que les Girondins auraient réuni une armée en Normandie pour marcher sur Paris. Quatrième maladresse : le député girondin Isnard leur répond que si les insurrections continuent, il fera raser Paris, au point même qu'on se demandera si la capitale a existé !

Trois jours de tocsin !

Aussitôt, les sections populaires parisiennes sont mises au courant de cette menace. Elle a pour effet d'exciter le peuple qui réagit en sonnant le tocsin pendant trois jours, en rassemblant 100 000 hommes autour de la Convention commandés par un ténor de la rue Mouffetard : Hanriot ; des canons sont pointés sur l'Assemblée ! Le 2 juin 1793, la partie est gagnée. Au total, cinquante députés girondins sont arrêtés ! Certains vont réussir à s'enfuir en province, tentant de soulever les populations, les autres vont être emprisonnés et attendre leur procès qui aura lieu quelques mois plus tard. Les récits de ceux qui arrivent à Caen impressionnent tant une jeune fille de vingt-cinq ans – Marie-Anne Charlotte de Corday d'Armont – qu'elle décide de monter à Paris. Son objectif : tuer Marat.

« J'ai bien le droit d'être curieuse, je n'en ai jamais vu ! »

Elle naît le 27 juillet 1768 aux Champeaux, à la ferme du Ronceray. Elle est le quatrième enfant de petits nobles. Son père, Jacques-François de Corday d'Armont est l'arrière-petit-fils de Marie Corneille, sœur de Pierre Corneille. Elle grandit, lit Rousseau, se passionne pour ses idées. Marat aussi lit Rousseau. On l'a même vu un jour, près du jardin des Tuileries, déclamer des passages du *Contrat social* devant des dizaines de révolutionnaires qui applaudissaient à tout rompre ! Mais la jeune fille des Champeaux n'aime pas Marat. Elle l'appelle le massacreur de septembre. Pour elle, c'est un dictateur, c'est celui qui a fait guillotiner le confesseur de sa mère disparue, c'est un fou, un sanguinaire ! Il faut le tuer, elle va le faire !

Le 9 juillet 1793, après avoir fait ses adieux à ses amis sans leur révéler son projet, après avoir brûlé tous ses papiers, elle part pour Paris. Elle y arrive le 11 juillet, loue une chambre à l'hôtel de la *Providence*. Le 13 juillet, vers huit heures, elle se rend au Palais-Royal où, dans une boutique, elle achète un couteau de table, à manche de bois brun, à virole d'argent. Le même jour, à onze heures, elle tente de se faire introduire chez Marat, prétextant qu'elle détient des renseignements sur les Girondins de Caen, mais elle n'est pas reçue. Elle y retourne le soir. Marat soigne son eczéma chronique dans sa baignoire. Elle lui dicte la liste des députés de Caen, il se penche pour écrire, elle lui plante son couteau dans la poitrine sous la clavicule droite, sectionnant l'artère sous-clavière ; Marat meurt aussitôt.

Arrêtée sur place, elle est emprisonnée à la Conciergerie. Le mercredi 17 juillet, l'accusateur public Fouquier-Tinville obtient contre elle la peine de mort. Elle reste debout dans la charrette qui la conduit à l'échafaud, passe rue Saint-Honoré où Robespierre, Camille Desmoulins et Danton se penchent à la fenêtre. L'attelage débouche bientôt, sous un violent orage, place de la Révolution où se trouve la guillotine. Charles-Henri Sanson, le bourreau, se place devant la jeune condamnée afin de lui éviter la vue de l'instrument du supplice. Elle l'écarte en lui disant : « J'ai bien le droit d'être curieuse, je n'en ai jamais vu ! »

Sanson dit qu'elle est douce et grande, qu'elle est courageuse, qu'elle est belle. Ses longs cheveux châtains ont été coupés à la Conciergerie, elle est prête, elle va d'elle-même se placer contre la planche. Fermin, l'aide de Sanson, la pousse, elle bascule, le couperet tombe. Elle s'appelait Marie-Anne Charlotte de Corday d'Armont. Charlotte Corday. Elle avait vingt-cinq ans.

1793 à 1794 : Robespierre et la dictature de la vertu...

La constitution de l'an I est votée en juin 1793, mais elle ne sera jamais appliquée : les révolutionnaires, Robespierre en tête, décident de la mettre de côté… Ils sentent la République tellement menacée qu'ils vont avoir recours à des moyens plus qu'autoritaires.

La République une et indivisible

Depuis la chute de la royauté, la France se trouve sans constitution. Celle qui est adoptée le 24 juin 1793 est l'œuvre des Montagnards. Cette constitution de l'an I est très démocratique. Ses auteurs principaux sont Saint-Just et Hérault de Séchelles. Elle confie le pouvoir législatif à une assemblée élue pour un an, au suffrage universel. Cette assemblée nomme pour deux ans vingt-quatre membres d'un conseil chargé du pouvoir exécutif. De nombreux droits sociaux sont accordés aux citoyens : droit au travail, à l'instruction, à la subsistance pour les indigents. Elle est approuvée par référendum – deux millions de voix favorables, cinq millions d'abstentions. Mais les conventionnels eux-mêmes la jugent inapplicable en raison des dangers qui menacent la République. Le texte va être enfermé dans une arche de cèdre… pour n'en plus jamais sortir ! Son article premier précise : la République est une et indivisible.

Figure 2-3 :
Portrait de
Robespierre.

6 avril 1793 : formation du comité de salut public

Plus de Gironde à Paris – plus de Marat non plus… –, mais Paris n'est pas la France tout entière : en province, les Girondins parviennent à soulever de grandes villes comme Bordeaux, Bayonne, Marseille, Toulon ! Plus de la moitié des départements se révoltent. En Corse, Paoli se déclare le seul maître de l'île. Les Anglais ont débarqué à Dunkerque et Toulon ! Les Espagnols vont s'emparer du Roussillon ! La République est menacée de partout. Alors, l'incorruptible Robespierre, l'idéaliste, le rêveur d'un monde meilleur abandonne pour un temps son bréviaire « rousseauiste » : il décide d'organiser la dictature ! Mais une dictature à sa façon. Il l'appelle la « dictature de la vertu ». Cette dictature comprend deux comités et un tribunal :

- ✔ Un comité de salut public qui devient le véritable gouvernement, créé le 6 avril 1793. On y trouve Danton, Saint-Just, Carnot, Couthon, Billaud-Varenne, Collot d'Herbois. Ils siègent en permanence aux Tuileries, ne rentrant pas même dormir chez eux, couchant sur des lits de fortune.

- ✔ Un comité de sûreté générale à qui est confié le rôle de police politique, c'est-à-dire l'arrestation, sur dénonciation, des traîtres ou des trop peu convaincus des idées révolutionnaires.

- ✔ Danton crée le tribunal révolutionnaire composé de cinq juges, et que préside le fils d'un riche propriétaire picard : Fouquier-Tinville.

La province n'est pas oubliée : des représentants en mission y sont envoyés. Ils doivent faire appliquer par tous les moyens les décisions prises par le Comité de salut public, et, autant qu'ils le peuvent, faire régner la terreur, ce que va particulièrement réussir l'envoyé en mission à Nantes, le sinistre Carrier…

Septembre 1793 : la terreur à l'ordre du jour

La création des deux comités et du tribunal satisfait parfaitement les révolutionnaires enragés – ainsi appelle-t-on les partisans d'Hébert, l'Homère de l'ordure, celui qui en veut toujours plus, qui ne cesse de réclamer des têtes ! Dans son journal *Le Père Duchesne*, il milite pour l'arrestation immédiate de tous les suspects. Il entraîne les sans-culottes à une grande manifestation où ils réclament du pain et la guillotine. Dès lors, la situation aux frontières, dans le sud et dans l'ouest, étant plus que préoccupante, les désirs d'Hébert sont exaucés : Robespierre met la terreur à l'ordre du jour le 5 septembre 1793.

Carrier et ses mariages républicains

« Ce monstre est d'une taille assez avantageuse. Il est presque tout en jambes et en bras. Il a le dos voûté, le visage oblong et d'un caractère très prononcé. Son nez aquilin rend encore son regard plus affreux ; son teint est d'un brun cuivré ; il est maigre et nerveux. Quand il est à la tribune et un peu animé, il semble tirer son discours de ses entrailles déchirées, prononçant les R comme un tigre qui gronde. »

Ce portrait de Jean-Baptiste Carrier est écrit par le journaliste Fréron. Il faut ajouter que Carrier, depuis sa jeunesse, est atteint d'alcoolisme chronique. En juin 1793, il est envoyé à Rennes, puis, en octobre, à Nantes. On lui a ordonné de nettoyer les prisons surchargées de cette ville, parce que, dit-on, les Anglais vont arriver ! Alors il imagine – ou approuve – un procédé radical qu'il appelle la déportation verticale. En effet, au lieu de la déportation vers les îles lointaines, il fait embarquer les condamnés sur des barques à fonds plats qui sont coulées au milieu de la Loire.

Les premiers exécutés de la sorte sont des prêtres. Certains d'entre eux s'agrippent au bateau qui les a conduits au lieu du supplice. Leurs bourreaux, parmi lesquels certains reconnaissent leurs anciens paroissiens, leur coupent les mains. Des milliers d'hommes, de femmes, d'enfants périssent dans ce que Carrier appelle la « baignoire nationale ». Pour se distraire, il fait lier face à face, avant de les noyer, un homme et une femmes étrangers l'un à l'autre, nus. Il appelle cette mise en scène le mariage républicain. Il fait fusiller dans la plaine de Gigant près de Nantes, guillotiner sur la place du Bouffay ; il s'installe à la fenêtre de son appartement et parfois, en prenant son café, ivre, fait un signe d'adieu aux condamnés. Rappelé à Paris, Carrier sera guillotiné le 16 décembre 1794.

17 septembre : adoption de la loi des suspects

Tous les ennemis de la République sont visés par les mesures qui seront prises. Douze extrémistes entrent au Comité de salut public. Le 17 septembre, la loi des suspects est adoptée : toute personne ne pouvant justifier de ses moyens de subsistance – les spéculateurs par exemple –, toute personne appartenant à la famille d'un émigré, tous ceux qui par leurs propos ou leurs écrits se montrent ennemis de la Révolution, ceux à qui on a refusé un certificat de civisme, tous ceux-là sont des suspects qui peuvent être emprisonnés, jugés et condamnés, en général à la peine de mort. Cette peine est exécutoire dès le lendemain, sans appel ! Les comités révolutionnaires dressent la liste de ces suspects. C'est dans ce contexte d'exacerbation de toutes les tendances que le procès de Maria Antonia de Habsbourg, l'Autrichienne, la reine de France, va se dérouler les 14 et 15 octobre 1793. Le mercredi 16 octobre, elle est exécutée.

« Je vais rejoindre votre père »

Trois jours après que Robespierre et Saint-Just ont décidé que désormais, jusqu'à la paix, ils gouverneraient seuls, le procès de Marie-Antoinette, trente-huit ans, commence. Elle comparaît le 14 octobre devant le tribunal révolutionnaire présidé par Herman. Elle est assistée de deux avocats : Chauveau-Lagarde et Tronçon du Coudray. L'accusateur public Fouquier-Tinville lit l'acte d'accusation qui souligne les relations de la reine avec l'ennemi, et son rôle dans la dilapidation des deniers publics.

Le procès pourrait tourner en faveur de la reine, car elle se défend avec maîtrise et habileté. Mais le substitut du procureur, l'enragé Hébert, voyant que sa future victime pourrait lui échapper, lance contre la mère du dauphin d'immondes accusations qu'il a publiées dans son journal : la reine aurait eu des relations incestueuses avec son fils. La reine prononce alors ces mots qui demeurent à jamais émouvants dans leur simplicité, leur vérité : « J'en appelle à toutes les mères… » Les avocats de la défense interviennent : ils sont jugés trop indulgents et arrêtés en pleine audience ! À quatre heures du matin, Marie-Antoinette entend sa condamnation à mort. Au petit jour, elle va être préparée pour l'échafaud. Vêtue d'une robe blanche, les épaules couvertes d'un fichu blanc, elle monte dans la charrette des criminels, demeure debout, le dos tourné au cheval. Seule.

Durant le parcours, son regard scrute attentivement le numéro des maisons : elle sait que dans l'une d'entre elles, un prêtre réfractaire va lui donner sa bénédiction – on lui a imposé un prêtre jureur. Elle va monter rapidement les degrés de l'échafaud. Lorsque Sanson la dirige vers la planche verticale, elle lui monte sur le pied et s'excuse aussitôt : « Monsieur, je vous demande pardon, je ne l'ai point fait exprès. » Le bourreau l'attache contre la planche et l'entend : « Ma fille, mes enfants ! Adieu ! Je vais rejoindre votre père. »

31 octobre 1793 : l'humour jusqu'à la mort

Après Marie-Antoinette, les Girondins vont passer devant le tribunal révolutionnaire. Ils sont vingt et un. Ils ont préparé de longues harangues pour leur défense. Mais, trois jours plus tard, le verdict tombe : la mort pour tous. L'un d'eux, Valazé, se poignarde. Les autres vont être conduits à l'échafaud le 31 octobre 1793, dans quatre charrettes, une cinquième étant réservée au cadavre de Valazé. Le premier article de la constitution de 1793 déclarant : « La République est une et indivisible », Jean-François Ducos, ancien député de la Législative, lance ce trait d'humour, au pied de l'échafaud : « Quel dommage que la Convention n'ait pas décrété l'unité et l'indivisibilité de nos personnes ! » Le 6 novembre, c'est Philippe d'Orléans, le régicide, dit Philippe-Égalité, qui est guillotiné. Le 10 novembre, c'est Manon Roland.

Manon !

Le 10 novembre 1793, Jeanne-Marie Roland, dite Manon, la gracieuse et délicieuse Manon, l'égérie du parti girondin, monte à l'échafaud. Depuis les massacres de septembre, elle voue une haine féroce à celui qui laissa se dérouler ces horreurs : Danton. Son mari, Jean-Marie, ministre de l'Intérieur, a démissionné en janvier 1793 et s'est enfui de Paris en mai. Elle ne l'a pas suivi, elle est restée auprès de celui qu'elle aime passionnément : le député François Buzot. Elle a tout avoué à Jean-Marie qui en a profondément souffert avant son exil à Rouen.

Ce dimanche 10 novembre 1793, Manon, alors qu'elle se trouve sur l'échafaud, aperçoit une statue représentant la liberté. Alors, selon le bourreau Sanson qui le rapporte dans ses mémoires, elle dit d'une voix haute et ferme : « Ô Liberté, comme on t'a jouée ! » – devenu sous des plumes un peu emphatiques le fameux « Ô Liberté, que de crimes on commet en ton nom ! »

Jean-Marie Roland apprend la mort de sa femme quelques jours plus tard. Il quitte alors, avec sa canne épée, la maison où il logeait. Il marche en direction de Paris. Au soir, il pénètre dans l'allée d'une forêt, tire sa canne épée et se transperce de deux coups. Sur lui, il laisse ce message : « Qui que tu sois, respecte mes restes ; ce sont ceux d'un homme qui est mort comme il a vécu : vertueux et honnête. » François Buzot, l'amant de Manon, en fuite en Bretagne, se suicide aussi, dans la campagne. On retrouvera son corps une semaine plus tard, dévoré par des loups !

Le bonheur pour chacun

Pendant ce temps, les armées révolutionnaires deviennent victorieuses : Toulon est reprise aux Anglais, les Vendéens sont vaincus par Kléber, Marceau et Westermann, les Autrichiens sont écrasés par Jourdan, pendant qu'à l'est, Hoche remporte des victoires décisives. Puisque la République n'est plus menacée, la terreur n'a plus de raison d'être, c'est ce que pense Danton. Il tente d'en persuader Robespierre. En vain ! Celui-ci tient à poursuivre sa « dictature de la vertu », coûte que coûte, jusqu'à ce que le bonheur soit garanti pour chacun !

14 mars 1794 : Hébert à l'échafaud

Robespierre, le seul maître, le dictateur froid. Hébert, à Paris, ne cesse d'agiter le peuple, il réclame sans cesse des exécutions, demande que le terrorisme s'accentue. Robespierre le juge excessif, lui et les siens : il les envoie à l'échafaud le 14 mars 1794 ; le club des Cordeliers est supprimé. Danton, Camille Desmoulins, Fabre d'Églantine et Hérault de Séchelles continuent de demander l'arrêt de la terreur. Danton commence à négocier avec l'ennemi pour une cessation des hostilités. Robespierre le juge trop indulgent. Il le fait arrêter avec ses amis qu'il accuse d'avoir trempé dans la liquidation frauduleuse de la Compagnie des Indes.

5 avril 1794 : « Tu montreras ma tête au peuple ! »

Le procès des dantonistes a lieu du 2 au 4 avril 1794. Le talent oratoire de Danton est tel qu'il risque de retourner les jurés en sa faveur : on le fait taire, puis on le fait sortir, son procès se poursuit sans lui ! La mort attend Danton et les dantonistes. Le 5 avril, ils sont conduits au supplice. Passant devant la maison Duplay où loge Robespierre, Danton lance, de sa charrette : « Tu te caches Robespierre, mais tu vas me suivre ! » Parvenu sur l'échafaud, ses yeux s'embuent lorsqu'il pense à la femme et l'enfant qu'il laisse. Mais il se reprend et, tonnant comme aux grands jours, il crie au bourreau Sanson : « Tu montreras ma tête au peuple, il n'en voit pas tous les jours de pareilles ! » (La fin est transformée plus tard en «... elle en vaut la peine ! »)

« Adieu, ma Lucile, ma chère Lolotte... »

Camille Desmoulins écrit le 4 avril, veille de son exécution, une dernière lettre qui va parvenir à sa Lucile tendrement aimée : « Adieu, ma Lucile, ma chère Lolotte ! Ô ma chère Lucile, j'étais né pour faire des vers, pour défendre les malheureux, pour te rendre heureuse ! J'avais rêvé une république que tout le monde eût adorée ! Je n'ai pu croire que les hommes fussent si féroces et si injustes ! Ma Lucile, mon bon Loulou, vis pour Horace, notre fils, parle-lui de moi, tu lui diras ce qu'il ne peut entendre, et que je l'aurais bien aimé ! »

13 avril 1794 : « Je vais retrouver Camille ! »

Lucile, Lolotte, va se retrouver sur l'échafaud, une semaine après Camille, le 13 avril 1794. Lucile Desmoulins et la femme d'Hébert sont accusées avec plusieurs autres d'avoir conspiré pour faire évader Danton. Lucile va au supplice avec le sourire, elle réconforte sa compagne. À ceux qui veulent les consoler, elle répond : « Regardez donc si mon visage est celui d'une femme qui a besoin d'être consolée ! Depuis huit jours, je ne forme plus qu'un vœu, celui d'aller retrouver Camille ! Et ce vœu va s'accomplir ! »

Cécile Renault : « Voir comment est fait un tyran »

Robespierre est de plus en plus seul, de plus en plus craint. On redoute ses interventions à la tribune, elles sont souvent des condamnations à mort. Il fait le vide autour de lui, un vide vertigineux. Il poursuit sans faillir son programme de dictature de la vertu, ne supporte aucun écart : dans les premiers jours de juin 1794, une jeune fille simplette, Cécile Renault, se présente à la maison Duplay où loge Robespierre. Elle demande à le rencontrer. On lui en demande la raison. « C'est parce que j'aimerais voir comment est fait un tyran. » Ses grands yeux étonnés découvriront dès le lendemain, en larmes, la guillotine, Robespierre n'ayant pas apprécié la demande…

Juin-juillet 1794 : la Grande Terreur

Au lendemain de la fête de l'Être suprême – un Dieu de substitution, imaginé par Robespierre, lecteur de Rousseau –, le 10 juin 1794, la Convention vote un texte qui désigne presque la France entière comme suspecte ! Plus d'avocat lors des procès, plus d'instruction, plus de témoin, et une seule peine : la mort. Fouquier-Tinville se frotte les mains : en deux mois, pendant ce qu'on appelle la « Grande Terreur », plus de 1 300 personnes sont condamnées à faire connaissance avec celle qu'on appelle, selon le moment ou l'air du temps : la cravate à Capet, l'abbaye de Monte-à-Regrets, la bascule, la lucarne, le vasistas, le rasoir à Charlot, la petite chatière, la veuve, le raccourcissement patriotique, ou bien, la Sainte Guillotine ! Le pourvoyeur se réjouit de voir les têtes tomber, dit-il, comme des ardoises !

« *Comme un dernier rayon, comme un dernier zéphyr…* »

La triste liste des guillotinés s'allonge. On y trouve le savant Lavoisier. On y trouve celui qui a écrit *La Jeune Tarentine*, celui qui va dédier son poème *la Jeune Captive* à Aimée de Coigny, prisonnière comme lui ; celui qui dans sa solitude carcérale compose les Iambes : « *Comme un dernier rayon, comme un dernier zéphyr / Animent la fin d'un beau jour / Au pied de l'échafaud j'essaie encor ma lyre. / Peut-être est-ce bientôt mon tour. / Peut-être avant que l'heure en cercle promenée / Ait posé sur l'émail brillant, / Dans les soixante pas où sa route est bornée, / Son pied sonore et vigilant ; / Le sommeil du tombeau pressera ma paupière. / Avant que de ses deux moitiés / Ce vers que je commence ait atteint la dernière / Peut-être en ces murs effrayés / Le messager de mort, noir recruteur des ombres, / Escorté d'infâmes soldats…* », le poète André Chénier, exécuté le 7 thermidor, deux jours avant la chute de Robespierre ! Son père meurt de chagrin l'année suivante. Son frère, Marie-Joseph Chénier (1764 - 1811), ami de Robespierre et auteur du fameux *Chant du départ* : « La victoire, en chantant, nous ouvre la barrière… », hymne de l'Empire, eût-il pu le sauver ? Oui, c'est presque certain…

8 thermidor : Robespierre s'acharne

Fleurus ! Le 26 juin 1794, les Autrichiens sont repoussés par l'armée de Sambre-et-Meuse aux ordres de Jourdan, Kléber, Lefebvre, Marceau… D'autres victoires suivent, qui garantissent les frontières. La Belgique va être conquise, les armées, Pichegru à leur tête, s'en vont vers la Hollande. Pourtant, Robespierre s'acharne à vouloir faire tomber encore des têtes, encore des ennemis supposés de la Révolution ! Un complot se forme bientôt. Robespierre sent le danger, il prend les devants en annonçant, le 26 juillet 1794 – 8 thermidor - une nouvelle liste de prochaines arrestations, mais il commet l'erreur de ne pas donner de noms.

9 thermidor : Robespierre tombe

Tout le monde se regarde, on ose lui répondre, on l'accuse de tyrannie ! Tétanisé, Robespierre qui sait ce qui l'attend, s'assoit sur le banc de l'Assemblée, devient livide. Dans la soirée, il tente de reprendre l'avantage avec les sections de la Commune, mais elles répondent mollement. Il se réfugie alors à l'Hôtel de Ville le 9 thermidor – 27 juillet. C'est là qu'au cours de la nuit, les troupes de la Convention, conduites par Barras, investissent la pièce où se trouvent Robespierre et ses amis. Que se passe-t-il alors ? Des coups de feu éclatent : Robespierre gît sur le sol, la mâchoire gauche fracassée. A-t-il voulu se suicider ? Est-ce le gendarme Merda qui l'a atteint presque à bout portant, comme il s'en vantera longtemps ?

Devinette

Qu'est-ce qui mesure 1/10 000 000 de la longueur du quart nord du méridien de Paris ? La réponse vous est donnée par Borda, Lagrange, Laplace, Monge et Condorcet qui, depuis 1790, sur une proposition de l'inévitable Talleyrand, ont concocté un système de poids et mesures qui va être décrété le 7 avril 1795 par la Convention : il s'agit du mètre !

Les savants de l'Académie des sciences ont travaillé pendant presque cinq années pour mettre au point le nouveau système qui va s'imposer, lentement, dans toute la France. Are, hectare, gramme, kilogramme, litre, bar... autant de nouveaux mots qui vont remplacer la toise, le pied, le boisseau, la pinte. La Convention, c'est aussi la création du Muséum d'histoire naturelle, par Lakanal, c'est l'agrandissement du jardin des Plantes. La Convention, c'est encore la création de l'école Polytechnique, de l'école des Mines, du Conservatoire national de musique, de l'école des Langues orientales. C'est, pour les éditeurs, l'obligation de déposer à la Bibliothèque nationale deux exemplaires de chaque livre publié, c'est l'institution de la propriété littéraire, par Lakanal. Merci, Monsieur Lakanal...

Un cri terrible

Dès le lendemain de l'attaque de l'Hôtel de Ville, Robespierre et vingt de ses amis, dont Saint-Just, Couthon, Hanriot, Simon, sont conduits à l'échafaud. Robespierre avait été sommairement pansé : sa mâchoire fracassée tenait grâce à des bandes enroulées autour de sa tête. Capable de marcher, il monte seul, sans être aidé, sur la plateforme. Sanson demande à un de ses aides d'enlever les bandages du blessé, car ils risquent d'entraver le bon fonctionnement du couperet dont l'action peut s'interrompre en plein milieu de sa tâche séparatrice – cela s'était déjà vu,.. L'aide enlève alors sans ménagement le bandage, mais emporte la mâchoire qui pend en morceaux ! Robespierre pousse un cri terrible, effrayant ! Il est poussé sur la planche. Sa tête tombe. Elle est montrée au peuple qui applaudit longtemps. Ce 28 juillet – 10 thermidor – 1794, les averses d'orage des jours précédents ne sont plus qu'un mauvais souvenir. Le ciel s'éclaircit. Il fait un grand soleil !

Qui étaient les 16 594 guillotinés dans toute la France ?

« Les aristocrates à la lanterne », chantaient les révolutionnaires ! Les aristocrates ne furent pas pendus, mais guillotinés, comme tout le monde. Cependant, contrairement à ce qu'on pourrait penser, ils ne représentent qu'un faible pourcentage de ceux qui passèrent entre les mains du bourreau Charles-Henri Sanson. Ceux qui ont payé le plus lourd tribut à la Sainte Guillotine sont les ouvriers et les paysans.

- ✔ 31 % d'ouvriers
- ✔ 28 % de paysans
- ✔ 25 % de bourgeois
- ✔ 8,5 % d'aristocrates
- ✔ 6,5 % de prêtres
- ✔ 1 % n'entrent pas dans ce classement

La réaction thermidorienne

La réaction à la dictature de la Montagne ne se fait pas attendre. Ceux qui en prennent la tête, les thermidoriens – ceux qui ont fait tomber Robespierre le 9 thermidor –, sont réalistes : ils poursuivent la guerre, sachant que tant que les Anglais la financent, il est inutile d'espérer signer une paix durable avec l'Espagne, la Prusse, ou la Hollande ! Le peuple tente de reprendre la main, en vain. Pendant ce temps, une jeunesse dorée et insouciante s'en prend aux Jacobins auxquels elle fait la chasse, permettant le retour des royalistes dont la révolte va être matée par un petit général sans le sou : Bonaparte…

Figure 2-4 :
Portrait de Louis XVII au Temple, par Joseph-Marie Vien.

Religions : pas de signes ostensibles...

La liquidation de la terreur va se poursuivre pendant quelque temps : le 16 décembre 1794, Carrier et ses complices sont guillotinés. Le 7 mai 1795, c'est Fouquier-Tinville qui monte à l'échafaud, tout étonné, ne cessant de répéter : « Je n'ai pourtant fait qu'obéir aux ordres... » Sur le plan intérieur, la Convention thermidorienne vote le décret définissant la séparation de l'Église et de l'État : la liberté des cultes est étendue à tout le royaume, mais l'État n'en subventionne aucun, ne rémunère plus aucun ecclésiastique. L'entretien des églises qu'on ouvre de nouveau est confié aux communes. Tous les signes extérieurs – et ostensibles... – d'un culte sont proscrits. Cette même Convention thermidorienne organise l'enseignement primaire, crée une école secondaire dans le chef-lieu de chaque département.

Ça suffit comme ça !

En mars 1795, les députés girondins sont réintégrés à l'Assemblée. Le peuple, lui, continue d'avoir faim, il vient comme au temps des Montagnards, manifester bruyamment son mécontentement. Mais les temps ont changé. La Convention hausse le ton : désormais, les attroupements sont interdits, les insultes, les appels à l'émeute sont punis de prison, voire davantage ! Il est bien fini, le temps de la Commune effervescente, turbulente. La rue n'aura plus la parole ! Les terroristes sont désarmés, les derniers robespierristes, Barère,

Qui était l'enfant du Temple, mort le 8 juin 1795 ?

Le 13 août 1792, un petit garçon de sept ans, prénommé Louis-Charles, monte l'escalier de la grosse tour de l'enclos du Temple – qui appartenait au Xe siècle, aux Templiers. Il suit ses parents Louis XVI, roi de France, et sa mère la reine Marie-Antoinette, ainsi que sa sœur Marie-Thérèse, et sa tante, Madame Élisabeth. Ils y sont prisonniers. L'enfant, devenu roi de droit sous le nom de Louis XVII, le 21 janvier 1793, après l'exécution de son père, est séparé de sa famille le 3 juillet 1793 au soir. Sans quitter la tour-prison du Temple, il est confié au cordonnier Antoine Simon, chargé de républicaniser le petit citoyen Louis-Charles Capet.

Loin du monstre parfois décrit, Simon aidé de sa femme s'attache à l'enfant, le distrait et tente de l'instruire. Est-ce parce qu'il montre trop d'intérêt pour le jeune Louis XVII qu'il est guillotiné en 1794 ? On l'ignore. Louis-Charles est alors logé sous la surveillance de quatre commissaires dans une petite pièce sombre et humide où sa santé se dégrade rapidement – il souffre de tuberculose osseuse. Le lundi 8 juin 1795, vers trois heures de l'après-midi, il rend le dernier soupir dans les bras de l'un des commissaires qui se relaient à son chevet : Lasnes.

Après la mort de Louis-Charles, le bruit court qu'une substitution ayant eu lieu – peut-être avec la complicité de Simon, ce qui expliquerait son exécution – le jeune roi serait toujours vivant. Plus de trente Louis XVII se feront ainsi connaître au XIXe siècle, dont le fameux Nauendorff, pseudonyme d'un certain Luis Capeto, nom fantaisiste de circonstance, horloger, marié aux Açores en 1803. Il semble cependant que Louis XVII, que ses surveillants vigilants n'ont jamais quitté d'un œil – on venait chaque jour trois fois vérifier s'il était bien dans sa chambre, et si c'était bien lui… – est bien mort le 8 juin 1795 au Temple.

Le 19 avril 2000, le prince Louis de Bourbon, duc d'Anjou, successeur des rois de France, annonçait à la presse que les analyses génétiques effectuées sur quelques fragments de cœur confirmaient que l'enfant de dix ans mort à la prison du Temple en 1795 était bien le fils de Louis XVI et de Marie-Antoinette. Dans les journaux, cette nouvelle fut lue par certains comme la dernière page d'un beau roman qu'ils s'étaient bâti, avec, cependant, une autre fin… Le cœur du dauphin Louis XVII a été transféré dans la basilique Saint-Denis le 8 juin 2004.

Billaud, Collot d'Herbois, vont être déportés à Oléron. Les quarante-huit sections de la capitale sont regroupées en douze arrondissements.

20 mai 1795 : la chute de Romme

Cependant, le 20 mai 1795, Paris a une nouvelle poussée de fièvre. Le mathématicien Romme, celui qui a créé avec Fabre d'Églantine le calendrier républicain, prend la tête d'une insurrection qui envahit encore la Convention ! Avec cinq de ses compagnons, il constitue un gouvernement provisoire qui ne dure que quelques heures. Tous les cinq sont arrêtés, condamnés à mort. En prison, à l'aide de deux couteaux, ils tentent de se suicider. Deux d'entre eux, dont Romme, réussissent. Les autres, blessés, sont conduits à l'échafaud. Les 20 et 21 mai, le peuple des faubourgs tente de nouveau d'envahir les Tuileries. Cette fois, ils sont reçus par les soldats de Murat qui les repoussent et envahissent les quartiers constituant une menace pour l'ordre.

1795 : la terreur blanche

Une certaine jeunesse, celle de la petite bourgeoisie marchande, de l'administration, ou des métiers de la justice sort d'une espèce de léthargie apeurée où l'avaient plongée les excès de la Montagne. Ils ont leur quartier au Palais-Royal, au café de *Chartres* – actuellement le *Grand Véfour*. Leur mise est élégante pour contraster avec celle des sans-culottes qu'ils pourchassent avec un gourdin, leur pouvoir exécutif ! Ils se poudrent et se parfument outrageusement au musc – d'où ce nom qu'on leur donne : les Muscadins. Les jeunes filles se promènent dans des tenues presque transparentes, ce sont les Merveilleuses. Ils font aussi la chasse aux Jacobins dont ils obtiennent la fermeture du club. Les républicains sont menacés partout en France, c'est ce qu'on appelle la Terreur blanche. À Lyon, Nîmes, Marseille, Montélimar, Toulon, Aix, de jeunes chasseurs de Jacobins envahissent les prisons, y massacrent les partisans de la République qui viennent d'y être enfermés !

Le réveil des royalistes

En interdisant au peuple ses manifestations spontanées de mécontentement, la Convention veut endiguer les excès de la gauche extrémiste. Mais ne risque-t-elle pas de favoriser les extrémismes de droite ? C'est ce qu'elle tente de prévenir en décrétant, le 30 août 1795, que les deux tiers des membres de la prochaine assemblée doivent avoir été membres de la Convention. Évidemment, les royalistes sont ainsi écartés du pouvoir ! Ils réagissent, les royalistes, dans toute la France : dans la vallée du Rhône, en Bretagne, en Vendée ; les émigrés débarquent à Quiberon – sans succès. À Paris, le 2 octobre 1795, les royalistes décident d'attaquer la Convention. Les Muscadins, les incroyables et les bourgeois se sont joints à eux. Cette armée improvisée n'a qu'une vague idée de l'action violente. Barras, personnage plutôt louche, ancien ami de la comtesse de la Motte, ancien député du Var qui a joué un rôle déterminant dans la chute de Robespierre, vient d'être chargé d'endiguer cette poussée de fièvre. Il ne sait comment il va s'y prendre.

Figure 2-5 : Le Grand Vefour, rendez-vous des Muscadins et des Merveilleuses.

Une histoire d'amour...

Elle s'appelle Thérésa Cabarus, elle est née en 1773. Fille d'un richissime banquier madrilène, elle s'est mariée à quatorze ans, en France, au marquis de Fontenay, puis s'en est séparée. En 1793, jugée suspecte, elle est internée près de Bordeaux. Craignant pour sa vie, elle demande au représentant en mission, Jean-Lambert Tallien, une entrevue dans la cellule de sa prison : elle a des révélations à lui faire… Ils passent la nuit ensemble ! Le lendemain, elle s'installe chez lui ! Elle va désormais s'employer à sauver des têtes. Tallien rentre à Paris, elle le suit. Robespierre la déteste, parce qu'elle parvient à éviter la guillotine à certains de ses adversaires. Il la fait emprisonner. Tallien n'ose s'opposer au tyran, jusqu'au jour où Thérésa, le 7 thermidor, lui envoie un billet où elle lui annonce qu'elle va être exécutée le 9 ! Elle l'accuse de lâcheté. Que fait Tallien ? Il provoque la chute de Robespierre, le jour prévu de l'exécution : le 9 thermidor ! Le 11, Thérésa sort triomphalement de prison, elle devient, dans ses robes légères, la reine du Paris insouciant. On lui donne le nom de Notre-Dame de Thermidor ! L'histoire, c'est si souvent une histoire d'amour…

Le petit général...

C'est alors qu'il pense à un jeune général sans le sou, un petit Corse : Napoléon Bonaparte ! Le 5 octobre 1795 – 13 vendémiaire de l'an IV – la Convention est entourée par les forces armées. Joachim Murat, sous les ordres de Bonaparte, s'empare des canons restés dans la plaine des Sablons, et qui vont servir à repousser les émeutiers. Le dernier îlot de résistance se situe à l'église Saint-Roch. Il faut tirer à bout portant sur les récalcitrants, enlever une barricade à la baïonnette. Mais le soir, l'ordre est rétabli, la République est sauvée ! Grâce au petit général, devenu, aux yeux du peuple, *le général Vendémiaire…*

« La paille au nez » !

Sous les arcades du Palais-Royal, depuis le 15 septembre 1795, un petit général erre, l'âme en peine. Son visage de jour en jour jaunit, pâlit, il a faim, il n'a plus rien à manger. Ses vêtements sont élimés. Il n'a plus un sou ! Il tente de se faire inviter dans les salons à la mode pour subsister. Il a des idées noires, et certains soirs, même, une dangereuse mélancolie l'envahit. Il a été radié de la liste des généraux employés par le Comité de salut public. Pourquoi ? Parce qu'il était le protégé du frère de Robespierre.

Le petit général n'est pas si petit que cela, il mesure 1,68 m. Ses ancêtres habitaient l'Italie, en Toscane. Ils sont venus s'installer en Corse, cette île devenue française en 1768. Le petit général – qui n'est autre que le *petit caporal*, vous l'avez deviné… – est né à Ajaccio le 15 août 1769. C'est le deuxième des treize enfants de Charles Bonaparte, un avocat au conseil supérieur de Corse, et de Marie-Letizia Ramolino. Ils lui ont donné pour prénom : Napoléon ! Napoléon enfant est d'un tempérament plutôt sombre mais plein de fougue, il est volontiers querelleur. Il vient en France faire des études au collège d'Autun, en compagnie de son frère Joseph, leur père ayant obtenu une bourse d'enseignement.

À son arrivée à Autun, en décembre 1778, Napoléon devient vite une curio-sité pour ses camarades : il ne parle presque pas français et répond par un curieux Napolioné, quand on lui demande son prénom. Il est alors sur-nommé « la paille au nez » ! À onze ans, il est inscrit à l'École militaire de Brienne, dans l'Aube, réservée aux enfants de la noblesse pauvre. Entré en 1784 à l'École militaire de Paris, il en sort l'année suivante. À seize ans, il est lieutenant d'artillerie ! Il se retrouve en garnison à Valence, puis à Auxonne, en Côte-d'Or, où Monsieur Pillet lui refuse la main de sa fille Manesca : il envisage pour elle des partis plus prometteurs ! Le lieutenant Bonaparte séjourne souvent en Corse dont il aimerait devenir l'un des hommes importants, mais il se brouille avec le nationaliste Paoli.

Le 11 juin 1793, les Bonaparte doivent s'exiler précipitamment en France, leur maison est détruite par les parti-sans de Paoli ! Ils débarquent à Toulon où les royalistes se sont révoltés, aidés des Anglais. Sous les ordres du général Dugommier, Bonaparte fait si habilement manœuvrer son artillerie que la manifestation est écrasée ! Les Anglais quittent la ville le 18 décembre 1793. Bonaparte devient alors général de brigade, il a vingt-quatre ans. Rayé de son grade par les thermidoriens, il erre sous les arcades du Palais-Royal, lorsque Barras qui se rappelle Toulon pense à lui…

26 octobre 1795 : le début du Directoire

Deux assemblées, cinq directeurs, huit ministres, le Directoire va vivre cinq années avant le coup d'État du 19 brumaire, le 9 novembre 1799.

Cinq directeurs

Le 22 août 1795, sous l'influence de Boissy d'Anglas, l'Assemblée vote la Constitution de l'an III pour remplacer la Constitution de 1793 jamais appliquée. Tout a été pensé, dans cette nouvelle constitution, pour éviter une dictature : les députés vont composer deux assemblées au lieu d'une. Ce seront le conseil des Cinq Cents qui discute et vote les résolutions, et le conseil des Anciens – 250 membres – qui transforme ou non les résolutions votées en loi. Pour siéger au conseil des Anciens, il faut avoir plus de quarante ans. Ces députés sont élus au suffrage censitaire, c'est-à-dire que seuls les électeurs disposant d'une petite fortune votent. Le terme Directoire vient du mot directeur. Élus pour cinq ans par le conseil des Anciens, les cinq directeurs qui le composent sont renouvelables à raison d'un seul par an. Ils nomment huit ministres. Bref, le spectre de Robespierre le dictateur, est maintenu à distance !

Figure 2-6 :
Exécution de Marie-Antoinette place de la Révolution, aujourd'hui place de la Concorde.

Place de la Concorde

Il y eut la place Louis XV. Il y eut la place de la Révolution. Il y a désormais la place de la Concorde ! Ainsi en décident les membres de la Convention avant de se séparer le 26 octobre 1795 ! Ils espèrent que cette place deux fois débaptisée ne connaîtra plus jamais d'explosions de colère – ils ignorent le moteur à explosion... Une amnistie générale est votée, sauf pour les émigrés et les déportés. Le même jour, Bonaparte dont la silhouette s'est remplumée depuis qu'il a été nommé général de division le 16 octobre 1795, devient commandant en chef de l'armée de l'intérieur. Le même jour encore, ce 4 brumaire de l'an IV – le 26 octobre –, la Convention est remplacée par le nouveau gouvernement : le Directoire.

Chapitre 3

1796 à 1815 : Bonaparte, Napoléon, Austerlitz, Waterloo

Dans ce chapitre :

▶ Suivez Bonaparte dans ses campagnes d'Italie et d'Égypte
▶ Assistez à l'ascension du consul Bonaparte
▶ Devenez les témoins de l'Empire et de son épopée guerrière

*L*e petit général sans le sou qui hante les arcades des jardins du Palais-Royal en 1795 cachait un profil étonnant qui va entrer de son vivant dans la légende. Devenu consul après ses campagnes victorieuses sous le Directoire, il désire apporter la paix et la stabilité à la France. Mais il va devoir lutter contre la Prusse, l'Autriche, contre l'Angleterre surtout, qui le laisse tenter d'unifier par le fer et le sang l'Europe continentale, pendant qu'elle s'assure la maîtrise définitive des mers, voies les plus sûres vers toutes les parties du monde. Qu'on l'aime ou le déteste, l'empereur Napoléon ne laisse pas indifférent. Beaucoup de rues de la capitale, d'avenues, de monuments parlent de lui, des hommes qui l'on suivi, mettant leurs pas dans les pas des géants d'anciennes mythologies, celles qui inspirent à la fois la terreur et la pitié ; mais qui souvent aussi font rêver.

Les sept coalitions contre la France

Les puissances européennes s'allient contre la France entre 1792 et 1815. Elles forment sept coalitions successives. L'empereur Napoléon va faire face aux quatre dernières.

- ✔ Première coalition, 1792-1798 : Angleterre, Autriche, Espagne, Hollande, Prusse.
- ✔ Deuxième coalition, 1799-1802 : Angleterre, Autriche, Naples, Suède, Russie.
- ✔ Troisième coalition, 1804-1805 : Angleterre, Autriche, Naples, Suède, Russie.
- ✔ Quatrième coalition, 1806-1807 : Angleterre, Prusse, Suède, Russie.
- ✔ Cinquième coalition, 1808-1809 : Angleterre, Autriche.
- ✔ Sixième coalition, 1813-1814 : Angleterre, Autriche, Prusse, Suède, Russie, bientôt rejoints par les États allemands, membres de la Confédération du Rhin.
- ✔ Septième coalition, 1815 : Angleterre, Autriche, Prusse, Suède, Russie.

Bonaparte en campagnes

En Italie, contre les Autrichiens, le pauvre général Vendémiaire devient le Petit Caporal, surnom familier que lui donnent ses soldats à qui il offre la gloire de victoires fulgurantes. Puis, c'est l'Égypte, une épopée incertaine habilement transformée en conquête aux multiples victoires. Au retour de l'Égypte, il conduit une campagne victorieuse qui lui donne le pouvoir grâce au coup d'État du 19 brumaire… Juste avant de repartir pour l'Italie où les Autrichiens remuent encore. De retour en France, il est nommé consul à vie. Il entame alors une campagne d'organisation du pays, le réforme en profondeur, y installe des codes et des structures qui nous gouvernent encore…

1796 à 1797 : l'Italie, Arcole et Rivoli…

L'Italie n'avait pas réussi à Charles VIII, ni à Louis XII, ni à François Ier, finalement, qui y échoua à Pavie. Napoléon

Bonaparte ne prend pas, comme ces trois rois, la tête d'une ruée de chevaliers prétentieux engoncés dans leurs armures incommodes, il se met à la tête d'une troupe de va-nu-pieds à qui il s'adresse ainsi : « *Soldats vous êtes nus, mal nourris ; le gouvernement ne peut rien vous donner. Vous n'avez ni souliers, ni habits, ni chemises, presque pas de pain et nos magasins sont vides. Ceux de l'ennemi regorgent de tout, c'est à vous de les conquérir. Je vais vous conduire dans les plus fertiles plaines du monde…Vous y trouverez bonheur, gloire et richesse. Partons ! »* Et ils partent vers Milan, vers Mantoue, déloger les Autrichiens qui dominent les princes italiens et menacent la France. Mais revenons un instant vers le Directoire et ses problèmes d'argent…

L'assignat dévalué de… 99 %

Le Directoire n'a qu'un souci, le premier de tous les soucis : la situation financière ! Elle est catastrophique, les caisses sont vides ! L'assignat s'est dévalué de 99 % – à titre de comparaison, l'action Eurotunnel, entre son cours le plus haut et son cours le plus bas a accompli à peu près la même performance… Pendant que des bandes de spéculateurs, de parvenus du commerce et de la finance, multiplient les scandales et s'enrichissent outrageusement, le pays tout entier meurt de faim ! Supprimé en 1796, l'assignat est remplacé par un nouveau papier monnaie : le mandat territorial. Le résultat est pire : il doit être lui aussi supprimé. Finalement, la banqueroute de l'État est déclarée aux deux tiers, le 30 septembre 1797. Cependant, depuis 1796, la guerre a repris, une guerre qui, dans l'esprit de ceux qui l'ont provoquée, doit rapporter de l'argent rapidement. Or, dans les premiers temps, ce n'est pas le cas…

Bonaparte vainqueur !

C'est Lazare Carnot, l'un des directeurs, responsable militaire, qui a préparé un plan d'attaque au début de 1796 : deux armées, confiées à Jourdan et Moreau, doivent traverser l'Allemagne pour atteindre Vienne et contraindre l'Autriche à céder à la France ses frontières naturelles, la barrière du Rhin. Une troisième armée, moins importante, devra battre les princes italiens, sous la domination des Autrichiens. Mais cette troisième armée étant la plus démunie, on ne compte sur elle que pour opérer une diversion. On la confie au petit général

Bonaparte. Jourdan traverse le Rhin, s'avance vers Cologne, rencontre l'archiduc autrichien Charles, frère de l'empereur François II – et neveu de Marie-Antoinette – qui le bat à plate couture ! Moreau qui avait fait reculer les Autrichiens jusqu'au Danube et espérait les renforts de Jourdan doit opérer une retraite délicate. Un seul général est victorieux depuis avril 1796, sur toute la ligne : Bonaparte !

Le plus joli du monde

« *Elle avait le plus joli* – ici, le terme employé par Bonaparte est censuré, on peut trouver l'équivalent de sa pensée, si tant est qu'en ce domaine c'en est une, dans le dictionnaire, au mot callipyge – *du monde !* » Marie-Josèphe Rose Tascher de La Pagerie – surnommée Yéyette dans son enfance martiniquaise – devient l'épouse de Bonaparte le 9 mars 1796. Veuve d'Alexandre de Beauharnais, guillotiné cinq jours avant le 9 thermidor, elle a bien failli elle aussi monter à l'échafaud. Aussitôt son mariage, Bonaparte part pour la campagne d'Italie. Il supplie Joséphine (Marie-Josèphe) de l'y rejoindre. Elle y va, accompagnée de… son amant, le beau lieutenant des hussards Hyppolite Charles !

Afin de se procurer de l'argent, elle trempe dans un trafic de chapeaux de paille et de saucissons destinés à l'armée ! Elle dépense beaucoup, Joséphine ! Aime-t-elle son mari ? Ce n'est pas sûr : ils envisagent même le divorce en 1799. Mais lorsque le vent tourne en faveur de Bonaparte, Joséphine se ravise. Impératrice en 1804, répudiée en 1810, elle meurt en 1814. L'amour qui n'avait peut-être jamais existé entre les époux impériaux avait été remplacé par la tendresse et la fidélité du cœur.

15 mai 1796 : Bonaparte entre à Milan

Vainqueur partout, Bonaparte ! Vainqueur à Montenotte, en Italie du Nord, le 12 avril 1796, à Dego le 13, vainqueur à Mondovi le 21 ! Le 28 avril, l'armistice est signé avec les Sardes et le roi de Sardaigne à Cherasco. Au traité de Paris, le 15 mai suivant, la France gagne Nice et la Savoie. Et ce n'est qu'un début ! Sus aux Autrichiens ! Voici Lodi, le 10 mai 1796, où les troupes de Bonaparte entraînées par Berthier, Augereau, Lannes et Masséna franchissent un pont alors que la mitraille siffle de partout ! C'est la victoire ! La route de Milan est ouverte ! Napoléon entre dans la ville en libérateur le 15 mai 1796, on lui fait un triomphe.

Rendez-vous à Mantoue

Le Directoire ordonne alors à Bonaparte de se diriger vers l'Italie centrale. Bonaparte trouve cette stratégie stupide : il faut aller d'abord à Mantoue, le point d'appui autrichien. Sans demander l'avis de quiconque, il y va, assiège la ville ! Les Autrichiens, sous le commandement du maréchal Wurmser, accourent alors pour secourir la cité en danger qu'ils libèrent de l'assiégeant ! Bonaparte revient à la charge, chasse les Autrichiens de Mantoue, puis les attaque à Lonato le 3 août 1796 : victoire. À Castiglione, ensuite, le 5 août : victoire – Augereau, sous l'Empire deviendra duc de Castiglione. À Bassano, le 8 septembre : victoire ! Il y a bien Caldiero, le 12 novembre : les Autrichiens, poursuivis par Bonaparte à Bassano ont trouvé refuge dans Mantoue et demandé des renforts. Ceux-ci, 45 000 hommes sous les ordres d'Alvinczy, déployés dans Caldiero, résistent aux Français.

15 novembre 1796 : Arcole et son pont...

Le peintre Antoine-Jean Gros (1771 - 1835) a immortalisé, dans un tableau qu'on peut voir au musée du Louvre, aile Sully, 2e étage, section 54, l'expression résolue de Bonaparte lorsqu'il décide d'entraîner ses hommes sur le pont d'Arcole. Élargissons le plan et voyons, dans les trois paragraphes qui suivent, ce que fut cette bataille d'Arcole...

Prendre Alvinczy en tenailles

Les Français – ils sont 15 000 – sont ralentis à Caldiero, certes, mais c'est pour mieux rebondir ! Le plan de Bonaparte est simple : les Autrichiens d'Alvinczy stationnent autour de Caldiero à une dizaine de kilomètres au nord – ils sont encore plus de 40 000 ! Il va envoyer vers sa gauche Masséna, puis vers sa droite Augereau. Les deux divisions françaises prendront en tenailles l'armée ennemie. Le 15 novembre 1796, le plan est mis en application : Augereau franchit le fleuve Adige, traverse une zone de marécages, et atteint le pont qui enjambe la rivière Alpone et mène à l'entrée du village d'Arcole. Mais dès qu'il veut s'engager sur ce pont, les Autrichiens de la division Mitrowski qui tiennent le village déclenchent un tir nourri et font reculer les Français. Trois fois, Augereau lance ses hommes à l'assaut, trois fois il est repoussé !

Muiron meurt pour Bonaparte

La situation devient grave : Alvinczy a eu connaissance de la manœuvre, il commence à descendre de Caldiero par les marais, Masséna ne pourra l'arrêter. Napoléon quitte alors son refuge du bord de l'Adige, Ronco, afin de donner du courage à ses hommes. Mais il tombe dans le marais, s'enlise. On le tire de la boue, il prend un drapeau et s'engage sur le pont. La mitraille redouble. Alors, le colonel Muiron, comprenant que Bonaparte va à la mort, lui fait un rempart de son corps. Une balle l'atteint en plein cœur. Galvanisés par cet acte héroïque, les soldats sont sur le pont, ils tentent de passer sur l'autre rive. En vain !

Sonnez, trompettes...

Le 16 novembre 1796, les Français font semblant de battre en retraite et attirent les Autrichiens dans leur piège, mais la bataille n'est pas décisive. Il faut une ruse étonnante pour dénouer la situation le lendemain : Bonaparte envoie sur les arrières d'Alvinczy quelques dizaines de soldats qui, avec leurs trompettes, vont sonner la charge ! Alvinczy s'y laisse prendre, croit avoir été débordé par son ennemi. Son dispositif se désunit. Augereau passe l'Alpone sur un pont de fortune, au sud d'Arcole, et prend les Autrichiens à revers. Masséna franchit enfin le pont d'Arcole, Alvinczy poursuivant les trompettes...

Napoléon vole comme l'éclair...

« Napoléon vole comme l'éclair et frappe comme la foudre. Il est partout et il voit tout. Il sait qu'il est des hommes dont le pouvoir n'a d'autres bornes que leur volonté quand la vertu des plus sublimes vertus seconde un vaste génie. » Qui écrit cela ? Bonaparte lui-même ! Ces lignes sont publiées dans le *Courrier de l'armée d'Italie*. Napoléon vient de découvrir les avantages de l'autopromotion et de la propagande. Il écrit lui-même sa légende ! Plus tard, ce seront les *Bulletins de la Grande Armée* où, même vaincu, il est vainqueur ! Et nous, lecteurs, peut-être dupes, peut-être pas. Fascinés, sans doute, horrifiés parfois. Jamais indifférents.

14 janvier 1797 : Rivoli

Alvinczy est opiniâtre : il veut absolument atteindre Mantoue ! Certain qu'il va vaincre Bonaparte numériquement inférieur, il divise son armée en six colonnes chargées d'opérer l'encerclement du Français Joubert que Bonaparte a placé sur le plateau de Rivoli. Le 13 janvier 1797, Alvinczy attaque Joubert. La bataille se déroule dans un terrain montagneux, accidenté. Alvinczy ne lance pas d'offensive décisive tant il est sûr de la victoire pour le lendemain. La nuit du 13 au 14 janvier va servir Bonaparte : un magnifique clair de lune éclaire tout le paysage et laisse nettement apparaître les feux de bivouacs de l'armée adverse. Bonaparte peut alors mettre au point sa manoeuvre du lendemain avec précision. De plus, les renforts de Masséna venant de Vérone sont arrivés : ils ont parcouru 140 km en deux jours – mieux que les légions de César, dira Bonaparte !

Masséna : l'enfant chéri de la victoire

Le 14 janvier, à sept heures du matin, les Autrichiens attaquent, les Français reculent. Joubert n'a plus de munitions, tous les combattants sont menacés par l'encerclement total ! Mais le canon tonne : Masséna est là ! Les Autrichiens ne l'avaient pas prévu ! Il inverse la situation – Bonaparte va l'appeler l'enfant chéri de la victoire ! La contre-attaque française s'organise, l'adversaire se débande. Le colonel Joachim Murat à la tête de la division Rey coupe la retraite de l'ennemi. À dix-huit heures, les Autrichiens sont écrasés !

18 octobre 1797 : Campoformio

Et voilà ! Bonaparte fait son entrée le 2 février 1797 dans Mantoue où Wurmser a capitulé. Il décide alors de se diriger vers Vienne ! Le 6 avril, il en est à cent kilomètres ! Des préliminaires de paix sont alors signés avec l'Autriche à Loeben. Bonaparte, en vainqueur, revient à Milan et s'installe au château de Montebello, avec Joséphine. Le 18 octobre 1797, les Autrichiens sont contraints de signer le traité de Campoformio. La France y gagne la Belgique, le Milanais, la Lombardie, la rive gauche du Rhin jusqu'à Cologne, les îles Ioniennes. L'Autriche obtient Venise et conserve ses possessions jusqu'au fleuve l'Adige.

Babeuf : l'égalité à tout prix

L'égalité ! Il en rêve, le petit commis d'arpentage, François-Noël Babeuf, né à Saint-Quentin en 1760 ! Il voudrait que cessent les injustices. Et pour cela, il a imaginé le système suivant : il faut supprimer les classes sociales et la propriété individuelle. Ensuite, tout le monde travaillera pour le même salaire, exactement. Les biens produits seront mis en commun, distribués de façon équitable. Voilà pour la théorie qui est le fondement même du communisme.

Babeuf qui a pris le nom des Gracchus – Romains qui tentèrent une réforme agraire au Ier siècle avant J.-C., redistribuant aux pauvres les terres accaparées par les aristocrates – expose ses convictions dans son journal. Il est approuvé par d'anciens robespierristes, d'anciens Montagnards, des déçus de tout bord. Il s'entoure de partisans de qualité parfois discutable. Ainsi Buonarotti, un conspirateur qui se prétend le descendant de Michel-Ange. Au début de 1796, une conspiration visant à renverser le Directoire est élaborée par Gracchus Babeuf et ses compagnons. Cette conspiration des Égaux parvient aux oreilles de la police du gouvernement. Les conjurés sont arrêtés le 8 mai. Trois semaines plus tard, Babeuf et son compagnon Darthé montent à l'échafaud. Les autres sont déportés.

Bonaparte remplit les caisses du Directoire

Tout cela est certes fort intéressant pour la France – même si le principe révolutionnaire du droit des peuples à disposer d'eux-mêmes est plutôt bafoué dans le nord de l'Italie… Mais ce qu'apprécient beaucoup le Directoire, les députés, bref, tous ceux que l'état des finances en France inquiétait, c'est que Bonaparte sait, dans les traités de paix, exiger du vaincu des sommes astronomiques dont il envoie la plus grande partie dans les caisses qui commencent à se remplir. Le reste, c'est-à-dire des sommes énormes, il le garde pour sa convenance personnelle. Il n'est jamais tout seul dans ces campagnes, Bonaparte le Corse ! Il est rejoint par sa nombreuse famille, et il distribue à ses frères, ses sœurs, sa mère, des gratifications fort confortables… L'ancien pauvre est résolument décidé à s'inscrire dans la liste des plus grandes fortunes de l'histoire !

1798, l'Égypte : « Soldats, du haut de ces pyramides… »

Même si Bonaparte est sollicité par les directeurs en cas de coup d'État, même s'ils lui demandent parfois des conseils, ils ne voient pas toujours d'un bon œil son ascension fulgurante.

Au diable, Bonaparte !

Mais qu'est-ce que c'est que ce petit général qui se permet d'ignorer les ordres, qui inonde de ses *Courriers d'Italie* la France ébahie par tant de bravoure, de gloire ? Il fait de l'ombre au Directoire ! Il est grand temps de l'éloigner, de l'envoyer au diable, ou du moins, en enfer, c'est-à-dire dans un lieu de fournaise, sous un climat où le soleil peut être fatal, et surtout dans une zone géographique qui représenterait une première étape avant les Indes d'où il faudrait chasser les Anglais : l'Égypte ! 280 navires de guerre, 55 navires de transport ! 54 000 hommes ! Les plus valeureux généraux : Berthier, Murat, Davout, Lannes, Marmont, Duroc, Bessières, Friant, Kléber, Desaix. Le départ a lieu de Toulon, le 19 mai 1798. Le 9 juin, l'île de Malte est prise.

«… quarante siècles vous contemplent ! »

Le 1er juillet, l'expédition arrive à Alexandrie, après avoir réussi à échapper à Nelson, l'amiral anglais lancé aux trousses de Bonaparte. La ville d'Alexandrie est prise en une journée, le 2 juillet. L'armée marche sur Le Caire. Le 21 juillet, la cavalerie turque des Mamelouks lui barre la route. Napoléon dope alors ses soldats avec cette phrase : « Soldats, songez que du

haut de ces pyramides, quarante siècles vous contemplent ! »
Quelques heures plus tard, les Mamelouks sont écrasés. La
voie est libre vers Le Caire où les troupes françaises entrent le
23 juillet 1798. Bonaparte établit dans la ville son quartier
général. Une semaine passe, et c'est la catastrophe : Nelson
prend habilement en sandwich la flotte française, et la détruit.
Napoléon est coupé de l'Europe, prisonnier de sa conquête !

Figure 3-2 :
La bataille de
Caire contre
les
Mamelouks.

Février-mars 1799 : prise de Gaza et de Jaffa

Pas de panique ! Il faut s'organiser : il s'installe en Égypte. Il y
crée un institut où vont travailler les savants qui l'ont accompagné : Monge et Berthollet qui lèvent des cartes du pays, étu-
dient les monuments, le naturaliste Geoffroy Saint-Hilaire.
Desaix va s'efforcer de pacifier le pays. Mais les Turcs veulent
reprendre leur possession. Bonaparte devance leur attaque en
marchant sur la Syrie en février 1799. Il s'empare de Gaza le 24
février 1799, puis de Jaffa le 7 mars. Dans cette ville, les 3 500
hommes de la garnison se rendent sur la promesse qu'ils
auront la vie sauve.

« Que voulez-vous que j'en fasse ? »

Lorsqu'il apprend l'existence de ces prisonniers, Bonaparte
s'exclame, en colère : « Que voulez-vous que j'en fasse ? » Et il
ordonne qu'ils soient exécutés. Mais pour faire des économies
de balles, ils le seront au sabre et au couteau ! La tâche accomplie, le combat continue… Quelques jours plus tard, le 16 avril,
Kléber et Bonaparte se retrouvent à un contre dix Turcs au
mont Thabor. Qu'importe : Kléber et Bonaparte gagnent la

bataille ! Mais le vent tourne : le siège de Saint-Jean-d'Acre, commencé en mars, s'achève le 20 mai sur une défaite, malgré de nombreux assauts. Les troupes françaises refluent vers Jaffa en une longue colonne de blessés, de malades et surtout de pestiférés !

Figure 3-3 :
Détail du tableau Napoléon visitant les malades de la peste à Jaffa, par Antoine-Jean Gros.

Les pestiférés de Jaffa : c'est Gros !

Le peintre Gros a représenté Bonaparte, héros qui ne craint rien, pas même la peste, rendant visite à ses troupes atteintes de la terrible maladie, à Jaffa. Certains prétendent qu'il n'y est jamais allé, restant à l'écart des zones empestées, un mouchoir imbibé de vinaigre sous le nez, tant il avait peur d'être contaminé. On a dit tant de choses : qu'il a bombardé la mosquée du Caire, qu'il a fait décapiter des centaines de rebelles dont les têtes, apportées dans d'immenses sacs ont été déversées sur la grande place de la capitale égyptienne pour édifier les foules. On a même prétendu que les pestiférés de Jaffa, non seulement n'auraient pas été visités par leur héros, mais que ce héros les aurait fait liquider. Oui, Bonaparte aurait demandé, par humanité, que soient exécutés ces hommes qui auraient pu tomber aux mains des Turcs, et être torturés –, Napoléon lui-même l'aurait révélé à Bertrand, à Sainte-Hélène ! Mais que n'a-t-on pas dit ! Que n'a-t-on pas inventé ! Tout le monde s'y est mis : les historiens, les écrivains, les témoins, les soldats, les peintres, Gros ! Et même Napoléon...

25 juillet 1799 : « À l'attaaaaaaaaaaaaque ! »

Bonaparte, à la tête de ses troupes en piteux état, entame sa traversée du désert pour rejoindre Le Caire. Les Anglais en profitent pour faire débarquer à Aboukir une armée turque. Les Français, malgré leurs éclopés, les battent en une journée, le 25 juillet 1799. C'est au cours de cette bataille que Joachim Murat va recevoir la seule blessure grave de sa carrière de militaire : à la tête de ses cavaliers, il lance un assaut contre les Turcs. Et pour les entraîner, il se place à leur tête, son cheval au triple galop ! Il crie « À l'attaque ! » en prolongeant les « Aaaaaaaaaaaa » en écartant le plus possible la mâchoire du haut de celle du bas. Heureusement ! Car une balle turque entre dans sa bouche, lui coupe la glotte et va se loger dans une vertèbre ! On le transporte au faiseur de miracles : le chirurgien Dominique Larrey. Et Larrey fait un miracle – avec son bistouri cependant. Il extrait la balle, cautérise la plaie et quelques jours plus tard, Murat peut crier : « À chevaaaaaaaaaaaaaaaal ! »

Avez-vous lu le journal ?

Après la victoire – terrestre – d'Aboukir du 25 juillet 1799, destinée à effacer le désastreux Aboukir naval du 1er août 1798 – un plénipotentiaire anglais vient discuter de la reddition de ses troupes. Il apporte à Bonaparte un paquet de journaux français. Geste de sympathie ? Ou bien cadeau calculé ? On ne le saura pas, mais l'effet est le suivant : Bonaparte se met le soir même à lire les journaux. Il y découvre que la République est de nouveau menacée par une coalition qui rassemble l'Angleterre, l'Autriche, la Russie, la Suède, l'Empire ottoman. Les Autrichiens et les Russes menacent la République helvétique. Masséna et Lecourbe sont déjà partis en opérations. Les 25, 26 et 27 septembre 1799, ils vont remporter la bataille de Zurich. Les Russes sont rejetés au-delà du Rhin, les Autrichiens sont contenus. Pas une minute à perdre : Bonaparte – auquel, parfois, manque un fox terrier qui s'appellerait Milou – décide de s'embarquer pour la France.

Le coup d'État du 19 brumaire au 10 novembre 1799

Des victoires en Italie, mais il n'y a pas que la gloire. On a beau devenir une légende après ces coups de main magistraux contre un ennemi un peu lent à réagir, on n'en prévoit pas moins l'avenir. C'est ce qu'il fait, Napoléon Bonaparte, en décidant que le Directoire dont il remplit les caisses ne disposera pas comme il l'entend de la manne austro-italienne. La solution ? Un coup d'État, puis, tout le pouvoir, ou rien.

Bonaparte aide et conseille le Directoire

Après l'Italie, revenons un peu en France. Au Directoire, on joue au balancier : un coup à gauche, un coup à droite. Un coup à gauche en déjouant la conspiration des Égaux de Gracchus Babeuf, ce qui évite le retour des Jacobins. Un coup à droite avec le coup d'État du 18 fructidor de l'an V – le 4 septembre 1797 – qui écarte les royalistes devenus majoritaires dans les assemblées, royalistes qui cherchent à évincer les républicains. Pour réussir ce coup d'État, les directeurs ont fait appel à Bonaparte à qui ils demandent des conseils ! Il leur a envoyé l'efficace Augereau. Lui-même a fait un passage à Paris le 5 décembre, accueilli par une foule en délire, avant d'en repartir le 4 mai 1798, pour la campagne d'Égypte que nous venons de suivre.

Les grandes oreilles du petit général

Au printemps 1799, deux tendances s'affrontent au sein du Directoire : les révisionnistes – parmi eux Talleyrand – qui veulent confier le pouvoir à la bourgeoisie riche. Et puis, deuxième tendance : les néo-Jacobins qui n'admettent pas d'être écartés des décisions importantes. Ils parviennent à faire destituer trois directeurs ! La situation est dangereuse. Et cela arrive aux grandes oreilles du petit général qui tourne en rond dans le sable égyptien. Le 22 août 1799, il laisse le commandement de son armée à Kléber, et revient en France. Il fait une halte en Corse où il distribue des kilos d'or à ses amis, narguant ceux qui saccagèrent la maison Bonaparte en juin 1793 ! Et maintenant, à l'attaque !

Opération Bonaparte !

Tout aurait pu très mal tourner et, dans l'histoire de France, on aurait lu : « Un petit général corse, Napoléon Buonaparte, qui avait tenté de s'emparer du pouvoir par la force, est déclaré hors la loi par le conseil des Cinq Cents, et exécuté le lendemain, en même temps que son frère Lucien et Joachim Murat, son complice qu'il avait fait général de division en Égypte, au soir de la bataille d'Aboukir… » Il s'en est fallu de si peu…

Un 18 brumaire soigneusement préparé

Les grands financiers, irrités par l'emprunt sur les riches qu'avait décidé le Directoire, financent l'opération Bonaparte qu'on connaît sous ce nom : le coup d'État du 18 brumaire. Dans un premier temps, le 18 brumaire – 9 novembre 1799 –, il est décidé que, à cause de l'agitation néo-jacobine, le conseil des Cinq Cents, celui qui fait les lois, est provisoirement transféré à Saint-Cloud, sous la protection du général Bonaparte. Il a débarqué le 9 octobre à Fréjus ; le 17 octobre, il était à Paris où il a préparé – et payé – la démission de deux directeurs, Sieyès et Ducos, et l'arrestation de leurs deux autres collègues.

Bonaparte se débarrasse de Barras

Le cinquième directeur, Barras, lui, n'est paraît-il au courant de rien… ! On va le prévenir chez lui. Il est dans son bain, refuse d'abord de recevoir les visiteurs qu'on lui annonce. Il se décide enfin à leur parler, feignant la surprise… Les deux visiteurs sont des envoyés de Bonaparte qui apportent à Barras l'équivalent des gains de six bons numéros au loto, multipliés par un coefficient qu'il est préférable de taire… Barras, le maître de la France pendant le Directoire, l'image même de la corruption, ainsi acheté, va s'enfuir lâchement. Il n'apparaîtra plus dans la vie politique. Tout va bien, ce 18 brumaire : le pouvoir exécutif n'existe plus ! On va donc pouvoir faire appel à qui ? À Bonaparte suffisamment populaire et audacieux pour prendre la situation en main.

Bonaparte à la guillotine !

Le lendemain, 19 brumaire – 10 novembre 1799 –, Bonaparte pénètre au conseil des Cinq Cents où les événements de la veille ont mis tout le monde en effervescence ! Il y est accueilli aux cris de « À bas le dictateur ! » Ensuite, c'est une véritable bagarre qui se déclenche entre les députés, les spectateurs qui sont venus assister aux débats, et même les soldats, une indescriptible mêlée où tout le monde se bat à coups de poings, de pieds, les vêtements sont déchirés, on se tire les cheveux, les oreilles… Bonaparte est bousculé, il semble apeuré, il va s'évanouir ! On le transporte à l'extérieur. Où est passé le petit caporal, le grand général, le vainqueur de Lodi, d'Arcole, de Rivoli ? Les députés ne se laissent pas faire : ils préparent un vote de mise hors-la-loi. Et si ce vote est majoritaire, comme il le fut pour Robespierre, Bonaparte va être jugé, mis hors la loi, et, lui qui n'est déjà pas très grand, raccourci à la guillotine !

Murat charge

C'est l'instant le plus critique de la vie politique de Bonaparte. Son frère Lucien réussit à retarder le vote fatal. Puis il monte à cheval et va persuader Murat que cette assemblée en veut à la vie de son général – ce qui n'est pas faux ! Murat fait alors battre les tambours, charge et disperse dans un brouhaha indescriptible le conseil des Cinq Cents. C'en est fini du Directoire !

Bonaparte Premier consul, Bonaparte consul à vie

Le Directoire disparu, il faut penser à donner une nouvelle constitution à la France. Bonaparte va en occuper le centre, la circonférence, bref, il l'occupe tout entière.

13 décembre 1799 : une constitution sur mesure

« Qu'y a-t-il dans la constitution ? Il y a Bonaparte ! » Au lendemain du coup d'État du 19 brumaire, une commission exécutive provisoire a été nommée. Elle est composée de trois consuls : Bonaparte, Sieyès et Ducos – dans l'ordre d'importance. Il faut peu de temps avant qu'une nouvelle constitution voie le jour. Elle est proclamée le 13 décembre 1799 – 22 frimaire an VIII. Elle comporte quatre-vingt-quinze articles. C'est l'œuvre personnelle du premier consul – même s'il a laissé à Sieyès l'impression de l'avoir créée.

« La décision du premier consul suffit »…

Le pouvoir législatif y est organisé de telle façon que ceux qui discutent les lois ne les votent pas, et que ceux qui les votent ne les discutent pas ! Le pouvoir exécutif se retrouve aux mains de trois consuls, mais pour toute décision, un article de la constitution prévoit que « la décision du premier consul suffit »… Autrement dit, Bonaparte possède les pleins pouvoirs. C'est l'homme fort. Il veut absolument conserver les acquis de la Révolution, éviter un retour à la monarchie, mais, tout ce qu'il va faire tend vers cet objectif : écarter le peuple de la vie publique. Plus jamais d'invasion spontanée de l'Assemblée, plus jamais de désordres, tout va être contrôlé, surveillé, policé.

Rémunérations impériales

Bonaparte crée les préfets, les conseillers généraux, les conseillers d'arrondissement, les maires, les conseillers municipaux. Et par qui ces fonctionnaires sont-ils nommés ? Par le premier consul, auquel ils sont évidemment entièrement dévoués. Les juges ? Nommés par le premier consul ! Il crée aussi le Conseil d'État qui rassemble quarante-cinq membres chargés de rédiger les lois, de les interpréter en prêtant toujours une oreille attentive à celui qui les nomme et qui les rémunère – déjà – impérialement ! Le suffrage universel est rétabli, mais les citoyens ne disposent que du droit de désigner des candidats parmi lesquels le gouvernement fait son choix…

De l'ordre et de la concorde

De l'ordre ! De l'ordre partout ! Voilà l'obsession de Bonaparte car, dit-il, « sans l'ordre, l'administration n'est qu'un chaos, point de finances, point de crédit public ». De l'ordre et de la concorde ! Les Vendéens, les émigrés, tous sont invités à prendre part au grand projet de réconciliation nationale. Cet appel est entendu par George Cadoudal, chef de la chouannerie, qui obtient du général Brune, le 14 février 1800, un compromis de paix. Les émigrés commencent à revenir en France. Tout va donc pour le mieux dans le meilleur des consulats ! Les financiers décident alors de miser sur cet homme étonnant, ce Bonaparte qui est capable de leur fournir un terrain national stabilisé dans lequel leur capital va être ensemencé, avec la promesse de récoltes fabuleuses puisqu'elles ne craignent pas les intempéries.

UN ÉVÉNEMENT IMPORTANT

De la concorde dans le Concordat

Jureurs et réfractaires ! Mais prêtres les uns et les autres ! Pendant la révolution, les Français ne savent trop où donner de l'âme : ou bien ils s'adressent à ceux qui ont prêté serment à la constitution civile du clergé, et se rendent ainsi infidèles au pape, le chef de l'Église catholique ; ou bien ils font confiance aux ecclésiastiques demeurés fidèles à Rome, mais qui exercent alors en pleine illégalité, par rapport aux nouvelles lois françaises !

Bonaparte va ramener la paix dans les églises et les chapelles, dans les chaumières et les séminaires. Le 16 juillet 1801, à deux heures du matin, il signe un concordat avec le pape

Pie VII : le catholicisme y est reconnu pour la religion pratiquée par la majorité des Français. Le premier consul nomme les évêques qui lui prêtent un serment de fidélité, mais le pape leur donne l'investiture canonique. Les acquéreurs de biens nationaux ne seront pas inquiétés par Rome, en revanche, un salaire convenable est accordé aux évêques et aux curés. Que faire des prêtres jureurs qui avaient renié le pape ? Eh bien, quand ils reviendront dans le sein de l'Église, on tournera la tête, et on fera semblant de croire qu'ils n'en sont jamais sortis…

UNE DATE À RETENIR

13 février 1800 : création de la banque privée de France…

Tout va très vite : le 13 février 1800, une association de banquiers fonde ce qui s'est appelé la Banque de France, mais qui n'était encore qu'une société privée par actions. Son succès est considérable. En 1803, elle reçoit le monopole de l'émission des billets de banque. Le ministre des Finances Gaudin fait de son côté des merveilles en reprenant et en prolongeant les idées de deux ministres du Directoire : Ramel et François de Neuchâteau qui avaient installé dans chaque département, une agence des contributions directes, créé une sorte d'impôt sur le revenu, réorganisé la patente, la contribution foncière, la contribution mobilière, et introduit peu à peu l'impôt indirect. Tout cela est fort efficace : en 1802, le budget est équilibré. L'année suivante, le 28 mars 1803 – 7 germinal an XI – est créée une monnaie qui va rester stable jusqu'à la Première Guerre mondiale : le franc germinal, qui contient cinq grammes d'argent fin. L'effigie du premier consul figure sur toutes les monnaies dont la tranche porte cette inscription : « Que Dieu protège la France » !

1800 : campagne d'Italie II, le retour !

La France du premier consul a besoin de stabilité. Voilà pourquoi Bonaparte adresse des offres de paix à l'Angleterre, à l'Autriche, offres rejetées. Il va falloir garantir les frontières par la guerre !

« Entre mes mains, un pareil homme aurait fait de grande choses »

Cadoudal ! Un élève brillant au collège Saint-Yves de Vannes où il se signale par son sens de la répartie, par son esprit vif dans un corps qui en impose. Adulte, Cadoudal est un géant qui trouve dans la chouannerie bretonne une aventure à sa mesure. Elle lui permet de quitter son bureau poussiéreux de clerc de notaire. En 1793, à vingt-deux ans, il refuse avec éclat la conscription, se retrouve au combat, est blessé, emprisonné à Brest, puis libéré. Lors du débarquement franco-anglais de Quiberon, le 27 juin 1795, c'est lui qui commande la troupe des chouans, jusqu'au désastre.

En 1796, il accepte de faire la paix avec Hoche, mais, en 1797, il se rend en Angleterre, est nommé commandant en chef de la Basse-Bretagne par le comte d'Artois (le futur Charles X). Il lève une armée de 20 000 hommes et reprend le combat en 1799. Février 1800 : il signe la paix, davantage par contrainte que par volonté. Quelques mois plus tard, il participe à l'organisation de l'attentat de la rue Saint-Nicaise où Bonaparte aurait dû trouver la mort : une machine infernale composée de barils de poudre installés sur une charrette explose entre la voiture du premier consul et celle de Joséphine – on compte dix morts, des dizaines de blessés ; Bonaparte est indemne et demande que sa voiture poursuive son chemin, sans se préoccuper de son épouse…

Retour en Angleterre pour Cadoudal. Louis XVIII le nomme commandant en chef des armées de l'ouest. En 1803, il revient pour enlever Bonaparte, avec Pichegru, Moreau, et quelques autres. Arrêté le 9 mars 1804 à Paris, il est jugé et condamné à mort. Avec onze de ses compagnons, il est guillotiné le 25 juin 1804. Son corps est donné aux étudiants en médecine : le chirurgien Larrey garde son squelette, et le monte sur fil de fer afin de l'utiliser pour ses cours d'anatomie. Aujourd'hui, les restes de George Cadoudal reposent à Auray, au mausolée de Kerléano. Bonaparte qui avait eu avec lui, en 1800, une entrevue plutôt houleuse, et qui cherchait à le sauver, eut ces mots : « Entre mes mains, un pareil homme aurait fait de grandes choses ! »

Mars 1800 : alerte ! Les Autrichiens assiègent Masséna !

Alerte ! Les Autrichiens se préparent – encore ! – à attaquer la France par le sud. La Paix ? Ils ne veulent pas en entendre parler ! Le 18 février 1800, Bonaparte n'a pas le temps de savourer le résultat du plébiscite qui accueille sa nouvelle constitution (déjà mise en œuvre depuis décembre 1799…) : plus de trois millions de oui, et seulement 1 562 non ! Mais environ quatre millions d'abstentions… En mars, il prépare son plan d'attaque. Son idée : lancer deux armées qui vont converger sur Vienne. L'une d'elles passe par la Bavière, elle est confiée à Moreau. L'autre, l'armée d'Italie, retrouve son chef adoré qui a décidé de déboucher par surprise dans la plaine du Pô. Il lui faut porter secours au plus vite à Masséna, isolé dans Gènes, car les troupes autrichiennes occupent toute l'Italie du Nord. Par où faut-il passer pour arriver sur l'ennemi en le surprenant, lui qui s'acharne à faire le siège de Gènes, ce qui va laisser à Bonaparte toute liberté d'action ? Il faut franchir les Alpes en passant par le Grand-Saint-Bernard !

14 au 23 mai 1800 : puisque Hannibal l'a fait…

Les habitants de la montagne déclarent qu'il est impossible d'effectuer ce parcours : la neige, en altitude, fait plus de trois mètres d'épaisseur, et les sentiers sont à flanc de montagne. Impossible ? Hannibal l'a bien fait au IIe siècle avant Jésus-Christ ! C'est sans doute encore faisable ! Voilà pourquoi Bonaparte décide que son armée, 60 000 hommes, 100 canons, des centaines de caisses de munitions et de vivres, vont franchir les Alpes ! Les canons sont démontés. Des arbres sont abattus, évidés de sorte qu'ils prennent la forme d'une auge où le fût est déposé. Puis cent hommes s'y attellent avec des cordes. En deux jours, la pièce se retrouve de l'autre côté de la montagne !

8 juin 1800 : Lannes vainqueur à Montebello

UNE BATAILLE

Du 14 au 23 mai 1800, Bonaparte et son armée ont franchi l'infranchissable ! Cet exploit va avoir un retentissement considérable dans toute la France. Bonaparte va alors se diriger vers l'armée autrichienne. Le 8 juin, l'avant-garde de Lannes s'élance avec 8 000 hommes contre 18 000 Autrichiens – et surtout contre leurs canons et leurs fusils – à Montebello. En deux heures, les Français, malgré les boulets qui pleuvent, les balles qui sifflent, sont vainqueurs. Le lendemain, Lannes peut dire à Bonaparte : « Les os de mes grenadiers craquaient sous les balles autrichiennes comme un vitrage sous la grêle ! »

14 juin 1800 : les Français bousculés à Marengo

Bonaparte commet alors une légère erreur de jugement qui a bien failli lui être fatale : il pense que les Autrichiens se dérobent, qu'ils commencent à s'enfuir. Aussi, disperse-t-il son armée afin de la lancer à sa poursuite. Mais, au contraire, les Autrichiens se sont rassemblés en trois colonnes massives qui se mettent en mouvement dès huit heures du matin le 14 juin 1800. Les Français disposent de quinze canons. En face, cent canons autrichiens vont entrer en action ! L'avant-garde française est bousculée et repoussée jusqu'au village de Marengo. Bonaparte ne dispose que des corps d'armée de Victor et Lannes, de la garde consulaire et de la division Monnier. Il a envoyé chercher Desaix et ses 5 000 hommes, mais où sont-ils vraiment ? Arriveront-ils à temps ?

Toussaint Louverture

Il est né esclave des Espagnols et des Anglais en 1743 à Saint-Domingue. La révolte contre les planteurs blancs, c'est lui qui la conduit. Le 4 février 1794, les députés français abolissent l'esclavage. Toussaint Louverture chasse de son île les Anglais et les Espagnols. Il fait alliance avec les Français. Excellent administrateur, il donne à Saint-Domingue une constitution où il est précisé que l'île est autonome, mais qu'elle demeure dans l'Empire colonial français. La sécurité des planteurs y est garantie, et le commerce devient florissant. Intolérable pour Bonaparte ! Il envoie, en février 1802, 20 000 hommes qui vont tout casser et tout gâcher : Toussaint Louverture – qui devait son nom aux brèches qu'il savait pratiquer dans les lignes ennemies – est fait prisonnier. Il est emmené en France, détenu au fort de Joux, dans le Doubs. Il y souffre des rigueurs du climat mais aussi des brimades, des vexations et des humiliations que lui font subir ses gardiens, parce qu'il est noir. Il meurt de chagrin le 17 avril 1803.

« Pourquoi ne m'est-il pas permis de pleurer ? »

À deux heures de l'après-midi, l'armée française est décimée, elle va entamer une retraite prudente. Bonaparte a suivi cette déroute du haut d'un clocher. Il sait maintenant que Desaix est en route pour le rejoindre, mais il va sans doute arriver trop tard. Desaix est au galop avec ses troupes fraîches. Il se guide au son du canon et, bientôt, il parvient en vue du champ de bataille de Marengo. Il place ses hommes et leurs armes en ordre de bataille, il fait donner le canon, et bientôt la victoire change de camp : les Autrichiens sont vaincus. Mais, dès le début de l'engagement, Desaix, Louis Desaix, le pacificateur de l'Égypte qui y avait acquis le surnom de « Sultan juste », son cheval lancé contre l'ennemi, a reçu une balle en plein cœur. Bonaparte qui l'appréciait est atterré. Ce soir-là, il dit, devant la dépouille de son général et ami : « Pourquoi ne m'est-il pas permis de pleurer ? » Le même jour, au Caire, Kléber qui était resté en Égypte est assassiné par un fanatique à la solde des Turcs.

Figure 3-4 :
La bataille de
Marengo.

BATAILLE DE MARENGO
(14 Juin 1800 — 25 Prairial An VIII.)

25 mars 1802 : la paix d'Amiens

Battus au sud, les Autrichiens, mais encore présents et belliqueux à l'est ! Moreau va les écraser à Hohenlinden, en Bavière, le 3 décembre 1800, prenant leur colonne sous un feu nourri, dans une clairière entre deux forêts. Moreau les poursuit, se dirige vers Vienne où il pourrait faire son entrée. Mais il fait demi-tour, ce que Napoléon lui reprochera jusqu'à Sainte-Hélène ! La paix est ensuite signée à Lunéville le 9 février 1801, une paix qui renforce le traité de Campoformio, accordant à la France la rive gauche du Rhin, les territoires belges. Bonne nouvelle aussi du côté des Anglais qui signent le 25 mars 1802 la paix d'Amiens : l'Égypte est restituée à la Turquie, la France récupère ses colonies. Cette paix est accueillie avec enthousiasme, mais rien n'est réglé en profondeur : la France et l'Angleterre demeurent de farouches rivales sur le plan commercial et industriel. Un semblant de paix s'installe cependant.

Bonaparte organise la France

Pas de temps à perdre : Bonaparte possède un génie de l'organisation qui fait merveille pour remettre en ordre une France qui va acquérir des structures dont beaucoup nous servent encore aujourd'hui, quotidiennement.

Au cas où Joséphine...

Bonaparte profite de la paix pour continuer à organiser la France à sa façon : les écoles centrales départementales sont jugées trop souples dans leur enseignement, on a le tort d'y penser librement. Elles sont transformées en lycées à la discipline militaire où la pédagogie vigoureuse va s'inspirer des pratiques jésuites. Depuis 1789, un code de lois uniques a été entrepris, jamais achevé. Bonaparte crée une commission chargée de le terminer. Il participe à la rédaction de certains articles, notamment ceux qui renforcent considérablement, dans la famille, l'autorité du père sur sa femme et ses enfants. Il impose le divorce par consentement mutuel – on ne sait jamais, Joséphine ne parvient pas à lui donner d'enfant ! Il y fait ajouter un règlement détaillé pour les militaires.

Figure 3-5 :
Joséphine de Beauharnais par Robert Lefevre.

Un code fleuve aux sources multiples

Par ailleurs, le droit à la propriété est affermi, l'égalité des citoyens garantie, leur liberté également ; le principe de la laïcité est adopté – l'État ne s'occupe pas des croyances religieuses. Le code civil n'est pas une œuvre personnelle et originale du premier consul. Il puise ses sources dans le droit romain, dans les anciennes coutumes du royaume de France, dans les ordonnances royales, dans les lois de la révolution. Dans une France où les règles du droit ne sont pas les mêmes à Rennes, à Toulouse ou à Paris, le code civil va instituer une loi pour tous identique.

Le code Cambacérès

Cambacérès, avocat, député de l'Hérault à la Convention, avait déjà présenté le projet d'un code unique pour tous les Français le 9 août 1793 à l'Assemblée. Projet sans suite à l'époque, car une commission de rédaction n'avait pu être réunie. Le 12 juin 1796, Cambacérès ressort l'ébauche de son code civil, mais il ne convainc pas le Directoire. En 1800, Bonaparte est séduit ; un comité de rédaction, composé de Bigot de Préameneu, Malevile, Portalis et Tronchet, se réunit au domicile de celui-ci, rue Saint-André-des-Arts, et rédige, en quatre mois, une première version du code qui sera discuté entre le 17 juillet 1801 et le 21 mars 1804 durant 109 séances du Conseil d'État dont cinquante-sept sont présidées par Bonaparte, et cinquante-deux par Cambacérès. Le 21 mars 1804 naît officiellement le code civil des Français, un code rédigé de façon claire, sobre et précise, et qui va obtenir beaucoup de succès à l'étranger.

Hochets de la vanité

Créée par décret du corps législatif le 29 floréal an X – le 19 mai 1802 –, la Légion d'Honneur, est destinée à récompenser les meilleurs serviteurs de l'État. La première distribution des étoiles d'or ou d'argent qui distinguent ceux qu'on appelle alors légionnaire (et non chevalier), officier, commandant (et non commandeur comme aujourd'hui) et grand-officier, a lieu le 26 messidor de l'an XII, le 15 juillet 1804. Des milliers de ces distinctions ont depuis été attribuées à ceux qui en ont été jugés dignes. Napoléon, dès qu'il les a créés, les a appelées des « hochets de la vanité ». Hochet qu'il porta en permanence sur le revers de sa veste…

Août 1802 : « Bonaparte sera-t-il consul à vie ? »

Bravo pour la paix d'Amiens signée avec les Anglais ! Pour récompenser Bonaparte, le Sénat l'élit consul pour dix ans. Bonaparte fait la moue : il aurait préféré davantage... Voilà pourquoi il pose, par la voie des urnes, cette question à ceux qui votent : « Bonaparte sera-t-il consul à vie ? » Oui : plus de trois millions et demi ; non : 8 300... Bonaparte est donc proclamé consul à vie en août 1802. Certains vont dire « non » à leur façon : Cadoudal et ses complices – exécutés le 25 juin 1804, après la découverte de leur complot.

21 mars 1804 : le duc d'Enghien fusillé

Qui donc devait devenir roi après l'assassinat du consul à vie, projeté par Cadoudal et ses amis ? Pour Bonaparte, il s'agissait du duc d'Enghien, petit-fils du prince de Condé, chef de l'armée des émigrés. Voilà pourquoi, dans la nuit du 14 au 15 mars 1804, les hommes de main de Bonaparte l'enlèvent au château d'Ettenheim, dans le duché de Bade, non loin de Strasbourg. Bien qu'il n'ait pas fait partie du complot de Cadoudal, le duc d'Enghien est traduit en conseil de guerre, sommairement jugé, et fusillé le 21 mars 1804, dans les fossés du donjon de Vincennes. De cette façon, si la France doit être dirigée par un roi – ou un empereur... – son nom sera ou bien Bonaparte, ou bien Napoléon Ier !

L'empereur Napoléon Ier conquiert l'Europe

Ludwig von Beethoven – vous connaissez sans doute les premières notes de sa *5ᵉ Symphonie* : pom pom pom pom... – admire Bonaparte. Pour lui, ce général a su développer les généreux idéaux de la Révolution française, il est en train de donner naissance à un monde plus juste. Sur le conseil du ministre de la Guerre du Directoire, Jean-Baptiste Bernadotte, général de l'armée d'Italie, futur roi de Suède, Beethoven écrit une symphonie en l'honneur de Bonaparte, la 3ᵉ. Mais les dernières notes à peine écrites, Bonaparte décide de devenir l'empereur Napoléon. Beethoven entre alors dans une colère terrible : il arrache la première page de son manuscrit, le jette à terre et s'écrie : « Ainsi, ce n'est donc qu'un homme ordinaire, et rien de plus ! Désormais, il foulera au pied les droits de l'homme et ne vivra que pour sa propre vanité ; il se

placera au-dessus de tout le monde pour devenir un tyran. »
Donc, le 2 décembre 1804, à Paris…

Sacré, Napoléon…

Napoléon n'est pas sacré empereur, il se sacre lui-même, sous
les yeux du pape Pie VII au regard vague et triste – du moins
c'est ainsi que le représente David dans son immense reportage
accroché aux murs du musée du Louvre…

Figure 3-6 :
Napoléon en
costume de
sacre, par
Jacques-
Louis David.

« Si notre père nous voyait… »

« Joseph, si notre père nous voyait… » Ces paroles, Napoléon
Bonaparte les prononce alors qu'il vient tout juste de devenir… Napoléon Ier. Le sacre de l'Empereur a été minutieuse-
ment préparé. Le lieu du sacre, Paris, n'a pas été choisi au
hasard : Paris, et non Reims, lieu du sacre des Capétiens, ou
Rome qui intronisa Charlemagne. Le peuple a été consulté : les
3 500 000 voix habituelles ont approuvé la transformation du
consul à vie en empereur – on compte seulement 2 569 non !
La France est alors la première puissance d'Occident : la
France, c'est Paris, Bruxelles, Amsterdam, Aix-la-Chapelle,

Genève, Mayence, Turin, c'est le Sénégal, les Antilles, l'île de la Réunion. 130 départements au total et près de cinquante millions d'habitants.

Joséphine : un pas en arrière...

Le pape Pie VII grelotte ce 2 décembre 1804 dans la cathédrale Notre-Dame décorée de carton pâte, à l'antique, où il a été installé depuis neuf heures du matin. C'est Talleyrand qui l'a invité à venir à Paris pour le sacre. Convoqué plutôt qu'invité... À onze heures, les vingt-cinq voitures du cortège partent des Tuileries. Le carrosse de Napoléon est tiré par huit chevaux de couleur isabelle, empanachés de blanc, des pages en tenue vert et or l'encadrent. L'arrivée dans la cathédrale est solennelle, mais l'atmosphère familiale n'est pas au beau fixe : les sœurs de Napoléon détestent Joséphine. Elles ont été chargées de tenir sa traîne. Joséphine qui est de petite taille redoute que cette traîne l'emporte vers l'arrière. C'est ce qui arrive presque lorsque, volontairement, les sœurs traîtresses tenant le voile ralentissent brusquement. Joséphine rétablit son équilibre à grand peine...

2 décembre 1804 : « *Vive l'empereur !* »

Il neige sur Paris, le 2 décembre 1804. Toutes les heures, pendant la nuit, le canon a tonné. Napoléon – trente-cinq ans et soixante-quatre jours – entre dans Notre-Dame au son d'une marche guerrière. Les 6 000 invités crient d'une seule voix : « Vive l'empereur ! » Au cours de la cérémonie religieuse, Napoléon se lève, enlève sa couronne de laurier et place lui-même sur sa tête sa couronne d'empereur – le peintre David en fait un tableau qu'il n'achèvera qu'en 1808, et dont Napoléon, ébloui, dira : « Ce n'est pas de la peinture, on marche dans ce tableau ! David, je vous salue ! » ; David y a pourtant ajouté une grande absente le jour du couronnement : la mère de l'empereur, fâchée contre son fils ! Ensuite, l'impérial couronné tourne le dos à Pie VII et couronne Joséphine.

Plus de 14 juillet, plus de Marseillaise...

Vers trois heures de l'après-midi, alors que Napoléon vient de prononcer, la main sur l'évangile, son serment en terminant par ces mots : « Je jure de gouverner dans l'intérêt de la gloire et du bonheur du peuple français », le héraut de la cérémonie crie : « Le très glorieux et très auguste Napoléon, empereur des Français, est sacré et intronisé. » Quatre cents porteurs de torches conduisent ensuite le cortège aux Tuileries. C'en sera bientôt fini de la Révolution : on ne fêtera plus le 14 juillet, la *Marseillaise* disparaît, le nom même de République n'apparaîtra plus, en 1807, dans les formules de publications de lois. En 1808, sur les pièces de monnaie, la « République française » cèdera la place à l'« Empire français » !

L'Angleterre sauvée à Trafalgar

Si l'amiral français Villeneuve n'avait pas été battu au large des côtes d'Espagne à Trafalgar par Nelson, s'il avait pu revenir en Manche comme l'espérait Napoléon, si... C'est toujours avec des si qu'on a envahi l'Angleterre...

Figure 3-7 :
La bataille de
Trafalgar.

Tunnel sous la Manche : ajourné...

Présent en Allemagne dont il devient une sorte d'arbitre en ayant réduit à quatre-vingt-deux les 350 États du Saint Empire, présent en Suisse et en Belgique, en Hollande et en Italie, en Méditerranée, présent en Inde, à Saint-Domingue, en Louisiane, Napoléon, plutôt que de se laisser harceler sans cesse par les Anglais, aimerait débarquer dans la Grande Île, très inquiète de l'ascension du petit Corse, très soucieuse pour son commerce. Des dizaines de projets lui sont présentés, du tunnel sous la Manche à la montgolfière, en passant par le plus raisonnable :

les navires. Les préparatifs vont bon train à partir de Boulogne, de 1803 à 1805, où un immense camp pouvant contenir 100 000 hommes est installé. Des centaines de bateaux à fond plat, prêts à être entraînés vers le large, des chaloupes canonnières, des corvettes, et des espèces de barges de débarquement pouvant emporter cinquante chevaux attendent au mouillage. Des forts, des arsenaux, des poudrières, des postes d'observation hérissent la côte. Tout est prêt, ou presque.

Le coup de Trafalgar

Le 21 octobre 1805, l'amiral Villeneuve file vers Gibraltar, il commande trente-trois vaisseaux français et espagnols. Au large du cap Trafalgar, Nelson l'attend avec ses vingt-sept navires puissamment armés. Mais au lieu de se placer en une ligne parallèle, Nelson, qui a préparé son plan d'attaque plusieurs jours à l'avance, ordonne à ses navires de composer deux lignes qui vont attaquer perpendiculairement la file de Villeneuve ; la surprise de celui-ci est totale. En très peu de temps, la ligne des trente-trois navires est coupée en trois groupes qui sont en même temps bombardés par les Anglais, et presque tous coulés – il n'en rentre que neuf à Cadix !

Ce « coup de Trafalgar » donne à Nelson une victoire éclatante dont il ne profite pas : il est atteint d'une balle dans les reins une heure après le début de la bataille. Il meurt trois heures plus tard. Son corps est placé dans un baril d'eau de vie et ramené à Londres où, avant d'être inhumé, il est placé dans un morceau du grand mât de *l'Orient*, vaisseau amiral de la flotte française battue à Aboukir. Villeneuve, après avoir été prisonnier des Anglais, débarque à Morlaix le 15 avril 1806. Il se rend ensuite à Rennes, à l'*Hôtel de la Patrie*, 21 rue des Foulons. C'est là que, le 22 avril 1806, il est retrouvé mort, un long stylet planté dans le cœur. On a dit qu'il craignait de passer en conseil de guerre, et qu'il se serait suicidé...

18 août 1805 : Napoléon dans une colère noire !

En mars 1805, Napoléon a donné l'ordre à l'amiral Villeneuve, qui a pris le commandement de la flotte à Toulon, de rejoindre à Fort-de-France les autres escadres françaises, afin d'épuiser Nelson l'Anglais qui va les poursuivre. Ensuite, ils reviendront éloigner en les canonnant les soixante-dix vaisseaux anglais qui barrent, au large de Boulogne, la route vers l'Angleterre. Mais Villeneuve ne suit pas les ordres donnés, s'estimant incapable d'affronter la puissance des navires anglais. Il se réfugie dans Cadix, en Espagne. Le 18 août 1805, mis au courant de la défection de Villeneuve, Napoléon se met alors dans une colère noire : ses plans en Manche ne peuvent plus se réaliser ! Il donne à Villeneuve l'ordre de sortir de Cadix pour aller effectuer une mission à Tarente en Italie. Villeneuve obéit, mais sur son chemin, au nord-ouest de Gibraltar, il rencontre l'amiral Nelson qui ne le quitte pas d'une frégate ! Le cap au large duquel va se dérouler la bataille navale qui oppose le même nombre de vaisseaux porte le nom de Trafalgar.

En route pour Austerlitz !

Premier temps : les Autrichiens sont encerclés dans Ulm en octobre. Deuxième temps : Murat entre dans Vienne en novembre. Troisième temps : la bataille des trois empereurs va avoir lieu près du village d'Austerlitz, le 2 décembre…

Vite ! La troisième coalition est annoncée…

Surprendre ! Toujours surprendre l'ennemi, c'est l'idée fixe de Napoléon. Prendre de vitesse les troupes adverses, surgir où personne ne l'a prévu ! Villeneuve battu, la flotte française désormais insuffisante, les espoirs de débarquement en Angleterre anéantis, Napoléon veut frapper un grand coup. Frapper qui ? Les Autrichiens et leurs alliés, les Russes – troisième coalition qui comprend aussi l'Angleterre et le royaume de Naples – qui menacent de s'avancer dangereusement vers la France. Frapper où ? Là où personne ne l'attend. Près de 200 000 hommes sont disponibles. Mais il faut en laisser à Boulogne, en Italie. Cent mille vont partir vers l'Autriche, s'en aller le plus loin possible, le plus vite possible, et pourquoi pas, entrer dans Vienne !

20 octobre 1805 : Ulm, Napoléon vainqueur !

Le départ a lieu le 28 août 1805. Ce n'est pas une marche qu'effectue l'armée de Napoléon – soldats, chevaux, canons, fourgons, munitions, etc. –, c'est presque une course ! De sorte qu'au fil des semaines, seuls les plus résistants demeurent dans les rangs. Déjà, le général autrichien Mack est sur les bords du Rhin, il s'est installé avec 80 000 hommes dans la ville d'Ulm. Avec une rapidité qui sidère l'adversaire, Napoléon s'empare des ponts sur le fleuve et coupe la route vers Vienne aux Autrichiens qui se sont laissés enfermer. Seul l'archiduc Ferdinand s'enfuit avec 20 000 hommes, mais ils sont rattrapés par Joachim Murat qui fait de nombreux prisonniers et s'empare du trésor qu'ils transportent ! La ville d'Ulm est bombardée le 16 octobre. Le 20 octobre 1805, le général Mack se rend. Napoléon s'empare de soixante canons, et fait défiler pendant cinq heures devant lui les 27 000 prisonniers qu'il vient de faire !

13 novembre 1805 : Joachim Murat entre dans Vienne

Objectif Vienne ! Et surtout les troupes austro-russes qui reculent, reculent au point qu'elles semblent vouloir attirer les Français dans certaines solitudes continentales où elles n'en feraient qu'une bouchée ! Le 13 novembre, le Prince et maréchal Joachim Murat entre triomphalement dans Vienne. Les troupes françaises ont couvert, en un peu plus de soixante jours, 1 200 kilomètres ! Napoléon va s'installer au château de Schoenbrunn.

Le plateau de Pratzen laissé à l'ennemi !

Une semaine plus tard, l'empereur et ses troupes partent vers Brünn, puis atteignent le village d'Austerlitz qui est immédiatement occupé. Entre Brünn et Austerlitz se trouve un plateau, le plateau de Pratzen. Non loin d'Austerlitz stationnent les troupes ennemies. La logique militaire ordinaire conduit tous ceux qui accompagnent Napoléon à croire qu'il va continuer d'occuper Austerlitz, et surtout, concentrer ses troupes sur le plateau de Pratzen d'où il pourra lancer ses attaques. Eh bien non ! Napoléon, à la surprise générale, décide d'abandonner non seulement le village d'Austerlitz, mais aussi le plateau de Pratzen ! Certains pensent alors qu'un stratège qui désirerait la défaite n'agirait pas autrement !

2 décembre 1805 : Austerlitz !

Les deux empereurs qui vont l'attaquer, François II l'Autrichien, et Alexandre Ier le Russe, sont persuadés que Napoléon, se sentant en situation d'infériorité numérique se prépare à rentrer en France. Des éclaireurs sont revenus vers eux avec la nouvelle de l'abandon d'Austerlitz et de Pratzen. Aussitôt, ils mettent leurs troupes en marche. Cent mille Austro-Russes investissent le petit village, puis la plupart d'entre eux s'installent sur le plateau stratégique. Le 29 novembre, l'aide de camp du tsar, le prince Dolgorouki, vient proposer à Napoléon un armistice. Mais les conditions sont tellement exorbitantes qu'il n'est pas même question de négociations. Avant que Dolgorouky reparte, Napoléon feint de redouter une attaque ennemie tant, dit-il, sa situation matérielle est précaire. Dupé, et tout fier, l'aide de camp va rendre compte de son ambassade au tsar et à l'empereur d'Autriche qui sentent alors la victoire à portée de sabre !

« Je suis fait comme un rat !... »

En réalité, Napoléon est en train de dicter ses volontés à ses ennemis qui les accomplissent à leur insu. Son départ d'Austerlitz et du plateau de Pratzen était comme une invitation aux Austro-Russes : « Venez, installez-vous confortablement sur ce site qui domine la plaine, tâchez d'étirer vos troupes sur toute la longueur du plateau de sorte que leur épaisseur diminue, dinimue… ! Et puis regardez donc à votre gauche, mon aile droite, elle est bien faible, et si vous parvenez à l'écraser, vous me coupez la route de Vienne, vous m'encerclez par le sud, je ne peux plus faire demi-tour, je suis fait comme un rat ! »

« La plus belle soirée de ma vie ! »

Soir du 1er décembre. Veille de la bataille. Napoléon, qui est allé avec quelques officiers effectuer une reconnaissance non loin des lignes ennemies, revient vers ses troupes qui sont presque invisibles dans la nuit. Il a d'ailleurs recommandé de ne pas faire de grands feux afin que ceux d'en face ne puisse rien observer qui leur donnerait des indications pour le lendemain. Mais, alors qu'il revient vers ses lignes, Napoléon trébuche. Un soldat s'approche, allume une torche, le reconnaît, d'autres imitent son geste. Il est bientôt entouré d'une dizaine de flambeaux.

Tout à coup, c'est tout le camp français qui s'illumine de torches – comme les briquets s'allument dans un concert moderne… – pendant que des milliers de cris de joie s'élèvent, étrange et douce rumeur en ce lieu où la mort va frapper : les soldats viennent de se rappeler qu'un an auparavant, le 2 décembre, leur petit caporal était devenu l'empereur Napoléon Ier. Et ce soir du 1er décembre, c'est la veille de son anniversaire ! Des « Vive l'empereur ! » résonnent longtemps, sous l'œil satisfait des alliés qui croient que les Français brûlent leur campement afin de déguerpir plus vite le lendemain matin… « La plus belle soirée de ma vie ! » dira plus tard Napoléon.

Koutouzov, au lit !

Le 1er décembre, tout se passe comme l'a prévu Napoléon. Sans se presser tant la victoire leur paraît certaine, les Austro-Russes commencent effectivement à se porter vers la droite française qui, avec 9 000 hommes, Davout à leur tête, va devoir, le lendemain, en arrêter 30 000 ! Victoire certaine… pas pour tout le monde dans le camp russe : le vieux maréchal Koutouzov qui connaît bien Napoléon pour l'avoir déjà affronté tente de dissuader le tsar Alexandre d'engager la bataille. Il pressent un piège. Alexandre l'envoie dormir !

2 décembre 1805, 8 heures : le soleil d'Austerlitz…

Le 2 décembre, à sept heures trente, la bataille commence. Comme l'avait prévu Napoléon, les Austro-Russes attaquent son aile droite. La cavalerie de Murat et l'infanterie de Lannes – son aile gauche – s'apprêtent à en découdre avec les régiments du Russe Bagration. Napoléon se trouve sur un tertre, non loin du champ de bataille dont une grande partie est plongée dans le brouillard. Soudain, le soleil apparaît vers huit heures, dissipant un instant la brume, le temps pour Napoléon de constater que le centre austro-russe s'est bien dégarni, comme il l'avait prévu. Les hommes de Soult, massés au pied du plateau, s'impatientent.

La victoire sur un plateau

Finalement, l'ordre d'assaut est donné. Les régiments de Soult escaladent le plateau de Pratzen, émergent du brouillard et surgissent du centre dégarni de l'armée austro-russe dont les deux ailes ne se rejoindront plus ! Les soldats de Koutouzov sont ahuris : d'où sortent ces Français qui déferlent dans leurs rangs ? Les deux empereurs comprennent immédiatement dans quel traquenard ils sont tombés. Ils tentent de lancer une contre-attaque, mais leurs troupes sont désormais coupées en deux, en trois, en quatre, et celles de Napoléon s'acharnent sur chacun

« Voilà un brave ! »

Au soir de la bataille, Napoléon fait cette proclamation : « Soldats, je suis content de vous. Vous avez, à la journée d'Austerlitz, justifié tout ce que j'attendais de votre intrépidité. Vous avez décoré vos aigles d'une immortelle gloire… » Il vous suffira de dire : « J'étais à la bataille d'Austerlitz », pour qu'on vous réponde : « Voilà un brave ! »

de ces tronçons dont l'un termine sa course sur les étangs gelés, près de l'aile droite française. Napoléon fait donner le canon sur les glaces qui se brisent. Des milliers d'Austro-Russes vont périr noyés !

2 décembre 1805, Austerlitz, 16 heures...

Quelques heures ont suffi à Napoléon pour conduire une bataille qui demeure considérée comme la bataille des batailles, comme un exemple de stratégie – à condition de combattre un ennemi aux analyses un peu courtes ! On peut imaginer ce qu'aurait été Austerlitz si on avait écouté Koutouzov au lieu de l'envoyer dormir ! Ou bien on n'imagine rien et on se penche sur le bilan de la plus célèbre des victoires de l'empereur :

- ✔ À seize heures, la bataille d'Austerlitz est terminée !
- ✔ Elle a duré neuf heures.
- ✔ On l'a appelée la bataille des trois empereurs – Napoléon, François II d'Autriche et Alexandre Ier de Russie.
- ✔ Elle s'est étendue sur un front de près de vingt kilomètres.
- ✔ 65 000 Français ont battu 100 000 Austro-Russes.
- ✔ Les Français se sont emparés de 185 canons sur 278 – le bronze des canons d'Austerlitz servira à l'érection de la première colonne Vendôme.
- ✔ 45 drapeaux ont été pris à l'ennemi – un seul drapeau français a disparu.
- ✔ Du côté des Autrichiens et des Russes : 12 000 morts ou blessés.
- ✔ Du côté français, 6 000 morts ou blessés.

Le Saint Empire : c'est la fin...

La paix est signée à Presbourg, le 26 décembre 1805.

- ✔ L'Autriche perd ce que le traité de Campoformio lui avait accordé ; ainsi, les routes du Rhin et des Alpes lui sont fermées. Plus de Habsbourgs en Allemagne ! De plus, elle doit payer à la France – et à Napoléon – des indemnités astronomiques !

✔ Les Bourbons de Naples, qui faisaient partie de la coalition, sont chassés. Napoléon offre leur royaume à son frère Joseph.

✔ Au nord de la France, il transforme la république batave en royaume de Hollande, et il l'offre à un autre de ses frères : Louis !

✔ Il crée un nouvel État sur la rive droite du Rhin, le grand-duché de Berg, et le donne à son beau-frère : Joachim Murat.

✔ Puis, en juillet 1806, il crée, avec les princes d'Allemagne du Sud et de l'Ouest, la Confédération du Rhin, fondant ainsi une certaine grande Allemagne qui allait faire parler d'elle…

Ainsi prenait fin le Saint Empire romain germanique fondé plus de huit siècles auparavant !

1806-1807 : la quatrième coalition échoue contre Napoléon

Iéna, Auerstadt en 1806, Eylau et Friedland en 1807, autant de batailles, autant de victoires de Napoléon contre la quatrième coalition !

Napoléon à Berlin, le 27 octobre 1806

La puissance de la France est à son zénith. Ce pourrait être la paix définitive. Non ! Une quatrième coalition se prépare. Elle va rassembler la Russie, l'Angleterre – toujours là ! – et la Prusse, mécontente de l'influence que la France a prise en Allemagne ! La Prusse mécontente ? Et, de plus, elle déclare la guerre ? Non mais ! Napoléon fonce vers la Saxe, rencontre les armées prussiennes à Iéna, en Allemagne orientale, le 14 octobre 1806. Les 80 000 hommes de Napoléon écrasent les 50 000 combattants du Prussien Hohenlohe. L'empereur croit avoir battu toute l'armée prussienne, mais il ignore qu'en même temps 80 000 autres Prussiens sous les ordres de Brunswick et du roi de Prusse ont cru bon de se retirer vers l'Elbe. Mal leur en a pris : sur leur route, à Auerstadt, il y avait Davout avec 25 000 hommes seulement. Et qui les a battus, leur prenant 115 canons, au grand étonnement de Napoléon qui en ressent peut-être une pointe de jalousie… En une semaine, l'armée prussienne est détruite. Napoléon fait son entrée à Berlin le 27 octobre 1806.

Protéger Königsberg, la ville de la Raison pure

Au tour des Russes ! Ils se sont enfoncés dans les plaines immenses et gelées de la Prusse orientale. À leur tête Bennigsen qui refuse le combat. Mais, parvenu à trente kilomètres de Königsberg (entre Pologne et Lituanie aujourd'hui, dans l'enclave russe, Kaliningrad) près du village d'Eylau, il décide de protéger la ville d'Emmanuel Kant de l'invasion française – Kant, le père de la philosophie contemporaine, de *La Critique de la raison pure*. Bennigsen dispose en ordre de bataille ses 72 000 hommes dont 10 000 Prussiens, et ses 400 canons. Napoléon l'attaque avec 53 000 hommes et 200 canons.

8 février 1807 : la terrible bataille d'Eylau

Le 8 février 1807, en pleine tempête de neige, la bataille s'engage. Le pilonnage d'artillerie est particulièrement meurtrier de chaque côté. De plus, les régiments français d'Augereau, manquant de visibilité à cause de la tempête de neige, attaquent les lignes frontales russes non pas de face, mais de biais, de sorte qu'ils défilent devant un feu nourri et incessant, et qui fauche bon nombre de leurs rangs. Le centre de l'armée française a presque disparu ! L'une de ses ailes est coincée dans un cimetière où les combattants s'affrontent au corps à corps ! C'est alors que Napoléon fait dire à Murat : « Nous laisseras-tu dévorer par ces gens-là ? » La plus célèbre charge de cavalerie de l'histoire va commencer : 10 000 cavaliers fondent sur les Russes et les mettent en déroute ! À sept heures du soir, Bennigsen ordonne à ses troupes la retraite vers Königsberg. La victoire est indécise. Le bilan est très lourd : plus de 40 000 tués ou blessés au total !

Larrey désarmé

Sur le champ de bataille, les blessés agonisent. On a commencé à creuser le sol gelé pour enterrer les milliers de cadavres. En rentrant à son bivouac, Napoléon a rencontré Larrey, le chirurgien de la Grande Armée qui accomplit à chaque instant des exploits pour sauver les blessés, qu'ils soient français ou russes ! Napoléon remarque que Larrey ne porte plus d'épée, en fait la remarque au chirurgien qui répond : « Des Prussiens me l'ont prise ! » Alors l'empereur lui tend la sienne : « Prenez celle-ci, et gardez-la, en souvenir des immenses services que vous me rendez sur tous nos champs de bataille ! »

« Pour te dire que je t'aime... »

On est certes un guerrier, on n'en est pas moins homme : Napoléon s'assoit à sa table, épuisé, ce 9 février 1807, au soir d'Eylau. Il laisse alors son cœur s'envoler vers sa Joséphine à qui il écrit, vers trois heures du matin « Mon amie, il y a eu hier une grande bataille. La victoire m'est restée, mais j'ai perdu bien du monde. La perte de l'ennemi, qui est plus considérable encore, ne me console pas. Enfin, je t'écris cette lettre moi-même, quoique je sois bien fatigué, pour te dire que je suis bien portant et que je t'aime. Tout à toi. »

Eylau !

Louis-Joseph Hugo (1777 - 1853), qui avait participé à la bataille d'Eylau, la raconta à son neveu Victor encore enfant. Plus tard, en 1853 sur son île, en exil, Victor Hugo, le poète, se souvient de ce récit. Il raconte en vers la bataille où son oncle affronte les Russes dans le fameux cimetière où les troupes françaises ont été acculées. « Eylau ! C'est un village en Prusse ! Un bois, des champs de l'eau. Le soir on fit les feux et le colonel vint. Il dit « Hugo ! » « Présent ! » « Combien d'hommes ? » « Cent vingt ! » « Bien ! Prenez avec vous la compagnie entière ! Et faites-vous tuer ! » « Où ? » « Dans le cimetière » Et je lui répondis : « C'est en effet l'endroit ! » La suite quand vous voulez, dans les œuvres complètes de Victor Hugo... »

25 juin 1807 : la rencontre de Tilsitt

Victoire incertaine à Eylau ? Le 14 juin 1807, les pendules sont remises à l'heure à Friedland, au sud de Königsberg : le général russe Bennigsen attaque les Français qui l'encerclent dans le méandre d'un fleuve où 25 000 de ses hommes vont périr – contre 6 000 Français. C'est bien Napoléon le plus fort, se dit alors le tsar de Russie qui, mécontent de la part prise au combat par ses alliés, déçu que l'Angleterre ne le finance pas davantage, décide de signer la paix avec l'empereur français. Il rêve même d'une alliance qui permettrait une domination franco-russe de l'Europe ! Le 25 juin 1807, les deux empereurs se rencontrent sur un radeau aménagé au milieu du fleuve Niémen, à

Tilsitt. Leurs premiers mots ont fait le tour du monde et de l'histoire : « Je hais les Anglais autant que vous ! », dit Alexandre. Et Napoléon de répondre : « Alors, la paix est faite ! »

La Pologne pour Marie !

La paix, elle passe par la création du royaume de Westphalie que Napoléon offre à son frère Jérôme, par le paiement d'une énorme indemnité de guerre que devra acquitter la Prusse, complètement démembrée, par la création du duché de Varsovie – en réalité d'un État polonais ! Et cela ravit celle que Napoléon a rencontrée l'année précédente, en 1806, à Varsovie : Marie Walewska. Mariée au comte septuagénaire Walewski, elle a été poussée dans les bras de l'empereur à des fins politiques. Mais elle deviendra réellement amoureuse de cet amant aux grandes ailes, au point de lui donner un enfant – qui deviendra ministre de Napoléon III – et d'aller lui rendre visite, en 1814, dans son premier exil de l'île d'Elbe !

Contre l'Angleterre : le blocus continental

Comment abattre l'Angleterre ? En ruinant son commerce ! Quel moyen utiliser pour y parvenir ? Le blocus continental ! En quoi consiste-t-il ? Aucun navire anglais ou ayant relâché dans un port anglais n'entrera plus dans les ports de l'Empire français. Ce blocus continental répond au blocus maritime que pratique l'Angleterre depuis mai 1806. En décembre 1807, le décret de Milan précise : « les îles britanniques sont en état de blocus sur mer comme sur terre ». C'est un séisme pour les deux économies : l'Angleterre constate un effondrement catastrophique de ses exportations, son industrie est mise à mal, mais, dans un premier temps, elle se ressaisit rapidement et trouve de nouveaux débouchés en Orient, en Amérique latine, aux États-Unis ou en Europe du Nord. Ces débouchés étant insuffisants, une grave crise s'installe outre-Manche. Elle aboutit, ainsi que Napoléon l'avait souhaité, au chômage, à la famine, au soulèvement des ouvriers qui vont briser les machines des industriels endettés.

1808-1809 : de l'Espagne à Wagram

La cinquième coalition contre Napoléon ne va pas connaître le succès escompté, mais l'édifice impérial se lézarde quelque peu, subit des revers, notamment en Espagne. Des lézardes qui pourraient devenir des brèches...

Novembre 1807 : le Portugal puni !

Après l'application du blocus continental, les ports qui, en France, commerçaient avec les Anglais sont ruinés. On remplace le sucre de canne par du sucre de betterave, et le café par de la chicorée, ce qui permet au nord de la France de prendre son essor. Mais l'industrie et l'agriculture souffrent considérablement ! De plus, si en France le blocus est respecté, ce n'est pas forcément le cas ailleurs : le Portugal, par exemple, qui ne vivait que de son commerce avec l'Angleterre, ignore les ordres de Napoléon qui le punit par une invasion des troupes françaises aux ordres de Junot, en novembre 1807. La famille royale portugaise s'enfuit au Brésil. En 1808, Napoléon décide d'envoyer des renforts à Junot que les Anglais prévoient d'attaquer. Ainsi, Murat peut entrer en Espagne où la famille royale se déchire. Napoléon écarte alors cette famille du pouvoir qu'il donne immédiatement à son frère Joseph – Murat devenant roi de Naples.

2 mai 1808 : Dos de Mayo…

Mais les Espagnols, loin d'approuver le coup de force de Napoléon, se soulèvent. Le 2 mai 1808 – le Dos de Mayo – le peuple de Madrid se révolte contre les Français. À Napoléon, ils crient : « Tu régneras en Espagne, mais sur les Espagnols jamais ! » La répression menée par les mamelouks de Murat est atroce. Atroce également la guérilla qu'organisent les Espagnols, tout en faisant appel aux Anglais qui débarquent alors au Portugal et, sous les ordres de Wellesley – futur duc de Wellington –, battent Junot le 21 août 1808 à Vimeiro. Apprenant cette défaite, Napoléon envoie 200 000 hommes afin de rétablir la paix. En vain. Lorsque, en 1813, les troupes françaises en déroute, chassées d'Espagne par les Anglais, arriveront à Bayonne, elles laisseront derrière elles, morts au combat ou en embuscades au cours de cinq années de luttes cruelles et féroces, plus de 300 000 soldats !

31 mai 1809 : la mort de Jean Lannes à Essling

Autriche, Angleterre, Espagne. La cinquième coalition poursuit ses objectifs. L'Autriche décide d'envahir la Bavière en avril 1809. Du 19 au 23, en quatre jours, les troupes françaises qui comprennent aussi celles de la Confédération du Rhin, remportent cinq victoires dans les boucles du Danube : Tengen, Abensberg, Landshut, Eckmül et Ratisbonne où

Napoléon, le 23 avril, en lançant l'assaut, reçoit l'unique blessure de toute sa carrière militaire : une estafilade au pied
droit ! Puis c'est l'indécise bataille d'Essling, le 22 mai 1809.
L'armée napoléonienne y est mise en difficulté par d'importantes crues du Danube qui emportent les ponts jetés sur le
fleuve. Le maréchal Lannes y reçoit un boulet sur les jambes.
Il doit être amputé et meurt quelques jours plus tard.

Le phare d'Eckmühl

À la suite de la bataille livrée contre les Autrichiens le 22 avril 1809, Davout est fait prince d'Eckmühl par Napoléon. Beaucoup plus tard, en 1892, la fille de Davout lègue à sa mort une somme importante afin que soit construit un phare en Bretagne, à la pointe de Penmarch. Quel nom lui donner ? Sans hésiter, on le baptise : le phare d'Eckmühl !

5 et 6 juillet 1809 : *Wagram ou la tragique méprise*

La bataille de Wagram oppose les 5 et 6 juillet 1809, les coalisés
et les Français. Ils alignent environ 150 000 hommes et 600
canons chacun. C'est au cours de cette bataille que se déroule
un événement incroyable : les soldats italiens qui font partie de
l'armée de Napoléon ne reconnaissent pas les Français de
Bernadotte qui, devant eux, sont partis à l'assaut du plateau de
Wagram. Ils les prennent pour des Autrichiens et envoient sur
eux un feu nourri ! Pris entre deux feux, les Français font demi-
tour. Les Italiens croient alors à une attaque et battent en
retraite ! Tout cela sous le regard médusé des Autrichiens qui
sont témoins du spectacle et conservent le plateau. Pas pour
longtemps car, le lendemain, il est enlevé par les troupes de
Napoléon ! Le bilan humain est très lourd : plus de 80 000
hommes ont été tués ou blessés !

1810 : Napoléon épouse Marie-Louise d'Autriche

L'Empire est né le 2 décembre 1804, un empire présenté
comme le successeur des empires mérovingiens et carolin-
giens – on a soigneusement évité de faire allusion aux

Capétiens… Cet Empire est héréditaire, c'est-à-dire que c'est le fils de Napoléon qui remplacera son père. Mais pour l'instant, ce fils se fait attendre…

Joséphine désespérée

Des enfants ! Napoléon n'en manque pas, il lui en est né de-ci de-là, au cours de ses campagnes, au fil de ses conquêtes et de ses ruptures – « En amour, disait-il, une seule victoire : la fuite ! » –, mais d'héritier, point ! Joséphine ne parvient pas à lui donner ce successeur qu'il espère tant. La solution ? Le divorce. Le 30 novembre, 1809, il l'annonce à l'impératrice qui se jette à ses genoux, se tord les bras de douleur, de détresse, de désespoir, et d'inquiétude pour son avenir matériel, pour les revenus qui lui permettent de faire face à ses dépenses colossales ! « Alors, tout est fini ? », dit-elle. Presque : son Napoléon de mari va lui allouer une indemnité et un revenu annuel si confortables qu'elle met peu de temps, finalement, à se résoudre à l'affreuse réalité !

« J'épouse Marie-Louise »

Le 6 janvier 1810, Napoléon apprend que le tsar Alexandre hésite à lui donner en mariage sa jeune sœur Anne, encore impubère. Le lendemain, il fait savoir à l'ambassadeur d'Autriche, Schwarzenberg, convoqué aux Tuileries, qu'il épouse l'archiduchesse Marie-Louise que lui avait proposée Metternich, ministre des Affaires étrangères d'Autriche. Personne à Vienne n'est au courant de cette soudaine décision, mais dès le soir, en France, la nouvelle est publiée ! Personne ou presque : le chancelier autrichien Metternich se frotte les mains. En effet, c'est lui qui, jugeant trop dangereux cet empereur avide, a tout fait pour lui faire savoir indirectement que s'il demandait la main de la fille de l'empereur d'Autriche, celui-ci était tout disposé à la lui accorder. Voilà donc qui est fait !

Napoléon, petit-neveu de Louis XVI

Napoléon qui se marie avec Marie-Louise d'Autriche entre dans une famille qui va le rendre, par alliance, petit-neveu de Marie-Antoinette et de Louis XVI, ses enfants trouveront parmi leurs ascendants Louis XVI et Charles Quint, et dans leur cousinage plus ou moins éloigné, les Condé. Donc, le duc d'Enghien…

« Un ventre... »

« J'épouse un ventre ! » Ainsi s'exprime Napoléon lorsqu'il présente à son entourage son mariage avec Marie-Louise de Habsbourg-Lorraine, dite Marie-Louise d'Autriche, née le 12 décembre 1791. Il a besoin d'un héritier. Marie Waleska lui a prouvé, en lui donnant un enfant, qu'il n'était pas stérile. Marie-Louise n'a pas encore dix-huit ans quand elle découvre, le 27 mars 1810, celui qu'elle a longtemps appelé, comme tout le monde à la cour de Vienne, le monstre ! On l'a fait changer d'avis, progressivement, pour raison d'État...

27 mars 1810 : « C'est l'empereur ! »

Le 27 mars 1810, Napoléon est tout excité. La rencontre est prévue à Soissons, mais, n'y tenant plus, il file en compagnie de Murat vers Reims. Il rencontre alors le cortège de 300 personnes qui accompagne la promise impériale. Il ouvre la porte du carrosse de Marie-Louise qui, somnolente, est prise d'un mouvement de recul devant ce petit homme au teint jaune. « C'est l'empereur », lui dit-on, et elle se laisse embrasser.

Douce, bonne, naïve et fraîche

À Soissons, l'étape est brève. Le cortège repart vers Compiègne. Napoléon demande aux Murat qui l'accompagnaient de le laisser seul avec Marie-Louise dans le carrosse. Et tout le monde remarque, à l'arrivée, que la robe de Marie Louise est toute chiffonnée, que sa coiffure a souffert, bref, qu'il a dû s'en passer, des choses... Et ce n'est pas terminé : un grand banquet doit être servi à Compiègne. On attend les deux tourtereaux une heure, deux heures. À minuit, ils ne sont toujours pas là. Le maître des cérémonies annonce, l'œil égrillard, que leurs majestés se sont retirées... Un ventre ! Napoléon s'aperçoit que Marie-Louise ne se réduit pas seulement à cet élément anatomique. Le lendemain, il conseille à Savary, son aide de camp : « Mon cher, épousez une Allemande, ce sont les meilleures femmes du monde, douces, bonnes, naïves et fraîches comme des roses ! »

20 mars 1811 : il est né, le roi de Rome !

Dix-neuf. Vingt ? Vingt et un... Vingt-deux ! Si le premier enfant de Marie-Louise avait été une fille, les Parisiens savaient qu'ils n'entendraient que vingt et un coups de canon. Au vingt-deuxième, ils savent que c'est un garçon, un héritier impérial !

Cent coups de canon sont tirés ce 20 mars 1811. Napoléon est fou de joie ! Pourtant, l'accouchement a été difficile : consulté, l'empereur a décidé que si une seule des deux vies devait être sauvée, ce serait celle de Marie-Louise. Pendant un temps, on croit l'enfant mort-né. Finalement, tout se termine bien, et l'enfant nouveau-né est prénommé : Napoléon-François-Joseph Charles. Il est, en naissant, roi de Rome !

Fait d'hiver

En 1791, Marie-Louise est née, et Bonaparte a bien failli mourir : en effet, jeune lieutenant de vingt-deux ans, il est en garnison à Auxonne, en Côte-d'Or. Le 5 janvier, alors que les fossés de la forteresse sont gelés, il patine avec deux autres militaires, en attendant le repas de midi. Soudain, la cloche sonne, indiquant que l'heure de passer à table est arrivée. Bonaparte, le ventre creux, ne suit pas ses deux amis qui insistent pour qu'il effectue avec eux un dernier tour sur la glace. Ils s'élancent. Moins d'une minute plus tard, dans un bruit mat, amplifié par les murs de la forteresse, la glace se fend et engloutit les deux jeunes hommes qui meurent aussitôt ! Un peu moins d'appétit, et Napoléon Bonaparte eût pour toujours glissé dans la rubrique obscure des faits divers oubliés...

1812 : la Grande Armée fond dans la neige

Moscou ! Napoléon en rêve ! Il va tout sacrifier pour y parvenir, y demeurer malgré tous les conseils de prudence qui lui sont donnés. Lorsqu'il donnera l'ordre d'en repartir, il sera trop tard.

La Grande Armée cosmopolite

Il faut imaginer 600 000 hommes, peut-être 700 000 ! On y trouve des Suisses, des Croates, des Italiens, des Espagnols, des Portugais, des Saxons, des Polonais, des Allemands, des Illyriens, des Napolitains, des Prussiens, des Westphaliens, des Hessois, des Wurtembergeois, des Autrichiens et... des Français ! C'est la Grande Armée, celle qui s'ébranle en juin 1812 vers la Russie. Que s'est-il donc passé puisque le tsar Alexandre Ier et Napoléon avaient uni les destinées de leurs pays pour la vie – ou presque – à Tilsit ? Le blocus ! Le commerce souffre beaucoup du blocus continental destiné à asphyxier l'Angleterre. Aussi Alexandre Ier, en 1810, a-t-il autorisé l'ouverture du port de Riga. Des marchandises anglaises ont de nouveau envahi la Russie comme au bon vieux temps, et les exportations ont pu reprendre peu à peu. Le plan de Napoléon contre l'Angleterre tombe à l'eau, l'eau de la Baltique.

« Lui faire faire des marches, des contremarches… »

La Suède fait alliance avec le tsar. Et qui est roi de Suède ? Bernadotte, oui, Jean-Baptiste Bernadotte, que Napoléon a fait maréchal d'Empire en 1804, qui s'est distingué à Austerlitz ! C'est lui, Bernadotte, qui souffle à Alexandre les conseils pour battre la Grande Armée : « Il faut éviter les grandes batailles, travailler l'armée de Napoléon au flanc, il faut l'obliger à s'étirer en détachements, lui faire faire des marches, des contremarches… » C'est ce que vont faire les Russes qui, réclamant à Napoléon la Poméranie suédoise qu'il a envahie, l'obligent à pénétrer en Russie. Il le fait après avoir tenu une cour des souverains européens à Dresde du 9 au 21 mai 1812.
Complètement adapté à sa nouvelle alliance autrichienne, Napoléon, en leur présence, plaint le sort qui fut réservé, en 1793, à son « pauvre oncle Louis XVI » et à sa « pauvre tante Marie-Antoinette »… Et puis le voilà qui s'enfonce dans les plaines immenses d'un monde qu'il ne connaît pas.

7 septembre 1812 : Borodino la meurtrière

La bataille de Borodino, prélude à l'entrée dans Moscou, va apparaître sous le nom de la bataille de la Moskova, dans le *Bulletin de la Grande Armée*, organe de propagande de la machine napoléonienne. La Moskova, c'est un peu, pour ses lecteurs, en France, l'écho de Moscou, la ville mythique bientôt prise.

La Moskova

Des marches, des marches ! Le conseil a été entendu. Il ne faut pas attendre Napoléon, il faut utiliser la même stratégie que la sienne : aller vite. Voilà pourquoi l'armée russe se dérobe, continue sa marche vers l'est, comme si elle voulait faire atteindre à l'empereur le point de non retour. Moscou ! Le laissera-t-on entrer dans Moscou ? Non ! Il faut tenter de l'arrêter ! Voilà pourquoi va se dérouler une bataille indécise, dont l'histoire et l'empereur ont décidé qu'elle était une victoire française : la Moskova. En réalité, la rivière la Moskova ne joue aucun rôle dans cet affrontement qui commence à six heures du matin le 7 septembre 1812, et se déroule à Borodino. Mais le nom Borodino ne disant rien aux Français, l'empereur va préférer celui de la Moskova ; ainsi, tout le monde comprendra qu'il est tout près de Moscou ! Il en est quand même à 150 kilomètres... Donc, à six heures du matin, 120 canons français tirent sur les lignes russes. Trop court ! Il faut les déplacer et cela prend un temps fou.

« Puisqu'ils en veulent, donnez-leur-en ! »

51 000 tués ou blessés du côté russe, 30 000 du côté français ! La bataille de la Moskova est la plus meurtrière des campagnes napoléoniennes. Elle a duré douze heures. Cent trente coups de canon à la minute ont été tirés, en moyenne ! La grande redoute prise, les Russes ne quittant pas le champ de bataille, Napoléon a dit au général d'artillerie Sorbier : « Puisqu'ils en veulent, donnez-leur-en ! » : 400 canons français ont *vomi la mort*, selon le commandant Lachouque pen-dant près d'une heure sur les ennemis. « Jamais je ne vis briller dans mon armée autant de mérite », dit Napoléon au soir de la bataille. Jamais non plus, il n'a perdu dans la même journée, quarante-huit généraux ! Le soir même, il écrit à Marie-Louise : « Ma bonne Louise, j'ai battu les Russes ! », pendant qu'en face, Koutouzov envoie à la sienne ces quelques mots : « Je me porte bien : j'ai gagné la bataille »...

Caulaincourt commande à la redoute

Davout est tenu en échec par le Russe Bagration – qui va mourir dans la bataille. Il faudrait prendre une grande redoute – ouvrage de fortification avancé – tenue par les Russes tout près de Borodino. Il faudrait prendre aussi la colline des Trois Flèches où ils se sont installés. Ney, puis Junot vont s'y essayer à sept heures du matin. Trois heures plus tard, elles sont à eux. Ils en sont chassés, mais y reviennent définitivement à onze heures trente. Soixante-dix canons français bombardent alors la grande redoute toujours russe. À quatorze heures, Auguste Caulaincourt la prend à revers, à la tête des cuirassiers du général Montbrun qui vient d'être tué. Caulaincourt à son tour tombe sous les balles. Le prince Eugène de Beauharnais – le fils de Joséphine – prend le relais. Vers quinze heures, cette redoute se hérisse enfin des drapeaux français. Il suffirait alors que Napoléon envoie sa garde de 30 000 hommes pour que la victoire soit totale. Il hésite, ne le fait pas car il est persuadé que Koutousov qui s'est retiré un peu plus loin sur les crêtes reprendra le combat le lendemain. Mais Koutousov, le lendemain, sera parti, et Napoléon, surpris et sans doute comblé, va se diriger vers Moscou.

Le père de Victor ?

Incroyable : dans la nuit du 22 octobre 1812, à Paris, un général quitte la Maison de santé du docteur Dubuisson où il était assigné à résidence. Il annonce partout la mort de l'empereur, obtient une salle à l'hôtel de ville afin d'y faire siéger son gouvernement provisoire. Il fait transmettre ses ordres à l'armée qui obéit au point que, vers midi, il est maître des trois quarts de la capitale. Il fait libérer Victor Faneau de Lahorie et Emmanuel Guidal, des royalistes emprisonnés qu'il se prépare à promouvoir à des postes importants, les ministres de Napoléon ayant été destitués et incarcérés à la Force.

Mais, un autre général connaît bien les étrangetés de Malet, il déjoue le complot. Malet, Lahorie, Guidal et une douzaine d'officiers sont arrêtés, jugés et condamnés à mort – il ne leur est pas même venu à l'idée, annonçant la mort de Napoléon, qu'il avait un fils, le roi de Rome... Ils sont fusillés le 29 novembre 1812. Lahorie ! Victor Faneau de Lahorie, l'un des trois conjurés qui tombent sous les balles connaît intimement la femme d'un général d'Empire ; elle a pour nom Sophie Trébuchet, elle est mère de trois enfants : Abel, Eugène et Victor. Lahorie a donné son prénom à ce dernier dont il est le parrain. Certains ont même prétendu qu'il était son père ! Mais il semblerait que ce soit faux : Lahorie ne serait pas le père de Victor... Hugo !

15 septembre 1812 : Moscou brûle !

L'empereur entre dans la capitale russe le 14 septembre. Le lendemain, elle est en flammes. Elle va brûler pendant trois jours. Napoléon attend. Il attend un signe du tsar. N'est-il pas dans sa ville ? La paix devrait être signée ! Les jours passent. Rien. Le 20 septembre arrive, toujours rien ! Le 13 octobre, les premières neiges tombent. Napoléon décide d'aller hiverner à Smolensk d'où, au printemps, il pourra partir attaquer Saint-Pétersbourg. Mais il faudrait emprunter une route au sud afin de trouver nourriture et fourrage ! Koutouzov barre cette voie du salut. En revanche, les cosaques l'empruntent et peuvent ainsi lancer des raids de destruction contre l'armée française qui est contrainte de suivre la route du nord balayée de vents glacés, couverte de neige. Le repli devient retraite. Et bientôt, c'est la débâcle : aucun vêtement d'hiver n'a été prévu, aucune fourrure : on éventre les chevaux pour trouver un peu de chaleur par les -30° ou -40° nocturnes, puis on les mange. Les blessés sont abandonnés.

La retraite de Russie : 380 000 tués ou blessés

« Il neigeait. On était vaincu par sa conquête. / Pour la première fois l'aigle baissait la tête. / Sombres jours ! L'empereur revenait lentement, / Laissant derrière lui brûler Moscou fumant. / Il neigeait. L'âpre hiver fondait en avalanche. / Après la plaine blanche une autre plaine blanche. / On ne connaissait plus les chefs ni le drapeau. / Hier la grande armée, et maintenant troupeau… » Nul mieux que Victor Hugo n'a décrit la retraite de Russie. Vous pouvez lire la suite de *L'Expiation* dans *Les Châtiments*.

Henri Beyle – Stendhal - passe la Bérézina

Les attaques de cosaques sont incessantes. Le 25 novembre, l'empereur et sa troupe arrivent au bord de la rivière, la Bérézina. Plus de 100 000 Russes les attendent. Napoléon ne dispose que de 25 000 hommes valides, de 30 000 autres à demi blessés, moribonds. C'en est fait se disent les Russes, la Grande Armée a vécu ! Mais, en amont de leur position, les Français trouvent un passage à gué sur lequel ils construisent des ponts au prix d'incroyables sacrifices en vies humaines ! Du 26 au 28 novembre 1812, ce qui reste de l'armée franchit ces ponts par -20° ou -30°. Parmi eux, un commissaire aux approvisionnements, nommé Henri Beyle, connu en littérature sous le pseudonyme de Stendhal…

12 décembre 1812 : Murat fuit à Naples

À neuf heures du matin, le 29 novembre, les cosaques attaquent le reste des Français n'ayant pas encore franchi les ponts qui doivent alors être détruits pour protéger la retraite. Huit mille soldats restés sur la berge vont être massacrés par les Russes ! Le 5 décembre, Napoléon confie le commandement de ce qui reste de son armée à Murat qui, considérant la partie perdue, s'enfuit le 12 dans son royaume de Naples ! Le 13 décembre, les soldats repassent le Niémen. Le 18 décembre, l'empereur est à Paris. Il laisse derrière lui 380 000 tués ou blessés, 180 000 prisonniers ; seuls quelques milliers de soldats en armes atteindront le lieu d'où, six mois auparavant, étaient partis 700 000 hommes !

L'Empire français en 1813.

« Tuez-le ! Je prends tout sur moi ! »

Murat, né en 1767, fils de Jeanne Loubières et de Pierre Murat, aubergistes à Labastide-Fortunière – depuis, Labastide-Murat – dans le Lot-et-Garonne. Murat l'intrépide, Murat la folie à la tête de ses charges de cavalerie auxquelles rien ne résiste. Murat d'Austerlitz, d'Eylau, de Wagram, Murat de la Moskova, mais pas de Waterloo… Murat qui, au combat, pare son cheval de la peau de panthère d'apparat, et se pare lui-même avec tant de couleurs, d'uniformes extravagants que même les ennemis se le montrent du doigt, étonnés et amusés ! Murat, le beau-frère de Napoléon qui l'a fait roi de Naples. Après la défaite de Leipzig en 1813 : il quitte la Grande Armée, rentre dans son royaume italien, commence à l'administrer. Allié à l'Autriche, il va combattre les Français en 1814 ! En 1815, lors des Cent-jours, il attend l'appel de Napoléon. Cet appel ne viendra pas. Murat manquera cruellement à Waterloo !

Louis XVIII demande au congrès de Vienne qu'un Bourbon soit rétabli sur le trône de Naples. À la suite de diverses aventures, Murat est arrêté en Calabre, le 8 octobre 1815. C'est à Naples que les ambassadeurs décident de son sort. L'Autriche, la Prusse et la Russie optent pour la prison. L'Espagne et l'Angleterre demandent la mort. L'ambassadeur anglais ajoute : « Tuez-le, je prends tout sur moi ! » Le 13 octobre 1815 au matin, Joachim Murat, quarante-huit ans, prince de Pontecorvo, se rend sur les lieux où va être exécutée la sentence. Il adresse aux soldats qui l'attendent, contraints d'obéir, des paroles de compassion. Il va commander lui-même le peloton d'exécution. Dans ses mains il serre un médaillon où figure le portrait de sa femme, la reine Caroline. Les yeux ouverts, il crie « Feu ! »

1813 : la campagne d'Allemagne

Rien ne va plus ! En mars 1813, la Confédération du Rhin qui, depuis 1806, permettait de gonfler la Grande Armée, est dissoute. En Prusse, des milliers de volontaires affluent pour aller combattre l'oppresseur Napoléon. Bernadotte apporte son alliance aux Anglais. Bernadotte, le mari de la première fiancée de Napoléon, Désirée Clary ! Il porte tatoué sur son bras le bonnet phrygien, et la devise : « Mort aux rois ! », pourtant, il deviendra l'excellent roi Charles XIV de Suède, jusqu'en 1844. La sixième coalition est en route ! Elle rassemble l'Angleterre, la Russie, la Suède, l'Autriche – qui se joint lentement aux autres –, et la Prusse. Napoléon évalue ses effectifs : 600 000, peut-être 700 000 hommes en rappelant les classes plus âgées. La campagne d'Allemagne où vont se dérouler les opérations militaires peut commencer.

Aussi braves que des vétérans !

Napoléon ne réussira à rassembler que 200 000 combattants, parmi lesquels se trouvent nombre d'étrangers qui peuvent fort bien changer de camp en plein combat ! La campagne d'Allemagne s'ouvre le 2 mai par la bataille de Lützen au cours de laquelle les jeunes recrues – appelées les Marie-Louise – se comportent avec autant de bravoure que des vétérans, selon Napoléon, avec autant de générosité face à la mort également puisque 18 000 d'entre eux jonchent les abords du village de Kaïa. Battus, les Russo-Prussiens sont rattrapés par l'empereur le 20 mai 1813 à Bautzen, près de Dresde. Cent trente mille Français battent les 100 000 Russo-Prussiens qui leur font face, et chacun des adversaires laisse, au soir du 21 mai, plus de 20 000 morts sur le champ de bataille. Un armistice est signé le 4 juin. Ce n'est qu'une pause ! Dans le sud de l'Empire, Wellington, l'Anglais, remporte victoire sur victoire, et se rapproche des Pyrénées, s'en va lentement, sans le savoir, vers un petit village de Belgique qu'il atteindra en juin 1815…

Octobre 1813 : Leipzig, la bataille des nations

Un million d'hommes pour la coalition, 500 000 pour Napoléon qui a réussi à gonfler ses rangs, grâce aux contingents saxons. En août, les Français subissent leurs premiers revers. En septembre, toutes les forces en présence convergent vers Leipzig où, le 16 octobre, commence le combat. Dès le premier jour, il va faire 26 000 morts du côté français ! Le lendemain, 17 octobre, Bernadotte et Bennigsen ajoutent leurs 500 000 hommes au nombre des coalisés qui alignent 15 000 canons ! Les Français vont devoir se battre à un contre trois ! Le 18 octobre, la canonnade commence vers dix heures : 200 000 coups sont tirés sur les Français. Les soldats saxons font volte-face : ils passent dans les rangs des coalisés ! Vingt mille tués ou blessés sont encore dénombrés dans les rangs de l'empereur qui décide d'ordonner la retraite.

Le pont s'effondre !

Il faut sortir de Leipzig par un petit pont sur l'Elster, le seul pont disponible, que canonnent sans cesse les ennemis auxquels se sont joints d'autres combattants qui ont imité les Saxons ! Les troupes françaises s'engagent sur le pont. Minés par les boulets, il s'effondre ! Plus de 15 000 soldats demeurent sur la rive, ils vont être massacrés ou faits prisonniers. Certains tentent de passer la rivière à la nage, tel MacDonald qui y parvient, ou le maréchal Poniatowski qui se noie. Le 21 octobre, Napoléon est en route pour la France, suivi d'une centaine de milliers d'hommes qui vont livrer quelques batailles à la frontière avant de regagner la capitale. Les alliés, au début de décembre, annoncent qu'ils vont poursuivre la guerre, non contre la France, mais contre Napoléon. La campagne de France va commencer dès janvier 1814 !

1814 : la campagne de France

Le repli commencé en Allemagne s'accentue : la France devient le champ de bataille où s'affrontent les coalisés et les troupes de l'empereur vainqueur à plusieurs reprises.

Champaubert, Montmirail, Montereau

Trois cent mille coalisés commandés par Blücher, Schwartzenberg, Bernadotte, vont affronter les 50 000 soldats de Napoléon ! 27 janvier 1814 : bataille de Saint-Dizier : Napoléon vainqueur ! 29 janvier, bataille de Brienne : victoire des Français ! À la Rothière, le 1er février, ils sont un contre trois et doivent battre en retraite. Le 10 février, les 30 000 hommes de Marmont, Ney et Mortier écrasent sans mal les 5 000 soldats du général Olsouviev à Champaubert ! Le 11 février, à Montmirail, victoire de Napoléon contre l'avant-garde de Blücher. Le 14 février, deuxième victoire de Montmirail contre Blücher qui n'avait pas pris au sérieux la défaite de son avant-garde. Le 17 février, bataille de Mormant contre les Russes : Napoléon vainqueur ! Le 18, à Montereau, il s'empare du pont, les coalisés reculent ! Le 24 février 1814, l'empereur entre dans la ville de Troyes qu'il vient de libérer, la foule l'acclame !

30 mars 1814 : la capitale capitule !

Dans le sud, Wellington poursuit sa remontée. Les Autrichiens sont à Lyon. Murat et ses Napolitains combattent désormais les Français ! Blücher, l'Autrichien, que Napoléon poursuit, fuit vers Laon où les Français, après une victoire à Craonne le 7 mars 1814, sont défaits le 9 mars. Malgré cette victoire, les coalisés sont découragés. Napoléon les poursuit partout, il attaque où on ne l'attend pas, libère des villes prises. Mais le 19 mars, Schwarzenberg qui opérait un mouvement de retraite fait demi tour, afin d'essayer une dernière fois de battre l'imbattable qui ne dispose plus que de 25 000 hommes. L'empereur prend la tête de la charge, comme s'il voulait en finir avec la vie ! Le 23 mars, les combattants sont las, Napoléon prépare un plan d'attaque dont il envoie le détail à Marie-Louise : les soldats de Blücher s'emparent du message.

« Je voudrais vous serrer tous sur mon cœur... »

Blücher connaissant alors les projets de l'empereur peut les déjouer. Pendant que Napoléon se bat à Saint-Dizier, il approche de Paris. Le 30 mars 1814, il occupe Montmartre, bombarde la capitale qui capitule. Dès le lendemain, la troupe bigarrée des coalisés nomades campe sur les Champs-Élysées... Le tsar

Le congrès de Vienne : affaiblir la France

Vienne, en Autriche. De novembre 1814 à juin 1815 va se tenir un congrès auquel participent les grandes puissances européennes. Leur objectif : se partager les dépouilles de l'Empire napoléonien, ramener la France à ses frontières de 1789, et surtout l'affaiblir de façon durable, sinon définitive, sur le plan politique et économique. L'ambiance est à la fête dans la capitale autrichienne : 1 000 coups de canon ont ouvert le congrès en novembre ; réceptions, banquets, bals, chasses vont se succéder pendant plusieurs mois ! La musique a sa place : Beethoven dirige lui-même (fort mal, rapporte-t-on...) deux de ses œuvres : *Fidelio*, et la *7e Symphonie* dont l'allegretto est bissé ! Metternich pour l'Autriche, Nesselrode pour la Russie, Castelreagh, puis Wellington pour l'Angleterre, le baron Humboldt et le prince de Harenberg pour la Prusse – Talleyrand est l'observateur français – décident que la Confédération du Rhin créée par Napoléon en 1806 est transformée en Confédération germanique de trente-neuf États autonomes englobant la Prusse et l'Autriche.

Alexandre et le roi de Prusse entrent dans Paris. Ils décident avec Talleyrand de nommer un gouvernement provisoire. Le 2 avril, Napoléon et sa famille sont déchus du trône. Après bien des hésitations, Napoléon accepte le 5 avril 1814, de signer son abdication. Le 11 avril, il apprend qu'il conserve son titre impérial et reçoit l'île d'Elbe. Le 12 avril, à Fontainebleau, il tente de se suicider. Le 20, il fait ses adieux à sa vieille Garde : « Adieu, mes enfants, je voudrais vous serrer tous sur mon cœur »… Puis il part pour son île où il va régner sur 13 800 habitants. En France, on respire ! La paix va enfin revenir.

Le roi Louis XVIII sur le trône de France

La première Restauration de la monarchie va succéder à l'Empire : le frère de Louis XVI prend le nom de Louis XVIII – le jeune Louis XVII étant mort à la prison du Temple en 1795. Le tsar de Russie Alexandre Ier est tout heureux de l'accueillir à Paris. Pas pour longtemps…

Alexandre Ier : « Je viens vous apporter la paix »

Tout heureux, le tsar Alexandre Ier. Il vit un rêve : il est entré vainqueur dans Paris, il a battu Napoléon et, maintenant, le voici pour peu de temps aux commandes de la France, ou presque ! Le voici dans ce pays dont il aime la culture, la langue. Il est plein de bonnes intentions. « Je viens vous apporter la paix ! », a-t-il déclaré à la population parisienne, en franchissant la porte Saint-Denis, le 31 mars à midi, en compagnie du roi de Prusse. Alexandre ! Il s'est fait un allié solide en la personne de Talleyrand, l'évêque d'Autun, le conseiller de l'empereur, qui change de camp avec beaucoup d'aisance et de naturel – Talleyrand qui, depuis longtemps, a mis son mouchoir d'oubli sur la remarque que lui a faite Napoléon ce jour de 1809 où il a appris que l'évêque au pied bot le trahissait avec les Russes : « Tenez, lui avait lancé l'empereur, vous êtes de la merde dans un bas de soie ! » Donc, Alexandre Ier, qui retrouve finalement en Talleyrand un vieux complice, soutient le comte de Provence qui monte sur le trône de son frère Louis XVI, et prend le nom de Louis XVIII.

Alexandre vert de rage !

À Paris, les Russes sont partout : les cosaques construisent des huttes sur les Champs-Élysées, ils sillonnent enveloppés dans leurs peaux de bête les grands boulevards. On croise aussi des Tartares, des Sibériens, des Kalmouks. Leurs petits chevaux poilus étonnent même le petit Victor Hugo qui les décrira plus tard dans ses souvenirs d'enfance. En exil en Angleterre depuis des années, le comte de Provence arrive le 29 avril à Compiègne. C'est un homme de cinquante-huit ans, obèse et presque impotent. Alexandre attend des remerciements ou tout au moins une attitude sympathique de la part de ce Louis XVIII à qui il donne un trône. Mais le souverain se montre si condescendant, si méprisant qu'Alexandre en est choqué ! Lors du souper de cérémonie qui suit leur rencontre, le nouveau roi entre dans la salle à manger sans se préoccuper de son invité, et s'assoit dans le seul fauteuil disponible. De plus, il demande à être servi le premier ! Dès la fin du dîner, le tsar fait demander sa voiture et rentre à Paris, vert de rage et d'humiliation !

La personne du roi : inviolable et sacrée

Voici donc la Restauration qui commence. Le 2 mai 1814 au château de Saint-Ouen – qui n'existe plus –, devant le Sénat qui a constitué un gouvernement provisoire après la déchéance de l'empereur, Louis XVIII prononce une déclaration où apparaissent les grandes lignes de la charte constitutionnelle qui sera présentée officiellement au Palais Bourbon le 4 juin 1814. Cette charte comporte soixante-quatorze articles. Louis XVIII a préféré le terme « charte » à celui de « constitution », trop révolutionnaire à son goût. En voici l'essentiel :

✔Les conquêtes de la révolution et du consulat y sont sauvegardées : la loi est la même pour tous, les biens nationaux sont conservés par leurs acquéreurs, la liberté de culte est confirmée, et le code civil continue d'être utilisé.

✔Le pouvoir exécutif va être exclusivement réservé au roi qui tient à affirmer le caractère « inviolable et sacré » de sa personne.

✔ Le roi peut approuver ou suspendre les lois, dissoudre la chambre des députés.

✔ Le droit de vote n'est accordé qu'aux Français bénéficiant de confortables revenus fonciers, c'est-à-dire 12 000 personnes sur trente millions d'habitants ! Quant au poste de Premier ministre que Talleyrand espérait pour récompense des services rendus, il n'existe pas, Louis XVIII l'estime inutile !

1815 : Napoléon, le retour et la fin

La France ne peut se séparer de son héros. Il le sait, il le sent, il revient ! Il quitte son île pour cent jours – cette période, du 20 mars au 18 juin 1815, qu'on appelle… les Cent-jours –, avant de faire connaissance avec un exil définitif, sur une autre île, dans un autre hémisphère, un autre monde…

Les Cent-jours

Napoléon remet le pied sur le sol de France le jour du printemps 1815. Il entame sa dernière saison conquérante…

« L'Aigle volera de clocher en clocher… »

La charte de Louis XVIII coupe la France en deux : d'un côté les royalistes, de l'autre les républicains. La lutte qui s'engage va être interrompue en mars 1815 par une arrivée surprise, celle de… Napoléon ! En effet, on l'avait oublié un peu vite. Napoléon s'ennuie en exil. Le 26 février 1815, une petite flottille de sept bâtiments de commerce quitte l'île d'Elbe. À leur bord, peu de commerçants, mais 700 soldats et l'empereur ! Ils trompent la vigilance des navires anglais en patrouille et débarquent le 1er mars à Golfe-Juan. Deux proclamations vont être répandues en France. Elles appellent au soulèvement contre les Bourbons, contre le drapeau blanc des émigrés. Dans sa proclamation à l'armée, Napoléon lance cette phrase : « La victoire marchera au pas de charge ; l'Aigle, avec les couleurs nationales, volera de clocher en clocher jusqu'aux tours de Notre-Dame. » Vingt jours de vol, et l'Aigle arrivera à Paris ! Voyons les détails de ce coup d'aile…

« Si l'un d'entre vous veut tuer son empereur… »

Après son débarquement à Golfe-Juan, Napoléon se dirige vers Grenoble par la route des Alpes afin d'éviter les populations royalistes de la vallée du Rhône. Le 7 mars, à Laffrey, au nord de Grenoble, le 5ᵉ régiment d'infanterie, envoyé par Louis XVIII, tombe nez à nez avec la petite troupe de l'empereur !

Que va-t-il se passer ? Napoléon demande à ses hommes de mettre l'arme au pied. Il s'avance seul vers les soldats chargés de l'arrêter. Il ouvre sa redingote, montre sa poitrine et dit : « Soldats du 5ᵉ ! Si l'un d'entre vous veut tuer son empereur, qu'il le fasse ! » Le responsable du détachement crie : « Feu ! » Aucun coup ne part. Les soldats baissent leurs armes et crient « Vive l'empereur ! », s'embrassent et passent derrière lui pour grossir ses rangs !

Ney tombe dans les bras de Napoléon

À Paris, le maréchal Ney qui a rallié le camp de Louis XVIII est chargé d'arrêter le vol de l'Aigle. Mais, le 17 mars, à Auxerre, Ney tombe lui aussi dans les bras de son empereur en déclarant à ses soldats : « La cause des Bourbons est à jamais perdue ! » Le 19 mars, Napoléon est à Fontainebleau. Louis XVIII s'enfuit à Gand, en Belgique ! Le lendemain, 20 mars, jour du printemps, l'empereur fait son entrée à Paris où l'acclame une foule en délire ! En peu de temps, Napoléon va organiser une armée afin d'aller combattre l'ultime coalition qui s'est formée contre lui.

18 juin 1815 : Waterloo, morne plaine…

Les souverains européens veulent en finir avec l'Ogre corse. Ils disposent de 700 000 hommes qui peuvent envahir la France à tout moment. Napoléon compte en réunir beaucoup plus pour la fin de l'année 1815. Mais les forces ennemies se sont concentrées en Belgique. Il faut les attaquer ! C'est près de Bruxelles que va avoir lieu la dernière bataille de l'empereur.

Les Français se battent à un contre deux

La nouvelle campagne se prépare. Soult, Ney et Grouchy sont aux commandes avec un peu plus de 100 000 hommes. Ils vont à la rencontre des troupes de l'Anglais Wellington qui comportent seulement un tiers d'Anglais, pour deux tiers de Belges, de Hanovriens, de Hollandais, de Nassauviens... Ils auront aussi à combattre les 120 000 soldats de Blücher, le Prussien, régulièrement vaincu depuis 1806. Les Français vont donc se battre à un contre deux ! Napoléon choisit d'éliminer d'abord les Prussiens. Ensuite, il s'occupera des Anglais. Le 16 juin, en Belgique, à Ligny, les Prussiens sont repoussés, non pas battus ! Le 18 juin, à Waterloo, sur un terrain détrempé, Napoléon, qui a choisi une position défensive au sud du Mont-Saint-Jean, attaque les troupes de Wellington à onze heures trente. Il a envoyé Grouchy poursuivre Blücher et ses Prussiens jusqu'à Wavre. Mais ceux-ci le contournent et reviennent en force vers Waterloo.

Figure 3-8 :
La bataille de
Waterloo.

Napoléon fait donner la Garde !

Des attaques et contre-attaques inutiles et parfois maladroites se succèdent. Des charges héroïques, magnifiques de bravoure, sont conduites contre les Anglais par le maréchal Ney qui lance à ses soldats : « Regardez comment sait mourir un maréchal d'Empire ! » Mais il ne parvient pas à se faire tuer ! La situation devient critique. Alors, Napoléon fait donner la vieille Garde.

ARTS, CULTURE ET SCIENCES

Waterloo, Waterloo, Waterloo, morne plaine…

Voici comment, dans son poème Waterloo, Victor Hugo raconte la fin de la vieille Garde impériale : « *Et lanciers, grenadiers aux guêtres de coutil,/ Dragons que Rome eût pris pour des légionnaires,/ Cuirassiers, canonniers qui traînaient des tonnerres, / Portant le noir colback ou le casque poli, / Tous, ceux de Friedland et ceux de Rivoli, / Comprenant qu'ils allaient mourir dans cette fête, / Saluèrent leur Dieu debout dans la tempête, / Leur bouche, d'un seul cri, dit : « Vive l'Empereur ! » / Puis, à pas lents, musique en tête, sans fureur, / Tranquille, souriant à la mitraille anglaise, / La garde impériale entra dans la fournaise ! »*…

« Soudain, joyeux, il dit : "Grouchy !", c'était Blücher ! »

C'est Ney qui prend la tête de la garde impériale, la vieille Garde ! Il le fait à pied, l'épée à la main ! Il sait ce qui l'attend si la victoire échappe à l'empereur, il cherche la mort avec obstination. Napoléon aussi, vers sept heures du soir, au sein d'un carré de la garde, commandé par Cambronne, s'expose dangereusement… Il attend Grouchy qu'il a fait revenir de Wavre. Mais Grouchy n'arrivera pas. C'est Blücher qui s'approche au point de faire sa jonction avec Wellington à la tombée de la nuit, vers neuf heures.

Cent mille tués ou blessés

La panique s'est emparée des rangs français, on crie à la trahison, des groupes de soldats sont alignés par les ennemis et fusillés, d'autres sont poursuivis, sabrés avec fureur. C'est fini ! Près de 100 000 tués ou blessés jonchent le champ de bataille ! Le 21 juin, Napoléon s'installe à l'Élysée. Deux jours plus tard, le 23, il signe sa seconde abdication. Son fils Napoléon II devient empereur des Français. Pas pour longtemps : Louis XVIII prépare sa rentrée ! Napoléon a un dernier sursaut : il propose de combattre encore les Prussiens. Mais une commission gouvernementale exige alors son départ pour Rochefort.

Napoléon est mort à Sainte-Hélène

Après avoir séjourné à la Malmaison, Napoléon quitte Paris le 29 juin. Niort, Saint-Georges-du-Bois, Surgères. Muron. Et puis voici Rochefort où il attend cinq jours un sauf-conduit qui va lui permettre – du moins l'espère-t-il – de gagner les États-Unis. De Rochefort, il se rend à l'île d'Aix où il va passer ses dernières journées sur le sol français. Le sauf-conduit n'arrive pas – Fouché a refusé qu'il soit délivré... Napoléon s'embarque alors sur le brick *L'Épervier* qui le conduit sur *Le Bellérophon* où il est livré aux Anglais. C'est à bord du *Northumberland* qu'il gagne l'île Sainte-Hélène dans l'Atlantique Sud. Au cours de la traversée, son comportement ne laisse paraître aucun signe de dépression ou de désespoir. Au contraire, il se distrait, joue aux cartes, mise un peu, et gagne, par exemple, le 15 août, jour de son anniversaire, 80 napoléons ! À Sainte-Hélène, il dicte au comte de Las Cases qui l'a suivi ses mémoires qui seront publiées en 1823. C'est dans cette île de l'Atlantique Sud qu'il meurt le 5 mai 1821, de la maladie dont sont morts son père et sa sœur : un cancer de l'estomac.

Figure 3-9 :
La tombe de
Napoléon
aux Invalides.

Chronologie récapitulative

- 5 mai 1789 : réunion des états généraux
- 14 juillet 1789 : prise de la Bastille
- 10 août 1792 : la monarchie est renversée
- 5 septembre 1793 : la terreur
- 27 juillet 1794 : chute de Robespierre
- 26 octobre 1795-9 novembre 1799 : le Directoire
- 1796-1797 : Bonaparte, première campagne d'Italie
- 1798 : Bonaparte, campagne d'Égypte
- 10 novembre 1799 (19 brumaire) : coup d'État, Bonaparte consul
- 1800 : deuxième campagne d'Italie
- 2 décembre 1804 : Bonaparte devient l'empereur Napoléon Ier
- 2 décembre 1805 : Austerlitz
- 1808 : campagne d'Espagne
- 20 mai 1811 : naissance du roi de Rome, fils de Marie-Louise et Napoléon
- 1812 : retraite de Russie
- 1813 : campagne d'Allemagne
- 1814 : première abdication, île d'Elbe
- 18 juin 1815 : Waterloo (Napoléon meurt le 5 mai 1821 à Sainte-Hélène)

Deuxième partie

De 1815 à 1914 :
Une montée en puissance

Dans cette partie...

Dans cette partie, vous allez assister au retour des Bourbons : les deux frères de Louis XVI, Louis XVIII et Charles X vont tenter, l'un par la douceur, l'autre par la force, de rétablir un semblant d'Ancien Régime bientôt remplacé, en 1830, par la Monarchie de Juillet pendant laquelle la bourgeoisie s'enrichit alors que la misère du peuple s'accroît. La révolution de 1848 sonne le retour de la République avec Louis-Napoléon Bonaparte, prince-président qui devient l'empereur Napoléon III. C'est l'époque où la France cherche – à l'intérieur de ses frontières, par l'industrialisation, et à l'extérieur, par la colonisation – à accroître sa puissance face à une grande Allemagne naissante et menaçante. À la France prospère du second Empire, vaincue en 1870 par les Prussiens, succède une période politique incertaine, avec des épisodes sanglants – celui de la commune en 1871 – ou décisifs – l'instauration de la IIIᵉ République en 1875. La fin du siècle est marquée par la montée de l'antisémitisme, dramatiquement illustrée par l'affaire Dreyfus. Les tensions entre la France et l'Allemagne se multiplient, la revanche de 1870 se prépare : il faut reprendre l'Alsace et la Lorraine. En 1914, l'Europe explose.

1815 à 1848 : Le retour des rois

*L*ouis XVI avait deux frères qui vont successivement monter sur le trône de France : Louis XVIII, un souverain modéré, qui tente d'apaiser – jusqu'à sa mort en 1824 – l'opposition entre les ultraroyalistes et les libéraux, et Charles X, l'ultra-royaliste que les libéraux vont conduire à l'abdication en 1830. C'est un Orléans – un descendant du frère de Louis XIV – qui prend le pouvoir ensuite sous le nom de Louis-Philippe. Si la bourgeoisie fait fortune sous son règne, le peuple malheureux déclenche la révolution de 1848 qui va conduire à la renaissance de la République.

1815 à 1830 : un royalisme militant

Pendant quinze ans, les royalistes vont tenter de réinstaller en France les dominantes de l'Ancien Régime, menaçant ainsi les acquis de la Révolution.

Louis XVIII le conciliant

Après le départ de Napoléon pour Sainte-Hélène, une île d'où il ne s'échappera plus, les royalistes vont prendre leur revanche contre les Bonapartistes et les Jacobins. Une chambre ultraroyaliste va même être élue…

La Chambre introuvable

Les Cent-jours ont entraîné un cortège de volte-face, de palinodies ou de revirements en tous genres. Les royalistes, après Waterloo, vont se venger. Dans le Midi se développe ce qu'on a appelé la Terreur blanche : des Bonapartistes et des Jacobins sont massacrés. À Marseille, des Égyptiens ramenés lors de l'expédition de Bonaparte quinze ans plus tôt sont passés par les armes ! Pour s'être rallié à Napoléon pendant les Cent-jours, le maréchal Brune est tué de deux coups de pistolet et son corps jeté dans le Rhône. Ce sont de jeunes exaltés, les Verdets se réclamant du comte d'Artois, le futur Charles X, qui commettent en toute impunité ces crimes. L'exacerbation royaliste aboutit à l'élection d'une chambre des députés où figure une grande majorité d'ultraroyalistes. Louis XVIII la qualifie même de *Chambre introuvable*, tant il n'aurait jamais pensé qu'elle fût à ce point favorable à l'Ancien Régime ! La Chambre introuvable n'a qu'un projet : supprimer tous les acquis de la

« Soldats, droit au cœur ! »

Rentré à Paris, Ney est en danger, il le sait : les royalistes ne vont pas lui pardonner d'avoir soutenu l'empereur pendant les Cent-jours. Le Conseil de guerre désigné pour le juger se déclare incompétent. Ney va comparaître devant la Chambre des pairs. Au moment où on commence à énumérer tous ses titres, il interrompt le lecteur pour dire : « Cela suffit ! Dites Michel Ney, et un peu de poussière ! » Malgré les brillantes plaidoiries de ses avocats, le maréchal Ney est condamné à mort. Il est conduit près de l'Observatoire le 7 décembre 1815. Fils d'un tonnelier de Sarrelouis, Michel Ney, le « brave des braves » – ainsi l'appelait Napoléon –, le « rouquin » pour ses hommes, le prince de la Moskova, lui que Louis XVIII avant les Cent-jours, avait fait pair de France, se retrouve devant le peloton d'exécution. Il refuse qu'on lui bande les yeux. Ses dernières paroles sont pour le peloton qu'il commande lui-même : « Soldats, droit au cœur ! »

Révolution et de l'Empire, redonner le pouvoir à la noblesse et au clergé ! C'est dans ce contexte que va être exécuté Ney, que vont être bannis Fouché et le peintre David.

Introuvable, et dissoute le 5 septembre 1816

Le futur Charles X n'est pas pour rien dans cette agitation fiévreuse qui vise à rétablir la royauté à l'ancienne. Il met en place une solide organisation qui permet d'accroître l'influence ultra-royaliste dans les départements. Partout, on plante des croix dans les campagnes, pour expier ce qui est qualifié de crimes par ceux qui n'ont jamais accepté la Révolution. Les Jésuites reviennent, ouvrent des collèges, des séminaires. Bientôt, la Chambre introuvable exige le suffrage universel parce que la population française, essentiellement paysanne, est en majorité royaliste ; elle exige aussi le régime parlementaire qui permettrait de ne plus tenir compte de l'avis des ministres que le roi nomme afin de rétablir l'équilibre. Trop, c'est trop ! Elle en demande trop cette chambre que Louis XVIII, son ministre de la Police, Élie Decazes, et son ministre des Affaires étrangères, le modéré Armand de Richelieu – le descendant du Grand Richelieu - décident de dissoudre le 5 septembre 1816.

Louis à Élie : « Mon cher enfant ! »

Une nouvelle Chambre est élue, modérée, mais Armand de Richelieu qui ne partage pas les mêmes idées que Decazes sur les questions électorales démissionne, ce qui laisse le champ libre à Decazes. Celui-ci pratique une politique libérale, fait voter des lois en faveur de la presse. Le vieux roi Louis XVIII, bien seul aux Tuileries, s'est fait de Decazes plus qu'un ami : il le considère comme le fils qu'il n'a jamais pu avoir. Il l'appelle « Mon cher enfant ! », languit lorsqu'il ne reçoit pas de message d'Élie. Tout cela déchaîne la jalousie, presque la rage des ultra-royalistes qui traitent le faux fils préféré d'« huissier gascon » – Decazes est originaire de Guyenne –, de « parvenu roturier » ou encore de « champignon » ! Mais Decazes n'en a cure ! Le roi l'a marié à une jeune fille d'à peine seize ans, qui appartient à la noblesse allemande : Édégie de Sainte-Aulaine. Il demande à être parrain du premier-né du couple. Et toujours, avant de prendre quelque décision que ce soit, Élie est consulté, de sorte que certains commencent à parler d'Élie Ier...

Figure 4-1 :
Louis XVIII et
sa famille.

14 février 1820 : le duc de Berry assassiné

Hélas ! Mille fois hélas ! Dans la nuit du 13 au 14 février 1820, le duc de Berry, neveu de Louis XVIII, héritier du trône, est assassiné en sortant de l'opéra au bras de sa femme Marie-Caroline. C'est un fanatique, Louis-Pierre Louvel, qui a porté le coup au cœur, à l'aide d'une alène de cordonnier – Louvel, réformé à cause de sa faible constitution, est sellier ; il a suivi Napoléon à l'île d'Elbe puis à Waterloo ; dès 1815, il a formé le projet d'assassiner le duc de Berry, le seul capable de perpétuer la branche aînée des Bourbons. Évidemment, les ultras en profitent pour accuser Decazes de complicité, ce qui est invraisemblable, mais il doit démissionner. Et Chateaubriand commente fielleusement : « Le pied lui a glissé dans le sang ! » Que devient Decazes ? Louis XVIII continue à lui témoigner une affection qui se traduit par une nomination d'ambassadeur à Londres. Puis, revenu d'Angleterre, Decazes crée dans l'Aveyron les forges de… Decazeville, ville où il meurt le 24 octobre 1860.

Les Ultras retroussent leurs manches

Les Ultras ! Le retour ! La démission de Decazes leur ouvre une voie royale. La Chambre élue en 1821 est majoritairement royaliste. Le comte de Villèle, le Toulousain plus royaliste que le roi, est nommé Premier ministre. 1824 : nouvelles élections. La majorité royaliste y est écrasante ! Il ne reste plus qu'une quinzaine de libéraux. C'est une Chambre introuvable bis : la Chambre retrouvée ! Villèle et ses proches, depuis 1821, retroussent leurs manches. La répression est active : les sociétés secrètes, les comploteurs sont arrêtés, jugés et condamnés. Quatre jeunes sergents de La Rochelle, par exemple, Bories, Goubin, Pommier et Raoulx, qui, appartenant à la société secrète de la Charbonnerie – composée de républicains, de bonapartistes, de libéraux –, n'ont pas voulu dénoncer leurs chefs. Le 21 septembre 1822, ils sont exécutés en place de Grève devant une foule muette qui admire leur courage.

Marie-Caroline, duchesse de Berry

Parce qu'il ne reste plus de descendant mâle de la branche aînée des Bourbons, et que ce sont les Orléans qui risquent de monter sur le trône, Louis XVIII a décidé de marier son neveu – qui est le fils du futur Charles X –, le duc de Berry, à Marie-Caroline de Naples qui appartient à la famille des Bourbons-Sicile et descend, par sa mère, de la Maison des Habsbourg ! La rencontre entre Marie-Caroline et le duc de Berry a lieu en forêt de Fontainebleau, au carrefour de la croix Saint-Herem.

Marie-Caroline est belle. Pleine de grâce et de légèreté, elle séduit tous ceux qui l'approchent, et, ce jour de juin 1816, lorsque, délaissant tout protocole, elle court se jeter aux pieds du roi et du duc de Berry, les témoins de cette rencontre sont à la fois attendris et conquis par celle qui pourrait devenir reine de France. Le 17 juin 1816 a lieu le mariage dans la cathédrale Notre-Dame. Trente-six carrosses dorés, décorés de plumes, prennent ensuite la direction des Tuileries ! C'est le bonheur.

Marie-Caroline rayonne ! Elle conquiert bientôt le cœur de la France entière ! La tragédie du 13 février 1820 la jette dans l'ombre jusqu'en 1832 où elle tente de revenir sur la scène politique pour assurer l'avenir de son fils le comte de Chambord. Après avoir débarqué dans des conditions difficiles à Marseille, elle rejoint la Vendée où elle espère rallier de nombreux partisans. Mais les temps ont changé : ils ne se manifestent guère !

Entrée dans la clandestinité, elle vit en nomade, de château en château, de ferme pauvre en grange à foin. Elle se réfugie enfin dans une soupente à Nantes où, trahie, elle est arrêtée puis conduite en détention à Blaye. Déshonorée parce que mère en 1833 d'une fille de père inconnu, elle est privée d'avenir politique. Elle meurt en 1870.

Charles X, le premier des émigrés

Charles X est né en 1757, à Versailles. Il n'a jamais supporté son frère Louis-Auguste, et il le supporte encore moins quand il devient Louis XVI ! Il lui reproche son indécision, ses atermoiements. En 1789, il s'enfuit à l'étranger dès le 17 juillet. Il se fixe pour un temps à Bruxelles, puis à Coblence. Il connaîtra aussi Turin, Vienne, Londres, Edimbourg. Beaucoup d'aristocrates vont imiter son exemple. Il élabore de nombreux plans pour reconquérir le pouvoir, notamment celui qui le conduit à l'île d'Yeu afin de secourir les Vendéens en 1795. Mais, craignant les armées de la République, il rembarque avec ses alliés les Anglais, au grand désespoir de ceux qu'il allait secourir. Il poursuit ses tentatives de restauration du pouvoir pendant l'Empire, revient à Paris avec son frère Louis XVIII en 1814, s'enfuit à Gand avec lui lors des Cent-jours.

Figure 4-3 :
Charles X
en habit de
sacre.

Le roi Louis XVIII est mort

La gangrène ! C'est ce qui a emporté Louis XIV, c'est ce qui emporte son arrière-arrière-arrière-petit-fils, Louis XVIII : son pied et sa colonne vertébrale en sont atteints ! Au début de septembre 1824, le roi, diabétique depuis son enfance, s'est alité pour ne plus se relever. Cependant, il ne perd pas l'esprit qui le caractérise : son médecin Portal, le croyant inconscient, demande à ses aides : « Qu'on lui enlève sa chemise ! » Et Portal entend son royal patient lui répondre : « Monsieur Portal, je m'appelle Louis XVIII, vous devez donc dire : Qu'on enlève la chemise de sa majesté ! »… Et puis Louis XVIII s'ex-cuse auprès de la duchesse d'Angoulême d'une syncope dont il a été victime la veille : « Madame, quand on meurt, on ne sait pas très bien ce qu'on fait »…

Le 15 septembre, il prend congé de sa famille. Le soir, il entre en agonie par une chaleur étouffante. On recouvre de paille les rues qui environnent le Palais des Tuileries afin que le bruit des charrois ne trouble pas le repos du souverain moribond. Dans la nuit 16 septembre 1824, à quatre heures du matin, Louis XVIII ne respire plus. On approche de sa bouche une bougie dont la flamme demeure parfaitement verticale. C'est fini.

Des réflexes d'Ancien Régime

À soixante-sept ans, le comte d'Artois devient Charles X, en remplaçant Louis XVIII sur le trône de France. Il annonce immédiatement la couleur : ce sera la cocarde blanche. Il se fait sacrer à Reims, comme au bon vieux temps de sa chère monarchie absolue. Son habit de sacre est violet, des esprits bien informés et bien intentionnés font alors courir le bruit que le roi s'est fait évêque et qu'il va célébrer chaque matin la messe aux Tuileries ! La presse reprend avec une certaine mauvaise foi cette information : les journalistes n'ignorent pas, en effet, que Charles X porte le deuil de son frère et que la couleur du deuil royal est le violet...

École normale supérieure : on ferme !

L'ultraroyalisme se développe d'autant plus rapidement pendant le règne de Charles X que la révolution de 1789 a traumatisé le nouveau roi : il craint en permanence qu'un complot se prépare contre sa personne. Des décisions sont prises par son parti, qui ne sont pas forcément les meilleures pour calmer l'opposition :

- ✔ L'université est confiée à un évêque, monseigneur de Frayssinous qui organise lui-même son épuration.
- ✔ L'École normale supérieure est fermée. Guizot, le grand historien libéral, est interdit de cours !
- ✔ La loi sur le milliard des émigrés est votée : elle vise à indemniser les aristocrates qui ont fui la France pendant la Révolution. Ils percevront vingt fois le revenu perçu sur leurs biens en 1789 ! Et où prendre cet argent pour quelques milliers de privilégiés ? En abaissant l'intérêt annuel de la rente, ce qui, dans les faits, conduit à puiser dans les poches des trente millions de Français qui peuplent le royaume...
- ✔ Des ecclésiastiques sont nommés à la tête des lycées, les instituteurs sont contrôlés par les curés.
- ✔ La liberté de la presse est de plus en plus réduite.

Face à cet inquiétant recul des acquis de la révolution, l'opposition s'organise autour de Guizot. Aux élections de 1828, les libéraux l'emportent et Villèle démissionne.

Chateaubriand : un homme de plume

Saint-Malo. Le Grand-Bé. C'est là que François-René de Chateaubriand (1768 - 1848), le vicomte, a désiré être enterré, debout, face à la mer. Depuis, il a reçu des milliers de visiteurs, pas toujours très romantiques – Jean-Paul Sartre, par exemple... Le vicomte a vécu son enfance et son adolescence dans le lugubre château de Combourg, non loin de Rennes. Devenu sous-lieutenant, il a effectué un voyage en Amérique pour fuir la Révolution, avant de se rallier à l'armée du prince de Condé et d'être blessé au siège de Thionville. Il se rapproche du consulat et du consul Bonaparte avec qui il n'entretiendra jamais de bons rapports, celui-ci ne l'estimant guère, le considérant surtout vaniteux et opportuniste.

Après un voyage en Orient, Chateaubriand se retire dans sa propriété de La Vallée-aux-Loups près de Sceaux. Toutes les gloires de l'Empire lui échappent et excitent en lui une jalousie qui éclate à la Restauration dans le pamphlet *De Buonaparte et des Bourbons*. Nommé pair de France, il devient ministre des Affaires étrangères de Louis XVIII, après la réussite d'une expédition en Espagne où les libéraux sont vaincus grâce au duc d'Angoulême à la bataille du Trocadéro – la place qui commande l'accès à la baie de Cadix. Congédié comme un laquais – ce sont ses mots... –, il passe dans le parti libéral ! Après l'avènement de Louis-Philippe, il revient dans le camp royaliste. Accusé de complot et arrêté en 1833, il va connaître la gêne matérielle, vivant des avances de son éditeur pour lequel il écrit les *Mémoires d'outre-tombe*. On connaît le succès de cette œuvre ! Elle montre assez que, si Chateaubriand ne fut pas forcément un homme de poids, il fut au moins un homme de plume...

La monarchie de Juillet

Le peuple travaille de l'aube au soir, il souffre et ne récolte presque rien de tous ses efforts, à peine de quoi manger. L'explosion sociale survient en plein été 1830.

27, 28, 29 juillet 1830 : les Trois Glorieuses

Les excès des ultraroyalistes d'abord, puis de Charles X qui refuse de changer d'attitude malgré la victoire des libéraux aux élections vont provoquer une flambée de colère populaire.

De...gnac en...gnac

Villèle sur la touche, Charles X décide de confier la direction du ministère à un libéral : Martignac. Échec. Il s'adresse alors à Jules de Polignac – un autre ...gnac –, très impopulaire. C'est un curieux personnage, Jules de Polignac : il prétend que la vierge lui apparaît chaque matin et qu'il suit ses conseils. Est-ce alors la Vierge qui a soufflé de dire, le 28 juillet 1830, lorsqu'on vient l'avertir que la troupe fraternise avec le peuple : « Eh bien, qu'on tire sur la troupe ! », ce n'est pas certain. Et puis, tant qu'à faire, la Vierge aurait pu lui annoncer ces journées révolutionnaires, au nombre de trois, connues sous le nom des Trois Glorieuses, et qui vont conduire à l'abdication du roi Charles X !

12 juillet 1830 : les libéraux vainqueurs aux élections

C'est la nomination de Polignac qui a tout déclenché : la Chambre libérale s'est montrée fort mécontente de ce choix. Deux cent vingt et un députés, le bourgeois Royer-Collard en tête, lui ont envoyé une sorte de pétition où ils affirment vouloir prendre en main le destin du royaume ! Charles X l'a dissoute afin d'organiser de nouvelles élections qui se déroulent en juin et juillet 1830. Les libéraux y sont plus que jamais représentés !

« J'aime mieux monter à cheval qu'en charrette ! »

Une Chambre de députés pleine de libéraux ! Charles X enrage ! Que faire ? Serrer la vis à tout ce monde qui veut installer en France un régime parlementaire ! On va bien voir ! Fort du succès de l'expédition d'Algérie – la France est allée s'emparer d'Alger, sur une idée de Polignac –, et sans tenir compte du déséquilibre de la nouvelle Chambre qui ne compte que 43 ultras contre 274 libéraux, Charles X signe quatre ordonnances destinées à affermir son pouvoir. Il refuse les concessions : « Ce sont les concessions qui ont perdu mon frère Louis XVI, dit-il, j'aime mieux monter à cheval qu'en charrette ! » Décidément, ces Bourbons, quel sens de la formule !

27 juillet 1830 : l'explosion

Charles X ne va monter ni à cheval ni en charrette, il va être mis à pied par les événements de juillet. Les quatre ordonnances prévoient

> ✔ de museler la presse, de dissoudre la Chambre (encore une fois !),
> ✔ de modifier la loi électorale afin que seuls les propriétaires fonciers votent, et...
> ✔ d'organiser de nouvelles élections en septembre.

Allumer une bombe n'aurait pas davantage d'effet : le 26 juillet 1830, les ordonnances sont signées, le 27, c'est l'explosion. Dans Paris où la troupe investit les imprimeries qui ont bravé l'interdit de publication, la population se masse aux carrefours. Les soldats chargés de les disperser reçoivent sur la tête des pots de fleurs, des tuiles, des bûches. Des barricades commencent à barrer les petites rues. Des cocardes tricolores font leur apparition. Les républicains, pleins d'espoir, sont en première ligne.

28 et 29 juillet : le peuple fait la Révolution

Dans la nuit du 27 au 28 juillet, on dépave les rues, on prépare les munitions et les armes après avoir pillé les magasins d'armurerie, on brise les réverbères. Tout cela en criant « À bas les Bourbons ! » Le 28 juillet, les rues sont couvertes de tessons de bouteille, les arbres des grands boulevards ont été abattus ; une partie de la troupe va bientôt fraterniser avec le peuple. Le 29, le Palais Bourbon est pris par les insurgés qui, vers treize heures, envahissent le Louvre.

Aide-toi, le ciel t'aidera

Une commission municipale s'installe à l'Hôtel de Ville, se proclame gouvernement provisoire. Ses membres font partie de la société *Aide toi, le ciel t'aidera*, composée de francs-maçons aux aspirations démocrates, dont le membre le plus important est François Guizot. En trois journées, les 27, 28 et 29 juillet, appelées les Trois Glorieuses, le régime de Charles X est renversé. Une grande question se pose : vers qui vont aller les bénéfices de ce changement ? Vers les républicains ? Vers les bourgeois libéraux ?

LE SAVIEZ-VOUS ?

Les utopies de Charles Fourier

Peut-on imaginer une société harmonieuse, où les passions de chacun seraient totalement satisfaites – où l'insécurité, la pauvreté, endémiques en 1830, n'existeraient plus ? Vous en avez rêvé ? Charles Fourier l'a fait !

Pour Fourier (1772 - 1837), Claude de Saint-Simon (1760 - 1825) qui prétend organiser la société pour favoriser l'industrie est un charlatan ! Fourier considère que les sociétés humaines sont des forêts de sentiments inexplorés, attaqués et repoussés par l'État et la religion, sentiments qu'il faut identifier comme on a pu le faire pour les végétaux. Il recense donc les passions (sensuelles, affectives, distributives) et imagine des unités de vie où les habitants sont rassemblés en fonction de leur passion dominante.

L'identification de la passion dominante permet de régler harmonieusement l'activité du groupe : les « cabalistes » qui ont la passion de l'organisation conduisent les travaux ; les « papillonnes » qui aiment le changement assurent les tâches saisonnières ou temporaires ; les « petites hordes » sont composées d'enfants chez qui on a remarqué une passion pour la manipulation d'immondices : ils vont servir d'éboueurs… Ainsi est obtenue une société qu'il qualifie de chimiquement parfaite.

Chaque unité de vie, la phalange – qui remplace la famille, source de conflits et d'autorité –, compte 1 600 personnes, hommes et femmes à égalité. Elle est logée dans un phalanstère. C'est une sorte de palais en forme d'étoile au milieu d'un parc de 400 hectares Le logement et la nourriture y sont collectifs. Les salaires sont déterminés sur la base du capital, du travail et du talent. Tout y est réglé au préalable, jusqu'à la façon de s'habiller. La polygamie y est étendue à tous afin de ne plus contrarier les sentiments et de parvenir à une nouvelle forme de chasteté…

Le phalanstère comporte des galeries marchandes, des bibliothèques, un temple pour accueillir 1 500 personnes. 90 % des phalanstériens sont des cultivateurs ou des artisans ; les 10 % restants sont des artistes et des savants. Les enfants sont élevés en commun, l'éducation conjugue théorie et pratique, chaque membre – connaissant vingt métiers – en pratiquera cinq ou six par jour.

Les disciples de Fourier tentent de réaliser l'utopie du maître : c'est un échec total. Seul le fabricant de poêles Godin (1817 - 1888) obtiendra des résultats positifs. Il crée en 1856 – à Guise dans l'Aisne – au lieu du phalanstère, le familistère. Il y institue le

Les utopies de Charles Fourier *(suite)*

système coopératif. Ce familistère comporte 500 logements – familiaux et traditionnels… – au confort moderne : eau courante, toilettes, vide-ordures, luxe incroyable à l'époque. On y trouve aussi un théâtre, des écono- mats, des écoles, des pouponnières, une piscine, un lavoir, un parc… Le familistère, enfant de l'utopie fourié- riste – qu'on peut visiter aujourd'hui à Guise – est tombé dans l'escarcelle capitaliste en l'an… 1968 !

Le Thiers état…

Le 30 juillet, les Parisiens ont pu lire sur les murs une affiche dont le texte a été rédigé par Adolphe Thiers, un libéral, ami de Talleyrand et du banquier Laffitte : « Charles X ne peut plus entrer dans Paris : il a fait couler le sang du peuple. La République nous exposerait à d'affreuses divisions : elle nous brouillerait avec l'Europe. Le duc d'Orléans est un prince dévoué à la Révolution. Le duc d'Orléans ne s'est jamais battu contre nous. Nous n'en voulons point d'autre ! » Le duc d'Orléans est le fils de Philippe-Égalité qui est mort sur l'écha- faud et qui a voté la mort de Louis XVI ! Le duc d'Orléans, des- cendant du frère de Louis XIV, va devenir non pas le roi de France, mais, dans un souci de rapprochement avec le peuple, roi des Français ! Le 31 juillet 1830, le nouveau roi qui prend le

Louis XIX ou Henri V ?

Déposé par le peuple des Trois Glorieuses, Charles X fait mijoter l'illu- soire petite cuisine de sa succession. Voyons, qui pourrait bien prendre la suite ? Le dauphin, évidemment ! Charles X signe donc son abdication le 2 août 1830. À ses côtés se tient le duc d'Angoulême – le dauphin – à qui il tend la plume, lui proposant de signer aussi, ou de ne pas signer, son abdication. La France, en cet instant, a donc un nouveau roi : Louis XIX. Mais la plume se pose sur l'acte de renon- cement, Louis XIX abdique après deux minutes de pouvoir ! Il reste Henri V, le fils de Marie-Caroline et du duc de Berry assassiné en 1820. Le petit roi de dix ans, vêtu d'un uniforme de colo- nel de cuirassiers, modèle réduit, est présenté à la troupe royale, enthou- siaste. Mais ce sera tout ! Avant 1873…

nom de Louis-Philippe se rend à l'Hôtel de Ville où La Fayette l'accueille. Un grand drapeau tricolore a été préparé. La Fayette en enveloppe Louis-Philippe, l'embrasse. La foule qui adore les signes, les symboles et les paraboles, applaudit à tout rompre, sans s'apercevoir que le parti bourgeois confisque sous ses yeux, sous ses vivats, le bénéfice des Trois Glorieuses...

Louis-Philippe et ses banquiers

Les Trois Glorieuses se déroulent à la fin de juillet. La monarchie qui en est issue va porter le nom de ce mois de plein été : la Monarchie de Juillet.

Les républicains ont tiré les marrons du feu

Louis-Philippe, roi des Français ! Roi bourgeois qui porte un chapeau, et se promène partout avec son célèbre parapluie. Avec Marie-Amélie, la fille du roi de Naples dont il a eu huit enfants, il forme un couple uni. Habile gestionnaire de sa propre fortune, il est immensément riche, et ne jure que par le système politique anglais ! La Chambre des députés lui accorde sa confiance le 7 août 1830, par 219 voix sur 252. Ainsi naît ce qu'on appelle la « Monarchie de Juillet », un régime qui s'installe au milieu de trois oppositions :

✔ Celle des républicains qui ne digèrent pas d'avoir tiré les marrons du feu lors des Trois Glorieuses (« tirer les marrons du feu » signifie se brûler les doigts au bénéfice de celui qui regarde et va manger lesdits marrons lorsqu'ils seront froids. Tirer les marrons du feu, c'est donc se sacrifier pour le bénéfice de quelqu'un d'autre, et non, se réserver les avantages d'une entreprise, sens déformé qui est souvent attribué à l'expression).

✔ Celle des bonapartistes qui se sont mis dans la tête que le neveu de l'empereur, le prince Louis-Napoléon, pourrait bien faire parler de lui.

✔ Celle des royalistes, ou plutôt des légitimistes – Chateaubriand à leur tête – qui voient en Louis-Philippe une sorte d'usurpateur, surnommé le « roi des barricades ».

Figure 4-4 :
Le roi Louis-
Philippe.

À mort les ministres de Charles X !

Et puis il y a le peuple, le peuple mécontent de la baisse d'un tiers des salaires, de la montée du prix du pain, de l'accroissement du chômage… Le peuple sans cesse dans les rues, qui manifeste et provoque des émeutes, telles celles d'octobre et de décembre 1830, à Paris, où la mort des anciens ministres de Charles X, détenus au fort de Vincennes, est réclamée. Déclarés coupables, les ministres seront condamnés à la prison à vie.

2 novembre 1830 : le banquier Laffitte

Louis-Philippe s'est entouré de plusieurs ministres banquiers, Jacques Laffitte, par exemple, qui devient président du conseil le 2 novembre 1830 – fils de charpentier de Bayonne, immense fortune, gouverneur de la Banque de France en 1814, et qui a marié sa fille, en 1827, au fils du maréchal Ney. Laffitte ne parvient pas à calmer le mécontentement populaire qui prend la forme d'émeutes dans les grandes villes de France. Il démissionne le 11 mars 1831.

13 mars 1831 : le banquier Périer

Laffitte est remplacé par Casimir Périer, le 13 mars 1831 – Perier, banquier lui aussi… Son programme se résume en un mot : l'ordre. Les ouvriers de la soie, les canuts – ainsi appelés par ironie par les bourgeois parce qu'ils utilisent une canne pour leur métier –, se révoltent à Lyon. Le perfectionnement des métiers à tisser a provoqué la chute de leur salaire. Ils réclament une augmentation que leur accorde le préfet. Casimir Périer, qui n'accepte pas qu'une augmentation ait été ainsi décidée, juge qu'il y a là une manifestation de désordre ! Il envoie à Lyon une armée de 26 000 hommes, sous le commandement du fils du roi, le duc d'Orléans, et du maréchal Soult qui décide que 150 canons seront également nécessaires, car les canuts, mis au courant de l'entreprise, entendent se défendre ! Le préfet trop compréhensif est renvoyé, l'augmentation qu'il avait décidée est supprimée. La rébellion est matée au prix de 600 vies humaines !

Pendant ce temps chez nos voisins

En 1827, la Grèce devient indépendante à la signature du traité de Londres entre la France, l'Angleterre et la Russie. En 1829, l'Angleterre annexe l'Australie. En 1830-1831, la Pologne se soulève pour obtenir son indépendance de la Russie. Le soulèvement est durement réprimé, ce qui provoque l'émigration vers la France de 9 000 Polonais, dont le poète Adam Mickiewicz. La reine Victoria monte sur le trône anglais en 1837. En 1848, le Mexique cède le Texas aux États-Unis. Le servage est aboli en Russie en 1861. Cette même année, le royaume d'Italie est proclamé avec pour souverain Victor-Emmanuel et pour capitale Turin – Florence à partir de 1865. En 1867, la Russie vend l'Alaska aux États-Unis ; les colonies anglaises du nord s'unissent sous la forme d'un dominion : le Canada. En 1870, Rome devient la capitale de l'Italie.

L'industrialisation progresse, la misère s'accroît

Le pouvoir des banquiers intransigeants conduit à une politique d'où les préoccupations du peuple – échapper à la misère endémique – sont exclues. De nombreuses émeutes vont se succéder.

5 juin 1832 : les obsèques du général Lamarque

La rébellion des canuts de Lyon n'est pas un cas isolé. Il en survient d'autres, même si Casimir Périer est victime de l'épidémie de choléra qui sévit à Paris à partir du 26 mars 1832 – 18 000 victimes pour une population de 800 000 habitants ; Casimir Perier était allé visiter le 1er avril les victimes du choléra dans les hôpitaux ; le 5 avril, il est atteint de la maladie qui va l'épuiser et le conduire à la mort le 16 mai. Les 3 et 4 juin 1832, en Vendée, les légitimistes luttent contre la troupe qui a été envoyée contre eux. Le 5 juin, à Paris, lors des obsèques du général Lamarque – un héros d'Austerlitz –, les républicains transforment la cérémonie en émeute et décident de porter le cercueil au Panthéon. Des coups de feu sont tirés on ne sait de quel côté, mais le régiment de dragons présent fait usage de ses armes et les premières victimes tombent. Le lendemain, les combats se poursuivent. Trois mille émeutiers, beaucoup de jeunes de vingt ans – parmi lesquels on trouve Alexandre Dumas – se réfugient dans le quartier Saint-Merri d'où ils sont sortis par la troupe. Le bilan est lourd : 800 morts !

« Je suis tombé par terre... »

5 juin 1832. On se bat derrière la barricade de la rue de la Chanvrerie – supprimée aujourd'hui par la rue Rambuteau, elle reliait les rues Saint-Denis et Mondétour – dans le quartier des Halles. Pendant que les balles sifflent, un petit garçon, passé devant la barricade, chante en allant, de mort en mort, vider les gibernes ou les cartouchières : On est laid à Nanterre / C'est la faute à Voltaire / Et bête à Palaiseau / C'est la faute à Rousseau... Soudain, une balle mieux ajustée que les autres atteint l'enfant feu follet. Il tombe, se redresse, s'assied sur son séant, un long filet de sang raie son visage. Il chante encore : Je suis tombé par terre / C'est la faute à Voltaire / Le nez dans le ruisseau / C'est la faute à... Il n'achève pas. Une seconde balle l'arrête. Il s'abat, la face contre le pavé. Sa petite grande âme vient de s'envoler. Vous l'avez reconnu à travers les mots de l'imaginaire hugolien : Gavroche, le fils des Thénardier ! Non loin se trouvent Jean Valjean, Marius et Javert, encore vivant...

10 avril 1834 : le drapeau noir flotte sur Fourvière

Deux ans plus tard, le 9 avril 1834, débute la seconde insurrection des canuts, les députés ayant voté une loi restreignant la liberté des associations. L'armée occupe la ville, tire sur la foule désarmée. Les ouvriers s'organisent, prennent d'assaut des casernes, élèvent des barricades. Le 10 avril, le drapeau noir flotte sur Fourvière. Le 11, le quartier de la Croix-Rousse est bombardé par la troupe ! À Paris, des barricades s'élèvent dans le Marais ; 40 000 soldats mobilisés sont dépêchés par Adolphe Thiers et Bugeaud pour mater la révolte.

14 avril 1834 : rue Transnonain, on massacre les bébés

Le 14 avril, alors qu'un détachement militaire passe rue Transnonain à Paris – rue Beaubourg, aujourd'hui –, un coup de feu est tiré d'une fenêtre du numéro 12. Les soldats envahissent alors l'immeuble et massacrent tous ses habitants, les hommes, les femmes, les enfants, les bébés, les vieillards ! Honoré Daumier, le dessinateur, en a laissé un témoignage poignant. À Lyon, l'armée reconquiert la ville le 15 avril. Six cents morts, 10 000 prisonniers dont la plupart seront déportés ou emprisonnés, tel est le bilan de ces journées lyonnaises demeurées dans l'histoire sous le nom de Semaine sanglante.

Figure 4-5 :
Le Fardeau,
par Honoré
Daumier.

Tout le monde au charbon !

Partout, l'agitation sociale menace en même temps que l'industrialisation se développe. En 1847, plus de six millions d'ouvriers travaillent en France, pour la production de soie, d'étoffes, mais aussi pour celle du fer qui sert à construire des machines, notamment des machines à vapeur, et pour extraire des mines ce qui alimente ces machines, le charbon ! L'industrie du fer est en plein essor. C'est l'époque de la naissance d'usines métallurgiques, comme l'usine Schneider du Creusot qui est la plus grosse entreprise française – les conditions de travail y sont déplorables.

8 mai 1842 : la première catastrophe ferroviaire

Le chemin de fer commence à se développer, malgré les réticences des investisseurs bourgeois et de la population. La première ligne, entre Paris et Saint-Germain, est inaugurée le 24 août 1837 ; mais, le 8 mai 1842, la première catastrophe ferroviaire a lieu à Bellevue, sur la ligne Paris-Versailles : les wagons déraillent, le convoi prend feu. Les passagers cherchent à sortir mais ne le peuvent pas : les portières sont fermées à clé après le départ ! On dénombre 150 morts, dont Dumont d'Urville, le découvreur de la Terre Adélie – du prénom de sa femme. Le découvreur de la *Vénus de Milo* perd également la vie dans cette catastrophe –, il avait rapporté cette statue en 1819 de l'île de Milos, en Grèce ; elle est aujourd'hui exposée au Louvre.

Bugeaud, la casquette et le choléra

Bugeaud avait-il une casquette si remarquable qu'elle demeure l'élément de sa personne, et presque de sa vie, qu'on connaît le mieux ? Oui, il semble que cette casquette était en réalité une sorte de shako auquel il avait fait ajouter une visière arrière afin de se protéger du soleil. La conquête de l'Algérie qu'il a menée de 1836 à 1844, malgré l'habile résistance de l'émir Abd el-Kader, en fut sans doute facilitée... Cette conquête fut musclée, effectuée par de redoutables colonnes expéditionnaires. Elle lui valut le bâton de maréchal. Il mourut du choléra le 10 juin 1849.

La bande à Thiers

Pendant toute la Monarchie de Juillet, la bande d'Adolphe Thiers surveille de près les journalistes ! Elle empêche que toute information poussant à la haine du roi – c'est-à-dire révélant la misère du peuple – soit publiée. Pourtant, cette misère est immense. Les enquêtes menées par les docteurs Villermé à Lyon, Guépin à Nantes, attestent d'une situation alarmante : les logements sont des taudis, l'état général de la santé physique est plus qu'alarmant. Plus de 50 % des jeunes ouvriers sont réformés pour déficience physique, l'espérance de vie ne dépasse pas trente ans ! Pendant ce temps, la haute bourgeoisie « louis-philipparde » surveille chaque matin en dégustant sa brioche le cours de ses actions, s'enrichit sans scrupule et sans pitié !

Guizot, le conservateur : « Enrichissez-vous »

La bourgeoisie craint avant tout le désordre qui pourrait naître de l'accroissement de la misère. Celle-ci peut être combattue, selon Thiers et Guizot, par l'enrichissement des classes possédantes, enrichissement qui aura quelques retombées sur les classes populaires et diminuera la misère, et par l'instruction des masses qui ne se laisseront pas gagner par n'importe quelle idéologie subversive.

Les enfants de cinq ans à la mine

Thiers et Guizot ne s'inquiètent guère de la misère. Pour eux, le problème social se réglera de lui-même lorsque l'enrichissement général aura atteint un niveau suffisant. Le résumé de cette conception du progrès social pourrait tenir en deux mots « Enrichissez-vous », prononcés par Guizot, mais cette formule fait partie des mots historiques inventés, et il n'en existe aucune trace dans les archives ! Cette théorie singulièrement floue laisse le champ libre aux profiteurs, aux prédateurs de tout poil. Ni l'État, ni les élus – les riches en petit nombre – ne désirent faire quoi que ce soit pour améliorer le sort des ouvriers. Chacun sait, dans les fabriques où les conditions de travail sont inhumaines, que seule la révolution permettra de diminuer les journées de quinze ou dix-huit heures, sans repos, sans vacances, sans protection sociale, d'augmenter les salaires dérisoires qui ne couvrent pas les besoins du ménage, et d'empêcher que les enfants de cinq ans travaillent et meurent dans les mines, ou sous les métiers à tisser !

Le remède Guizot : l'instruction !

Les doctrines révolutionnaires ! C'est, pour Guizot, le pire des dangers, c'est le ferment des soulèvements, le poison, la peste, le choléra, bref, comment éviter que les classes populaires se laissent gagner par des théories dangereuses pour la bourgeoisie riche ? Il n'y a qu'un remède : l'instruction ! Guizot y croit d'autant plus que les républicains ne cessent de réclamer l'alphabétisation des masses, et que, les créant avant eux, il va les battre sur leur propre terrain ! Ainsi sont créées les écoles primaires publiques – par la loi Guizot de 1833.

La naissance de deux écoles

Que faire alors des écoles des congrégations religieuses ? Thiers se méfie de ces établissements. Il ne verrait pas d'un mauvais œil leur suppression. Cependant, les cléricaux ne l'entendent pas ainsi. Il faut qu'une loi soit votée – la loi Falloux, qui ne le sera que le 15 mars 1850 – pour que naissent les deux écoles :

- ✔ d'une part, l'école publique, fondée et entretenue par les communes, les départements ou l'État ;
- ✔ d'autre part l'école libre, fondée et entretenue par des particuliers ou des associations.

Les intentions de Guizot ont d'heureuses conséquences : elles font reculer de façon considérable l'analphabétisme, et contribuent à donner son véritable envol à la langue française, dans le pays tout entier.

Louis-Philippe six fois raté !

Né sous une bonne étoile, Louis-Philippe, ou victime de maladroits : il échappe à six attentats entre 1832 et 1846 :

- ✔ Le 27 février 1832, Bertier de Sauvigny tire d'un cabriolet sur Louis-Philippe. Échec. Sauvigny est acquitté.
- ✔ Le 19 novembre 1832, le journaliste Louis Bergeron est accusé d'avoir tiré sur Louis-Philippe au moment où celui-ci traversait le Pont-Royal. Bergeron est acquitté.

- Le 28 juillet 1835, la machine infernale de Fieschi, faite de vingt-cinq canons de fusil fixés sur un châssis – l'ancêtre des orgues de Staline… –, se déclenche au passage du cortège royal. Le maréchal Mortier – qui fit sauter le Kremlin en octobre 1812 sur ordre de Napoléon – est atteint d'une balle au cœur. On compte dix-huit morts et vingt-deux blessés. Le roi Louis-Philippe s'en tire avec un peu de noir au front, une balle l'a effleuré !

- Le 27 décembre 1836, Meunier tire un coup de pistolet sur le roi qui sortait du palais des Tuileries. Encore raté ! Meunier obtient sa grâce !

- Le 15 octobre 1840, un certain Darmès se cache derrière un réverbère, quai des Tuileries, dégaine son pistolet au passage de Louis-Philippe, tire… Raté ! Darmès est condamné à mort et exécuté en 1841.

- Le 16 avril 1846, le roi se promène en forêt de Fontainebleau. Un ancien garde forestier, Pierre Lecomte, le vise avec son fusil, tire deux coups : raté ! Considéré comme fou, il est enfermé dans une maison de santé.

Louis-Philippe est mort dans son lit, le 26 août 1850, en Angleterre !

Chapitre 5

1848 à 1870 : La IIe République, le second Empire : l'économie décolle

Dans ce chapitre :

▷ Assistez à la naissance de la IIe République et du second Empire

▷ Promenez-vous dans un Paris qui se rénove, dans une France qui progresse

▷ Suivez les étapes de l'aventure mexicaine, et celles de la tragédie de Sedan

*L*e peuple qui souffre va réclamer et obtenir la République en 1848. Il veut éviter qu'on lui confisque sa victoire, mais n'y parviendra pas. Cependant, son niveau de vie va augmenter pendant le second Empire qui succède à la IIe République en 1852. C'est le prince-président Louis-Napoléon qui a voulu renouer avec le passé prestigieux de Napoléon Ier en instituant cet Empire qui, malgré ses succès économiques, va sombrer pitoyablement dans la ville de Sedan assiégée par les Prussiens.

1848 à 1852 : de la IIe République au second Empire

L'Europe entière souffre en 1848, la crise qui l'atteint ne va pas épargner la France qui vit sa IIe République.

La IIe République, en 1848 : romantique et tragique

Un grand élan romantique conduit par le poète Lamartine rend au peuple l'espoir qu'il avait perdu : sa condition va s'améliorer, il en est sûr. Mais ce genre d'espoir ne peut en général aller bien loin si le canon des fusils barre la route…

Une crise européenne

Mauvaises récoltes de pommes de terre, de blé, inondations catastrophiques, la Loire, le Rhône débordent. 50 % des ouvriers du textile au chômage, et tous les jours des usines qui ferment. Les travaux du chemin de fer s'arrêtent. Les riches eux-mêmes perdent le moral ! Cette crise est non seulement française, mais européenne : l'hiver 1847-1848 est d'une telle rigueur que les ouvriers berlinois meurent en grand nombre. En Irlande, la famine fait un million de morts ! En France, rien ne va s'améliorer : le prix du pain ne cesse d'augmenter, les faillites se multiplient, le nombre de chômeurs dépasse un million – pour environ trente-cinq millions d'habitants.

La France banquette !

Que faire ? Même s'il n'est guère possible d'agir sur les événements climatiques, ou sur la conjoncture européenne, des mesures d'urgence peuvent être prises afin de soulager la misère du peuple. Mais le gouvernement de Guizot ne veut pas en entendre parler : il est coupé des réalités par un système électoral qui approuve automatiquement tout ce qu'il fait, tout ce qu'il pense. L'opposition décide alors de lancer une grande campagne de banquets ! L'idée peut paraître étrange, mais c'est le seul moyen de diffuser des idées de réforme dans une France tenue en laisse par le parti bourgeois qui surveille tout. Au cours de soixante-dix banquets est lancée l'idée que tout peut changer avec un peu de chance et d'audace ! Guizot et le roi informés de la situation ne veulent rien entendre. Il est alors décidé d'organiser à Paris un grand banquet qui sera suivi d'une manifestation.

Guizot renvoyé

La manifestation et le banquet sont interdits. Qu'importe ! Le jour prévu, le 22 février 1848, la foule se rassemble de La Madeleine au Palais-Bourbon. Des incidents éclatent et font un mort. Cela n'empêche pas Adolphe Thiers d'aller dormir en disant à qui veut l'entendre que les régiments de dragons ont ramené le calme et que tout est rentré dans l'ordre. Pour lui, tout est fini. En réalité, tout commence le lendemain, le 23 février. Sous une pluie battante, les manifestations reprennent : on demande la démission de Guizot, on veut la réforme du code électoral, et même le suffrage universel ! Guizot est donc le jour même renvoyé.

« On égorge le peuple ! »

Vers neuf heures du soir, boulevard des Capucines, un coup de feu part. La troupe harcelée par des jets de pierres depuis le matin croit à un signal et ouvre le feu sur les manifestants : cinquante-deux d'entre eux sont fauchés par la mitraille ! On charge leurs corps sur des charrettes qui sont promenées toute la nuit dans la capitale. Partout s'élève un cri : « On égorge le peuple ! » Le lendemain, le 24 février 1848, Louis-Philippe abdique en faveur de son petit-fils, le comte de Paris. Alors apparaît en pleine lumière celui qui est chéri dans le cœur de ces dames – et dans l'esprit des hommes – : le poète Alphonse de Lamartine. Depuis des années, il œuvre pour améliorer le sort des classes populaires. C'est lui qui va former le gouvernement provisoire.

Le grand soir !

La foule rassemblée sur la place de l'Hôtel de Ville ne quitte pas les lieux. Elle campe sur place, et le 25 février 1848 au matin, elle est là, qui réclame la proclamation de la République et le drapeau rouge. La République est proclamée, mais Lamartine, prudent, conserve le drapeau tricolore. Tout va très vite alors :

- La Chambre des députés est dissoute, celle des pairs est dispersée.
- Le principe du suffrage universel est adopté.
- Le droit au travail est proclamé – sur la proposition du théoricien socialiste Louis Blanc.
- L'esclavage dans les colonies est aboli – l'écrivain et ministre Victor Schoelcher fera appliquer cette décision.
- La liberté de la presse est rétablie, celle de se réunir est de nouveau accordée, au grand bonheur de tous ceux qui créent et vont développer des clubs politiques.

⬛ ▸ La peine de mort pour délit politique est abolie, l'emprisonnement pour dettes est supprimé.

L'enthousiasme est considérable ! Lamartine orchestre ce vaste élan romantique où les bourgeois et les ouvriers, main dans la main, croient que le grand soir est arrivé !

Le cœur au château

La belle entente est de courte durée : la Chambre dissoute, de nouvelles élections doivent avoir lieu. Les révolutionnaires de Blanqui craignent qu'elles leur soient défavorables. En effet, le suffrage universel étant effectif, tous les Français vont voter. Or, la France est un pays encore rural et les paysans ont davantage le cœur au château que la tête en révolte. Blanqui et les siens n'obtiennent qu'un report de ces élections qui se déroulent le 25 avril et donnent une forte majorité aux républicains modérés et aux monarchistes !

Figure 5-1 :
Lamartine à l'Hôtel de Ville.

« Lamartine ! Ta lyre est cassée ! »

Les socialistes de Blanqui sont battus. Ils tentent alors un coup de force et de colère le 15 mai 1848 : des flots d'hommes déguenillés – selon l'expression de Victor Hugo – envahissent le Palais-Bourbon. Lamartine essaie de les ramener à la raison. On lui répond : « Assez de guitare ! Ta lyre est cassée ! » Mais l'affaire tourne court, et les meneurs sont arrêtés : Blanqui, Raspail, Barbès et l'ouvrier Albert – ils sont condamnés, l'année suivante, à la détention perpétuelle. Ce 15 mai, la peur du peuple et de ses débordements naît à l'Assemblée. Les événements qui surviennent ensuite sont guidés par le souci de garantir l'ordre.

Le peuple au désespoir

Créés sur une idée de Louis Blanc, les ateliers nationaux qui ont fonctionné deux mois, et donné du travail pour quelques jours à des milliers d'ouvriers au chômage, mais deviennent des foyers de révolte, sont supprimés le 21 juin 1848. C'est le désespoir dans le peuple : le 23 juin, des centaines de barricades barrent les rues de la capitale. Le 24 juin, l'état de siège est proclamé, le général Cavaignac est chargé de rétablir l'ordre. Le 25, 50 000 insurgés sont encerclés par les troupes de Cavaignac dans le faubourg Poissonnière, celui du Temple, de Saint-Jacques.

George Sand : « J'ai honte aujourd'hui d'être française ! »

L'archevêque de Paris, Monseigneur Affre, est envoyé vers les insurgés, une croix à la main pour les convaincre de se rendre : il tombe une balle dans le cœur ! Des généraux venus parlementer sont massacrés. Le lendemain, le 26 juin 1848, les troupes donnent l'assaut qui fait des milliers de morts parmi les révoltés, et 900 chez les assaillants ! Des horreurs sont commises par la troupe, elles font dire à George Sand qui apprend à Nohant les événements parisiens (la province demeure tranquille) : « J'ai honte aujourd'hui d'être française, je ne crois plus aujourd'hui en une république qui commence par tuer ses prolétaires ! »

20 décembre 1848 : Badinguet prince-président

Cavaignac a bien mérité de la République ! Il est nommé président du Conseil ! Les députés sont rassurés et peuvent travailler à la rédaction d'une constitution. Imitée de celle des États-Unis, elle est adoptée le 4 novembre 1848 : une assemblée unique possède le pouvoir législatif, un président de la République sera élu pour quatre ans au suffrage universel, mais ne sera pas rééligible, afin d'éviter tout retour à des formes de dictature.

74,2 % des voix pour « l'imbécile »

C'est alors que surgit le prince Charles-Louis Bonaparte, neveu de Napoléon, évadé du fort de Ham, et qui rentre de Londres où il s'était réfugié. Il en a profité pour séduire une riche demoiselle Howard qui a mis à sa disposition toute sa fortune

– ça aide ! « Mon nom, dit-il en proposant sa candidature pour les élections à la présidence de la République, se présente à vous comme un symbole d'ordre et de sécurité ! » Un symbole d'ordre ? Le mot qui sonne comme un programme est fort bien accueilli jusqu'au fin fond des campagnes où le souvenir du Petit Caporal et du Grand Empire sont encore vifs ! Pourtant, à Paris, la silhouette, l'allure empruntée et timide du neveu n'impressionnent guère. On le trouve même ridicule. Lamartine le qualifie de chapeau sans tête, et Ledru-Rollin, d'imbécile ! Les 10 et 11 décembre 1848, les élections ont lieu. Le 20 décembre, les résultats définitifs sont proclamés : *l'imbécile* obtient 74,2 % des voix, Cavaignac, 20 %, Lamartine 1 %…

UN PORTRAIT

Et voici Badinguet !

Qui est Badinguet ? C'est un ouvrier maçon qui, en réalité, s'appelle Pinguet. Mais ses compagnons l'appellent Badinguet. Badinguet travaille au fort de Ham. Et dans ce fort réside un prisonnier illustre ou qui se prend pour tel. En effet, ce prisonnier s'appelle Charles-Louis-Napoléon Bonaparte. Troisième fils de Louis Bonaparte – l'ancien roi de Hollande – et de Hortense de Beauharnais, donc neveu de Napoléon Ier le Grand, il est persuadé que, depuis la mort de Napoléon II, le duc de Reichstadt en 1832, son destin, c'est la France ! À deux reprises, en 1836 à Strasbourg, et en 1840 à Boulogne, il a tenté de prendre la place de Louis-Philippe, mais les deux tentatives ont sombré dans le ridicule, et lui, dans le fort de Ham. C'est là qu'il demeure prisonnier pendant six ans avant de s'en évader en revêtant les vêtements de Pinguet, dit Badinguet, ce qui lui vaudra, jusqu'à la fin de sa vie, le surnom de l'ouvrier maçon : Badinguet !

Comment rester au pouvoir ?

L'assemblée législative élue en 1849 marque le triomphe des monarchistes qui vont dominer une minorité de républicains ! Elle se met au travail sans tarder. Tout d'abord, le 31 mai 1850, la loi électorale est revue : il faut désormais justifier de trois ans de présence dans un canton pour pouvoir voter. Ainsi sont éloignés des urnes les éléments dangereux que sont les ouvriers mobiles et séditieux ! La presse ! Il faut s'occuper immédiatement de la presse, la museler si possible, elle est si dangereuse ! Une loi est votée : tout article considéré comme une offense au président de la République devient un délit ! Pendant ce temps, Louis-Napoléon semble ne pas approuver cette politique impopulaire ; il effectue de nombreux voyages en province où, partout, il est acclamé, rassurant à la fois le peuple et la bourgeoisie. Son seul désir ? Rester au pouvoir. Mais comment faire puisque la constitution prévoit que son mandat se termine au bout de quatre ans ?

Le coup d'État du 2 décembre 1851

Rester au pouvoir, c'est tentant. Et facile… Il suffit de se garantir le concours de l'armée et de la lancer dans les lieux où se prennent les décisions – l'Assemblée par exemple. C'est ce que va faire le prince-président…

Attendre le 2 décembre !

Comment faire pour rester au pouvoir ? Attendre le 2 décembre ! Pourquoi ? Allons, un petit effort de mémoire, le 2 décembre !… Le 2 décembre, c'est l'anniversaire du couronnement de l'empereur Napoléon Ier en 1804, c'est aussi l'anniversaire de la bataille d'Austerlitz, en 1805 ! Et tout cela est gravé dans la mémoire des Français, c'était la grande époque, celle du prestige ! Donc Louis-Napoléon attend la nuit du 1er au 2 décembre 1851. Il fait envahir l'Assemblée, arrêter tout ce qui bouge ou résiste – Thiers par exemple. Mais la partie n'est pas gagnée : le 3 décembre, dans le faubourg Saint-Antoine, des députés crient « Aux armes ! » et vont en chercher !

Les insurgés ? Des insensés !

Des barricades hérissent les boulevards. Rue Beaubourg, une fusillade éclate, suivie de l'exécution sommaire de dizaines d'émeutiers. Le 4 décembre, la troupe investit les quartiers en révolte et tue tous ceux qui ont une arme à la main ! Vers trois heures de l'après-midi, le calme est revenu. Sur le boulevard qui va du Gymnase à la Madeleine, les badauds sont venus voir les soldats occuper la place en rangs serrés. Soudain, un coup de feu éclate d'on ne sait trop où ! La troupe réplique on ne sait trop pourquoi, et tire sur la foule désarmée ! C'est un vrai carnage qui fait plus de 1 000 tués ou blessés ! En province, trente-deux départements sont mis en état de siège. Le président de la République qualifie d'« insensés » les insurgés ! Tout rentre peu à peu dans l'ordre, alors que 30 000 arrestations ont été effectuées dans la France entière en quelques jours ! De nombreux opposants sont jugés, certains déportés à Cayenne, en Algérie. D'autres s'exilent. Victor Hugo, par exemple !

ARTS, CULTURE ET SCIENCES

« Demain, dès l'aube, à l'heure où blanchit la campagne… »

« Je veux être Chateaubriand ou rien ! » C'est la profession de foi du jeune Hugo Victor, né en 1802. C'est aussi la réponse à son père qui aimerait le voir fréquenter l'École Polytechnique. Marié en 1822, l'année de ses vingt ans, à Adèle Foucher, Victor Hugo devient le chef de file des romantiques. Bien en cour sous Louis XVIII et Charles X où il affiche des idées monarchistes – peut-être en souvenir de sa mère Sophie Trébuchet qui ne fut pas si monarchiste qu'il le laissa entendre… –, il adopte les idées des libéraux lorsque, en 1829, le pouvoir interdit la revue qu'il a fondée, *Le Conservatoire littéraire*. On le voit ensuite qui fréquente assidûment les Tuileries de Louis-Philippe, tout en ayant dans la tête des idées républicaines ! Élu à l'Académie française en 1841, il est fait pair de France en 1843 ; c'est aussi à cette époque qu'il rencontre celle qui va devenir sa maîtresse à vie – et sa photocopieuse, puisque son rôle consistera, entre autres, à lui recopier ses manuscrits – Juliette Drouet, auteur de plus de 20 000 lettres d'amour à son lion, à son Toto !

C'est aussi en 1843, le 4 septembre, qu'un drame atroce le frappe : sa fille Léopoldine se noie à Villequier en compagnie de son mari, Charles Vacquerie – chaque année il écrira un poème en souvenir de cette disparition, le plus connu commence ainsi : « Demain, dès l'aube, à l'heure où blanchit la campagne / Je partirai ! Vois-tu, je sais que tu m'attends… » En 1848, il est définitivement républicain. Il soutient d'abord Louis-Napoléon, mais à partir du 2 décembre 1851, il devient son adversaire le plus farouche, le qualifiant de Napoléon le Petit ! Il doit s'exiler en Belgique, puis au Luxembourg à Jersey, et à Guernesey enfin où il écrit *Les Misérables*. Revenu en 1870, il jouera encore un rôle politique, puis, après de nombreux deuils familiaux, il cultive l'art d'être grand-père. Il meurt d'une congestion pulmonaire le 22 mai 1885. Ses obsèques sont suivies par deux millions de personnes ! Il est tout droit conduit au Panthéon, dans le corbillard qu'il a lui-même choisi : celui des pauvres !

1852 à 1870 : la prospérité et les échecs du Second Empire

Forcément, Louis-Napoléon est tenté par l'aventure qu'entreprit en 1804 son oncle Napoléon Ier : créer un empire héréditaire. Cela se fera d'autant plus facilement que l'épopée napoléonienne compte encore beaucoup de témoins en France, sinon d'acteurs.

Napoléon III organise, muselle, colonise...

Dans ses premières années, le second Empire ne donne pas dans la nuance : tout ce qui pourrait porter le ferment de la sédition est étroitement surveillé, réglementé. La politique intérieure est autoritaire, la politique extérieure se fait conquérante.

Oui ou non ?

Les 21 et 22 décembre 1851, le prince-président Louis-Napoléon pose par référendum cette question au peuple : « Le peuple français veut le maintien de Louis-Napoléon Bonaparte, et lui délègue les pouvoirs nécessaires pour établir une constitution » Oui, ou non ? Oui : 7 500 000. Non : 650 000 ! Le 1er janvier 1852, Louis-Napoléon quitte l'Élysée pour les Tuileries – le château d'oncle Napoléon !

✓ Le 6 janvier, il fait supprimer la devise : « Liberté, égalité, fraternité » !

✓ Le 14 janvier, la constitution est proclamée : le président possède seul l'initiative des lois.

✓ Le 16 février, la fête nationale est fixée le 15 août, anniversaire de la naissance de Napoléon le Grand.

✓ Le 17 février, des lois sont votées qui musellent la presse.

✓ Le 20 mars, un décret étonnant paraît : il est interdit aux professeurs de porter la barbe, car elle est considérée comme un symbole d'anarchie !

Figure 5-2 :
Napoléon III
et sa femme
Eugénie de
Montijo.

« *Les ouvriers reconnaissants* »...

Dans un discours qu'il prononce à Bordeaux, le 9 octobre 1852, le prince-président Napoléon affirme que, si l'Empire ce fut la guerre, pour lui, l'Empire, c'est la paix. Le 16 octobre, il fait une entrée triomphale à Paris où il peut lire, à l'entrée du jardin des Tuileries : « À Napoléon III, empereur, sauveur de la civilisation

Belle et charitable Eugénie

Dans Eugénie, il y a génie. D'après les témoignages des contemporains du second Empire, l'Eugénie que Napoléon III épouse le 29 janvier 1853 n'en possède guère en politique. Son père est un noble d'Espagne, sa mère qui a eu pour amis Mérimée et Stendhal est la fille d'un marchand de vin et de légumes. Habilement pilotée par sa mère, Eugénie se retrouve dans les bras de Napoléon III qui l'épouse, lui est fidèle trois mois, et la laisse s'occuper de politique afin qu'elle ne lui fasse pas trop de ces scènes de jalousie dont elle est coutumière. Très populaire – elle est belle et charitable –, l'impératrice Eugénie donne à son mari volage un héritier, le 16 mars 1856 : le prince impérial Louis. Elle est inspirée en affaires : elle apporte son soutien à son cousin Ferdinand de Lesseps pour le percement de l'isthme de Suez. Elle l'est moins en politique : c'est elle qui pousse son mari à intervenir au Mexique, à soutenir Maximilien, jusqu'au désastre ; c'est elle qui lui conseille de déclarer la guerre à la Prusse en 1870...

moderne », et c'est signé : « Les ouvriers reconnaissants » ! Il ne reste plus qu'à passer à l'action : le vote des 21 et 22 novembre rétablit l'Empire par 7 900 000 oui, contre 250 000 non ! Le 2 décembre 1852, le prince-président Louis-Napoléon devient officiellement l'empereur Napoléon III.

« L'Empire, c'est la paix ! »... et la guerre !

L'obsession de Napoléon III : faire de la France une grande puissance ! Pour atteindre cet objectif :

- ✒L'expansion coloniale est poursuivie en Afrique – Sénégal et Algérie.
- ✒En Cochinchine, la ville de Saigon est occupée le 17 février 1859.
- ✒Plus tard, ce sera le Cambodge.

Afin de rompre la traditionnelle alliance des États chrétiens d'Europe contre l'Empire français, et de démontrer la validité de son assertion initiale « L'Empire, c'est la paix », Napoléon s'allie avec l'Angleterre afin de repousser l'avance russe en mer Noire, et de défendre les Turcs, afin de pouvoir s'installer peut-être dans ces zones fort convoitées... C'est la guerre de Crimée qui commence en 1854.

L'expédition de Crimée

Les 13 et 14 septembre 1854, les Français débarquent à Eupatoria, au nord de Sébastopol, où les Russes ont établi leurs défenses sur la rivière de l'Alma. Le maréchal de Saint-Arnaud attaque les Russes et les bat sur l'Alma le 19 septembre 1854 – Napoléon III décide de construire à Paris un pont portant ce nom, il est inauguré le 2 octobre 1856. Le 8 septembre 1855, Mac-Mahon s'empare du fort de Malakoff qui défend la route de Sébastopol. La ville est évacuée par les Russes. Après un an de siège au cours duquel 100 000 Français sont tombés, elle se rend. De février à avril 1856, le traité de Paris qui met un terme au conflit est établi. L'Angleterre en est la grande bénéficiaire.

La France se modernise

Haussmann aime Paris, il veut lui donner un visage de ville ouverte et moderne. Les grands travaux qu'il entreprend font encore aujourd'hui de la capitale l'une des plus belles villes du monde. Les capitaux et les locomotives se mettent à circuler, à prendre de la vitesse… La France devient prospère.

Figure 5-3 :
Grands tra-
vaux à Paris.

L'Empire, ce sont les affaires !

Les petites rues où des barricades poussent en cinq minutes, ça suffit ! Il faut transformer Paris, embellir la capitale, et surtout créer de larges et longues avenues où on puisse, en cas de besoin, transporter rapidement l'artillerie nécessaire à mater les révoltes ! Mais ce n'est pas seulement cet objectif militaire qui commande la transformation de Paris. La ville du Moyen Âge est insalubre, beaucoup de maisons menacent de s'effondrer. Les rats pullulent dans les rues, dans les caves. Les égouts sont inefficaces. Tout cela va être transformé par Haussmann en dix-sept années de travaux gigantesques qui, parfois, dans l'enthousiasme mal maîtrisé, suppriment ici une église chargée d'histoire, là une abbaye, là encore un théâtre… Mais apparaissent les grands axes est-ouest, nord-sud. En dix ans, de 1858 à 1868 :

- L'île de la Cité est transformée.
- Des espaces verts apparaissent : le bois de Boulogne, le bois de Vincennes, les parcs Monceaux et Montsouris, les Buttes-Chaumont.
- Haussmann fait construire l'opéra par Garnier, le théâtre du Châtelet par Davioud, et les Halles par Baltard.

✔ 271 kilomètres d'aqueduc et 600 kilomètres d'égouts sont réalisés.

✔ Un vaste réseau de canalisations apporte l'eau et le gaz à tous les étages.

✔ Les rues sont éclairées.

Haussmann est bien mal récompensé de ses efforts : un pamphlet intitulé *Les Comptes fantastiques d'Haussmann*, le soupçonnant de malversations – alors que son honnêteté est indiscutable – contribue à le faire destituer !

L'attentat d'Orsini

Le 14 janvier 1858, considérant Napoléon III traître à la cause italienne – l'Italie cherche à s'affranchir de tous les jougs qui l'empêchent de devenir un État indépendant –, l'Italien Felice Orsini et ses complices Rudio, Gomez et Pieri, lancent trois bombes sur le cortège impérial qui arrivait à l'Opéra par la rue Le Pelletier. Cet attentat fait huit morts, plus de 150 blessés, mais le couple impérial est indemne. Tout Paris s'illumine alors et acclame les souverains. Orsini est condamné à mort, il est exécuté le 13 mars 1858 après avoir crié : « Vive l'Italie, vive la France ! »

La circulation des capitaux : capitale !

L'argent circule enfin grâce aux disciples de l'économiste et philosophe français Claude-Henri de Saint-Simon qui préconise l'investissement au lieu de la sécurité du placement. Ainsi sont créés :

✔ en 1852, le Crédit foncier ;

✔ en 1863, le Crédit Lyonnais ;

✔ en 1864, la Société générale.

Tout cela permet de financer la modernité : le chemin de fer, par exemple, prend un essor considérable. De 4 000 kilomètres de rails en 1848, le réseau passe à 20 000 kilomètres en dix-huit ans ! Les locomotives se perfectionnent et dépassent les cent kilomètres à l'heure. D'autres secteurs connaissent un progrès considérable : le procédé Bessemer, inventé en 1856, permet de quadrupler la production de fonte, de quintupler celle de l'acier. Les navires à vapeur se multiplient, le canal de Suez, construit par le Français Ferdinand de Lesseps, est inauguré en 1869, les ports s'agrandissent ; l'agriculture améliore ses méthodes, importées d'Angleterre, et ses rendements ; les grands magasins apparaissent : le Bon Marché, le Printemps, la Samaritaine ; l'exposition universelle de 1855 reçoit cinq millions de visiteurs, celle de 1867, onze millions !

L'art dans le collimateur

Attention : le bourgeois du second Empire aime le progrès, mais déteste le désordre ou tout ce qui est accusé d'en porter le germe, de quelque façon que ce soit. Qu'on en juge : en février 1857, le roman de Gustave Flaubert, *Madame Bovary*, est jugé immoral ! Son auteur est traduit devant les tribunaux, il évite de justesse une condamnation pour atteinte aux bonnes mœurs. Six mois plus tard, Charles Baudelaire se retrouve lui aussi dans le box des accusés : il vient de faire paraître *Les Fleurs du mal*, recueil de poèmes dont certains – selon l'acte d'accusation – portent offense à la morale publique ! Il est condamné à retirer de son œuvre les poèmes incriminés, à payer une amende élevée. De plus, le tribunal le prive de ses droits civiques, sanction appliquée également à son éditeur ! Des peintres comme Manet sont accusés d'incitation à la débauche ! Courbet représente les petites gens au travail, n'hésitant pas à faire apparaître la trace de la poussière, de la terre et de la sueur : il est jugé vulgaire ! Une sorte de terrorisme sourd et souterrain menace et veille. L'ordre sacro-saint devient presque assassin !

L'aventure mexicaine

Créer un vaste empire en Amérique centrale, voilà le rêve de l'empereur Napoléon III. L'aventure va mal se terminer…

Objectif Mexico !

En 1860, au Mexique, Benito Juarez renverse le président conservateur Miramon, et s'en prend aux ressortissants espagnols, français et anglais dont beaucoup sont massacrés. La flotte des trois nations agressées bombarde alors Veracruz en décembre 1861. L'objectif consiste surtout à obliger Benito Juarez à honorer les dettes de son pays ! L'Espagne et l'Angleterre finissent par se retirer mais Napoléon III envisage de transformer le Mexique en grand empire catholique latin afin de contrebalancer la toute puissance protestante voisine et en guerre de Sécession : les États-Unis. La couronne de cet empire serait offerte à Maximilien d'Autriche, le frère de l'empereur François-Joseph Ier qui deviendrait à coup sûr un allié ! Un détachement de 6 000 Français entre alors en action sous les ordres du général Lorencez. Son objectif : Mexico. Mais la route de Mexico passe par Puebla. Attaqués dans les deux forts où ils se sont retranchés, les Mexicains conduisent une défense héroïque

UNE BATAILLE

Camerone

Le 30 avril 1863, un détachement de la Légion étrangère aux ordres du capitaine Jean Danjou, trente-cinq ans, se porte au devant d'un convoi venant de Veracruz et transportant de l'argent et des armes pour les Français. Sa mission est de le protéger des attaques des Mexicains. Attaqué à Palo Verde, le 30 avril à sept heures du matin, le détachement de soixante-deux hommes se réfugie dans la cour de l'auberge de Camerone, cour entourée de murs de trois mètres de haut. Danjou décide de fixer là les Mexicains le plus longtemps possible afin que le convoi ne soit pas attaqué. Un officier mexicain, considérant la disproportion des forces en présence – ils alignent 600 cavaliers et 1 200 fantassins ! – propose à Danjou de se rendre. La réponse ne se fait pas attendre. L'attaque commence à dix heures du matin.

À midi, Danjou est tué d'une balle en pleine poitrine. À deux heures, le sous-lieutenant Vilain tombe à son tour. Les Mexicains mettent le feu à l'auberge. Les légionnaires tiennent

bon. À cinq heures, le sous-lieutenant Maudet résiste encore avec douze hommes ! Une heure plus tard, l'assaut final est donné. Il ne reste que cinq hommes retranchés au fond de la cour, baïonnette au canon, et qui déchargent leur arme dès que les Mexicains investissent la cour. Maudet et deux légionnaires tombent. Il ne reste que le caporal Maine et deux autres soldats qui résistent encore. Le colonel mexicain leur demande de se rendre. Ils ne le font qu'à la condition de conserver leurs armes. Ce à quoi l'officier leur répond : « On ne refuse rien à des hommes comme vous ! »

Les soixante-deux hommes de Danjou ont résisté pendant onze heures aux 2 000 combattants mexicains qui vont compter dans leurs rangs 600 tués ou blessés. Chaque année, le 30 avril, au Mexique, à Camerone de Tejapa, dans l'État de Veracruz, on peut voir deux détachements de militaires, l'un mexicain, l'autre français, unis, qui rendent hommage aux soixante-deux héros de Camerone.

qui oblige les Français au repli sur Orizaba où ils sont harcelés par la guérilla des partisans de Juarez. Lorencez est limogé, et remplacé par le général Forey qui, avec 30 000 hommes, met le siège devant Puebla en mars 1863.

« Pauvre Charlotte ! »

Puebla finalement tombe le 7 mai 1863. Forey entre dans Mexico le 7 juin. Saligny, l'ambassadeur français proclame alors l'empire du Mexique. L'empereur Maximilien et sa femme Charlotte viennent s'y installer. Le maréchal Bazaine, envoyé par Napoléon III pour soutenir Maximilien, se met à comploter contre lui avec sa toute jeune compagne mexicaine, remplaçant sa femme qui s'est suicidée. Napoléon III, impressionné par la victoire des Prussiens contre les Autrichiens à Sadowa, se dit qu'il va avoir besoin de toutes ses ressources militaires, et malgré les supplications de Charlotte venue à Paris demander des renforts, il fait rapatrier Bazaine ! Charlotte en devient folle. Maximilien, resté avec une poignée d'hommes au Mexique, est bientôt arrêté, jugé et condamné à mort. Il est exécuté avec deux de ses fidèles le 19 juin 1867 au Cerro de las Campanas, une butte qui domine Queretaro. « Pauvre Charlotte » sont ses derniers mots !

Figure 5-4 :
L'exécution
de
Maximilien.

La dépêche d'Ems : un caviardage de Bismarck

La Prusse fabrique des canons et n'attend qu'un prétexte pour attaquer la France, s'emparer des minerais de l'est, et fabriquer encore plus de canons pour d'autres attaques…

800 000 contre 300 000 !

En Europe, pendant ce temps, la Prusse a développé de façon considérable son potentiel militaire. Son armée de 800 000 hommes bien entraînés dispose des canons robustes et précis qui sortent de la société Krupp. Le chancelier Bismarck a réussi à réaliser l'unité allemande – en éliminant l'Autriche – et à rendre extrême l'hostilité à la France en révélant les projets d'annexion d'États frontaliers que celle-ci a proposé en sous-main à la Prusse. Il ne reste plus qu'un prétexte pour que les 800 000 Prussiens fondent sur les 300 000 Français qui peuvent être mobilisés !

Par l'aide de camp ?

Ce prétexte naît, au début de 1870, d'une querelle à propos de la couronne d'Espagne qui pourrait échoir à un Hohenzollern, Léopold, parent du roi de Prusse, Guillaume Ier. La France refuse une telle éventualité, obtient satisfaction et demande que le refus prussien soit définitif. Le 13 juillet 1870, la réponse, écrite à Ems par Guillaume Ier, est télégraphiée à Bismarck qui se trouve à Berlin. Bismarck en donne à la presse une version caviardée – tronquée… La dépêche – connue sous le nom de dépêche d'Ems – devient insultante : « L'ambassadeur de France a prié Sa Majesté de l'autoriser à télégraphier à Paris que S.M. s'engageait à ne jamais permettre la reprise de la candidature. S.M. a refusé de recevoir à nouveau l'ambassadeur et lui a fait dire par l'aide de camp de service qu'elle n'avait plus rien à lui communiquer. » Par l'aide de camp ? Quel mépris…

L'humiliante défaite de Sedan

Napoléon III – conseillé, entre autres, par Eugénie - déclare alors la guerre à la Prusse le 19 juillet. Bismarck est ravi ! C'est pour lui le dernier acte de l'unité allemande ! Le réseau de chemin de fer très développé en Allemagne permet aux Prussiens de se porter en très peu de temps sur le Rhin, avec leur puissante artillerie. L'armée française, dont beaucoup d'officiers ne possèdent pas même une carte d'état major de la région où ils se trouvent, recule dès les premiers affrontements. Bazaine se laisse enfermer dans Metz. Le 31 août, l'armée qui vole à son secours est encerclée à Sedan, d'où le

2 septembre Napoléon III décide de sortir afin de se rendre au vainqueur – l'empereur n'est pas en mesure de commander son armée : il souffre horriblement de calculs de la vessie, au point qu'il faut le monter sur son cheval. C'est un désastre ! En deux jours, à Sedan près de 20 000 soldats français ont été tués ou blessés, 83 000 autres sont faits prisonniers ! Longtemps, les Prussiens fêteront cette victoire rapide sous le nom de Sedantag, le jour de Sedan !

Figure 5-5 :
Le désastre
de Sedan.

Chapitre 6

1870 à 1914 : La croissance tourmentée de la IIIᵉ République

Dans ce chapitre :

▶ En même temps que les Prussiens, devenez les témoins de la Commune de Paris

▶ Assistez à la naissance de la IIIᵉ République

▶ Suivez le déroulement de l'affaire Dreyfus

▶ Comprenez comment s'est installée une laïcité à la française

---

*L*a IIIᵉ République couvre la période allant de 1870 à 1940. En réalité, elle naît vraiment dans les faits en 1875. Si elle apporte de réels progrès sociaux en offrant aux Français l'école primaire gratuite et obligatoire, elle est traversée par la fantaisie simpliste du boulangisme. Elle est surtout marquée par l'antisémitisme montant : le capitaine Alfred Dreyfus est accusé à tort d'espionnage au profit des Allemands, il est condamné au bagne en 1894. Il n'est complètement acquitté qu'en 1906 ! Jaurès qui avait défendu Dreyfus tente ensuite d'éviter la guerre contre les Allemands. En vain…

Pression prussienne et incertitude politique

Ils sont là ! Ils sont aux portes de Paris, sûrs d'eux, arrogants, exigeants. La France entière attend on ne sait trop quel sursaut de patriotisme : c'est la capitulation qui devient la solution la plus plausible et la plus insupportable. La Commune de Paris va résister avant d'être écrasée par les Versaillais, la royauté va s'accrocher de façon pathétique et dérisoire à son drapeau blanc… La République en gestation se cherche.

Les Prussiens à Paris

Après l'euphorie qui suit la chute du second Empire, les suites de la défaite de Sedan sont catastrophiques : les Prussiens encerclent Paris, s'en vont à Versailles où ils proclament leur… IIe Reich, leur second Empire !

Vive la République !

Napoléon III vaincu ? Napoléon III en fuite vers Kassel en Westphalie ? C'est la liesse à Paris ! Partout retentissent des « Vive la République » ! Le dimanche 4 septembre 1870, elle est proclamée. Un gouvernement provisoire est composé par les députés de Paris qui se choisissent un président : le général Louis-Jules Trochu. Celui-ci sollicité accepte à condition que chacun de ses ministres se fasse le défenseur de la famille, de la propriété et de la religion. Il affirme alors posséder un « plan de défense » de la capitale. Ne voyant rien s'organiser pour défendre leur ville, les Parisiens font du « plan Trochu » un sujet de plaisanterie. En réalité, dans l'esprit du nouveau prési-dent, le seul plan qui soit applicable pour sauver la capitale, c'est la capitulation…

S'il n'en reste qu'un…

Jamais le second Empire ne s'est enraciné dans les cœurs, seulement dans les portefeuilles qui se sont bien garnis et ne font jamais de sentiment. Le lundi 5 septembre, Victor Hugo est de retour à Paris après dix-huit ans d'exil. « S'il n'en reste qu'un, je serai celui-là », avait-il promis, jurant ainsi qu'il ne reviendrait pas avant que son ennemi, Napoléon le Petit, soit parti ! Il a tenu parole. Il est accueilli en triomphe et ne sait plus où donner de la formule pour satisfaire ses admirateurs qui réclament, presque à chaque carrefour, un discours : « Paris va terrifier le monde ! », s'écrie-t-il entre deux salves d'applaudissements ; puis : « Le Panthéon se demande com-ment il va faire pour recevoir tous les héros du peuple qui vont bientôt mériter son dôme ! » Ça fait beaucoup…

Bismarck veut l'Alsace, la Lorraine et ses minerais...

Au fait, les Prussiens... Les voici, ils arrivent ! Comment défendre la capitale ? Cent vingt mille jeunes recrues venues de tous les départements composent la garde mobile – on les a surnommés les moblots. Il s'y ajoute 300 000 citoyens parisiens qui s'improvisent soldats et composent la garde nationale. Jules Favre, le nouveau ministre des Affaires étrangères, tente de négocier secrètement avec Bismarck. C'est inutile ! Le chancelier prussien n'a qu'une idée : obtenir l'Alsace, et une partie de la Lorraine – celle qui contient les minerais de fer... Les casques à pointe – les Prussiens – encerclent la capitale le 19 septembre et se préparent à la bombarder.

Gambetta ravi en montgolfière !

La province ! Que fait la province ? Ne va-t-elle pas agir seule, se gouverner à sa façon, organiser ses propres élections ? Il faut y envoyer d'urgence un membre du gouvernement. Mais comment franchir la ceinture prussienne ? Une seule solution : la montgolfière. Qui mettre dedans ? Jules Favre hésite, il a le vertige. On demande à Léon Gambetta. Il est ravi, et, le 7 octobre 1870, 5 000 Parisiens, parmi lesquels se trouve Alphonse Daudet, viennent assister à l'envol vers Tours du ministre de l'Intérieur et de la Guerre.

Figure 6-1 :
Gambetta, ministre de l'Intérieur et de la Guerre, s'envole vers Tours en montgolfière.

Le IIe Reich proclamé à Versailles !

Tout va mal, très mal : le 27 octobre 1870, Bazaine qui a négocié en secret avec Bismarck, livre aux Prussiens ses 173 000 hommes ! Thiers, après une tournée en Europe où il a demandé de l'aide, revient bredouille. Il tente lui aussi une négociation avec Bismarck qui ne veut rien entendre ! Fin novembre, les Parisiens tentent des sorties contre les Prussiens. Ceux-ci, non contents de les repousser, décident de marcher sur Bourges et Le Mans. Le gouvernement se replie à Bordeaux. En janvier 1871, Paris est bombardée pendant trois semaines au moyen d'obus qui sèment la panique. Le 18 janvier, à Versailles, c'est l'apothéose prussienne : la Bavière, la Saxe et le Bade-Wurtemberg ayant adhéré à la confédération germanique, l'Empire allemand, le IIe Reich est proclamé dans la galerie des Glaces du palais de Louis XIV !

UNE ANECDOTE

« Un rat ? Tout de suite ! Choisissez… »

« Un rat ? Tout de suite ! Choisissez-le dans la cage, je le pousse vers la sortie ! Non, vous ne l'emportez pas vivant, il pourrait vous échapper ! Mon chien va vous l'étrangler, il fait cela très proprement ! Vous me devez quinze sous ! » Voilà une scène de marché ordinaire en ce début de l'année 1871 à Paris. Les Prussiens ont si efficacement organisé le blocus de Paris qu'il n'y a plus rien à manger ! Ou presque… Le rat est devenu un mets apprécié, le chien et le chat aussi qui se font rares. Les oiseaux, du plus gros comme le corbeau au plus petit comme le moineau, ont disparu… On mange aussi les chevaux, même les deux trotteurs, d'un prix inestimable, qui avaient été offerts à Napoléon III par le tsar Alexandre II ! On mange aussi de la viande de buffle, d'antilope, de zébu, de casoar, de chameau, d'ours, de zèbre, de girafe, d'hippopotame, de yack, de serpent, tous pensionnaires du jardin d'Acclimatation ! On mange, hélas, en boudin, en pâté et en filet, Castor et Pollux, les deux éléphants que connaissaient tous les petits Parisiens !

1870 : quel régime politique pour la France ?

À l'issue des élections remportées par les royalistes, l'homme de toutes les situations, presque de tous les partis, va refaire surface, le voici : Adolphe Thiers !

La République ? Chambord ? Le comte de Paris ?

Le 19 janvier 1871, le général Trochu, poussé par les Parisiens affamés et qui ne voient pas son plan venir…, tente de forcer les lignes prussiennes : il revient au pas de course après avoir laissé 5 000 morts au-delà des fortifications ! Le 22 janvier, les Parisiens s'affrontent : certains sont partisans d'une nouvelle sortie pour dégager la capitale, d'autres s'y opposent violemment. L'ordre est alors donné aux moblots de tirer sur les Parisiens, ce qu'ils font immédiatement : la fusillade fait plus de cinquante morts ! Finalement, le plan Trochu va être appliqué : le 28 janvier, Paris capitule ! Un armistice est signé à Versailles, mais Bismarck veut traiter avec une assemblée élue légalement. Des élections sont alors rapidement organisées. La campagne électorale est rapide. Royalistes et républicains s'y affrontent :

✔Les royalistes promettent la paix.

✔Les républicains veulent poursuivre la guerre.

Les royalistes l'emportent !

Plus de 400 royalistes sont élus – en grande majorité par la province –, contre 200 républicains – dont Hugo et Georges Clemenceau – et quelques bonapartistes ! La nouvelle assemblée se réunit à Bordeaux, dans le théâtre. Adolphe Thiers y est nommé, le 17 février 1871, chef du pouvoir exécutif de la République française, cela en attendant qu'il soit statué sur les institutions du pays. On ne sait trop, en effet, si la République va être reconduite, ou bien si Henri V, comte de Chambord – rappelez-vous, c'est le fils de Marie-Caroline et du duc de Berry, fils de Charles X – va monter sur le trône dont il est l'héritier légitime, à moins que le comte de Paris, petit-fils de Louis-Philippe, un Orléans, se mette sur les rangs !

La France perd l'Alsace-Lorraine

Adolphe Thiers vient à Versailles, investi des pleins pouvoirs, pour établir avec Bismarck les préliminaires du traité de paix, qui sont signés le 26 février 1871 :

✔La France abandonne l'Alsace et une partie de la Lorraine – en Moselle. Elle conserve le Territoire de Belfort.

✔La France est contrainte de payer une « indemnité » de guerre de cinq milliards de francs.

↙Humiliation suprême : les Prussiens doivent entrer dans Paris le 1ᵉʳ mars !

Les Prussiens sur les Champs-Élysées

Les Prussiens vont défiler sur les Champs-Élysées ? À cette nouvelle, les gardes nationaux – ceux qui ont été recrutés parmi les Parisiens – transportent les canons qu'ils ont achetés par souscription, et qu'ils considèrent comme leur propriété, sur les hauteurs de Montmartre, aux Buttes-Chaumont et à Belleville ! Pas question qu'ils tombent aux mains des Allemands ! Parmi les chefs de cette opération, on trouve une femme : Louise Michel. Le 1ᵉʳ mars, comme prévu, suprême humiliation pour les Français, les régiments prussiens arrivent devant l'Arc de Triomphe, descendent les Champs-Élysées, s'arrêtent place de la Concorde : au-delà, Paris appartient encore aux Parisiens ! Le 3 mars, la Garde nationale se donne le statut de fédération ; on appellera désormais ceux qui la composent des fédérés.

L'arbre de Noël

C'en est fait : l'Alsace est perdue en 1871 ! C'est un déchirement pour les Français qui vont alors adopter, en souvenir et en hommage à la province passée de l'autre côté de la frontière, une de ses coutumes : placer dans la pièce principale de la demeure un sapin, à Noël, et le décorer ! Disons pour être plus précis que cette coutume existait déjà dans certaines villes ou régions, mais qu'elle va se généraliser dans tout le pays ! L'arbre de Noël est né d'un chagrin national !

La Commune de Paris

Ce sont les classes les plus modestes de la capitale qui vont s'insurger contre le gouvernement royaliste issu des élections de février 1871, contre Thiers, contre la province qui se méfie des Parisiens, contre la bourgeoisie.

Figure 6-2 :
La grande
barricade
des fédérés,
place de la
Concorde à
Paris.

« Nous brûlerons Paris ! »

« Ce sont nos canons, nous les avons payés ! Si on nous les
arrache, nous brûlerons Paris ! » Voilà qui est clair : les fédérés
ne veulent pas s'en laisser conter, ils vont résister ! Thiers se
frotte les mains : l'occasion est belle, il va écraser une révolution, et de façon si brutale, si féroce que cet exemple coupera
l'envie d'en faire autant aux générations futures ! D'ailleurs, les
gens d'affaires, les banquiers, les industriels lui réclament de
rétablir l'ordre, et de commencer d'abord par cette affaire des
armes de Montmartre : « Vous ne parviendrez jamais à faire
d'opération financière, lui ont-ils dit, si vous n'enlevez d'abord
ces canons aux fédérés ! » Le 10 mars, l'Assemblée se transporte de Bordeaux à Versailles. Elle prend deux mesures qui
ressemblent à des mises à feu : le délai accordé aux Parisiens
pour payer leur loyer – en raison des événements – est
abrogé ; la solde des gardes nationaux – seule ressource pour
la plupart d'entre eux – est supprimée ! Le 15 mars, Adolphe
Thiers s'installe à Paris, au quai d'Orsay. Le 17 mars, il
ordonne l'enlèvement des canons de Montmartre. L'explosion
est imminente !

« Feu ! » sur les déserteurs...

Comme des chenilles processionnaires, les soldats du gouver-
nement de Thiers ont envahi les XVIIIe et XIXe arrondissements.
On leur a dit que les canons qu'ils doivent rapporter ont été
dérobés à l'État par des voleurs et des assassins – les
Parisiens. Vers dix heures du matin, les soldats tiennent
toute la Butte-Montmartre. Ils attendent les chariots pour

transporter les canons. Chariots qui n'arrivent pas. Les femmes de la Butte sortent alors de leurs logis, elles apportent des boissons et des sourires qui réchauffent les hommes de troupe. Beaucoup se laissent gagner par leur sympathie et passent du côté des fédérés. Bientôt, aux battements des cœurs pleins d'espoir de paix, le tocsin répond, se met à sonner ! Le général Lecomte qui commande la troupe gouvernementale menace de mort ceux qui viennent de déserter. Les repérant dans la foule mêlée de femmes, d'hommes et d'enfants, il les fait mettre en joue, crie « Feu ! », mais ses soldats lèvent la crosse, fraternisent avec les Montmartrois dans la liesse générale. Au milieu de l'après-midi, Lecomte et un autre général, Clément Thomas, sont emmenés au Château-Rouge. Ils sont exécutés contre le mur d'un jardin, de plusieurs balles à bout portant.

La commune : une idée du Moyen Âge

L'idée de la commune est née de l'essor du commerce au XIe siècle. La commune, c'est un groupe humain correspondant à une ville, petite ou moyenne, dans laquelle les liens entre les individus vont être renforcés par un pacte de concorde, par l'assurance que chacun va agir pour la paix. Il s'agit pour les gens des villes, quelles qu'elles soient, de s'assurer une sorte d'indépendance par rapport au seigneur. Indépendance morale et financière. Leur direction est assurée par les membres les plus influents du groupe – en général par les marchands fortunés. La ville draine le fruit du commerce qu'elle effectue, elle redistribue ses richesses, notamment par l'utilisation du crédit.

Peu à peu, au XIIe siècle, les communes favorisent l'émergence de la classe bourgeoise qui concurrence l'aristocratie et le clergé. Elle permet également à beaucoup de petites villes, de petits bourgs de demander l'exemption des charges les plus lourdes exigées par le pouvoir central. Celui-ci va réagir avec Louis IX – Saint-Louis – qui, voyant le pouvoir monarchique s'émietter et prendre le risque de disparaître, exige de tous les maires, en 1256, un état annuel des comptes de leur commune. Le pouvoir central reprend ses droits, par la ruse ou par la force, et peu à peu, les communes se fondent dans l'unité nationale. Mais jamais l'idée de commune n'a disparu. Elle revit pendant la Révolution, entre 1789 et 1795. Elle renaît en 1871, pour soixante-douze jours.

Thiers panique !

Quoi ? Les soldats fraternisent avec le peuple ? Au ministère des Affaires étrangères, Thiers est pris de panique ! Il s'enfuit à Versailles, suivi de nombreux bourgeois que le pouvoir de la rue effraie. Le 18 mars 1871, à onze heures du soir, le comité central de la Commune – nom qui sera adopté le 26 mars – est installé à l'Hôtel de Ville de Paris. C'est l'enthousiasme général dans un Paris plein de rêves et de printemps. Jules Vallès, l'écrivain, l'insurgé, exulte ; dans son journal *Le Cri de Paris*, il parle de flambée d'espoir et de parfum d'honneur. Cette flambée, ce parfum vont durer soixante-douze jours, pas un de plus.

Un mouvement parisien

Du 18 au 26 mars, le printemps de la capitale se répand en province : Toulouse, Narbonne, Marseille, Lyon, Saint-Étienne installent des communes autonomes, mais elles sont vite supprimées par les autorités en place. Malgré le soutien apporté par certains départements, par des pays européens, le mouvement va demeurer essentiellement parisien, manquant de temps, d'argent – les réserves de la banque de France ne seront pas touchées par les communards qui ne veulent pas être pris pour des voleurs, alors que Thiers en bénéficiera pour atteindre ses objectifs – pour s'organiser et se développer.

Plus de pain frais !

Les séances de la Commune, à Paris, sont brouillonnes et houleuses dans les premiers jours. Cependant, des décisions sont prises :

- Le drapeau rouge est adopté.
- Le calendrier révolutionnaire est rétabli.
- Le 2 avril 1871, la séparation de l'Église et de l'État est votée.
- La laïcité est proclamée.
- L'enseignement devient entièrement gratuit pour les garçons et pour les filles.
- Des écoles professionnelles sont ouvertes.
- Tous ceux qui ont déposé des effets au Mont-de-piété peuvent aller les reprendre gratuitement.
- Le travail de nuit des boulangers est supprimé – mesure qui désole les Parisiens qui adorent le pain frais…

> ✔ Le traitement des fonctionnaires est limité, le cumul des fonctions, interdit.
>
> ✔ Les jeux de hasard sont interdits, les maisons de tolérance fermées, les ivrognes arrêtés.

Attaqués par des bêtes féroces

Toutes ces décisions s'inscrivent dans un projet bien plus vaste qui vise à la décentralisation : pour reprendre l'idée née au XIIe siècle, des communes autonomes seraient créées dans toute la France, rassemblées dans une grande fédération de la liberté. La toute puissance de l'État serait supprimée. C'est l'antithèse du jacobinisme centralisateur qui est en marche ! Mais les rêves des communards vont être éphémères. Dès le 3 avril 1871, ils subissent une défaite contre les Versaillais lors d'une sortie tentée au mont Valérien : deux de leurs chefs sont fusillés, de nombreux prisonniers sont emmenés à Versailles où la commune de Paris a été décrite par des gens bien intentionnés comme une fête orgiaque, une bacchanale ininterrompue organisée par des hommes devenus des monstres ! Les prisonniers qui défilent sont alors couverts de crachats, lacérés, certains ont les oreilles arrachées, les yeux crevés. Voyant leurs blessures, des témoins croiront qu'ils ont été attaqués par des bêtes féroces.

Le mirliton

La colonne Vendôme ! Le symbole de la barbarie guerrière ! Le souvenir des guerres impériales ! Il faut la détruire. La décision est prise le 12 avril 1871. Elle ne sera exécutée que le 16 mai 1871. Le peintre Gustave Courbet, membre du comité central de la Commune, dirige la destruction de ce qui, malgré tout, ressemble à une œuvre d'art – mais qu'il appelle le mirliton. Un lit de fumier et de fagots a été préparé pour la recevoir au sol. Malheureusement le lit n'est pas assez épais : elle s'écrase, et se brise en mille morceaux ! Beaucoup des débris sont jetés, on récupère ce qu'on peut – c'est-à-dire très peu – du bronze des canons d'Austerlitz… En juin, Courbet sera arrêté et emprisonné, puis rendu responsable de la destruction de la colonne. Enfin, on le contraindra à financer sa reconstruction. Il devra s'exiler en Suisse, l'État français se payant en confisquant ses œuvres ! La nouvelle colonne Vendôme est identique à la première, mais contient fort peu de souvenirs concrets de la bataille du 2 décembre 1805.

21 au 28 mai 1871 :
la semaine sanglante

L'aventure des communards va se terminer dans le sang et l'horreur. La société dont ils rêvaient, dont ils avaient tracé les plans, et qu'ils se préparaient à bâtir, est écrasée par le rouleau compresseur des Versaillais de Thiers et ses soldats en majorité venus de province.

Le traître Ducatel

« Paris sera soumis à la puissance de l'État comme un hameau de cent habitants ! » C'est ce qu'affirme haut et fort Adolphe Thiers qui déclare la guerre à outrance aux Communards. La terrible semaine sanglante va commencer, le 21 mai 1871. C'est un fédéré, un nommé Ducatel, qui va jouer les traîtres et indiquer aux Versaillais sous les ordres de Mac-Mahon, que le bastion 64 des remparts, situé près de la porte de Saint-Cloud, n'est pas gardé, qu'ils peuvent passer en toute tranquillité ! Delescluze, un idéaliste républicain, commande les communards, sans parvenir à asseoir une autorité suffisante pour que les troupes se montrent efficaces contre les 70 000 Versaillais qui se répandent dans Paris au cours de la nuit du 21 au 22 mai.

La vierge rouge

Au cœur de la mêlée : Louise Michel, surnommée La vierge rouge de la Commune. Fille naturelle d'une femme de chambre et d'un aristocrate, elle est née en 1830. Devenue institutrice, fascinée par Victor Hugo, elle lui envoie ses poèmes et le rencontre en 1851. Défenseur des droits de la femme, engagée en politique aux côtés de Vallès – de Théophile Ferré aussi, son seul amour, jamais déclaré, et qui, à vingt-quatre ans sera exécuté le 8 novembre 1871 –, elle lutte de toutes ses forces contre les Versaillais. Après la Commune, elle sera déportée en Nouvelle-Calédonie où elle soutiendra les Canaques. Revenue en France, elle publie de nombreux ouvrages et donne des conférences. Elle meurt en 1905.

Paris brûle !

Le 23 mai, ils occupent Montparnasse, les Invalides, la gare Saint-Lazare. Les communards élèvent en hâte cinq cents barricades supplémentaires – celles qui ont déjà été construites ressemblent à des fortifications. Le mot d'ordre qui s'est répandu parmi les communards tient en une formule : « Plutôt Moscou que Sedan ! » Moscou, c'est le souvenir de l'incendie du 14 septembre 1812 ! Le 23 mai 1871, Paris brûle : le palais des Tuileries – qui ne sera pas reconstruit –, la bibliothèque du Louvre, l'Hôtel de Ville, le quai d'Orsay, le palais de Justice, le Palais-Royal, tout cela a été arrosé de pétrole, bourré de poudre, tout explose et flambe ! Le 24 mai, la troupe des Versaillais – troupe rurale à qui Thiers a dit : « Soyez impitoyables ! » – fusille tous ceux qu'elle rencontre. Les fédérés

Trente mille victimes

Le bilan de la Commune – ou guerre civile – est terrible : plus de 30 000 victimes en une semaine ! La Terreur en 1793-1794 en avait fait cinq fois moins en cinq fois plus de temps ! Les survivants sont arrêtés et jugés. Des milliers de condamnations à mort, aux travaux forcés ou à la déportation en Algérie, en Nouvelle-Calédonie sont prononcées. Thiers triomphe et justifie son action en transmettant aux préfets cette déclaration : « Les condamnations doivent apprendre aux insensés qu'on ne défie pas en vain la civilisation. » Autre déclaration, celle d'Émile Zola : « Ceux qui brûlent et qui massacrent ne méritent pas d'autre juge que le coup de fusil d'un soldat ! Une justice implacable a été conduite dans les rues. Les cadavres se sont décomposés avec une rapidité étonnante, due sans doute à l'état d'ivresse dans lequel ces hommes ont été frappés ! »... À l'issue de la Commune, Paris a perdu ses peintres, ses plombiers, ses couvreurs, ses cordonniers, sa foule de petits artisans, ses rêves d'indépendance. Il faudra attendre une quarantaine d'années avant que la Commune de Paris quitte l'optique des Versaillais qui la présentaient comme l'action irréfléchie d'une masse d'ivrognes en goguette ! Seuls Verlaine, Rimbaud et Victor Hugo eurent pour elle un regard lucide et généreux. Flaubert, dans sa correspondance, veut noyer tous les communards, tous les ouvriers dans la Seine... Théophile Gautier, les frères Goncourt, Ernest Renan, Alphonse Daudet, George Sand sont du même avis...

décident une riposte qui va multiplier l'ardeur de la vengeance : Monseigneur Darboy et des prêtres otages depuis quelques semaines sont passés par les armes.

Des enfants de cinq ans fusillés

Le 25 mai, les fusillades se multiplient. Delescluze tombe sur une barricade. Louise Michel se bat avec l'énergie du désespoir à Montmartre. Le 26 mai, les fédérés exécutent quarante-sept otages, des prêtres, des séminaristes et des gendarmes. Le 27 mai, les Versaillais investissent le cimetière du Père-Lachaise occupé par des centaines de fédérés, dont beaucoup de blessés. Tous sont exécutés. Le 28 mai, vers onze heures, Belleville se rend. À quinze heures les combats prennent fin, et Mac-Mahon peut déclarer : « Paris est délivré ! » À quel prix ! Des enfants de cinq ans ont été alignés contre un mur, et fusillés ! Des femmes et leurs bébés au sein sont tombés sous les balles ! Les passants qui portaient des vêtements, des chaussures rappelant la couleur des fédérés ont été massacrés. Dans les hôpitaux, les Versaillais ont tué au fusil, à la baïonnette ou au couteau les blessés, les malades, hommes, femmes, enfants, vieillards. Plus tard, l'un des massacreurs aura cette excuse facile et dérisoire : « On était comme fous ! »

Figure 6-3 :
L'aventure des communards se termine dans le sang et l'horreur.

La brasserie *Lipp*

Le 26 février 1871, les préliminaires de paix avaient été signés avec Bismarck. Le 10 mai suivant, à Francfort, le traité de paix définitive confirmait la dette de cinq milliards de francs-or due par la France – occupée jusqu'à la fin du paiement. Aux Alsaciens-Lorrains qui vont devenir Allemands est proposée une clause d'option : jusqu'au 1er octobre 1872, les habitants ont le droit d'adopter la nationalité française, à condition d'émigrer en France. Soixante mille d'entre eux – sur un total de 1 600 000 – vont opter pour la nationalité française et s'installer dans les grandes villes – à Paris, par exemple, un certain Lipp installe sa brasserie – ou en Algérie. Après la Commune, Thiers décide de régler rapidement la dette de guerre. Deux emprunts sont alors émis en France et couverts bien au-delà des besoins, ce qui témoigne de la richesse incroyable d'une certaine partie du pays. En septembre 1873, six mois avant l'ultime échéance prévue, la dette est payée, le territoire est libéré de la présence prussienne !

Le comte de Chambord et son drapeau

Le comte de Chambord – Henri V, le fils de Marie-Caroline et du duc de Berry assassiné – annonce la couleur : si on veut de lui sur le trône, ce sera la cocarde blanche. Sinon, rien !

6 juillet 1871 : « Seul le drapeau blanc... »

Qui, désormais, après la sanglante guerre civile, va gouverner la France ? L'Assemblée élue avant les événements, en février 1871, comporte une large dominante de monarchistes. On se tourne donc vers le comte de Chambord dont l'heure semble venue. Mais celui-ci fait savoir, dans un manifeste daté du 6 juillet 1871, que son retour est subordonné à l'adoption du drapeau blanc, et qu'il n'acceptera en aucun cas le drapeau tricolore ! Même les monarchistes les plus acharnés sont affligés par ce manifeste. En effet, ce drapeau blanc n'a jamais flotté sur la monarchie de l'Ancien Régime – qui ne possédait pas de drapeau national – puisqu'il n'est apparu qu'en 1815 pour être supprimé en 1830 ! Le 31 août, les députés se déclarent alors

Assemblée Constituante et donnent le titre de président de la République à Adolphe Thiers. Comprenant que la restauration de la monarchie va être impossible en raison de l'entêtement de Chambord, Thiers se rallie à l'idée d'une république conservatrice. Mais les partisans du pouvoir royal veillent…

L'ordre moral du maréchal

L'ordre moral ! Lorsque le maréchal Mac-Mahon, président de la République, lance cette petite phrase-programme le 26 mai 1873 à l'Assemblée, il ne se doute pas de la fortune qu'elle va connaître ! Que comporte ce retour à l'ordre moral ? La volonté de l'Église, et de la société attachée aux traditions, de lutter par tous les moyens contre le socialisme et tout ce qui lui ressemble. Les processions se multiplient dans les campagnes, on plante des croix à tous les carrefours, dans tous les villages. Le mois de Marie est inventé, de même que le culte de l'Immaculée conception. Les lieux d'apparition deviennent des buts de pèlerinage d'autant plus encouragés que les miracles s'y multiplient ! À Paris, on met en œuvre le projet qu'avait formulé au Mans, le 17 octobre 1870 en pleine occupation prussienne, le père Boylesve : construire une basilique consacrée au Sacré-Cœur, à Paris, sur la Butte Montmartre.

24 mai 1873 : Mac-Mahon président, en attendant…

Thiers, devenu trop républicain pour l'Assemblée, doit démissionner le 24 mai 1873. Le nouveau président de la République est légitimiste. Son nom n'est pas inconnu, c'est le défait de Sedan, le chef des troupes versaillaises : le maréchal Mac-Mahon. Il promet le retour à l'ordre moral au moyen d'un gouvernement énergique. En réalité, les monarchistes l'ont élu à ce poste parce qu'ils espèrent que le comte de Chambord va se décider à occuper le trône qui l'attend. Pourtant, le comte – Henri V qui poursuit son exil en Autriche, est sans descendance. Qu'à cela ne tienne ! Les monarchistes ont tout prévu : dans quelque temps, le comte de Chambord monte sur le trône, il meurt – le plus vite possible… – et il est remplacé par le comte de Paris, un Orléans, petit-fils de Louis-Philippe. L'avantage, avec le comte de Paris, c'est que sa descendance est nombreuse, elle permet d'envisager que le régime monarchique durera pour des siècles, des siècles…

23 octobre 1873 : « Le drapeau blanc ou rien ! » Rien...

Le 5 août 1873, une commission de députés rend visite au comte de Chambord près de Salzburg. Cette commission croit comprendre que le comte est prêt à monter sur le trône de France. Il n'a pas été question du drapeau blanc, mais on imagine qu'il ne s'obstinera pas. Tout se prépare alors pour le grand jour : carrosses, costumes, le trône lui-même, artistement ouvragé dans le style Grand Siècle, on met au point la cérémonie, le parcours du cortège. Tout ce que la France compte de comtes, de comtesses, de barons, de ducs et de petits marquis, froufroute de partout ! Hélas ! Le 23 octobre 1873, de son château autrichien, le comte de Chambord lance cette terrible nouvelle : le drapeau blanc ou rien. Ce sera rien ! Les monarchistes sont consternés ! Ils espèrent encore que le petit-fils du frère de Louis XVI va revenir sur sa décision. À l'initiative de leur chef, le comte de Broglie, ils prolongent le mandat du président Mac-Mahon, instituant ainsi le septennat présidentiel.

Les grandes heures et les erreurs de la IIIe République

La IIIe République qui s'installe officiellement dans les faits et dans les textes en 1875 va offrir aux Français l'école primaire gratuite et obligatoire. Mais elle va aussi se fourvoyer dans le boulangisme, s'enliser dans la colonisation, se mesurer à l'antisémitisme avec l'affaire Dreyfus. Tout cela en préparant la terrible revanche de 14-18...

Mac-Mahon le monarchiste président de la République

Un mot : république. Il n'était utilisé depuis la défaite de 1870 qu'à titre provisoire et non officiel. S'il existait dans les esprits, il n'était pas encore inscrit dans les textes. Il fait son apparition de façon presque accidentelle dans un amendement voté en janvier 1875. La IIIe République, indécise depuis le 4 septembre 1870, est ainsi fondée. Elle disparaîtra le 10 juillet 1940.

30 janvier 1875 : l'amendement Wallon

Mais alors, qu'est-ce que c'est que ce régime qui guette la venue de son roi ? Est-ce une monarchie ? Est-ce une république ? Il faut attendre le 30 janvier 1875 pour que l'Assemblée, décidée à sortir du provisoire, vote un amendement d'apparence anodine proposé par Henri-Alexandre Wallon, un député modéré, rédigé ainsi : « Le président de la République est élu à la majorité des suffrages par le Sénat et la Chambre des députés réunis en Assemblée nationale. Il est nommé pour sept ans. Il est rééligible. » Cet amendement est voté par 353 voix contre 352 ! Le mot *république* vient d'entrer dans les lois constitutionnelles de la France ! Cet amendement est court, mais dense. Il installe les deux chambres : celle des députés et le Sénat. Il définit le premier personnage de l'État :

- ✔ Le président de la République est élu pour sept ans par les deux chambres.
- ✔ Il nomme le président du conseil.
- ✔ Il est rééligible.
- ✔ Il a l'initiative des lois, peut dissoudre la Chambre des députés avec l'accord du Sénat.

Bref, étant donné l'étendue de ses pouvoirs, le président de la République est presque un roi !

Gambetta : « *Le cléricalisme, voilà l'ennemi !* »

Avant d'installer les deux nouvelles chambres, celle des députés et le Sénat, il faut les élire. Les élections ont lieu en février et mars 1876. Leur résultat est sans appel : 360 républicains, 160 monarchistes ! Quel chef de gouvernement (Premier ministre) choisir ? Mac-Mahon, toujours aussi monarchiste – et président – refuse de prendre le républicain Gambetta qui a été élu dans plusieurs circonscriptions – comme Thiers, soixante-dix-neuf ans, qui disparaît un an plus tard. Gambetta lance alors, dans un discours à l'Assemblée, le fameux : « Le cléricalisme, voilà l'ennemi ! » Mac-Mahon n'en a cure : il a choisi le républicain modéré Jules Simon pour chef de gouvernement, mais, le 16 mai 1877, à la suite d'une critique du président sur son rôle dans un débat concernant la presse, Jules Simon démissionne.

Gambetta : « Se soumettre ou se démettre »

Mac-Mahon remplace Simon par le monarchiste Broglie, puis dissout la Chambre des députés avec l'accord du Sénat. Il espère qu'à l'issue de nouvelles élections, les monarchistes seront de retour ! Gambetta – spécialiste en formules qui demeurent – résume ainsi la situation : « Quand la France aura fait entendre sa voix souveraine, il faudra se soumettre ou se démettre ! » Octobre 1877, les élections ont lieu. Les républicains l'emportent : Mac-Mahon ne se démet pas immédiatement : il renvoie Broglie, prend des ministres de la majorité. En janvier 1879, les larmes aux yeux, il s'en va !

1879 : Jules Grévy président moyen

Jules Ferry, ministre, puis président du conseil du président Jules Grévy, a deux objectifs : chasser les jésuites afin d'instaurer la laïcité en France, et développer les colonies afin de favoriser le placement des capitaux.

« La France est un éblouissement pour le monde ! »

Il aura donc fallu, huit années, de 1871 à 1879, pour que la république s'installe définitivement. Pendant ces huit années, l'économie de la France, exsangue après l'invasion prussienne, s'est relevée rapidement. Les banques ont ouvert leurs portes et leurs coffres, les ouvriers ont retrouvé du travail, l'industrie progresse, les ports sont plus prospères qu'à la fin du second Empire. Cette réussite acquise en moins de dix ans va s'afficher triomphalement lors de l'Exposition universelle de 1878, inaugurée par Mac-Mahon, quelques mois avant sa démission. Le discours qu'y prononce Gambetta se termine par une nouvelle formule, sans doute moins inspirée, mais qui fait parfaitement écho aux palais du Champ-de-Mars et du Trocadéro, érigés pour l'occasion, et qui seront rapidement détruits : « La France est un éblouissement pour le monde ! »

1879 : le 14 juillet, le drapeau tricolore, la Marseillaise...

Le 30 janvier 1879, la Chambre des députés et le Sénat élisent un nouveau président de la République : c'est Jules Grévy, une sorte de bourgeois moyen et sage, qui appartient à la gauche républicaine. Gambetta ne s'est pas présenté. Il sait que sa faconde endiablée et ses allures de tribun ne plaisent pas à tout le monde ! Il est cependant élu président de la Chambre des députés, un peu dépité par le retour à la sagesse dans les esprits satisfaits de retrouver leur fête nationale, le 14 juillet, et leur hymne national, la *Marseillaise* – le drapeau tricolore va être définitivement adopté un an plus tard !

Gambetta : « *L'âge héroïque est clos* »

C'en est fini des errances, des incertitudes. Allons, Gambetta, une petite formule pour exprimer cela ? La voici : « L'âge héroïque est clos ! » En février, Grévy reçoit la démission du ministère. On se dit que le nouveau président du conseil ne peut être que le tribun Gambetta. Mais non : Grévy le méticuleux n'apprécie pas Gambetta le débraillé, et la réciproque est vraie ! Le 5 février 1879, les ministres choisis par le nouveau président du Conseil au nom bien oublié – Waddington – sont sans relief : « De simples numéros sortis au hasard de la foule », dit Gambetta l'écarté !

1879 – 1885 : les combats de Jules Ferry

Le ministre puis président du Conseil, Jules Ferry, va se battre sur trois fronts : la religion, l'instruction, la colonisation.

Figure 6-4 :
Jules Ferry croqué par un caricaturiste.

15 mars 1879 : Jules Ferry vise les jésuites

Parmi les ministres de Waddington, on trouve Jules Ferry, ministre de l'Instruction publique et des Beaux-Arts. Le 15 mars 1879, il dépose un projet de loi dont l'article 7 contient la proposition suivante : « Nul n'est admis à diriger un établissement d'enseignement public ou privé s'il appartient à une congrégation religieuse non autorisée. » Cela signifie que, si la loi est votée, ce sont plus de 500 congrégations qui vont devoir fermer leurs portes, et que 20 000 enseignants vont devoir abandonner leur poste. Qui est visé plus précisément par Jules Ferry ? Les jésuites ! Jules Ferry a déclaré qu'il voulait leur arracher l'âme de la jeunesse française !

Coups de pieds, coups de poings à l'Assemblée !

Au mois de juin, à l'Assemblée, le projet Ferry déclenche des batailles rangées : Gambetta en perd son œil de verre, des gifles partent en pleine séance, des chaussures s'envolent, des boutons et des faux-cols sautent, les sonnettes agitées frénétiquement pour ramener le calme perdent leur battant qui frappe au hasard des crânes rouges de colère ! Le 10 juillet 1879, l'article 7 passe : la laïcité de l'enseignement est adoptée en France. Adopté par le Sénat le 23 février 1880, il trouve sa première application concrète dans l'expulsion des jésuites de la rue de Sèvres à Paris, expulsion qui va aussi avoir lieu dans plus de trente départements, le même mois. L'esprit gallican souffle dans la République...

Jules Ferry : instruisons !

Le 19 septembre 1880, Jules Ferry devient président du Conseil. Le 16 juin 1881, l'enseignement primaire public est déclaré gratuit. Le 28 mars 1882, la loi devient plus précise :

- ✔ L'instruction primaire devient obligatoire et laïque dans les écoles publiques, de six à treize ans.
- ✔ Les instituteurs devront y dispenser une instruction morale et civique.
- ✔ Un jour de congé est prévu, en dehors du dimanche – le jeudi –, afin d'assurer l'enseignement religieux.
- ✔ L'enseignement religieux sera dispensé en dehors des édifices scolaires publics.

Jules Ferry organise par ailleurs l'enseignement secondaire des jeunes filles jusque-là placé sous la responsabilité des religieuses. La religion quitte donc l'école, mais Jules Ferry, s'il a atteint son but, n'en professe pas moins une laïcité tolérante. Il est aussi à l'origine de la loi sur la liberté de la presse, le 29 juillet 1881 – la censure est supprimée. C'est également l'homme de la légalisation des syndicats par la loi du 21 mars 1884.

Figure 6-5 :
Une salle de classe au temps de Jules Ferry.

Jules Ferry : colonisons !

Jules Ferry, c'est enfin celui qui a donné, à partir de 1880, une impulsion décisive à la colonisation : la présence française va progresser en Tunisie, au Congo, dans le Sud-Algérien, en Afrique occidentale, à Madagascar, en Indochine, à Tahiti. Cet aspect de son action subit de violentes attaques de la droite et de l'extrême gauche – non parce qu'on trouve la colonisation humainement déplorable, mais parce qu'on l'estime trop coûteuse ! Jules Ferry la justifie en avançant les arguments suivants :

- ✔ Elle favorise les placements de capitaux, l'exportation des marchandises.
- ✔ Elle permet aussi de libérer le pays des déclassés, des marginaux qui ne trouvent pas leur place en France...
- ✔ Elle permet d'affirmer la supériorité de la culture occidentale et de la diffuser auprès des populations colonisées, considérées comme arriérées !

Ces justifications ne choquent pas vraiment à l'époque. Si on reproche à Jules Ferry les investissements coloniaux, c'est qu'on préfère préparer activement – et financièrement – la reconquête de l'Alsace-Lorraine !

Galliéni, Lyautey, Doumer...

La colonisation, c'est le temps de l'exploitation, sur place, d'une main d'œuvre à bon marché, malmenée, méprisée ; c'est le temps des terres confisquées, les meilleures de celles qui se situent sur les onze millions de kilomètres carrés de l'Empire colonial français. Mais c'est aussi le temps des passionnés : la voie avait été ouverte par René Caillé (1799 - 1838) qui était allé jusqu'à Tombouctou. Savorgnan de Brazza (1852 - 1905) explore le Congo qui accepte de se mettre sous tutelle française. Brazza – Vénitien naturalisé français en 1874 – organise le pays de façon remarquable, cherchant par tous les moyens à protéger les Africains des nuées d'exploiteurs qui s'abattent sur le pays. Ses efforts sont réduits à néant : il est relevé de ses fonctions en 1897, afin de laisser le champ libre aux concessionnaires et à leurs pratiques scandaleuses. La colonisation, ce sont aussi les missionnaires – les Pères blancs du cardinal Lavigerie –, c'est Gallieni et Lyautey à Madagascar, c'est Paul Doumer en Indochine. Autant d'hommes qui croient en leur rôle de civilisateurs, créant des écoles, développant l'agriculture, l'artisanat...

Les députés affairistes

Le 10 novembre 1881, Jules Ferry démissionne de la présidence du Conseil. Il laisse la place à celui qui l'attend depuis longtemps : Léon Gambetta. Mais on ne se précipite pas autour de lui : ses projets semblent flous, davantage portés par de belles paroles que par des évaluations réfléchies. En réalité, Gambetta inquiète surtout la haute finance qui voit d'un mauvais œil son souhait d'instaurer l'impôt sur le revenu, de réviser la constitution et, peut-être, de dissoudre la Chambre des députés devenus de plus en plus affairistes. Le ministère est cependant formé, composé en majorité d'amis de Gambetta, on va parler d'une équipe de camarades. Mais, dès le 26 janvier 1882, le ministère Gambetta tombe. Il est remplacé par celui que forme Charles Freycinet, utile appui pour Jules Ferry qui se retrouve à l'Instruction publique.

Pas de crédits contre la Chine

L'Annam – Viêt Nam du centre – et le Tonkin – Nord-Viêt Nam –, deux objectifs de Jules Ferry dans son programme de colonisation, presque deux obsessions ! Pour l'Annam, tout va bien : son empereur se place sous le protectorat de la France, et la Chine renonce à sa suzeraineté sur cette partie de l'Indochine. Mais pour le Tonkin, c'est une autre entreprise : la Chine attaque un détachement français – bataille de Lang Son, le 3 février 1885. Jules Ferry tente alors de demander des crédits pour envoyer des renforts combattre les Chinois. Ils lui sont refusés par les députés le 30 mars 1885. Le même jour, 20 000 personnes se sont rassemblées sur la place de la Concorde, émues par le sort des soldats dans le lointain Orient. Aux cris de « À bas Ferry ! », le ministère est renversé. C'est une fort mauvaise affaire pour les républicains qui voient arriver avec crainte les élections d'octobre 1885. Malgré le refus des crédits, un blocus de la Chine est effectué par l'amiral Courbet, la France contrôle alors le Tonkin. Deux ans plus tard, l'Union indochinoise est créée, elle comprend la Cochinchine – Viêt Nam du Sud – l'Annam, le Tonkin, le Cambodge, et, en 1893, le Laos.

Le pistolet de Gambetta

Le 27 novembre 1882, dans une maison de Ville-d'Avray, on entend un coup de feu ! On accourt et on trouve Léon Gambetta, sérieusement blessé au bras : une artère est touchée. En déchargeant son pistolet pour le nettoyer, il a fait un faux mouvement. Immédiatement, des rumeurs circulent : c'est un attentat des jésuites, des anarchistes, c'est la vengeance de Léonie Léon, sa maîtresse. Le médecin prescrit alors du repos au bouillant député. Erreur fatale : ce repos contraint exacerbe une inflammation du péritoine dont Gambetta souffre depuis longtemps. Une grave occlusion intestinale se déclare. On ne sait trop si on doit opérer. La mort vient dissiper le doute : elle survient le 31 décembre 1882. Léon Gambetta avait quarante-quatre ans.

Le boulangisme : la poudre aux yeux !

Gorges Clemenceau, médecin, républicain vendéen, et homme politique dont la carrière s'annonce longue et mouvementée, promeut un autre George : le général Boulanger. Il met peu de temps à comprendre qu'il a fait une erreur en donnant la parole à ce militaire aux idées myopes qui menacent la République. Pourtant, Boulanger va pousser les Français – et les Françaises qui adorent les uniformes – au délire ! Avant de sombrer lamentablement…

Clemenceau pousse Boulanger sur la scène

Comme prévu, les élections d'octobre font perdre aux républicains leur belle majorité. Une centaine de républicains d'extrême-gauche, qu'on appelle les radicaux, siègent avec plus de 200 conservateurs de droite pour une majorité gouvernementale de 260 députés. La rupture s'est produite surtout entre les républicains qu'on a appelés les opportunistes soutenant Jules Ferry dans ses visées colonialistes – opportunistes trouvent dans le terme affairistes une rime riche et justifiée – et les radicaux à la tête desquels on trouve George Clemenceau. Clemenceau, républicain vendéen, né à Mouilleron-en-Pareds, est devenu médecin après des études à Nantes et à Paris. Député de la Seine à partir de 1871, il est devenu le chef du noyau dur de l'extrême gauche, c'est lui qui a poussé Ferry à la démission. C'est lui aussi qui va faire entrer sur la scène politique un général fort populaire pour avoir substitué à la gamelle de ses soldats une assiette et une fourchette, les avoir autorisés à porter la barbe, et fait peindre leurs guérites en tricolore : le général Boulanger !

Le brave général Boulanger

Georges Boulanger est né à Rennes en 1837. Il est d'origine modeste, il a de la prestance, une maîtresse qui le domine complètement, et des idées qui font mouche :

- ✔ Ministre de la Guerre, en 1886, il fait rayer des cadres de l'armée tous les chefs de grandes familles ayant régné sur la France. Et voilà gagnée la sympathie indéfectible des républicains.
- ✔ Envoyé pour réprimer une grève, il ordonne que pas un coup de fusil ne soit tiré. Cette fois c'est le peuple qui lui tresse des lauriers.

> ✔ Enfin, à la suite d'un incident de frontière avec
> l'Allemagne en 1887, il se déclare prêt pour la revanche !
> Les patriotes de Déroulède – un poète nationaliste et anti-
> sémite – se rangent alors derrière lui !

Il devient vite le brave général Boulanger derrière lequel se
rassemblent les déçus de toute sorte.

Un œillet rouge à la boutonnière !

Gênant, dangereux pour certains, Boulanger est mis à la
retraite le 17 mars 1888, un an après que le président de la
République, Jules Grévy, a démissionné pour une sombre histoire de trafic de décorations dans laquelle a trempé son
gendre ! Celui qui a remplacé Grévy, le 3 décembre 1887, Sadi
Carnot, petit-fils du grand Lazare Carnot qui fut homme de la
Révolution, du consulat, de l'Empire et de la Restauration, fait
pâle figure à côté du général Boulanger qui contente tout le
monde avec un programme plutôt vague résumé en trois
mots : « Dissolution, constituante, révision ». Révision ?
Beaucoup de monarchistes voient dans ce mot un synonyme
de restauration ! Clemenceau se mord les doigts d'avoir promu
ce général ambigu, qui ne mesure pas vraiment la portée de
ses mots, et qui, sans s'en apercevoir, menace la République !
Il devient alors le plus farouche adversaire de Boulanger qui
porte et fait porter à ses partisans un œillet rouge. En 1888, le
boulangisme bat son plein à Paris et en province.

12 juillet 1888 : Boulanger, blessé en duel, vacille...

Le 15 avril 1888, lors d'élections partielles, Boulanger est élu
dans le Nord et en Dordogne. Le 19 avril, il fait son entrée au
Palais-Bourbon, accompagné d'une foule de ses partisans.
Jules Ferry craint le coup d'État ! Le 12 juillet, Boulanger
affronte violemment à la tribune de l'Assemblée le président
du Conseil Floquet à qui il demande la dissolution de la
Chambre des députés – elle contient, pour lui et ses partisans,
trop de notables républicains. L'affrontement connaît le lendemain un épilogue privé : les deux hommes s'affrontent en un
duel à l'épée, et Floquet blesse à la gorge le général qui vacille
sur la prairie de l'affrontement, mais aussi dans certains
esprits qui trouvent déplacé ce règlement de compte. Cela ne
l'empêche pas d'être triomphalement élu député de la Seine le
27 janvier 1889, lors de législatives partielles ! 245 236 voix

sont allées à Boulanger, son adversaire, le républicain Jacques en a récolté 162 875, quant au blanquiste, Boulé, il en compte 17 038 !

« À l'Élysée ! Non merci, je rentre chez Marguerite... »

Soir du dimanche 27 janvier 1889 : Boulanger est majoritaire partout – sauf dans le IIIe arrondissement. Alors qu'il dîne près de La Madeleine, son œillet rouge à la boutonnière, une foule immense se met à scander : « À l'Élysée ! À l'Élysée ! » Le coup d'État est à sa portée, quelques centaines de mètres, et le voici maître de la France entière ! Mais Boulanger sait que sa maîtresse, la vicomtesse Marguerite de Bonnemain, l'attend. Il craint fort qu'elle n'approuve pas ce projet de coup d'État ! N'y

LE SAVIEZ-VOUS ?

La tour la plus haute du monde

1889 ! Trente millions de visiteurs vont se presser à l'exposition universelle inaugurée par le président Sadi Carnot le 6 mai. C'est le centenaire de la réunion des états généraux, première étape de la Révolution française, en 1789. On inaugure à cette occasion la tour Eiffel qui porte le nom de son concepteur ; il l'a imaginée en 1884, en a livré les plans définitifs en 1886. En 1887, sa construction a commencé. Le 21 août 1888, le deuxième étage était achevé – malgré une pétition d'artistes, Maupassant, Victorien Sardou, Charles Gounod, entre autres, qui s'opposent à son érection, la trouvant d'une laideur absolue. Et le 6 mai 1889, la tour la plus haute du monde est assaillie par une file de visiteurs ininterrompue jusqu'à nos jours...

perdrait-elle pas un peu de son général adoré qu'elle veut tout pour elle ? Au lieu d'aller à l'Élysée, Boulanger, au grand désespoir de ses partisans, va donc la retrouver, dans l'intimité de leur appartement de la rue Dumont d'Urville ! Début avril, le bruit court que Boulanger va être arrêté pour mise en danger de la sécurité de l'État. L'ayant appris, il s'en effraie : s'il est emprisonné, il sera séparé de Marguerite ! Les voici donc qui s'enfuient tous deux en Belgique, le 2 avril 1889 !

« Il est mort comme il a vécu : en sous-lieutenant ! »

Suivons encore un peu dans le temps les deux amoureux Marguerite et Georges : installé à Ixelles, le général lance, le 11 novembre 1889, en direction de la France, un appel à former une République populaire. Aucune réponse. De personne ! Sauf d'une dizaine d'irréductibles devant le Palais-Bourbon, mais qui déguerpissent en vitesse à l'arrivée des forces de l'ordre ! Plus rien jusqu'au 16 juillet 1891 : ce jour-là, à Ixelles, Marguerite, depuis quelques années atteinte de tuberculose, s'éteint dans les bras du général qui la soignait sans relâche !

Le 30 septembre suivant, ne supportant pas la disparition de celle qu'il aimait, le général Georges Boulanger se rend au petit cimetière d'Ixelles. Il est sombre et déprimé. Vers midi un quart, il prend un pistolet de gros calibre dont il place le canon sur sa tempe gauche. Il presse la détente. La balle ressort par la tempe droite. La mort est instantanée. Clemenceau aura cette phrase assassine pour son ancien protégé : « Boulanger est mort comme il a vécu : en sous-lieutenant ! »

Affairisme, enrichissement, anarchisme

Les petits épargnants, les petits porteurs ne sont pas à la fête à partir de 1881. En effet, si le percement de l'Isthme de Suez fut un succès, celui de Panama va ruiner bon nombre de modestes investisseurs. De grosses fortunes, dans le même temps, deviennent immenses, déclenchant une inquiétante vague de terrorisme.

1881 : achetez du Panama !

En dix ans, de 1859 à 1869, Ferdinand de Lesseps, cousin de l'impératrice Eugénie, avait réussi, sans l'aide des banques, à mener à bien le percement de l'isthme de Suez. Une dizaine d'années plus tard, en 1881, il fonde la Compagnie interocéanique qui rassemble les fonds drainés auprès de petits épargnants. Objectif : Panama ! Il s'agit tout simplement de creuser un canal qui reliera les deux océans, le Pacifique et l'Atlantique, entre les deux Amériques. Mais les travaux n'avancent que fort lentement : il faut franchir une cordillère montagneuse, une épidémie de fièvre jaune se déclare. Les fonds sont bientôt totalement épuisés. Il faut de nouveau faire appel aux épargnants. Lesseps verse alors de grosses sommes à la presse – dont *La Justice*, le journal de Clemenceau – afin que d'élogieux articles bernent les candidats au placement Panama ! Mais cela ne suffit pas, l'entreprise devient un tel gouffre qu'il faut lancer un emprunt national, et pour cela, le faire voter par les députés.

Figure 6-7 :
Carte du canal de Suez.

1888 : acheter les députés...

Comment convaincre les députés ? En associant Eiffel à l'entreprise, mais aussi, en fournissant à ceux qui l'acceptent un chèque tout à fait convaincant ! Trois financiers – le baron de Reinach, Cornélius Herz et Lévy-Crémieux – se chargent de cette démarche. L'emprunt est accordé mais, peu de temps après, l'entreprise Panama fait faillite et de nombreux petits épargnants sont ruinés. Le scandale éclate en septembre 1892. Reinach est retrouvé mort à son domicile ! Herz s'enfuit, mais prend le soin de livrer à la presse le nom des 140 députés achetés ! Et Clemenceau, l'ami de Cornélius Herz, va disparaître de la scène politique pour quelques années !

1892 : achetez de l'emprunt russe !

Déçus, ruinés, ou les deux à la fois, les petits – et moins petits – épargnants vont se tourner alors vers des placements sûrs ou qu'ils jugent tels : ils commencent, en 1892, par les emprunts russes... C'est le début d'investissements à l'étranger qui vont provoquer l'exportation de sommes considérables, sommes qui, pour certaines, ne reviendront jamais. Par ailleurs, cet argent que les épargnants tentent de faire fructifier sous d'autres cieux va cruellement manquer à la modernisation de l'économie française.

1892 à 1894 : de Ravachol à Caserio

L'affairisme, l'enrichissement de la bourgeoisie provoquent une violente réaction anarchiste. « La société est pourrie ! Partout, dans les ateliers, dans les champs, dans les mines, il y a des êtres humains qui travaillent et souffrent, sans pouvoir espérer acquérir la millième partie du fruit de leur travail ! » C'est sur cette profession de foi que repose la vague d'attentats qui va secouer la France – Paris surtout – entre 1892 et 1894, se terminant par l'assassinat du président de la République, Sadi Carnot. Lorsqu'il est jugé, l'anarchiste Émile Henry ajoute à cette profession de foi un complément qui explique ainsi l'action du groupe auquel il appartient : « Nous livrons une guerre sans pitié à la bourgeoisie ! » Voici la liste des actions menées jusqu'en 1894 :

Les attentats de 1892 :

> ✔ 29 février 1892 : un attentat fait exploser le hall de l'hôtel du prince de Sagan à Paris. Pas de victimes.

- Le 11 mars, attentat contre le domicile d'un magistrat qui préside le procès des auteurs d'un autre attentat.
- Le 14 mars, attentat contre la caserne Lobau, à Paris.
- Le 30 mars, arrestation de l'auteur des deux derniers attentats : François-Claudius Koenigstein, recherché pour meurtre et surnommé Ravachol – c'est le nom de sa mère.
- Le 25 avril : explosion meurtrière au restaurant *Véry* où Ravachol a été arrêté : deux morts, une dizaine de blessés.
- Le 26 avril, le procès de Ravachol commence en cour d'assises. Il est condamné aux travaux forcés. Mais, pour avoir – quelques années auparavant – déterré une baronne afin de lui voler ses bijoux, et étranglé un vieillard fortuné, il est exécuté le 11 juillet 1892.
- Le 5 novembre, une bombe explose dans un commissariat de police de Paris.

Les attentats de 1893 et 1894

- 9 décembre 1893 : l'anarchiste Vaillant lance une bombe à la Chambre des députés. Le président, imperturbable, ayant constaté qu'elle avait fait peu de dégâts déclare : « Messieurs ! La séance continue ! »
- Le 5 février 1894, Vaillant, condamné à mort, est exécuté.
- Le 12 février 1894, une bombe est lancée dans le café *Le Terminus* de la gare Saint-Lazare. Bilan : un mort, dix-sept blessés.

Six mois et dix-huit jours !

Sadi Carnot assassiné, c'est Jean-Casimir Perier qui est élu président de la République. C'est un républicain modéré qui va être rapidement handicapé par son immense fortune. En effet, ses adversaires le surnomment Casimir-Perier d'Anzin, sachant que le nouveau président est le principal actionnaire de ces mines où souffrent quotidiennement des milliers de mineurs. Jaurès et les socialistes l'attaquent avec tant de virulence qu'il jette l'éponge, donnant sa démission le 16 janvier 1895. C'est le mandat le plus court de l'histoire de la République : six mois et dix-huit jours !

✔ Le 21 mai 1894, l'anarchiste Émile Henry, auteur de l'attentat du 12 février, est exécuté.

✔ Le 24 juin, à Lyon, le président Sadi Carnot inaugure une exposition. Le soir, alors qu'il se rend au théâtre, il est assassiné par l'anarchiste italien Caserio qui venge ses amis Vaillant et Henry.

✔ Du 6 au 12 août 1894, trente anarchistes sont jugés à Paris. Condamné à mort, Caserio est exécuté le 16 août.

1894 à 1906 : l'affaire Dreyfus

Une affaire d'espionnage, dans un contexte de revanche contre l'Allemagne, va mettre en effervescence la France entière : Alfred Dreyfus, un officier français, est accusé d'avoir livré aux Allemands des informations confidentielles. Il est innocent, cette accusation est un coup monté : Dreyfus est Juif, les antisémites l'ont choisi pour discréditer toute la gauche. Mais, peu à peu, grâce à l'obstination du frère de Dreyfus, la vérité va éclater !

Des documents confidentiels livrés à l'Allemagne

Jamais la perte de l'Alsace et de la Lorraine – et de ses riches minerais… – n'a été admise en France, l'esprit de revanche ne cesse de se développer. La tension est vive pour tout ce qui concerne les relations entre la France et la Prusse. Tout est surveillé, même les corbeilles à papier ! C'est dans l'une d'elles qu'est découvert, à l'ambassade d'Allemagne, un bordereau rédigé par un officier français. Ce bordereau annonce l'envoi de documents confidentiels à l'attaché militaire allemand Schwarzenkoppen.

Alfred Dreyfus arrêté

Qui donc a pu transmettre ces documents ? De quels indices dispose-t-on ? De l'écriture de l'envoyeur, bien visible sur le bordereau. C'est mince ! Mais c'est suffisant pour le ministre de la Guerre, le général Mercier : il croit reconnaître, puis il reconnaît l'écriture du capitaine Afred Dreyfus, polytechnicien, ancien élève de l'École de guerre ! Dreyfus tombe des nues : il clame son innocence, en vain ! Il est Juif, et le sentiment antisémite est exacerbé dans l'armée tout entière. Le 15 octobre 1894, après une enquête du commandant du Paty de Clam, il est arrêté et écroué à la prison du Cherche-Midi.

1894 : Jaurès « Pour Dreyfus ? La peine de mort ! »

Alfred Dreyfus va passer en conseil de guerre. Le 22 décembre, le général Mercier communique au juge, à l'insu des avocats de Dreyfus, des preuves secrètes destinées à accabler l'accusé. En réalité ces preuves sont des faux ! Dreyfus est reconnu coupable, il est condamné à la dégradation militaire, et à la déportation à perpétuité. Jaurès – qui rattrapera plus tard cette déclaration… – affirme à la Chambre des députés, le 24 décembre 1894, qu'il se lave les mains du sort de ce capitaine juif, et que la peine qui lui est infligée est bien trop douce, la mort eût été préférable ! Le 5 janvier 1895, dans la cour des Invalides, Dreyfus est dégradé. Le 21, il embarque pour l'île du Diable, en Guyane.

Mathieu Dreyfus défend son frère

Dans le camp de Dreyfus, on ne désarme pas. Son propre frère, Mathieu, n'admet pas le silence coupable qui entoure l'affaire. Il trouve une aide précieuse auprès d'un officier du service des renseignements, le colonel Picquart. Celui-ci détient la preuve qu'entre l'attaché militaire allemand, Schwarzenkoppen, et un officier français d'origine hongroise, Esterhazy, joueur invétéré, existe une abondante correspondance secrète. Picquart sait qu'il tient le coupable : Esterhazy ! Il en informe le chef de l'état-major, le général de Boisdeffre qui, pour toute réponse, l'envoie poursuivre sa carrière dans… le Sud tunisien ! Mathieu Dreyfus s'adresse alors au journaliste Bernard-Lazare qui publie en 1896 une brochure où l'innocence du capitaine est démontrée. Personne ne s'y intéresse, sauf un vieux Sénateur, Scheur-Kestner, qui publie dans le journal *Le Temps* un article résumant la brochure. Le lendemain, Mathieu Dreyfus livre le nom de l'auteur du bordereau : Esterhazy !

1898 : Jaurès « Dreyfus est innocent ! »

Le 10 janvier 1898, Esterhazy passe devant le conseil de guerre… qui l'acquitte ! Dès lors, partout en France, dans les usines, dans les bureaux, dans les chaumières, les campagnes, les familles, dans les ménages même, deux camps vont s'affronter, parfois violemment : les dreyfusards – toute la gauche radicale, les socialistes qui suivent Jaurès, revenu de son jugement de 1894… – et les anti-dreyfusards – la droite nationaliste, autour de Déroulède, soutenue par la presse catholique. Émile Zola suit l'affaire. Convaincu de l'innocence de Dreyfus, il déclare : « La vérité est en marche, rien ne peut plus l'arrêter ! » Conscient de l'immensité du mensonge qui, depuis quatre ans, n'inquiète que fort peu les bonnes consciences, il propose au

Cruciale Fachoda

Fachoda, c'est une petite ville, au cœur du Soudan, sur les bords du Nil blanc. Le 18 septembre 1898, le capitaine Jean-Baptiste Marchand qui dirige une expédition française baptisée Congo-Nil, voit arriver une armée britannique de 20 000 hommes sous les ordres du général Kitchener. Le projet de la République française est de constituer en Afrique un axe ouest-est – du Sénégal à Djibouti. Celui des Anglais consiste à installer un axe nord-sud, de l'Égypte au Cap. Et Fachoda est le point crucial – le point au centre de la croix – de ces deux volontés colonialistes. Qui va passer ? Faut-il que la France et l'Angleterre se déclarent la guerre pour Fachoda ? Le ministre des Colonies, Delcassé, farouche partisan de la revanche contre l'Allemagne, envisage une alliance avec l'Angleterre pour récupérer l'Alsace et la Lorraine. Il décide donc de laisser l'avantage aux Anglais à Fachoda : Marchand est sommé de se retirer ! Le 21 mars 1899, les Anglais entrent en possession de la totalité du bassin du Nil ! En France, cette décision choque l'opinion, mais les passions déchaînées par l'affaire Dreyfus font bien vite passer au second plan la plus que fâcheuse reculade de Fachoda.

journal *L'Aurore* une lettre ouverte au président de la République. Jean Jaurès rattrape, quant à lui, son jugement de 1894, présentant ainsi Dreyfus en août 1898, dans le journal *La Petite République* : « Alfred Dreyfus est seulement un exemplaire de l'humaine souffrance en ce qu'elle a de plus poignant. Il est le témoin vivant du mensonge militaire, de la lâcheté politique, des crimes de l'autorité. Il est innocent, je le démontrerai ! »

13 janvier 1898 : le titre de Clemenceau : « J'accuse »

Georges Clemenceau qui tient une rubrique dans le journal *L'Aurore* apporte son soutien à Dreyfus. Il le fait d'autant plus volontiers qu'il est tenu à l'écart de la vie politique depuis l'affaire de Panama ! C'est lui, Clemenceau, qui trouve le titre choc de l'article de Zola : « J'accuse ». Le 13 janvier 1898, l'article paraît. Sentant que la vérité pourrait éclater, des officiers anti-dreyfusards, dont le colonel Henry, fournissent, de nouveau, de fausses preuves de la culpabilité du capitaine ! Quant à Zola, il est déféré devant la cour d'assises de la Seine, condamné à un an de prison et à 3 000 francs d'amende ! Le 18 juillet, sa condamnation est confirmée. Aussitôt,

Félix Faure sans connaissance

Le médecin : « Monsieur le Président a-t-il toujours sa connaissance ? » Les domestiques : « Non ! On l'a fait sortir par derrière ! » C'est le dialogue qu'on a pu entendre le 16 février 1899 à l'Élysée : le président de la République Félix Faure – très hostile à la révision du procès Dreyfus – vient d'avoir un malaise dans les bras de sa « connaissance » Marguerite Steinhel, une demi-mondaine. Il ne s'en relèvera pas. Le président Soleil comme on l'appelait à cause de son goût pour le faste – c'est un ancien ouvrier qui a fait fortune – collectionne les conquêtes jusqu'à ce jour fatal. Il n'est pas le seul : Clemenceau affiche lui aussi une robuste santé, multipliant les aventures féminines – son épouse américaine se console dans les bras de ses amants jusqu'au jour où le Tigre la découvre en pleine consolation, et la renvoie aux États-Unis, en troisième classe sur le bateau, après en avoir divorcé ! La palme de la vigueur revient sans doute à Ferdinand de Lesseps : à soixante-quatre ans, il épouse une jeune fille de vingt-deux ans qui lui donnera douze enfants ; ce qui ne l'empêche pas de rendre des visites régulières dans les maisons closes. À quatre-vingt-cinq ans, il manifeste encore sa présence auprès de trois ou quatre de leurs pensionnaires, plusieurs jours par semaine…

Clemenceau lui conseille de fuir, ce que fait Zola qui fonce en automobile vers Calais ; puis il prend un bateau pour l'Angleterre !

31 août 1898 : Henry retrouvé suicidé

Le 8 juillet 1898, le colonel Picquart, dans une lettre ouverte au président du Conseil, affirme que les pièces qui ont fait condamner Dreyfus en 1894 sont des faux. Cinq jours plus tard, il est arrêté et emprisonné ! Esterhazy est également emprisonné, mais pour escroquerie. En août, coup de théâtre : convoqué le 30 par le ministre de la Guerre Godefroy Cavaignac, le colonel Henry avoue enfin avoir créé de toutes pièces de faux documents pour faire condamner Dreyfus ! Aussitôt, il est enfermé au mont Valérien ; on prend le soin de lui laisser des affaires de toilette, dont son rasoir. Le lendemain, 31 août, Henry est retrouvé mort ! Le scandale est énorme. Le ministre démissionne. Son remplaçant, Dupuy, ordonne la révision du procès.

Figure 6-9 :
J'accuse.

Dreyfus réhabilité

Dreyfus quitte l'île du Diable. Il débarque en août 1899 à Quiberon. Il est transféré à Rennes où s'ouvre son second procès. Le 11 septembre, Dreyfus est reconnu… coupable avec circonstances atténuantes ! Le verdict paraît absurde : le nouveau président de la République, Émile Loubet, gracie le capitaine Dreyfus. Mais ses défenseurs souhaitent un acquittement complet. Il n'interviendra que le 12 juillet 1906, sous le gouvernement de Clemenceau. Le jugement cassé, Dreyfus réintégrera l'armée avec le grade de chef d'escadron. Picquart, celui dont le courage a fait éclater la vérité, sera nommé d'abord général, puis ministre de la Guerre de Clemenceau !

Dreyfus cible d'un exalté

Le jeudi 4 juin 1908, en présence du président de la République Armand Fallières, de nombreuses personnalités politiques et d'une foule importante, les cendres d'Émile Zola, mort asphyxié dans sa chambre en 1902 – les causes de cette asphyxie demeurent mystérieuses –, sont transférées au Panthéon. Soudain, un exalté, Suthelme, dit Grégory, reporter militaire au journal Le Gaulois, tire deux coups de feu sur le commandant en retraite Alfred Dreyfus qui avait pris place près du catafalque ! Alfred Dreyfus est légèrement blessé à l'avant-bras droit. Profondément marqué par toute l'affaire qu'il a vécue avec beaucoup de courage et de dignité, Dreyfus s'éteindra à Paris en 1935. Yves Duteil, l'auteur de la chanson *Prendre un enfant par la main*, désignée meilleure chanson du siècle dernier, est son petit-neveu.

République et laïcité

La loi du 1er juillet sur les associations va avoir des conséquences considérables sur le progrès de la laïcité.

4 juin 1899 : des coups de canne sur la tête du président !

Les suites de l'affaire Dreyfus vont donner l'avantage à un gouvernement de défense républicaine. L'antisémitisme qui s'est déchaîné est victime de ses outrances, de ses dérives. Aux obsèques de Félix Faure, Paul Déroulède, le créateur de la Ligue des patriotes, tente un coup d'État qui échoue piteusement : le régiment qu'il voulait entraîner à sa suite vers l'Élysée pour prendre le pouvoir n'avance pas d'un centimètre. Les nationalistes ne désarment pas : le nouveau président Émile Loubet est assailli le 4 juin 1899 par une bande d'agités sur le champ de courses d'Auteuil, il est traité de président des Juifs, le baron Christiani lui donne même des coups de canne sur le tête !

À la porte, Déroulède !

Des coups de canne sur la tête d'Émile Loubet, le président ! C'en est trop : Pierre Waldeck-Rousseau – républicain qui, avec Ferry, a fait voter en 1884 la loi sur les syndicats professionnels – devient président du conseil. Son gouvernement de défense républicaine est composé de radicaux, mais aussi d'Alexandre Millerand, le Premier ministre socialiste de la République. Le trublion Déroulède est condamné au bannissement, les chefs de la ligue antisémite sont poursuivis. En octobre 1900, Waldeck-Rousseau prononce à Toulouse un discours qui va faire grand bruit : il y dénonce les moines ligueurs et les moines d'affaires, il montre du doigt les religieux congrégationnistes, parle du milliard des congrégations !

La loi sur les associations : 1er juillet 1901

Un pas de plus est franchi le 1er juillet 1901 : afin que les congrégations religieuses ne puissent plus proliférer sans le contrôle de l'État, une loi sur les associations est votée. Désormais, les associations de personnes peuvent se former librement. Cependant, une déclaration rendant publique la création de l'association est obligatoire. Un décret publié le 16 août précise que, pour ce qui concerne les congrégations religieuses, la demande doit être adressée au ministère de l'Intérieur qui fait procéder à une instruction et transmet le dossier au Conseil d'État. Le barrage est prêt à fonctionner !

Hypocoristiquement : « Le petit père Combes »

Le 4 juin 1902, Waldeck-Rousseau, gravement malade, démissionne. C'est alors qu'arrive sous les projecteurs de la scène politique, un Sénateur radical, le plus radical des radicaux : Émile Combes – « le petit père Combes », hypocoristique créé par l'histoire. C'est un ancien séminariste. Reçu docteur en théologie avec une thèse sur saint Thomas d'Aquin en 1860, il commence à enseigner, mais à la manière de Renan, une petite voix lui susurre au tréfonds de ce qu'il ne nomme plus alors son âme mais sa conscience « Ce n'est pas vrai, tout cela n'est pas vrai ! » ; bref, il devient athée. Non seulement athée, mais pris d'une sorte de frénésie vengeresse contre le goupillon ! Devenu médecin, il exerce un temps puis est élu Sénateur en 1885. Président du Conseil, ministre de l'Intérieur et des Cultes en mai 1902 –, il a soixante-sept ans – il prend pour lever la loi de 1901 et fait basculer dans l'illégalité des centaines de congrégations non autorisées. Son objectif avoué est de les supprimer toutes jusqu'à la dernière !

L'anticléricalisme masque le malaise social

Bloc républicain, bloc de la défense républicaine, ou bloc des gauches ? Ces trois noms recouvrent une coalition de parlementaires de gauche soutenant Waldeck-Rousseau depuis 1889. Elle soutient aussi Dreyfus et triomphe aux élections législatives d'avril 1902, réunissant des socialistes, des républicains modérés, des radicaux socialistes et des radicaux. Ces derniers sont les plus nombreux, Combes à leur tête. Dans leur collimateur, l'Église ! Ils vont développer un anticléricalisme tellement outré que les socialistes vont prendre leurs distances par rapport à cette attitude qui masque le malaise social, et n'agit pas pour l'atténuer ; les grèves organisées par la CGT se multiplient. Le parti socialiste se réorganise. Le bloc des gauches éclate en 1905 lorsque la Section française de l'Internationale ouvrière est créée : la SFIO.

4 novembre 1904 : des fiches, une gifle, Combes tombe

En 1904, une loi est votée qui interdit d'enseignement les membres des congrégations, même autorisées ! Cette fois, le pape Pie X s'en mêle : les relations diplomatiques sont rompues avec le Vatican ! Combes exulte. Pas pour longtemps : on découvre que le ministre de la Guerre, le général André – du cabinet Combes –, a mis au point un système de fiches qui détermine l'avancement des officiers en fonction de renseignements d'ordres religieux et politiques, et ces renseignements sont obtenus auprès des loges maçonniques. Le 4 novembre 1904, au milieu d'un débat fort houleux à la Chambre, le député nationaliste Syveton gifle le général André. Ça fait désordre… Combes est obligé de démissionner le 19 janvier 1905, laissant à ses successeurs le soin de régler le problème du concordat qui bat de l'aile.

Avril 1905 : la séparation de l'Église et de l'État

C'est Aristide Briand le successeur de Combes au ministère de l'Intérieur et des Cultes qui va apaiser les esprits et faire voter la loi sur la séparation de l'Église et de l'État. Cette loi met fin au concordat – signé le 16 juillet 1801 à deux heures du matin par le Premier consul. Désormais, la République assure la liberté de conscience, garantit le libre exercice des cultes, mais n'en reconnaît ni n'en subventionne aucun. La laïcité à la française est née. Les biens détenus par les églises deviennent la propriété de l'État qui se réserve le droit de les mettre à la disposition des associations cultuelles qui pourront en disposer gratuitement. La république des radicaux a donc réussi à créer les conditions nécessaires à un changement profond des mentalités.

Tous ensemble, égaux, pour la paix et la guerre

Les instituteurs – les hussards noirs de la République – prennent en main les consciences – dont Jules Ferry avait promis qu'elles seraient enlevées aux religieux. Ils enseignent une autre sorte de foi : la foi dans le progrès, dans l'unité républicaine. Ils assurent à chacun des conditions d'égalité pour avoir accès au savoir – la richesse n'est plus une condition nécessaire pour aller vers les diplômes. La pensée républicaine installée dans les jeunes générations – qui éduqueront elles-mêmes leurs enfants de la même façon –, une deuxième unité peut alors être envisagée : celle de l'action. Et cette action que chacun souhaite depuis 1870, c'est la revanche, la guerre au terme de laquelle l'Alsace et la Lorraine reviendront dans le giron national !

Georges Clemenceau partisan de l'ordre à tout prix

Avant d'être le « le Père la victoire » de 1917, Georges Clemenceau est un grand partisan de l'ordre républicain qu'il fait régner, soit par la négociation, soit par des méthodes autoritaires et parfois excessives.

1906 : le premier flic de France

« Je suis le premier flic de France ! » Qui parle ainsi de lui-même ? George Clemenceau, ministre de l'Intérieur en 1906 ! Et il le démontre : les syndicalistes révolutionnaires qui se sont proclamés politiquement indépendants veulent aller droit au but, et prendre le pouvoir, par tous les moyens, même et surtout par la violence. Il faut, disent-ils, agir contre le patronat, et non contre une façade parlementaire qui n'est qu'un leurre. Et pour agir contre le patronat, la seule action, c'est la grève générale.

Jules Bonnot, Raymond la science, l'homme à la carabine...

« La caisse ! » L'employé de la Société Générale de la rue Ordener à Paris hésite. Les bandits, eux, n'hésitent pas : ils ouvrent le feu, blessent grièvement le caissier, et s'enfuient dans une automobile pétaradante ! Nous sommes le 21 décembre 1911. C'est le début de l'épopée sanglante d'une bande commandée par Jules Bonnot, un ouvrier mécanicien, faux-monnayeur et militant syndicaliste. On y trouve Raymond Callemin, dit Raymond la Science tant sa soif de lecture est grande ! On y trouve Soudy qui n'a rien à perdre : tuberculeux, pauvre, l'aventure tragique le rend célèbre, il devient l'homme à la carabine. On y trouve Carouy, un ancien tourneur sur métaux, une armoire à glace ! On y trouve deux anciens déserteurs : Garnier et Valet. Cette bande va de nouveau attaquer la Société Générale le 25 mars 1912, à Montgeron et Chantilly, tuant deux employés.

Le 24 avril, à Ivry, les bandits sont cernés dans une maison. Ils sont presque tous arrêtés. Jules Bonnot, qui a tué le sous-chef de la police, est parvenu à s'enfuir. Il s'est réfugié chez un gara-giste à Choisy-le-Roi. Le 29 avril 1912 à l'aube, le garage est encerclé. Le préfet de police, le chef de la sûreté, le procureur de la République et une nuée de reporters sont là ! Tous se sont donné rendez-vous pour l'hallali : la bête féroce va être abattue. Trente mille curieux se pressent sur les lieux. L'assaut est donné. Bonnot se défend comme un diable, mais tombe sous les balles. Le 15 mai, Garnier et Valet sont rattrapés à Nogent-sur-Marne, et abattus !

Anarchiste, Bonnot ? Plutôt l'homme d'une idée, l'idée du théoricien du groupe, un certain Kilbatchiche, fils d'immigrés russes né à Bruxelles. L'anarchie théorique qu'il développe est transformée par Bonnot en actes criminels. Les deux hommes rompent leurs relations. Bonnot s'enfonce dans le crime. Kilbatchiche, à l'issue du procès du 28 février 1913 – Raymond la Science et l'Homme à la carabine sont condamnés à mort, l'armoire à glace aux travaux forcés à perpétuité –, écope de cinq années de réclusion. Libre, il deviendra l'écrivain Victor Serge, collaborateur de Trotski. Il mourra en 1940, à Mexico.

1908 : les fonctionnaires interdits de grève

Pendant quatre ans, les syndicats qui ont développé une tendance anarchiste vont tenter de s'emparer du pouvoir. Mais Clemenceau, président du Conseil, est là : il donne des ordres précis aux préfets qui les appliquent et font tirer sur les manifestants lorsqu'ils menacent l'ordre public. En juillet 1908, à Draveil et à Villeneuve-Saint-Georges, les dragons et les cuirassiers chargent, et font plus de 10 morts et 200 blessés ! Les postiers, les instituteurs se mettent en grève à leur tour. La réaction des députés est immédiate : sur les conseils de Clemenceau, ils votent une loi interdisant le droit de grève aux fonctionnaires.

Briand la répression, Caillaux la paix, Poincaré la guerre

Jusqu'en 1914, l'idée ne cesse d'obséder tous les gouvernements : il faut reprendre à l'Allemagne l'Alsace et la Lorraine ! Caillaux réussit à maintenir la paix. Poincaré, qui le remplace, renforce les alliances avec l'Angleterre et la Russie. Bientôt, la guerre éclate.

5 avril 1910 : la retraite à soixante-cinq ans

Les ouvriers perdent confiance en Clemenceau. Il est remplacé par Aristide Briand en 1909. C'est un ami de Jaurès avec qui il a fondé le Parti socialiste français (PSF) qui s'oppose aux doctrinaires marxistes, tel Jules Guesde, un socialiste indépendant qui n'a pas accepté la création de la SFIO. Aussitôt qu'il devient président du Conseil, il fait voter des lois afin d'améliorer le sort des ouvriers. Du 26 mars au 5 avril 1910, la loi sur la retraite des ouvriers est discutée par les députés. Adoptée par 365 voix contre 4, elle est promulguée le 5 avril : l'âge de la retraite est fixé à soixante-cinq ans. Le régime s'applique à tous les salariés gagnant moins de 3 000 francs par an. Son financement est assuré par les cotisations des salariés et des patrons. Bonnes intentions d'un côté, répression de l'autre : Briand refuse la grève des cheminots, il prononce leur réquisition dans l'intérêt national. Des émeutes sanglantes se produisent, de nouvelles grèves surviennent. Désavoué, Briand se retire le 27 février 1911.

1911 : Caillaux contre la guerre

Le nouveau président du Conseil s'appelle Joseph Caillaux. C'est un républicain de droite qui est passé à gauche et qui milite pour une entente avec l'Allemagne. En 1911, il évite de justesse la guerre : une canonnière allemande est pointée sur

Agadir afin de contester l'influence de la France au Maroc ! Caillaux, à l'insu de son ministre des Affaires étrangères, réussit à calmer le jeu. Il signe des accords de compensation avec l'Allemagne. La guerre est évitée, mais Painlevé et Clemenceau l'attaquent violemment à la Chambre, et il doit démissionner en 1912. Les modérés succèdent aux radicaux. Le 17 janvier 1913, Raymond Poincaré est élu président de la République. C'est un Lorrain, né à Bar-le-Duc en 1860. À dix ans, il a été un jeune témoin traumatisé par l'occupation prussienne dans sa ville.

1913 : trois ans de service militaire

Poincaré est un républicain convaincu, un défenseur de la laïcité. Avocat, il a été élu conseiller général puis député. Dreyfusard en 1898, ministre des Finances en 1906, président du Conseil en 1912, il n'a pas accepté les accords secrets signés par Caillaux, se montre ferme envers l'Allemagne et renforce l'alliance avec la Russie et l'Angleterre. S'il a pu se déclarer défavorable à la guerre, il y pense fortement. Le 19 juillet 1913, une loi fixant à trois ans le service militaire est votée, malgré l'opposition des socialistes, de la CGT qui est à l'origine d'une manifestation ayant rassemblé 150 000 participants contre ce projet, au Pré-Saint-Gervais. L'âge de l'incorporation est fixé à vingt ans. Vingt ans, ce sera l'espérance de vie des générations de jeunes gens, entre 1914 et 1918.

Chronologie récapitulative

- 1815-1824 : règne de Louis XVIII, frère de Louis XVI.
- 1824-1830 : règne de Charles X, frère de Louis XVI
- 27, 28, 29 juillet 1830 : les Trois Glorieuses
- 1830-1848 : règne de Louis-Philippe, descendant du frère de Louis XIV –Monarchie de Juillet
- 25 février 1848 : IIᵉ République (Louis-Napoléon Bonaparte élu président le 10 décembre 1848)
- 2 décembre 1851 : coup d'État de Louis-Napoléon Bonaparte
- 1852-1870 : second Empire
- 2 septembre 1870 : Napoléon III capitule à Sedan contre les Prussiens
- 19 septembre 1870 : siège de Paris par les Prussiens
- 28 janvier 1871 : capitulation de Paris
- 18 mars au 28 mai 1871 : Commune de Paris
- 30 janvier 1875 : IIIᵉ République
- 16 juin 1881 : loi Jules Ferry sur la gratuité de l'enseignement primaire
- 1894-1899 : affaire Dreyfus
- 1913 : Raymond Poincaré président de la République

Troisième partie

De 1914 à 1945 : La tragédie européenne

Dans cette partie...

*L*a première moitié du XXe siècle vit une tragédie telle que l'humanité n'en avait encore jamais vue : deux guerres mondiales vont faire des dizaines de millions de morts. L'Europe est à feu et à sang. La première guerre, celle de 1914-1918 devait durer peu de temps, quelques mois seulement, parce qu'on avait conscience que les nouvelles armes étaient très meurtrières : au total, jusqu'en 1945, elles vont vomir la mort pendant dix ans. Les enjeux sont complexes : derrière l'idéologie fasciste qu'il faut combattre se cache un problème d'identité des États européens, identité économique, identité politique que les deux conflits n'ont pas totalement résolu.

Chapitre 7

1914 à 1918 : La Première Guerre mondiale : un massacre !

Dans ce chapitre :

▶ Assistez au début de la guerre de mouvement, puis à la guerre de position

▶ Devenez les témoins des batailles de Verdun, de la Somme, du Chemin des Dames

▶ Comprenez les mutineries, assistez à la signature de l'armistice

*I*l faut récupérer l'Alsace et la Lorraine, leitmotiv incessant depuis la guerre de 1870. L'Alsace et la Lorraine vont être récupérées, provoquant bien des échancrures sur la pyramide des âges de la population française...

La Triple entente contre la Triple alliance

L'équilibre est fragile en Europe depuis le début du XXe siècle ; il s'en est fallu d'un rien en 1911 pour que la guerre éclate. En 1914, c'est, pour tous les revanchards, le grand soir.

28 juillet 1914 : l'Autriche déclare la guerre à la Serbie

Tout le monde le sait, tout le monde l'attend : la guerre va éclater. La mèche est allumée par un étudiant serbe...

La poudrière

Depuis 1904, l'entente cordiale est établie entre la France et l'Angleterre. L'épisode de Fachoda est jeté aux oubliettes ! Cette entente cordiale s'est étendue à la Russie qui a pris sous sa protection la Serbie indépendante. Ainsi est née la Triple entente. Face à elle, la Triple alliance – ou Triplice – rassemble l'Allemagne, l'Autriche et l'Italie. La course aux armements n'a cessé depuis le début du siècle, de sorte que chacun des pays se sent prêt à en découdre avec l'adversaire. On imagine que la guerre sera courte tant les arsenaux regorgent d'armes – sa brièveté est une nécessité, car les dernières inventions en matière d'armement sont très meurtrières : six mois, pas plus ! Et l'Alsace-Lorraine aura repris sa place à l'intérieur des frontières et de l'industrie française !

La mèche

Oui, mais il faut bien un déclencheur à ce conflit que tout le monde sait proche, et dont personne ne connaît ni le jour, ni l'heure. Le déclencheur, c'est un étudiant serbe : Gravilo Princip. Il appartient à une organisation terroriste, la Main noire. Le 28 juin 1914, il assassine l'archiduc héritier de la double monarchie d'Autriche-Hongrie, François-Ferdinand, et son épouse, la duchesse de Hohenberg, au cours d'un voyage qu'ils effectuent à Sarajevo. Aussitôt, c'est l'engrenage : l'Autriche accuse la Serbie d'avoir organisé cet attentat. Le 30 juillet, afin de défendre son allié serbe, le tsar donne l'ordre de mobilisation générale à ses troupes, et cela malgré les conseils de prudence de la France. L'Allemagne lance alors un ultimatum à la Russie, lui demandant de cesser cette mobilisation. Le 1er août, l'ultimatum est rejeté, l'Autriche déclare la guerre à la Russie. Le même jour, le tocsin sonne partout en France pour annoncer la mobilisation générale.

Figure 7-1 :
François-Ferdinand et son épouse, quelques instants avant l'assassinat qui allait mettre le feu aux poudres...

L'explosion

Ce 1er août 1914, les hommes, dans les campagnes effectuent les moissons. Ils laissent leurs faux, les blés sous le soleil. Des centaines de milliers de jeunes gens – ils seront le 18 août, la mobilisation terminée, 1 700 000 –, ruraux ou citadins sont prêts en quelques jours et se préparent à partir à la rencontre de l'armée allemande. Où ? Personne ne le sait vraiment. Le 2 août, l'Allemagne a adressé un ultimatum à la Belgique, pourtant neutre, afin d'obtenir le libre passage de ses troupes qui ont déjà atteint le Luxembourg. L'Angleterre demande à l'empereur Guillaume II de renoncer à l'invasion de la Belgique. Il refuse. Le lendemain, 3 août, prétextant le survol par des avions français des villes de Karlsruhe et Nuremberg sur lesquelles auraient été lâchées des bombes, l'Allemagne déclare la guerre à la France. Le 4 août, les armées allemandes envahissent la Belgique, le roi des Belges Albert Ier se met à la tête de ses troupes. Le 5 août, la Grande-Bretagne déclare la guerre à l'Allemagne. Enfin, le 11 août, la France déclare la guerre à l'Autriche-Hongrie ! Les armes ont le champ libre !

4 août : l'union sacrée

La guerre, qui la fait ? Tous les Français, de toutes les tendances politiques. Dès la fin de juin, après l'attentat de Sarajevo, l'atmosphère de réconciliation domine, les divergences politiques disparaissent sous la nécessité de faire face à un ennemi dont l'arrivée en France est imminente. La CGT, opposée à la guerre, vient de perdre son orateur le plus enflammé, le plus opposé au conflit : Jean Jaurès qui a été abattu par un exalté, Raoul Vilain, le 31 juillet à 21 h 40, au *Café du Croissant*, rue Montmartre. Dans la nuit même, le comité confédéral du syndicat repousse l'ordre de grève générale et déclare que tous les socialistes feront leur devoir : ils iront se battre ! Dans l'après-midi du 4 août, Poincaré, le président de la République, déclare dans le discours qu'il prononce devant les députés : « La France sera défendue par tous ses fils dont rien ne brisera, devant l'ennemi, l'union sacrée. »

1914 : la guerre de mouvement

Les Français et les Allemands croyaient à une guerre courte et joyeuse. Dès la fin de 1914, ils pressentent que sa durée ne peut plus s'évaluer en mois : ce n'est pas parce que l'armée française est entrée dans Mulhouse – d'ailleurs rapidement reprise par les Allemands – que l'Alsace est libérée ! Après la guerre de mouvement où les ennemis cherchent à se déborder, viendra la longue guerre de position.

Le plan XVII de Joffre en échec

Joffre ne l'avait pas prévu, ou du moins il avait pensé que les Allemands n'oseraient pas le faire : la Belgique est envahie, la voie vers Paris est ouverte…

De Gaulle sur le pont !

Joffre avait pourtant préparé un plan – le plan XVII – qui intégrait la neutralité de la Belgique : les Allemands ne pouvaient utiliser son territoire. Aussi a-t-il concentré ses forces dans l'est – Belfort, Nancy, Montmédy, Bar-le-Duc. Il prévoit de couper en deux l'armée allemande, rééditant, en plus grand, la stratégie de Napoléon Ier à Austerlitz. Mais Alfred von Schlieffen – dès 1898 ! – avait prévu lui aussi sa stratégie pour entrer en France. Modifié par von Moltke, le généralissime des armées allemandes, ce plan violait la neutralité belge, trompant du même coup Joffre et ses troupes. L'armée française cependant tente de faire face, malgré ses faibles effectifs déployés dans le nord : le 13 août, le 33e régiment d'infanterie, qui compte dans ses rangs le lieutenant Charles de Gaulle, entre en Belgique. Le 15, ce régiment arrive à Dinant – la capitale belge du travail du cuivre, la dinanderie – et s'engage sur le pont qui franchit la Meuse. Le lieutenant de Gaulle y est blessé. Transporté à Paris, il est opéré à l'hôpital Saint-Joseph. Le 20 août, les troupes allemandes entrent dans Bruxelles.

Le feu tue !

Dès les premières semaines de la guerre, la France a perdu plus de 50 000 hommes. Les Allemands beaucoup moins. Cela tient à la différence de tactique de combats : les Français s'avancent vers l'ennemi le fusil à la main, la baïonnette au canon, en terrain découvert, vêtus d'un uniforme qui comporte un pantalon rouge garance ! Ce pantalon les fait aisément repérer par les Allemands qui, eux, se cachent dans les replis des terrains de combat, et attendent les offensives françaises derrière leurs puissantes mitrailleuses ! Les officiers français qui ont surtout fait des guerres coloniales et croient obstinément que seule l'attaque est l'attitude la plus efficace – le repli n'est jamais envisagé – apprennent à leurs dépens, après des reculades successives, que le rouge est visible de loin – contrairement au kaki des Allemands. Cette constatation est alors résumée dans la formule : « Le feu tue ! »

---

7 septembre 1914 : les taxis de la Marne

Pénétrant en Belgique, les Allemands pensent encercler les Français dans un vaste mouvement tournant. Si Joffre pense imiter Napoléon Ier à Austerlitz, ceux qui lui font face pensent, eux, reproduire, à plus grande échelle, Sedan où dut se rendre Napoléon III ! La Belgique franchie, ils approchent dangereusement de Paris. Le 2 septembre, ils sont à Senlis – la capitale

n'est plus qu'à quarante cinq kilomètres ! Mais Joffre, sans
perdre son sang-froid, organise la retraite, et lance une contre-
offensive du 5 au 12 septembre : c'est la bataille de la Marne.
Gallieni a été nommé gouverneur de Paris. Il imagine alors un
moyen pour conduire au plus vite quelque 10 000 soldats sur
le front tout proche : le transport par taxi ! C'est ainsi que,
réquisitionnés, les taxis parisiens transportent les troupes
fraîches qui, avec les britanniques, contribueront à la victoire
de la Marne. Le 29 août, sur le front de l'est, les Russes, malgré leur supériorité numérique, sont vaincus à Tannenberg.

Figure 7-2 :
Les taxis de
la Marne.

18 septembre au 15 novembre : la course à la mer

Les Allemands reculent vers l'Aisne, mais leur objectif est de
s'emparer des ports du Pas-de-Calais. C'est aussi l'objectif des
Français. Une course à la mer s'engage alors, du 18 septembre
au 15 novembre. Les cavaleries françaises et allemandes se
battent d'abord sur la Scarpe – combat dans le style des
siècles passés auquel va se substituer l'affrontement à la
mitrailleuse, aux canons de gros calibres capables de lancer
des obus de plus en plus gros et meurtriers. Foch tente ensuite
de coordonner des attaques disparates, d'établir une stratégie
qui ne va déboucher sur aucune victoire décisive. La course à
la mer qui représente une limite – et non un point de départ
pour l'Angleterre – est le dernier mouvement d'une guerre qui
va s'installer dans les tranchées, jusqu'en novembre 1918 !

Les poilus : des jeunes gens de dix-huit...

Les tranchées : creusées dans la hâte en plusieurs séries parallèles, elles sont reliées par des boyaux, bordées de refuges précaires éclairés de lampes à pétrole. Le soldat y vit dans une insécurité constante : les sapeurs ennemis creusent parfois sous les tranchées et les boyaux des galeries où sont déposées des mines qui explosent ! Dans les premières semaines, les lignes de tranchées sont si proches que les soldats des deux camps fraternisent, vite rappelés à l'ordre ! La peur, le froid, la faim, la présence des rats, celle des cadavres qui se décomposent, parfois suspendus aux barbelés de protection : l'existence de ceux qui sont appelés les poilus, parce qu'ils n'ont pas toujours le temps, les moyens ou l'envie de se raser, est terrible. Ces poilus sont des jeunes gens de dix-huit ans, des pères de famille, de toutes les catégories sociales, et qui proviennent de toutes les régions. La guerre va en broyer près d'un million et demi en quatre ans !

Figure 7-3 :
Dans les tranchées. Deux poilus capturent un soldat allemand.

Alain-Fournier tué aux Éparges

Dans les tranchées, des écrivains, des poètes : Charles Péguy, tué à Villeroy, près de Meaux, le 5 septembre 1914, alors qu'il criait aux hommes de sa compagnie d'infanterie : « Tirez ! Tirez toujours ! » Alain-Fournier, l'auteur du *Grand Meaulnes*, tué le 22 septembre 1914 à Saint-Rémy-la-Calonne près des Éparges, dans la Meuse. Louis Pergaud, l'auteur de La Guerre des boutons, tué en 1915. Blaise Cendrars blessé en Champagne en 1915, amputé du bras droit. Guillaume Apollinaire blessé à la tête, et trépané. On trouve aussi Maurice Genevoix, Jean Giono, Louis-Ferdinand Céline, George Duhamel, Roland Dorgelès ; les peintres Derain – il fait Verdun, la Somme, le Chemin des Dames –, Braque qui est grièvement blessé le 11 mai 1915, trépané. Maurice Ravel qui se bat à Verdun en 1916…

L'année 1915 : des offensives sans grand succès

L'uniforme qui a délaissé le pantalon garance se fond dans un paysage où la mort peut tomber à tout instant, tomber ou planer en vagues de brume jaune : le terrible gaz moutarde, l'ypérite.

1915 : cent mille morts pour cinq kilomètres

L'année 1915 est celle des efforts multipliés, sans grand résultat. Le front occidental s'étend de la mer du Nord à la frontière suisse, immobile ! Du 15 février au 18 mars, l'offensive lancée par les Français en Champagne échoue. Le 22 avril, près d'Ypres, en Belgique, les Allemands, malgré l'interdiction qui en est faite par le pacte de La Haye datant de 1899, utilisent, lors d'une attaque, un gaz dont l'emploi va sa généraliser sous le nom de gaz moutarde. On va aussi l'appeler l'ypérite – du nom d'Ypres, où les Allemands l'utilisent pour la première fois, le 22 avril 1915. Ce gaz détruit bronches et poumons en quelques instants, ou bien laisse des séquelles atroces qui font mourir à petit feu ceux qui en ont été victimes. L'effet de ces gaz, parfois, se retourne contre ceux qui en font usage, lorsque le vent change brusquement de direction. Du 9 mai au 18 juin, des offensives alliées sont lancées en Artois. Cinq kilomètres de terrain – parfois davantage, parfois moins selon le lieu – peuvent coûter jusqu'à 100 000 morts !

Un casque, des bandes molletières...

En juillet 1915, le soldat français, dont la tête était couverte d'un képi d'étoffe renforcée, bénéficie d'un vrai casque, le modèle Adrian. Les officiers ont enfin admis que le rouge garance du pantalon des soldats n'était pas la meilleure façon de camoufler leurs troupes : l'uniforme est maintenant bleu horizon. Cet uniforme comporte un élément singulier qui a irrité des générations de militaires tant son utilisation peut être malaisée : les bandes molletières ! Ce sont des bandes de drap dont il faut entourer les mollets, en serrant juste assez pour que l'ensemble ne tombe pas en accordéon sur les chevilles, ralentissant marches et manœuvres ! Elles resteront en usage jusqu'au début de la Seconde Guerre mondiale où elles seront remplacées non par des bottes, mais par des guêtres.

25 septembre au 6 octobre : Champagne et Artois

Le nouvel équipement n'a aucun effet sur les offensives françaises en Champagne et en Artois, lancées du 25 septembre au 6 octobre 1915. Sur le front de l'Orient, les alliés tentent en février 1915 une expédition dans les Dardanelles pour prendre Istanbul. De mai à septembre, les Russes subissent des pertes considérables contre les Austro-Russes. Le 23 mai, l'Italie entre en guerre contre les empires centraux. Le 6 octobre, la Serbie est envahie par les Allemands. Le 12 octobre, les Français débarquent à Salonique afin de limiter l'avance allemande dans les Balkans.

1916 : Verdun !

Presque toutes les familles de France ont un ancêtre qui a fait Verdun. Cette bataille a commencé en février 1916. Interrompue en juillet, elle ne s'est vraiment terminée qu'en décembre, le front n'ayant quasiment pas bougé. 1916, c'est aussi la bataille de la Somme.

21 février 1916 : en neuf heures, des millions d'obus !

Il faut rompre le front, par tous les moyens. En janvier 1916, Falkenhayn, le général allemand, décide de porter un coup décisif à l'armée française, de la saigner à blanc. Il décide d'atteindre Verdun dont il est tout proche ! Fin décembre 1915, Joffre a commencé à préparer, avec les autres généraux, une offensive prévue pour l'été : les franco-britanniques devront rompre le front dans la Somme, sur une largeur d'une trentaine de kilomètres. Falkenhayn n'attend pas l'été, il passe à l'action le 21 février 1916, à sept heures quinze. La préparation d'artillerie va durer neuf heures ! Lorsqu'elle se termine, vers seize heures, plusieurs millions d'obus ont été tirés. L'infanterie allemande entre en action immédiatement après, bousculant ce qui reste des première et deuxième lignes françaises. Pour la première fois, des lance-flammes sont utilisés.

Figure 7-4 :
Les ruines de
l'église de
Montfaucon,
Verdun.

Pétain : « Courage, on les aura ! »

Les 23 et 24 février, les Allemands avancent, s'approchent de Verdun. Le 25, ils s'emparent du fort de Douaumont. Pétain prend alors la direction des opérations dans ce secteur, clamant le célèbre : « Courage, on les aura ! » En 24 heures, 6 000 camions montent vers le front afin d'y conduire des troupes fraîches. Ils empruntent une route qui va prendre le nom de *Voie sacrée*. Pétain va organiser les attaques de sorte que s'y succèdent sans cesse de nouveaux effectifs : c'est le tourniquet – ou la noria – des combattants. Il ordonne de tenir à tout prix. À quel prix ! Il n'y a pas - au début de la bataille – de tranchées, seuls les trous d'obus servent de refuge ; les arbres sont hachés, déchiquetés, les terres parcourues de monstrueux labours ; et les hommes agonisent dans ce paysage sans nom !

Mars 1916 : de Gaulle est mort ?

Le 2 mars 1916, Charles de Gaulle, devenu capitaine depuis Dinant, défend le fort de Douaumont. Dans un corps à corps, il est blessé d'un coup de baïonnette et fait prisonnier. Transporté et soigné à Mayence, il est ensuite interné dans un camp de prisonniers à Osnabrück. Dans son unité, on le croit mort. Le fort de Douaumont est enlevé par les Allemands le 4 mars. Des combats acharnés vont rendre tristement célèbres

LE SAVIEZ-VOUS ?

La tranchée des baïonnettes

Le 11 juin 1916, les deux compagnies du 137ᵉ régiment d'infanterie de Fontenay-Le-Comte, composé de Vendéens et de Bretons, relève le 337ᵉ RI à proximité de la ferme de Thiaumont, près de Verdun. Pendant qu'une section aux ordres du lieutenant Polimann s'apprête à défendre sa position, un violent bombardement s'abat sur le secteur et se poursuit une partie de la nuit, ce qui annonce une offensive pour le lendemain. Le 12 juin, au petit matin, les soldats attendent dans une tranchée, baïonnette au canon, grenade à la main. Soudain, une série d'obus s'abat en avant et en arrière de cette tranchée, en rapprochant les bords, ne laissant dépasser que les baïonnettes de cinquante-sept soldats qui vont mourir enterrés vivants. Ces baïonnettes pointées vers le ciel semblent, aujourd'hui encore, monter la garde. Une garde éternelle.

des noms de lieux insignifiants jusqu'alors : le Mort-Homme, le bois des Corbeaux, le bois de la Caillette, le bois des Caures, le fort de Vaux, le fort de Fleury, de Froideterre. Et la fameuse côte 304 qui, le 21 février, le jour de l'attaque, a été rabotée de sept mètres sous le déluge d'obus ! Le premier mai, au prix de dizaines de milliers de morts, Pétain a réussi à contenir l'avance de l'armée allemande. Il est nommé commandant de l'armée du centre, et remplacé, à Verdun, par le général Nivelle.

Une bataille chasse l'autre

Les Allemands aimeraient en finir avec Verdun, sachant que l'offensive française sur la Somme est imminente. Le 22 juin, ils lancent leurs terribles bombes à gaz, le phosgène, mortel en quelques secondes. Mais sans cesse, des renforts français sont envoyés au combat et parviennent à contenir l'ennemi. Les ordres d'attaque, côté allemand, ne seront suspendus par Falkenhayn que le 12 juillet au soir : l'offensive sur la Somme vient de commencer.

L'attaque sur la Somme

Les chars d'assaut anglais font leur apparition lors de cette offensive sur la Somme qui ne va pas permettre de réaliser les objectifs de Joffre.

Français et Anglais au coude à coude

La grande offensive de la Somme est lancée le 1er juillet 1916. L'objectif de Joffre est d'atteindre les communications de l'ennemi sur lesquelles se situent Cambrai et Maubeuge. Dès le 2 juillet, la VIe armée, commandée par Fayolle et Foch, atteint les environs de Péronne. Les Français ont avancé de dix kilomètres, faisant 10 000 prisonniers. L'avance anglaise de la IVe armée, rudement contre-attaquée par les Allemands après le 14 juillet, est moins rapide. Le 30 juillet, Joffre lance une nouvelle attaque qui va échouer complètement. Malgré tout, il demeure persuadé qu'il faut enfoncer les lignes adverses en cette partie du front, et il compte sur les renforts britanniques – l'armée anglaise compte bientôt plus d'un million d'hommes.

Les Allemands ont perdu la bataille de Verdun

Le 3 novembre, le fort de Vaux, au nord-est de la ville de Verdun, est repris par les Français. Joffre déclare : « Les Allemands ont perdu la bataille de Verdun ! » Le 29 août, Falkenhayn, considéré comme le responsable de la défaite, avait été relevé de ses fonctions et remplacé par Ludendorff et Hindenburg. Mais il faut attendre décembre et la reprise des attaques pour que la victoire soit définitive. Entre le 15 et le 25 décembre – date à laquelle Joffre est fait maréchal de France et Nivelle nommé commandant en chef des armées françaises –, les Français repoussent les Allemands, faisant près de 15 000 prisonniers et prenant une centaine de canons. Cette fois, Verdun, c'est bien fini !

Le bilan de cette bataille qui a duré dix mois est terrible : du côté français, on compte 378 777 morts, blessés ou disparus ; du côté allemand, 335 000. Entre le 21 février et le mois de juillet 1916, les Allemands ont labouré le secteur de Verdun en y lançant près de vingt-cinq millions d'obus de 120 mm ! Les Français ont riposté au moyen de dix millions d'obus de 75 mm. Le 25 décembre 1916, les positions des deux camps étaient les mêmes qu'en février…

En six mois : 1 200 000 morts !

L'attaque reprend le 3 septembre. Les Français s'emparent de Cléry. Le 15 septembre, les Anglais emploient d'énormes chars d'assaut qui leur permettent d'avancer de quelques kilomètres en trois heures. Dix jours plus tard, ils ont repoussé les lignes allemandes jusqu'au village de Combles, à mi-chemin de Bapaume et Péronne. Les combats vont se poursuivre jusqu'en octobre. L'offensive se termine le 18 novembre. Joffre n'a pas atteint ses objectifs, même s'il s'est avancé d'une dizaine de kilomètres et qu'il s'est emparé d'un territoire que l'ennemi avait puissamment fortifié. Ces dix kilomètres ont été gagnés au prix de 1 200 000 tués ou blessés – Français, Britanniques et Allemands – en à peine six mois !

1917 : le Chemin des Dames, les mutineries

Le général Nivelle lance, en 1917, l'offensive du Chemin des Dames. C'est une telle boucherie que des mutineries vont se déclencher dans l'armée, durement réprimées.

La paix ? Jamais !

Deux années ! Deux années pour rien ! Le front ne bouge pas, la guerre de position dure et se profile dans une sorte de flou effrayant où disparaissent les jeunes générations. L'hémorragie est déjà énorme : des millions de morts en Europe. Et la fin de cette folie ne s'annonce d'aucune façon. Dans les troupes, une propagande pacifiste se développe, notamment par l'intermédiaire de journaux comme le *Bonnet Rouge*. Au mois de janvier, les Allemands font des offres de paix, mais, parce qu'ils réclament les minerais de fer de Lorraine, elles échouent ! Au mois de mars, le prince Sixte de Bourbon-Parme s'efforce de négocier la paix avec l'Autriche – le nouvel empereur, Charles, est son beau-frère. Vains efforts : la France et l'Angleterre déclarent ne pas vouloir négocier avec l'Autriche, mais vouloir la fin des empires centraux. La guerre va donc continuer. Une nouvelle offensive se prépare du côté français – une de plus.

« C'est à Craonne, sur le plateau... »

Entre Cerny-en-Laonnois et Craonne, une crête s'élève, entre deux rivières, l'Aisne et l'Ailette. C'est là qu'au XVIIIe siècle, Louis XV avait fait ouvrir et entretenir un chemin qui permettait à ses filles – les Dames de France – de regagner leur château de Bove. C'est là que va se dérouler la nouvelle offensive contre les Allemands. Le site du Chemin des Dames constitue une sorte de barrage naturel, avec des pentes abruptes dont il faudrait tenir compte. Mais Nivelle ne se préoccupe guère du terrain. Il est persuadé de l'emporter facilement. Sa solution ? Une préparation d'artillerie, puis l'attaque menée par l'infanterie. On ne peut imaginer plus simple. Hélas, les Allemands sont mis au courant des projets français. Ils renforcent discrètement leurs effectifs, construisent des casemates bétonnées sous lesquelles sont dissimulées des mitrailleuses, leurs abris sont creusés à dix ou quinze mètres de profondeur. Lancer des hommes contre ce dispositif, c'est courir au suicide !

UNE BATAILLE

«... qu'on doit laisser sa peau ! »

Pourtant, au matin du 16 avril 1917, Nivelle ordonne sa préparation d'artillerie qui atteint les premières lignes ennemies, mais ne produit pas l'effet escompté. L'infanterie française est alors lancée contre les pentes du Chemin des Dames. Les mitrailleuses allemandes se dévoilent et se déchaînent. Les soldats tombent par milliers sous leurs tirs croisés. Au soir de l'attaque, des régiments entiers ont disparu ! Les fantassins survivants se terrent au bas des pentes où les cherchent les balles des mitrailleuses qui ne cessent de tirer. Derrière, les ordres sont les ordres : il faut avancer ! À la fin du premier assaut, 40 000 Français sont tombés sous les balles. Nivelle persiste, il s'obstine pendant six semaines. C'est un désastre, les pertes sont énormes : 270 000 hommes !

La chanson de Craonne

L'inutile boucherie de Nivelle met au plus bas le moral des soldats. Née à Verdun, cette chanson est adaptée pour la bataille du Chemin des Dames, pour Craonne, en particulier, où les combats ont été les plus meurtriers : « Adieu la vie, adieu l'amour / Adieu toutes les femmes. C'est bien fini, c'est pour toujours / De cette guerre infâme. C'est à Craonne, sur le plateau / Qu'on doit laisser sa peau / Car nous sommes tous condamnés /Nous sommes les sacrifiés. /C'est malheureux d'voir sur les grands boul'vards / Tous ces gros qui font leur foire / Au lieu de s'cacher, tous ces embusqués / F'raient mieux d'monter aux tranchées / Pour défendr'leurs biens, car nous n'avons rien / Nous autr's, les pauvr's purotins. / Tous les camarades sont enterrés là / Pour défendr'les biens de ces messieurs-là / Ceux qu'ont l'pognon, ceux-là r'viendront / Car c'est pour eux qu'on crève / Mais c'est fini, car les troufions / Vont tous se mettre en grève / Ce s'ra votre tour, messieurs les gros, / De monter sur l'plateau, / Car si vous voulez la guerre, / Payez-la de votre peau ! » Les mutineries de 1917 vont bientôt suivre.

1917 : quarante-neuf mutins fusillés

La tuerie du Chemin des Dames déclenche – comme le laisse entendre la chanson – des grèves, davantage même, des mutineries. Les soldats ne supportent pas d'être poussés à la mort comme du bétail, ils ne supportent plus de voir, lorsqu'ils vont en permission, les embusqués qui font la fête et les regardent parfois avec mépris ou ironie. Deux régiments entiers se révoltent et menacent de marcher sur Paris pour demander au Parlement une paix immédiate. Des officiers qui interviennent pour tenter de ramener l'ordre sont pris à partie. Au début de juin 1917, un général reçoit même des pierres, sa fourragère et ses étoiles sont arrachées !

Novembre 1917 :
Clemenceau, le Père la victoire

Figure 7-5 :
Georges
Clemenceau
(1841-1929),
le Père la victoire.

À l'arrière – Rennes, Paris – des grèves éclatent. Nivelle est relevé de ses fonctions. Pétain le remplace. La répression commence : 554 condamnations à mort sont prononcées.

Quarante-neuf soldats sont exécutés. Pétain s'efforce par la suite d'améliorer le quotidien de ces combattants de vingt ans, les poilus, le rythme des permissions s'accélère, les repas et les cantonnements s'améliorent. Mais le défaitisme persiste. C'est alors que Poincaré, le président de la République, fait appel à Clemenceau. Celui-ci, très populaire auprès des soldats – il publie un journal où il ridiculise les généraux incompétents –, se met à visiter les tranchées, appuyé sur sa canne, répétant partout, près des soldats ou à l'Assemblée : « Ma politique intérieure : je fais la guerre ; ma politique extérieure : je fais la guerre ! » Il y gagnera le titre de « Père la victoire ». En attendant, la guerre continue.

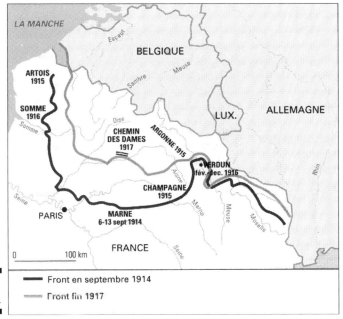

Le front en 1914 et 1917.

▬▬▬ Front en septembre 1914

▭▭▭ Front fin 1917

1918 : l'intervention américaine, l'armistice

Le 13 juin 1917, les premiers contingents américains débarquent à Boulogne. Ils sont commandés par le général Pershing. Les Américains n'ont pas accepté que 128 des leurs périssent dans le naufrage du paquebot anglais *Lusitania*, coulé par un sous-marin allemand, le 7 mai 1915, près des côtes irlandaises. Ils ont demandé réparation à l'Allemagne qui n'a rien voulu entendre, intensifiant au contraire sa guerre sous-marine.

L'énorme Krupp : la Grosse Bertha

Figure 7-6 :
La Grosse
Bertha préparée par
des soldats
allemands et
autrichiens.

Entre juillet et novembre, les Britanniques qui ont engagé la bataille d'Ypres ne réussissent pas à dégager les côtes de Flandre. Le 21 mars 1918, les Allemands lancent une offensive qu'ils espèrent décisive en Picardie. Leur avancée est telle qu'ils menacent la coordination des troupes alliées. Les 24 et 25 mars, ils atteignent la Somme. De la colline de Montjoie près de Crépy-en-Valois, ils commencent à bombarder la capitale avec des canons lançant d'énormes obus de 220 mm, longue portée – l'un de ces canons est surnommé la Grosse Bertha par les Parisiens, du prénom de la fille du fabricant : Krupp. Le 29 mars, la Grosse Bertha envoie sur le toit de l'église Saint-Gervais un obus qui crève le plafond et éclate parmi les fidèles, en pleine cérémonie du vendredi saint. Le bilan est terrible : quatre-vingt-onze morts, des dizaines de blessés ! Les bombardements se poursuivent jusqu'au 16 septembre ; ils font plusieurs centaines de morts.

Un million d'Américains en renfort

Les Allemands accumulent les victoires. Du 27 au 30 mai, ils déclenchent une nouvelle offensive du Chemin des Dames. Ils atteignent la Marne, à soixante kilomètres de Paris ! Le 30, ils surprennent Foch – nommé généralissime des armées alliées le 26 mars – et font 60 000 prisonniers ! Mais le 18 juillet 1918, la contre-attaque alliée est lancée. Six cents avions, et, surtout, 1 000 chars – des Renault, maniables, moins massifs que les premiers dont le réservoir d'essence était situé à l'avant… – vont soutenir l'attaque. Un million d'Américains sont présents aux côtés des Anglais, des Français et de tous ceux qui sont venus des colonies prêter main forte à la métropole.

Onze heures du matin, le 11 novembre 1918…

Les Allemands menacés d'encerclement reculent. Ils vont se retrouver à la fin du mois d'août à leur point de départ, la ligne Hindenburg. C'est la déroute. Les alliés conduisent en Artois une dernière offensive victorieuse. L'armistice est signé le 11 novembre, à six heures du matin, dans le wagon du maréchal Foch qui est stationné dans la clairière de Rethondes, près de Compiègne. Le cessez le feu est appliqué à onze heures. Les cloches se mettent à sonner partout en France. La joie domine sans doute, mais pour les femmes qui ont perdu leur mari, pour les pères et mères dont les fils ne reviendront pas – attardez-vous devant un monument aux morts : parfois, quatre ou cinq noms identiques se suivent, ce sont souvent quatre ou cinq frères – la victoire est celle des larmes, de la douleur, sans fin.

Chapitre 8

1919 à 1939 : L'entre-deux-guerres : des crises successives

Dans ce chapitre :

▶ Suivez les tentatives du Bloc national et du Cartel des gauches pour faire payer l'Allemagne

▶ Assistez à la montée de l'idéologie fasciste

▶ Vibrez aux espoirs que fait naître le Front populaire

▶ Observez tous les signes qui annoncent la Seconde Guerre mondiale

*L*a droite va tout faire pour que l'Allemagne s'acquitte d'une dette qu'elle ne paiera finalement jamais. La gauche qui la remplace n'est pas assez unie pour définir ses choix, elle réussit cependant à faire barrage au fascisme en se regroupant sous le nom de Front populaire ; ce qui permet la négociation et la signature des fameux accords de Matignon – les congés payés -- avant le retour de la guerre…

Chambre bleu horizon, Cartel des gauches : mêmes échecs

Les moyens et les idées ne sont pas les mêmes, mais les objectifs sont identiques : redresser l'économie de la France et stabiliser le franc qui dégringole. La Chambre bleu horizon, celles des anciens poilus, et le Cartel des gauches échouent. C'est finalement un seul homme qui va guérir le franc : Raymond Poincaré !

28 juin 1919 : signature du traité de Versailles

Le traité de paix signé à Versailles va considérablement modifier le visage de l'Europe.

Désarmer l'Allemagne

Tout fier, Bismarck avait proclamé le IIe Reich allemand dans la galerie des Glaces du château de Versailles le 18 janvier 1871. C'est dans cette même galerie que les Allemands vont signer le traité qui ramène la paix, le 28 juin 1919, mais qui ne calme l'inquiétude de personne.

Figure 8-1 :
Lloyd George, Georges Clemenceau et Woodrow Wilson pendant les négociations du traité de Versailles.

✔ Il est décidé que les alliés occuperont la rive gauche du Rhin pendant quinze ans.

✔ L'Allemagne – jugée responsable – devra acquitter des réparations financières. Ces réparations financières sont fixées en 1921 à 132 milliards de marks-or !

✔ Le visage de l'Europe se transforme : l'Empire austro-hongrois laisse la place à deux États de dimension modeste : l'Autriche et la Hongrie.

✔ De nouveaux États apparaissent : la Tchécoslovaquie, la Yougoslavie. La Roumanie s'agrandit. Ces métamorphoses portent tous les germes de possibles embrasements : les minorités allemandes dans les nouveaux pays posent un problème difficile à résoudre.

✔ L'indépendance de la Pologne est restaurée, mais elle réclame un libre accès à la mer. Il est donc décidé d'ouvrir un corridor à travers la Prusse afin de le lui accorder. Au bout de ce corridor se trouve une ville libre sous le contrôle de la Société des nations – créée le 28 avril 1919, afin de régler les conflits futurs : Dantzig.

✔ Enfin, et surtout, l'Alsace et la Lorraine sont restituées à la France !

La der des ders

La Grande Guerre, le dernière des dernières – la der des der – la Grande Boucherie, le Massacre des Innocents, liesse et douleur le 11 novembre 1918, mais quel bilan ? Il est affligeant : près d'un million et demi de victimes en France – huit millions en Europe –, des millions de blessés, amputés, gazés, des vies brisées, des familles privées de père, de fils, l'innommable désespoir de tout un peuple. Plus de 500 000 maisons détruites. Des villages entiers disparus à jamais. Des millions d'hectares de terres, de forêts, éventrés sous l'apocalypse des canons. La cathédrale de Reims broyée sous plus de 400 obus. Et puis, comme si la folie des hommes ne suffisait pas, une épidémie de grippe très virulente apparaît en février 1918, à Canton, en Chine. Les militaires américains l'en rapportent puis viennent en Europe où elle installe son premier foyer à Bordeaux. Bientôt, elle touche l'Espagne, d'où son nom : la grippe espagnole. En quelques mois, elle va faire près de 500 000 morts en France (près de trente millions dans le monde) – dont le poète Guillaume Apollinaire.

L'Allemagne tarde à payer...

La chambre des députés élue au lendemain de la guerre comporte une forte majorité de catholiques, anciens combattants. Ils n'ont qu'une obsession : que l'Allemagne paie sa dette de guerre. L'après-guerre, c'est aussi une vague de spéculation qui se déchaîne pour éviter les méfaits de la dévaluation des monnaies. C'est enfin le retour de Poincaré qui tente de faire appliquer le traité de Versailles.

Le Président est nu – ou presque

Un soir de mai 1920, Paul Deschanel prend le train en direction de Montbrison où il va inaugurer un monument, en compagnie de plusieurs ministres. Au milieu de la nuit, sans que quiconque s'en aperçoive, il quitte son wagon-lit et tombe sur la voie. On le retrouve le lendemain matin, en caleçon, chez un garde-barrière. Un peu plus tard, le 10 septembre, il décide de se mettre presque nu à Rambouillet afin de se baigner dans les bassins. Dix jours plus tard, il démissionne.

La Chambre bleu horizon

L'économie est détruite, la production inexistante, l'industrie anéantie, la situation financière est devenue très difficile. Pourtant, la vie va reprendre son cours, et la politique retrouver ses habitudes. Aux élections de 1919, la majorité se situe à droite et au centre. Le Bloc national qui en est issu est appelé la Chambre bleu horizon, par allusion à la couleur de l'uniforme qu'ont porté presque tous les députés. Ce sont pour la plupart des catholiques qui n'imaginent pas, à la fin du mandat de Poincaré, en 1920, élire un président athée, même s'il s'appelle Clemenceau. Celui-ci se retire alors de la vie politique le 18 janvier 1920. Après un voyage triomphal aux États-Unis en 1922, il écrit plusieurs livres avant de mourir en 1929, à Paris. Le successeur de Poincaré s'appelle Paul Deschanel, il est élu le 18 février 1920. Mais bien vite, on se rend compte que l'homme élégant et affable cache un malade bizarre qui se croit persécuté du monde entier. Il est bientôt remplacé par Alexandre Millerand.

L'Allemagne paiera...

La dette de l'Allemagne est énorme envers la France. Elle a commencé à la payer, mais avec une telle irrégularité qu'il est permis de se demander si un jour elle ne sera pas atteinte d'une amnésie qui lui serait salutaire ! Le Bloc national, les Bleu horizon qui ont souffert dans les tranchées sont particulièrement attachés au paiement de cette dette, ils ont pour leitmotiv : « L'Allemagne paiera ! » Aristide Briand – un socialiste de négociation et d'apaisement, rappelez-vous la séparation de l'Église et de l'état – élu pour un an président du Conseil en 1921, tente un rapprochement avec l'Allemagne à l'indignation du Bloc national ! Dans le même temps, le franc ne cesse de se dévaluer. On achète alors tout ce qui peut représenter un placement sûr – de l'or, des bijoux, des terres – ou moins sûr – des Van Gogh, des Utrillo, des Valadon, des Modigliani – qui peuvent se révéler des investissements aux très heureuses retombées. Le monde de l'argent s'expose avec une telle obscénité dans les casinos et tous les lieux de plaisir que toutes les tendances politiques s'en offusquent.

... quand elle pourra !

Poincaré, l'ancien président, le Lorrain rigoureux, est alors rappelé aux affaires : on sait qu'il va appliquer fermement et même davantage le traité de Versailles. Cette fermeté se traduit par la décision d'occuper la région de la Ruhr et de ses riches minerais. Ainsi, l'Allemagne paiera sous la forme d'un « gage productif ». Mais les ouvriers allemands, face à cette décision, se mettent en grève : ils ne veulent pas travailler seulement pour la dette de guerre, et pratiquent une résistance passive. Poincaré décide alors de les faire remplacer par des ouvriers français – qui, inévitablement, doivent affronter au cours de heurts violents et sanglants, les Allemands qui les empêchent d'accéder

---

La naissance du Parti communiste

L'égalité ! Le rêve de théoriciens comme Babeuf, Fourrier, Marx ! Le rêve se réalise enfin, à partir de 1917. Le rêve, c'est du moins ce qui est annoncé, car cette centralisation s'accompagne d'une dictature politique et économique difficiles à supporter, et ceux qui la refusent subissent des persécutions. Mais, vu de loin, ce système que Lénine, puis Staline, les dirigeants communistes, s'efforcent de rendre présentable aux yeux du monde – aux yeux de nombreux intellectuels français aussi, qui reviennent enchantés de leurs voyages en Russie soviétique, avant d'en revenir... – rassemble de nombreux espoirs. Ainsi naît, en décembre 1920, à Tours, le Parti communiste français. Il va trouver son soutien essentiel dans le monde ouvrier. Maurice Thorez en devient le secrétaire du bureau politique en 1930.

sur leurs lieux de travail. Finalement, un nouveau calendrier du paiement de la dette est établi. Tout s'apaise avec les accords de Locarno, en Suisse, le 16 octobre 1925, où l'Allemagne, la France et la Belgique échangent la promesse de ne se livrer à aucune attaque ou invasion, bref, de ne plus se faire la guerre ! La paix définitive semble devoir s'installer lorsque, sur la proposition d'Aristide Briand en 1926, l'Allemagne est admise à la Société des nations !

Le franc s'enfonce dans les abîmes

Après le Bloc national de droite, le Cartel des gauches s'installe aux commandes. Cette gauche est tellement disparate qu'elle n'inspire guère confiance aux financiers. C'est encore Poincaré qu'on va chercher pour stabiliser la situation !

Une gauche composite

Mis à part son intransigeance envers l'Allemagne, le Bloc national dont le bilan est dressé aux élections de 1924, ne s'est pas illustré par une reprise en main efficace de l'économie. Au contraire : le franc ne cesse de glisser vers l'abîme, face à la livre anglaise qui grimpe vers les sommets ! Aussi les électeurs mettent-ils en place l'opposition de gauche, plutôt composite puisqu'elle rassemble la gauche radicale, le groupe radical et radical-socialiste, et les socialistes. C'est ce qu'on appelle le Cartel des gauches.

Herriot : droit dans le mur de l'argent

Aussitôt élu, le 11 mai 1924, ce Cartel exige la démission du président de la République Alexandre Millerand. Il est remplacé par Gaston Doumergue, élu le 13 juin. Édouard Herriot, président du Parti radical, devient président du Conseil. Il tente de faire appliquer à l'Alsace et à la Lorraine la loi de la séparation de l'Église et de l'État dont ces deux provinces avaient été exclues puisqu'elles étaient allemandes lors des décisions du petit père Combes. En vain : l'Alsace et la Lorraine, encore aujourd'hui, vivent sous le régime du concordat de 1801. Les catholiques lui refusent leur confiance, les banquiers ne sont pas davantage convaincus. Les capitaux fuient d'autant plus vite le pays qu'il tente de créer un impôt… sur le capital. Il démissionne, accusant de son échec ce qu'il appelle le « mur d'argent ».

1926 à 1929 : le redressement financier

En 1926, la situation financière est désastreuse. Herriot tente de former un nouveau gouvernement, en vain. Il faut aller chercher celui par qui la confiance et les finances vont revenir…

Si c'est « ronds », c'est Poincaré !

Raymond Poincaré – ne le confondez pas avec le mathématicien Henri Poincaré ! C'est lui qu'on va chercher parce que le franc va très mal ! On se dit qu'il peut le guérir ! Il va le faire. Président du Conseil à partir du 23 juillet 1926, il forme un gouvernement d'Union nationale qui s'appuie sur les radicaux et les centristes. Sa recette pour soigner la monnaie défaillante : la baisse des dépenses de l'État, et l'augmentation des impôts indirects. Il réussit à enrayer la chute du franc qui ressort dévalué de 80 % par rapport à sa valeur de 1914, ce qui constitue pour les créanciers de l'État une perte considérable, mais donne un fameux coup de fouet aux exportations ! Le franc stabilisé, la croissance repart, la vie des Français s'améliore peu à peu.

Briand l'infatigable

Pendant ce temps, Aristide Briand, infatigable ministre des Affaires étrangères, s'est efforcé de prolonger les accords de Locarno par des actions concrètes visant au rapprochement

---

En ligne : Maginot

Le désir de paix est augmenté de précautions qui, bien concrètes, rassurent mieux que les bonnes intentions. Il faut, selon les hommes politiques de l'époque qui entrevoient la possibilité d'un nouveau conflit, fortifier la frontière est de la France. On opte pour le projet d'André Maginot, le ministre de la Guerre. Il prévoit une organisation fortifiée en Alsace et en Lorraine. La trouée de la Sarre, entre ces deux régions, serait protégée par un système d'inondations artificielles en cas d'attaque allemande. Les travaux gigantesques et qui engloutissent des milliards de francs sont effectués de 1930 à 1936. Et le nord, la Belgique ? Rien ou presque n'est prévu ! Les Allemands, si l'envie leur prend d'envahir de nouveau la France, n'utiliseront certainement pas deux fois, traîtreusement, ce passage ! Il faut voir…

des deux pays. Ainsi, en 1928, est signé le pacte Briand-Kellog
– Kellog est le secrétaire d'État américain – qui, avec l'assentiment des États-Unis, met la guerre hors-la-loi. En août 1929, un
allègement de 70 % des réparations dues par l'Allemagne est
accepté à la conférence de La Haye – Briand y propose aussi la
création des États-Unis d'Europe, mais l'idée n'est pas suivie.
En 1930, les alliés évacuent la Rhénanie – ils n'en devaient partir qu'en 1935. Finalement, tout irait pour le mieux dans le
meilleur des « entre-deux-guerres » possibles, en cette année
1929, si d'une part Raymond Poincaré ne devait subitement
démissionner après une grave et soudaine opération ; et surtout si, d'autre part, en d'autres lieux, à New York, la Bourse
n'allait s'effondrer !

Figure 8-2 :
La ligne
Maginot et
ses environs.

1929 : les assurances sociales

Poincaré absent, la situation devient confuse. André Tardieu,
président du Conseil, et Pierre Laval, ministre du Travail, tentent de la stabiliser au centre droit. Cette stabilisation permet
de voter une importante loi sur les assurances sociales – qui
avait été préparée par Poincaré : tous les salariés dont le
revenu annuel ne dépasse pas 15 000 francs devront être
immatriculés au régime obligatoire dont le financement est

assuré à parts égales par l'employeur et l'employé. Ce progrès social ne peut masquer une économie qui demeure archaïque : les entreprises sont peu concentrées, la rationalisation du travail ne parvient pas à être mise en place. Paradoxalement, ce retard va être favorable à l'économie : en effet, le krach du 24 octobre à Wall Street ne va atteindre l'économie française qu'en 1931, en raison même de ses structures vieillottes ! La crise, en France, est moins importante qu'ailleurs, et le chômage demeure limité.

La France instable des années trente

L'instabilité ministérielle conduit à l'émergence d'idéologies d'extrême-droite, toujours promptes à proposer des solutions rapides, ou plutôt à pointer le doigt vers des responsables tout désignés. La gauche va alors s'unir pour former un front commun, le Front populaire.

Un président assassiné, des ministres sans imagination

De 1930 à 1934, la situation empire sur tous les fronts : Aristide Briand qui aurait pu ramener la confiance dans le pays est évincé au profit d'un président qui va finir sous les balles d'un exalté. Les ministres qui se succèdent ensuite échouent dans leurs tentatives de redressement économique.

Paul Doumer assassiné

Le 13 juin 1931, le septennat de Gaston Doumergue s'achève. Qui peut le remplacer ? Tout le monde pense à Aristide Briand qui ne se fait pas trop prier pour se présenter. Tardieu et Laval lui promettent l'appui des modérés. Il a celui des socialistes, des radicaux. Mais Tardieu et Laval complotent contre lui ! Et Briand est mis en minorité. Il ne s'en relève pas, et meurt le 7 mars 1932. C'est Paul Doumer qui est élu, mais pas pour longtemps : onze mois après sa prise de fonction, le 6 mai 1932, alors qu'il participe à la vente des anciens combattants rue Berryer, dans l'hôtel *Rothschild*, un Russe émigré, Davel Gorgulov, décharge son pistolet sur lui. Doumer meurt quelques heures plus tard.

De 1932 à 1934 : cinq ministères radicaux

Le républicain modéré Albert Lebrun lui succède le 10 mai. Il doit composer avec une Chambre des députés élue deux jours plus tôt, le 8 mai, avec une majorité de gauche. De 1932 à 1934, cinq ministres radicaux se succèdent – Paul-Boncour, Édouard Daladier, Albert Sarraut, Camille Chautemps, et Daladier de nouveau. Ils font face à la situation sans grande imagination, limitant les importations, augmentant les droits de douane, réduisant la production intérieure afin de combattre la chute des prix, diminuant les salaires, les dépenses publiques, le nombre des fonctionnaires. Sans grand succès.

Le succès des ligues nationalistes

Profitant d'une atmosphère d'incertitude et de doute, les ligues nationalistes multiplient leurs démonstrations de force. L'affaire Stavisky va servir leurs intérêts.

1934 : thérapie nerveuse pour une dépression

La France est alors si fatiguée, si déprimée en 1934, qu'elle est capable de se laisser aller à n'importe quelle idéologie l'assurant d'une guérison rapide. Cette idéologie se présente alors sous la forme des ligues nationalistes – les Camelots du roi qui sont liés à l'Action française. Ces ligues prétendent posséder toutes les solutions pour sortir le pays de la crise. Qui est responsable du malaise de la France ? Les républicains ! Que faut-il faire alors pour guérir la France ? Des réformes institutionnelles qui vont renforcer le pouvoir exécutif ! Comment impressionner son patient, la France ? En organisant des démonstrations de rues, en uniforme, avec l'air menaçant ! Et sur quoi prendre appui ? Sur une escroquerie dans laquelle, si possible, on trouve un Juif, cela afin d'aviver l'antisémitisme toujours prêt à surgir, comme un monstre qui attend son heure.

« Suicidé d'une balle tirée à trois mètres »

L'affaire ? Elle se présente le 6 février 1934 : Alexandre Stavisky, un Juif d'origine russe, qui, depuis plus de vingt ans, vit d'escroqueries diverses, a réussi à tromper – ou à acheter – de nombreux hommes politiques et des magistrats, jusqu'au jour où ses malversations sont découvertes. Alors qu'il va être arrêté, il est retrouvé, le 8 janvier 1934, mort dans une villa près de Chamonix. Le scandale allait être tellement énorme qu'il a dû se suicider. Ou bien qu'on l'a abattu. Le *Canard enchaîné* titre d'ailleurs : « Stavisky s'est suicidé d'une balle tirée à trois mètres. » Pendant tout le mois de janvier, des manifestations d'extrême droite se succèdent aux cris de « À bas les voleurs », se déchaînant contre la « racaille des spéculateurs » en des termes d'une violence tellement inquiétante que le nouveau président du Conseil, Édouard Daladier, renvoie le préfet de police fort apprécié de la droite : Jean Chiappe. C'est mettre le feu aux poudres.

Place de la Concorde : on ne passe pas

Le 6 février 1934, jour de la présentation du nouveau gouvernement au Palais Bourbon, les ligues d'extrême droite – l'Action française, les Jeunesses patriotes, les Croix de feu – appellent à une gigantesque manifestation à laquelle vont participer aussi les anciens combattants républicains de tendance communiste. Ce qu'ils veulent, c'est atteindre le Palais Bourbon. Mais il faut pour cela passer le pont de la Concorde sur lequel sont massés des gardes à cheval, et qui vont immédiatement tirer sur les premiers manifestants qui tentent de s'avancer. De dix heures du soir à trois heures du matin, les émeutiers tentent de franchir le pont. Sans succès. La manifestation a fait plus de vingt morts et 2 000 blessés. Daladier doit démissionner. Le président Lebrun fait appel à l'un de ses prédécesseurs, Gaston Doumergue, pour former un gouvernement d'union nationale.

14 juillet 1935 : « Travail, paix, liberté »

Les événements de février 1934 font craindre un coup de force fasciste. Toutes les forces de gauche s'unissent. Le parti communiste lui-même se joint au mouvement antifasciste sous l'impulsion de Moscou. Maurice Thorez souhaite alors un Front populaire qui rassemblerait communistes, socialistes et radicaux. C'est chose faite en 1935, le 14 juillet. Un immense défilé de 500 000 personnes s'étire de la Bastille à la République. Édouard Daladier, Maurice Thorez et Léon Blum, le chef de la SFIO, y sont acclamés. Les trois maîtres mots de cette manifestation sont : « Travail, paix, liberté ». Toujours dans la crainte du fascisme, les socialistes et les communistes reforment une CGT unifiée.

CHEZ NOS VOISINS

Pendant ce temps chez nos voisins

En 1917, en Russie, le 2 mars (15 mars de notre calendrier), le tsar Nicolas II abdique ; depuis le 23 février (8 mars), les bolcheviques – ouvriers russes dont Lénine est le chef du parti – ont manifesté et appelé à la grève, les soldats se sont mutinés contre les officiers. Ensemble, ils se sont emparés des bâtiments publics et ont formé un gouvernement provisoire. Ce premier temps de la Révolution est suivi d'un second : le 24 octobre (6 novembre) de la même année, les bolcheviques s'emparent du Palais d'hiver et des points stratégiques dans la capitale Petrograd. La ville est aux mains des insurgés le 25 octobre (7 novembre).

Le deuxième congrès des soviets se réunit, il élit le conseil des commissaires du peuple composé uniquement de bolcheviques et présidé par Lénine. En février 1920, Mussolini fonde le parti fasciste italien. Le 31 janvier 1933, en Allemagne, Hitler devient chancelier du Reich ; en mars, il obtient les pleins pouvoirs. Le 14 octobre 1933, l'Allemagne annonce qu'elle se retire de la SDN. Le 30 juin 1934, la « Nuit des longs couteaux » permet à Hitler d'éliminer ses adversaires ; le 2 août, après la mort du maréchal Hindenburg, il devient chef de l'État. Le 11 décembre 1937, l'Italie se retire de la SDN.

1936 : le Front populaire améliore la condition ouvrière

UN ÉVÉNEMENT IMPORTANT

Le Front populaire naît du désir de barrer la route au fascisme qui est en train de gagner du terrain, et qui pourrait l'emporter dans une France désorientée. Il signe les accords de Matignon qui augmentent les salaires et, surtout, vont faire découvrir aux salariés français les congés payés !

Une immense vague d'espoir

En 1936, une immense vague d'espoir donne la victoire au Front populaire, lors des élections du 3 mai. Près de deux millions d'ouvriers se mettent spontanément en grève afin de créer la pression nécessaire pour que soient prises des décisions en leur faveur. Léon Blum est chargé de former un nouveau gouvernement, soutenu par les communistes – qui n'y participent pas – et composé de socialistes et de radicaux.

Innovation hardie pour cette époque où les femmes n'ont pas le droit de vote : elles sont trois choisies par Blum comme sous-secrétaires d'État : Cécile Brunschvicg à l'Éducation nationale, Irène Joliot-Curie à la Recherche scientifique et Suzanne Lacore à la Protection de l'enfance.

Figure 8-3 :
Léon Blum en 1936 manifeste pour la paix.

La course à la mer 2, le retour

Les 7 et 8 juin 1936, à la demande de Léon Blum, des négociations s'ouvrent entre le patronat et la CGT. Peu avant une heure du matin, le 8 juin, les accords de Matignon sont signés, entérinés par les lois votées pendant l'été 1936. Ces accords prévoient :

✔ L'augmentation de 7 à 15 % des salaires.

✔ La liberté syndicale.

✔ Quarante heures de travail hebdomadaire – au lieu de quarante-huit.

✔ La nationalisation des industries de l'armement.

✔ La prise de contrôle par l'État de la Banque de France qui, depuis sa création par Napoléon, était une banque privée dont les 200 plus importants actionnaires – les 200 familles – orientaient la politique.

✔ Et enfin les congés payés, la cerise estivale sur le gâteau des loisirs naissants !

Quinze jours à ne rien faire, sans perte de salaire ! Bientôt va commencer – pacifiste après la belliciste de 1914 – une nouvelle course à la mer...

Le fascisme, l'Espagne, Munich, bientôt la guerre

Le fascisme se développe en Allemagne avec Hitler, en Italie avec Mussolini. L'Espagne de Franco bénéficie de leur soutien. L'Europe s'achemine à grands pas vers un nouveau conflit que ne voient pas venir ceux qui apprennent la signature des accords de Munich : pour eux, la paix est sauvée...

Les menées fascistes du chancelier Adolf Hitler

Efficaces, les grèves des ouvriers pour faire aboutir les revendications ! Efficaces aussi, ces grèves, pour inquiéter les milieux financiers, faire fuir les capitaux, affaiblir la monnaie et provoquer, par la hausse des salaires, une hausse des prix ! Il est temps de remettre les pieds sur terre : Léon Blum annonce, en 1937, une pause dans les réformes sociales. Cette pause est rendue d'autant plus nécessaire qu'il va falloir penser à réarmer le pays : Adolf Hitler, devenu chancelier du Reich allemand en 1933, et qui – de même que Mussolini en Italie –, développe et applique, les mains libres, l'idéologie fasciste, a décidé, le 7 mars 1936, de franchir le Rhin et de réoccuper la zone démilitarisée ! Et cela au mépris du traité de Versailles, des accords de Locarno.

Intervenir en Espagne ?

Les républicains espagnols auraient besoin d'aide pour lutter contre les nationalistes. Beaucoup de Français vont passer la frontière pour leur prêter main forte, Malraux par exemple. D'autres voudraient renforcer les rangs de Franco...

Malraux et son escadrille, Claudel et son Ode...

Mais ce n'est pas tout : l'Espagne vient d'entrer dans une terrible guerre civile – qui va durer jusqu'en 1939. Tout porte à croire que les nationalistes de Franco vont gagner. Il faudrait aider les républicains, mais la France s'y refuse, craignant un embrasement général de l'Europe. Le gouvernement ferme cependant les yeux sur la contrebande d'armes organisée à la frontière espagnole. Des volontaires de tous les pays vont affluer pour combattre aux côtés des républicains espagnols ; ainsi André Malraux, à la tête de son escadrille Espana, et qui

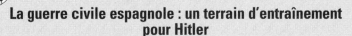

La guerre civile espagnole : un terrain d'entraînement pour Hitler

Depuis 1931, l'Espagne est devenue une république parlementaire et démocratique. Mais elle doit faire face à l'opposition des conservateurs – grands propriétaires fonciers, cadres de l'armée et clergé catholique – qui sont hostiles aux réformes sociales et à la démocratie. En 1936, les partis républicains – socialistes, radicaux, communistes et anarchistes – se sont réunis pour former un *frente popular*, frère de celui de France. Ce *frente popular* gagne les élections législatives de 1936.

Les forces de l'opposition refusent leur défaite. Le 17 juillet 1936, elles organisent un soulèvement militaire, sous la direction du général Franco. Hitler, le nazi, Mussolini, le fasciste italien, Salazar, le dictateur portugais, apportent leur soutien à Franco : plus de 100 000 soldats, des centaines d'avions de combat, de blindés, de canons, des tonnes de munitions, et des instructeurs militaires. L'Andalousie, la Galice, les Asturies, la Navarre, et la vieille Castille sont gagnées par les nationalistes. Madrid

et Barcelone et le Pays basque constituent le cœur de la résistance républicaine. La guerre civile espagnole va servir aux armées allemandes et italiennes de terrain d'expérimentation pour les armes et les nouvelles techniques de terreur sur les populations. Ainsi, le 26 avril 1937, les cinquante appareils de la légion Condor – unité allemande chargée de répandre la terreur – expérimentent l'attaque en piqué sur la petite ville de Guernica, près de Bilbao, dans le Pays basque. Les cinquante tonnes de bombes incendiaires lâchées en deux heures et demie font près de 2 000 morts parmi une population où se trouvaient de nombreux réfugiés espérant gagner la France par le train. Finalement, la dictature franquiste va l'emporter, face à des républicains qui manquent d'unité dans leur idéologie – les communistes et les anarchistes tentant mutuellement de se supprimer ! Franco maintiendra son régime jusqu'en 1975, désignant pour lui succéder le roi Juan Carlos de Bourbon.

public, en 1937, dans son roman l'*Espoir*, son expérience de combattant – pendant que Paul Claudel se fend d'une *Ode à Franco*…

Le suicide de Roger Salengro

L'extrême droite, favorable à une intervention de la France aux côté des nationalistes espagnols de Franco, contre les républicains, se déchaîne contre le gouvernement de Léon Blum. Celui-ci décide alors la dissolution du groupe nationaliste les Croix de feu, du colonel Laroque, groupe formé en 1927, et qui rassemble ceux qui ont reçu une croix pour leur bravoure au feu pendant la guerre de 14. Cette dissolution, placée sous la responsabilité du ministre de l'Intérieur Roger Salengro, rend encore plus virulente la presse d'extrême-droite, notamment le périodique *Gringoire* qui tire à 500 000 exemplaires. Roger Salengro y est calomnié, accusé d'avoir déserté en 1915 – alors qu'il a été fait prisonnier en tentant d'aller chercher près des lignes ennemies un camarade mort au combat. Bien qu'un jury d'honneur le lave de tout soupçon, il se suicide le 18 novembre 1936. Un million de personnes assistent à ses obsèques dans la ville de Lille dont il était l'excellent maire.

Figure 8-4 : Jean Gabin et Michèle Morgan dans *Quai des Brumes,* un film de Marcel Carné, 1938.

Fin du Front populaire, retour des capitaux

Harcelé sans cesse par la droite, Léon Blum est attaqué par la gauche en 1937 : les communistes lui reprochent de maintenir son refus d'intervenir dans la guerre d'Espagne, les radicaux n'admettent pas qu'il éprouve le besoin de faire une pause face aux revendications sociales. En juin 1937, son gouvernement est renversé. Le Front populaire se maintient cependant jusqu'en avril 1938. Édouard Daladier forme alors un gouvernement radical allié à la droite. Aussitôt, les capitaux reviennent, et reviennent d'autant plus vite que Daladier a décidé, en accord avec l'Angleterre et les États-Unis, une dévaluation du franc de 12 %. Les capitaux de retour, l'activité industrielle reprend, surtout celle de l'armement.

À Vienne, en Autriche, les Juifs persécutés

Le souci d'Adolphe Hitler est de donner au peuple allemand ce qu'il appelle son espace vital, le plus vaste possible – et qui aura l'avantage de faire barrage au communisme qui, de Moscou, tente par tous les moyens de conquérir l'Europe.

- ✔ Première étape : l'Autriche. Les troupes allemandes l'envahissent du 11 au 14 mars 1938 – c'est l'*anschluss*, le rattachement –, n'attirant de la part de la France qu'une timide protestation. Aussitôt, les nazis s'installent à Vienne et commencent les persécutions contre la communauté juive.

- ✔ Deuxième étape, les Sudètes. Dans cette région située en Tchécoslovaquie – état créé par le traité de Versailles –, vit une population de trois millions d'Allemands. Prétextant des troubles qui s'y dérouleraient, Hitler décide d'intégrer la Tchécoslovaquie tout entière au IIIe Reich !

Sur l'initiative de Mussolini, Chamberlain l'Anglais et Daladier le Français vont rencontrer Adolf Hitler à Munich afin d'arrêter l'engrenage conduisant à une nouvelle guerre européenne. Cette rencontre se déroule à Munich les 29 et 30 septembre 1938.

Munich : drôle de paix avant la drôle de guerre

Les accords qui sont signés à Munich précisent que les territoires des Sudètes seront évacués par les Tchèques, puis occupés par l'armée allemande. Tout cela permet d'espérer la paix, puisque Hitler a affirmé qu'après les Sudètes, c'en était terminé de ses revendications territoriales ! Forts de cette décision, l'Anglais et le Français rentrent chez eux. Le Français s'attend à être hué tant la drôle de paix qu'il rapporte ressemble à une supercherie. Il est fêté comme un sauveur ! À Paris, c'est du délire : 500 000 personnes font une haie d'honneur à Daladier, de l'aéroport du Bourget jusqu'à Paris ! On lui lance des bouquets, on l'applaudit, on parle de donner son nom sur le champ à une rue de Paris ! Mais, ceux dont la vision

ARTS, CULTURE ET SCIENCES

Sur le grand écran, et en librairie...

Depuis le début du siècle, l'industrie du cinéma n'a cessé de progresser et d'offrir à un public de plus en plus nombreux des films de qualité. En 1927, Abel Gance propose son film muet *Napoléon*, un véritable chef-d'œuvre. Il en donnera une version sonorisée et remontée en 1934. En 1931, c'est *Marius* de Marcel Pagnol que les spectateurs vont voir dans les salles obscures. En 1936, *Les Temps modernes* de Charlie Chaplin remporte un énorme succès, de même que, en 1937, *La Grande Illusion* de Jean Renoir, ou bien en 1938, *Hôtel du Nord*, *Le Quai des brumes* de Marcel Carné. En 1940, Charlie Chaplin termine un film tragiquement d'actualité : *Le Dictateur*. En littérature, Jules Romains a fait jouer *Knock* en 1923, André Breton a publié le *Manifeste du surréalisme* en 1924, Louis-Ferdinand Céline a raté le Goncourt 1932 avec *Voyage au bout de la nuit*, André Malraux l'a obtenu en 1933 avec *La Condition humaine*. 1938 est l'année du roman de Jean-Paul Sartre : *La Nausée*. Un peu de musique ? Voici le *Boléro* de Ravel en 1928 ; deux ans plus tard, le 26 septembre 1930, au Casino de Paris, Joséphine Baker interprète *J'ai deux amours* ; en 1939, lors d'un trajet dans le rapide Paris-Toulouse, Charles Trenet écrit *La Mer*, qui ne sera chantée qu'en 1942, sans aucun succès ! Ce n'est qu'à partir de 1945 qu'elle déroulera ses harmonies dans le monde entier !

de la situation est moins myope, sont atterrés : avoir cédé devant Hitler, c'est lui ouvrir le route de n'importe quelle invasion, et même, la voie vers Paris ! Léon Blum se dit partagé entre un lâche soulagement et la honte.

Chapitre 9

1939 à 1945 : La Seconde Guerre mondiale : collaboration et résistance

* * *

Dans ce chapitre :

▶ Assistez à ce qu'on a appelé la « drôle de guerre »

▶ Visitez la France du maréchal Pétain

▶ Comprenez quelle fut l'action du général de Gaulle

* * *

La Seconde Guerre mondiale commence de façon étrange. En effet, l'armée française semble attendre un ennemi qui a choisi une date à sa convenance pour engager les hostilités, sans prévenir personne ! Mais la guerre va hélas commencer ses ravages, diviser le pays, faire subir aux Juifs de terribles souffrances, avant que les alliés arrivent enfin et libèrent le pays et l'Europe du nazisme.

La planète en état d'alerte

Ce qui se passe en Europe inquiète la planète tout entière. À juste titre : le conflit va concerner tous les États du monde.

3 septembre 1939, la France déclare la guerre à l'Allemagne

La disparition de la Tchécoslovaquie est consommée lorsque les troupes allemandes occupent Prague le 15 mars. Quelle nouvelle étape pour l'appétit d'Hitler ? L'URSS à coup sûr ! Non : l'Union des républiques socialistes soviétiques signe avec l'Allemagne un pacte de non-agression. C'est la stupeur dans le monde, car ce pacte signifie qu'au terme d'accords secrets un partage de la Pologne a été négocié. Mais sous quel prétexte l'Allemagne peut-elle l'envahir ? Des détenus de droit commun allemands sont alors habillés d'uniformes polonais par des SS. Leur mission est de s'emparer de la station de radio allemande de Gleiwitz. Évidemment elle échoue, les (faux) Polonais sont découverts, les vrais Polonais sont envahis, le vendredi 1er septembre 1939. Les premiers soldats du Reich entrent en Pologne à quatre heures quarante-cinq du matin.

La guerre devient mondiale

L'Angleterre qui avait signé, le 25 août 1939, un traité d'alliance avec la Pologne, somme les troupes nazies de s'en retirer. À la suite du refus d'Hitler, l'Angleterre déclare la guerre à l'Allemagne, le dimanche 3 septembre à onze heures du matin. La France l'imite à dix-sept heures, le même jour, suivie de l'Australie et de la Nouvelle-Zélande. L'Italie, l'Irlande et la Belgique se déclarent neutres. Deux jours plus tard, ce sont les États-Unis qui se rangent dans le camp de la neutralité, mais le Congrès américain votera le 4 novembre la loi Cash and Carry, qui autorise la vente de matériel militaire aux belligérants. La Seconde Guerre mondiale vient de commencer.

Des lanciers contre des panzers

Le 10 septembre, le Canada déclare à son tour la guerre à l'Allemagne, quatre jours après l'Afrique du Sud – l'Espagne affirme sa neutralité, mais Franco se déclare favorable aux plans allemands. Les armées d'Hitler pénètrent rapidement en Pologne. Les Russes font semblant de s'en inquiéter et prétextent la protection de leurs ressortissants pour envahir à leur tour la Pologne. En réalité, le plan secret germano-russe était en train de se réaliser. Les Polonais résistent héroïquement et lancent contre les panzers – les chars allemands – leurs lanciers à cheval ! Le 29 septembre, la Pologne capitule, comme prévu, au terme d'une guerre éclair – la *Blitzkrieg* en allemand. Pour la quatrième fois de son histoire, elle est rayée de la carte du monde. Son gouvernement se réfugie en France, à Angers.

1939 à 1940 : La drôle de guerre

De la fin de l'année 1939 au début de 1940, tout le monde attend qu'Hitler se décide à poursuivre ses opérations dont on pressent trop bien la nature.

Un immobilisme stratégique

Le 6 octobre 1939, Hitler propose de faire la paix. Simple leurre puisqu'il diffère son attaque à l'ouest afin qu'elle se déroule dans les conditions les plus favorables. Ses offres sont immédiatement refusées, et tout le monde attend ! C'est la drôle de guerre, rien ne se passe. Les troupes françaises ne comprennent pas l'immobilisme et la stratégie uniquement défensive qui ont été décidés. Le pays demeure dans une expectative plutôt insouciante derrière sa ligne Maginot et ses armées inoccupées. Une initiative est cependant prise par Paul Reynaud, le nouveau chef du gouvernement français : il propose, au début d'avril 1940, de couper la route du fer aux Allemands, en conseillant aux Anglais de poser des mines dans les eaux norvégiennes, proches du port de Narvik. Les Allemands réagissent immédiatement en occupant les ports norvégiens et le Danemark. Cela n'empêche pas une tentative de débarquement des troupes franco-britanniques en Norvège. Vaincus, elles doivent battre en retraite. Le mois de mai 1940 arrive, et la France attend toujours. Plus pour longtemps...

Les troupes françaises et anglaises encerclées

Le 10 mai 1940, la Wehrmacht attaque la Belgique et la Hollande. De plus, elle lance une offensive dans les Ardennes dont la percée est réalisée le 13 mai, à Sedan. Les armées alliées sont enfoncées en un point réputé infranchissable par les chars… L'aviation et les panzers allemands se montrent d'une efficacité d'autant plus redoutable que, curieusement, peu d'avions français ne contrarient l'avance allemande, et que les rares chars ne se montrent guère. Les troupes alliées sont coupées en deux. La partie qui se trouve au nord est rapidement encerclée par les Allemands, et reflue vers Dunkerque. Sous les bombardements, les Britanniques décident alors d'évacuer vers l'Angleterre au moyen d'une flottille les soldats pris au piège. C'est l'opération Dynamo qui permet de sauver, entre le 28 mai et le 4 juin 1940, près de 360 000 hommes – dont le corps expéditionnaire anglais. Les autres vont être faits prisonniers par les Allemands. Constatant que la situation est désespérée en France, l'Italie en profite pour l'attaquer dans le dos le lundi 10 juin, sans grand succès cependant.

Le triste exode de juin 40

Les troupes de Hitler, que le général Weygand, bientôt ministre de la Guerre de Pétain, n'a pu contenir, entrent dans Paris le 14 juin 1940. Un exode massif des populations du nord de la France, de Paris et de sa région commence alors. Plus de huit millions d'hommes, de femmes, d'enfants et de vieillards se retrouvent sur les routes, embarqués dans toutes sortes de véhicules, ou bien à pied, dans le désordre, la surprise, la stupeur ou la résignation. Le 15 juin, le gouvernement français se replie à Bordeaux. Le 16 juin, le président du Conseil, Paul Reynaud, se refuse à demander un armistice aux Allemands, il démissionne. Albert Lebrun fait alors appel au maréchal Pétain qui – à quatre-vingt-quatre ans ! – prend la place de Reynaud. À minuit, le gouvernement français demande l'armistice. Le 17 juin, Pétain s'adresse à la nation française : « C'est le cœur serré que je vous dis aujourd'hui qu'il faut cesser le combat. Je me suis adressé cette nuit à l'adversaire pour lui demander de mettre un terme aux hostilités. »

Figure 9-1 :
Hitler et ses officiers à Paris.

La signature de l'armistice

Le 19 juin, les Allemands sont à Nancy, Vichy, Rennes... À Saumur, les cadets de l'École de cavalerie résistent héroïquement à la Wehrmacht. Le vendredi 21 juin, dans la clairière de Rethondes, près de Compiègne, le wagon du maréchal Foch où fut signé l'armistice le 11 novembre 1918 est de nouveau utilisé, mais cette fois, ce sont les Français qui sont vaincus, chez eux. Hitler, Göring, Keitel et Brauchitsch y assistent à la signature de l'armistice par les plénipotentiaires français, obtenue le 22 juin 1940. Hitler ordonne alors que le wagon soit transporté à Berlin afin d'y être brûlé, et que soit dynamité le monument commémoratif qui avait été construit sur place.

Figure 9-2 :
Le général de Gaulle en juin 1940.

Londres, de Gaulle et ses trois appels de juin 1940

Pendant que Hitler visite Paris, le général de Gaulle, sous-secrétaire d'État à la Guerre du gouvernement Reynaud, s'est rendu à Londres où il va retrouver Winston Churchill. Apprenant que l'armistice a été demandé par Pétain, il lance, de la BBC, la radio anglaise, un premier appel à tous les Français, le 18 juin à dix-sept heures. Cet appel n'est pas enregistré. On en possède seulement le texte. Il diffère, dans la forme seulement, du texte d'un deuxième appel, celui d'une affiche placardée sur les murs de Londres et qui reprenait les mêmes idées : inciter les Français à résister contre l'envahisseur. C'est dans le texte de cette affiche qu'on trouve la formule choc : « La France a perdu une bataille ! Mais elle n'a pas perdu la guerre ! » Le 19 juin, un troisième appel est lancé, de la BBC, par de Gaulle, plus bref, plus direct : « Tout Français qui porte encore les armes a le devoir absolu de continuer la résistance… »

3 juillet 1940 : les Anglais coulent les bateaux français !

La France est alors coupée en deux par une ligne de démarcation : la zone nord est occupée par les Allemands, la zone sud est libre. L'Alsace et la Lorraine sont annexées à l'Allemagne. L'Angleterre désormais est seule intacte et capable de prendre les décisions qu'elle estime nécessaires à la lutte contre les Allemands. Ainsi, craignant que ceux-ci s'emparent de la flotte française, Churchill ordonne que les cuirassés français qui mouillent à Mers-el-Kébir sur la côte algérienne soient coulés ! Les navires anglais en envoient trois par le fond, un quatrième réussit à s'échapper. Cette opération cause un vrai massacre : 1 500 marins français trouvent la mort !

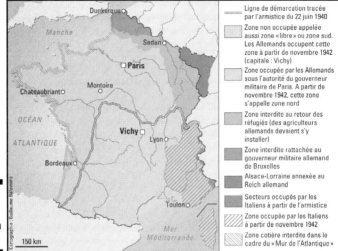

Légende :

- Ligne de démarcation tracée par l'armistice du 22 juin 1940
- Zone non occupée appelée aussi zone « libre » ou zone sud. Les Allemands occupent cette zone à partir de novembre 1942 (capitale : Vichy)
- Zone occupée par les Allemands sous l'autorité du gouverneur militaire de Paris. A partir de novembre 1942, cette zone s'appelle zone nord
- Zone interdite au retour des réfugiés (des agriculteurs allemands devaient s'y installer)
- Zone interdite rattachée au gouverneur militaire allemand de Bruxelles
- Alsace-Lorraine annexée au Reich allemand
- Secteurs occupés par les Italiens à partir de l'armistice
- Zone occupée par les Italiens à partir de novembre 1942
- Zone côtière interdite dans le cadre du « Mur de l'Atlantique »

La France après l'armistice du 22 juin 1940.

150 km

Guy Môquet, 17 ans...

Le 20 octobre 1941, le lieutenant-colonel Holtz est abattu dans une rue de Nantes. Hitler décide immédiatement de faire fusiller cinquantes otages français, en représailles. Le 22 octobre, vingt-sept d'entre eux sont rassemblés dans une baraque du camp de Choisel, à Chateaubriant, puis conduits sur le lieu de leur supplice, dans une carrière proche de la ville : La Sablière. Ils sont fusillés entre 15h50 et 16h10. Ces représailles cruelles, exercées aussi à Bordeaux, vont animer l'esprit de résistance. Le plus jeune des fusillés de la Sablière n'a que 17 ans. Il s'appelle Guy Môquet. Quand vous passerez ligne 13, dans le métro, à Paris, rappelez-vous...

La France de Pétain

Le maréchal Pétain reprend du service alors qu'il est déjà entré dans ce qu'on appelle aujourd'hui le quatrième âge. La France qu'il dirige est celle de la collaboration, bien davantage – au début tout au moins – que celle de la Résistance. L'occupant n'éprouve aucune difficulté à obtenir de la police française l'arrestation des Juifs et, de la milice, l'espionnage des réseaux de résistance. De son côté, le général de Gaulle que concurrençait le général Giraud devient, en 1943, à Alger, chef du gouvernement provisoire de la République française.

Plume de corbeau

Les Français vont s'installer peu à peu dans une confortable collaboration avec l'occupant. Les fournisseurs s'empressent de répondre à ses besoins, d'autant plus qu'il paie bien, et comptant ! Le service des postes fonctionne lui aussi à plein régime : des lettres sans signature arrivent tous les jours dans les kommandanturs ! On y dénonce le voisin qui cache des Juifs, celui qui ravitaille la résistance, on révèle la véritable identité d'un étranger qui vient d'arriver sous un faux nom, on précise où se trouve l'aviateur anglais qui a été récupéré dans la nuit, on ajoute que l'argent parachuté pour la résistance a disparu, on se venge d'un amour déçu... Bref, beaucoup de villes, petites ou grandes, beaucoup de villages sont devenus des corbeautières où s'installent des haines tenaces qui, souvent, vont se transmettre sur plusieurs générations.

Cependant, la collaboration n'empêche pas les occupants de se livrer au pillage économique de la France, avec pour conséquence des denrées contingentées et distribuées contre des cartes de rationnement. Ce système permet le développement du marché noir : des denrées devenues rares sont vendues sans scrupule à prix d'or par ceux qui les possèdent ou par des intermédiaires. Untel fait du marché noir ? Vite, mon encre noire, et ma plume de corbeau...

« La terre ne ment pas »...

Pétain décide d'installer le gouvernement à Vichy. Albert Lebrun se retire – en 1944, il sera arrêté par les Allemands et déporté. Pierre Laval, le vice-président du Conseil, décide alors de modifier la constitution, ce qui met fin à la IIIe République. Elle laisse la place à l'État français et à sa devise : « Travail, famille, patrie ». Le 10 juillet, une large majorité parlementaire vote les pleins pouvoirs au maréchal Pétain qui devient alors le chef de l'État détenant tous les pouvoirs. Toute une propagande, orchestrée par l'amiral Darlan, dauphin de Pétain et vice-président du Conseil, diffuse jusque dans les plus petits villages de France la célébration de la personne du maréchal autour d'un passé glorieux et du mythe rural de « la terre qui, elle, ne ment pas ». Terre dont la fécondité doit se communiquer aux hommes et aux femmes qui plaisent au maréchal lorsqu'ils lui présentent leur nombreuse famille ! Un hymne est composé, dont les premières paroles sont déjà tout un programme : « Maréchal, nous voilà… » Les nouvelles générations sont encadrées dans des Chantiers de Jeunesse. Tout cela constitue ce qui porte le nom de Révolution nationale – mais ne remporte qu'un succès de façade.

Figure 9-3 : Pierre Laval et le maréchal Pétain, alors âgé de 81 ans, à Vichy en 1942.

La déportation des Juifs vers les camps de la mort

L'inimaginable se met en marche : les Juifs vont être traqués, dénoncés, arrêtés, dépossédés de leurs biens, déportés dans des camps où ils découvrent l'horreur absolue. La Shoah – l'anéantissement – a fait six millions de victimes.

7 juin 1942 : une étoile jaune sur la poitrine

Les autorités françaises de Vichy vont reprendre à leur compte le programme nazi de persécution des Juifs. Elles vont le faire avec une ardeur qui étonnera les nazis eux-mêmes... Cela commence dès le 3 octobre 1940 par l'élaboration d'un statut des Juifs : la plupart des professions leur sont interdites. Le 29 mars 1941, un Commissariat général aux questions juives (CGQJ) est créé. Il est placé sous la responsabilité de Xavier Vallat, parlementaire d'extrême-droite et antisémite notoire. Il décide la confiscation des biens juifs et leur mise sous administration « aryenne ». Été 1942 : le CGQJ change de responsable : Vallat est remplacé par Darquier, dit de Pellepoix. C'est un avocat véreux qui n'hésite pas à s'enrichir sur les biens juifs. La politique antisémite devient de plus en plus sévère : à partir du 7 juin 1942, en zone occupée, tous les Juifs de plus de six ans doivent porter l'étoile jaune.

Figure 9-4 : Vichy antisémite : « Par ordre du Commissariat général aux questions juives : l'entrée des Juifs dans les salles de l'Hôtel des Ventes est interdite d'une manière absolue. »

Plaire à l'occupant : traquer les Juifs !

Darlan est écarté du gouvernement de Vichy à la demande des Allemands qui ont perdu confiance en lui à la suite d'une négociation ambiguë au terme de laquelle l'Angleterre parvient à occuper la Syrie. Il est remplacé par Pierre Laval qui devient, le

18 avril 1942, chef du gouvernement. Laval donne une nouvelle impulsion à la collaboration avec l'ennemi, décidée dès le 24 octobre 1940 par Pétain lors de l'entrevue avec Hitler à Montoire. Le nouveau chef du gouvernement – Laval – affirme que le rapprochement de la France et de l'Allemagne est la condition nécessaire et indispensable à la paix en Europe. Pour faciliter cette entente, il faut plaire à l'occupant qui traque les Juifs, efficacement secondé par le CGQJ.

Juillet 1942 : la rafle du Vél'd'Hiv

Laval, considérant que l'ardeur déployée pour l'arrestation des Juifs n'est pas suffisante, décide, avec René Bousquet, secrétaire général de la police au ministère de l'Intérieur, d'une vaste opération au cours de laquelle les Juifs de la zone occupée seront arrêtés pour être déportés en train vers les camps de concentration. Cette rafle est prévue entre le 16 et le 30 juillet 1942. Elle porte le nom à la fois cynique et poignant de « Vent printanier ». Dans la nuit du 16 au 17, à quatre heures du matin, l'opération commence. Sept mille policiers français pénètrent de force chez les Juifs en plein sommeil, arrêtent les hommes, les femmes, les enfants qui sont conduits au vélodrome d'Hiver, dans le XVᵉ arrondissement. Plus de 20 000 Juifs vont alors être transférés à Drancy, de même que, un peu plus tard, 12 000 enfants ! Les convois vont acheminer régulièrement les Juifs arrêtés vers les camps de la mort – y compris les enfants séparés de leur famille. Au total, ce sont presque 100 000 Juifs qui vont quitter le sol français pour se retrouver dans l'horreur des camps d'extermination. Bien peu en reviendront. En Europe, six millions de Juifs furent exterminés par les nazis !

Figure 9-5 :
Le camp de
Drancy.

La milice française collabore avec la gestapo

Après l'occupation de la zone libre à la fin de 1942, le maréchal Pétain perd une grande partie de sa popularité auprès des Français qui constatent son impuissance à endiguer les volontés allemandes. C'est Pierre Laval qui est devenu l'homme du pouvoir. Hitler lui accorde sa confiance, à condition qu'il recrute en France des centaines de milliers de travailleurs qui seront employés dans les usines en Allemagne ou ailleurs pour les intérêts du Reich. Ainsi est créé le STO (Service du travail obligatoire) auquel bon nombre de jeunes gens vont se soustraire en entrant dans les maquis de résistants. Le 30 janvier 1943, afin de mieux pénétrer ces maquis où sont organisées des actions de sabotage contre l'occupant, Laval crée une milice française qui va lutter aux côtés de la gestapo. Cette milice va se rendre, jusqu'à la fin de la guerre, tristement célèbre, utilisant les moyens les plus lâches pour parvenir à ses fins. Au total, ce sont presque 700 000 travailleurs obligatoires qui vont aller en Allemagne, beaucoup moins que ce qui avait été prévu par les autorités françaises.

La guerre mondiale

Le 7 décembre 1941, le Japon qui s'est allié à l'Allemagne et à l'Italie lance une attaque surprise, sans déclaration de guerre, contre l'escadre américaine qui est ancrée à Pearl Harbour, dans l'île d'Ohau – îles Hawaii. 250 avions sont détruits, 6 cuirassés, 3 contre-torpilleurs, 3 croiseurs… C'est un vrai désastre ! À la suite de cette attaque, l'Allemagne et l'Italie déclarent la guerre aux États-Unis. La guerre devient mondiale.

La Résistance se met en place

Un appel à la résistance, si convaincant soit-il, ne suffit pas à déclencher un mouvement de grande ampleur capable de gêner l'occupant. Peu à peu, cependant, cet appel fait son chemin, et les mouvements de résistance vont agir avec courage et détermination jusqu'à la Libération.

De Gaulle bien seul le 18 juin...

Résister. Lorsque de Gaulle lance son appel à Londres le 18 juin 1940, il est bien seul ! Les ralliements qu'il obtient au départ sont très limités : les pêcheurs de l'île de Sein, René Cassin, le général Catroux... Mais peu à peu, de Gaulle gagne le ralliement de l'Afrique équatoriale française, du Cameroun, de la Nouvelle-Calédonie et des îles du Pacifique. Ces ralliements lui suffisent pour créer à Brazzaville, le 27 octobre 1940, le Conseil de défense de l'Empire colonial français, puis, le 24 septembre 1941, le Conseil national français qui assure l'exercice provisoire des pouvoirs publics. Il devient alors un interlocuteur acceptable pour l'Angleterre et les États-Unis – qui cependant se méfient de sa conception personnelle du pouvoir.

21 juin 1943 : Jean Moulin arrêté à Caluire-et-Cuire

Plusieurs mouvements de résistance qui se sont développés indépendamment de Charles de Gaulle vont progressivement reconnaître en lui le chef de la France Libre. Il envoie en mission en zone occupée l'ancien préfet Jean Moulin afin d'unir tous les résistants sous la même bannière. Celui-ci parvient à créer le CNR (Conseil national de la résistance) – Georges Bidault en prendra la tête, élaborant le programme d'action suivant : insurrection contre la présence allemande, mais aussi, pour plus tard, la nationalisation des moyens de production, et de vastes réformes sociales. Au moment de la création du CNR, Jean Moulin est arrêté sur dénonciation par la gestapo le 21 juin 1943, à Caluire-et-Cuire dans le Rhône, lors d'une réunion des principaux chefs de la Résistance. Torturé à Lyon, dans les services de Klaus Barbie, il ne livre aucun renseignement ni aucun nom aux nazis. Il meurt probablement dans le train qui le conduit en Allemagne. Ses cendres sont transférées au Panthéon le 19 décembre 1964, pendant qu'André Malraux prononce son célèbre : « Entre ici, Jean Moulin, avec ton terrible cortège... »

Darlan, de Gaulle ou Giraud ?

Le 8 novembre 1942, les Anglo-Américains débarquent à Alger et à Casablanca. Ce débarquement a été soigneusement préparé et tenu secret afin que de Gaulle n'en sache rien. En effet, le président américain Roosevelt n'apprécie pas de Gaulle en qui il voit un futur dictateur, c'est-à-dire un responsable politique et militaire qui n'hésitera pas à s'opposer à la volonté des États-Unis. C'est alors que le dauphin de Pétain, l'amiral Darlan, qui a des ambitions nationales, se trouve en Algérie et propose aux Américains d'assumer le pouvoir de chef de l'État français. Les Allemands l'apprenant et n'appréciant pas ce double jeu envahissent alors la zone française demeurée libre. En représailles, ils décident de s'emparer de la flotte demeurée intacte à Toulon. Mais l'amiral de Laborde donne l'ordre de saborder tous les navires : 135 bâtiments sont coulés ! Darlan au double jeu est assassiné le 26 décembre 1942.

Qui va représenter la France auprès des Américains et des Anglais ? Le général de Gaulle – arrivé à Casablanca en catastrophe – ou le général Giraud anti-allemand, mais favorable à Vichy, ce qui rendrait plus aisée la prise de contrôle des militaires français ? Dans un premier temps, Churchill et Roosevelt parviennent à unir les deux généraux dans un même commandement, mais c'est compter sans la rivalité de Gaulle-Giraud qui va aboutir à la démission du général Giraud, le 27 octobre 1943. De Gaulle devient le seul chef du Gouvernement provisoire de la République française.

1944 : les alliés débarquent, les Allemands capitulent

L'Allemagne a commencé à reculer après les grandes batailles sur le front russe. La gigantesque opération de débarquement des troupes alliées sur les plages de Normandie, le 6 juin 1944, va conduire au dénouement d'une guerre dont l'armistice est signé le 8 mai 1945.

Dès 1942, l'Allemagne vacille

Depuis 1943, l'Allemagne essuie des revers. Ce tournant dans la marche agressive et victorieuse du IIIe Reich a commencé le 1er septembre 1942 : la 6e armée du maréchal Paulus a commencé le siège de Stalingrad, bataille terrible qui va se terminer par une défaite spectaculaire le 31 janvier 1943, suivie d'une retraite désastreuse. Le 8 septembre suivant, l'Italie se rend sans condition. Le 27 janvier 1944, après 872 combats et 1 000 000 de morts, les Allemands abandonnent le siège de Leningrad ! Les opérations destinées à vaincre l'Allemagne nazie, décidées par Roosevelt, Churchill et Staline le 1er décembre 1943 à Téhéran, vont être mises en œuvre et commencer par l'opération Overlord.

Deux poètes disparus

Il était né à Quimper, le 11 juillet 1876. Peintre et poète, esprit fin, subtil et cultivant l'humour avec délectation, il avait décidé d'entrer à l'abbaye de Saint-Benoît-sur-Loire en 1921. Il est arrêté par la gestapo le 24 février 1944. Conduit à la prison d'Orléans, puis au camp de Drancy, il y meurt d'épuisement. Il s'appelait Max Jacob.

Une fourmi de dix-huit mètres / Avec un chapeau sur la tête / Ça n'existe pas, ça n'existe pas !... Le Pélican de Jonathan / Au matin pond un œuf tout blanc... Poèmes pour enfants, mais aussi : « J'ai tant rêvé de toi que mes bras habitués en étreignant ton ombre à se croiser sur ma poitrine ne se plieraient pas au contour de ton corps, peut-être... » Celui qui a écrit ces poèmes était né en 1900. Il a été arrêté par la gestapo deux jours avant Max Jacob. Déporté à Buchenwald, il est mort au camp de concentration de Teresin. Il s'appelait Robert Desnos.

6 juin 1944 : Américains, Anglais, Canadiens à l'assaut !

Le 22 janvier 1944, les alliés débarquent à Anzio, en Italie. Le 5 juin, ils entrent dans Rome. Le lendemain, 6 juin 1944, l'opération Overlord commence sur les plages de Normandie – de Gaulle, selon le souhait du président américain, n'en a été averti que la veille ! 15 000 avions, 5 000 navires, 650 000 soldats américains, anglais, français, canadiens… et 20 000 véhicules vont débarquer entre Sainte-Mère-Église et Ouistreham, sous le feu nourri des Allemands qui ont hérissé la côte de blockhaus, de mitrailleuses, de barbelés, et installé toutes sortes d'obstacles sur les plages. C'est la plus formidable opération militaire de tous les temps ! Le général américain Eisenhower – qui en a choisi le jour et l'heure – en assure la direction.

Figure 9-6 :
Le Débarquement : les Américains débarquent en Normandie.

18 au 25 août : « Paris martyrisé ! Mais Paris libéré ! »

Les combats en Normandie sont acharnés. En deux mois, deux millions d'hommes, 500 000 véhicules et trois millions de tonnes de matériel sont débarqués dans les ports artificiels qui ont été construits en Normandie ! Il faut cependant attendre le 1er juillet pour que les alliés déclarent que l'opération Overlord a réussi. Du 18 au 25 août, Paris est libérée grâce aux 16 000 hommes, 4 000 véhicules et 500 blindés de la 2e DB du général Leclerc ! Le 26 août, le général de Gaulle descend les Champs-Élysées, acclamé par la foule en liesse à laquelle il offre une des formules choc dont il a le secret : « Paris outragé ! Paris brisé ! Paris martyrisé ! Mais Paris libéré ! »

Figure 9-7 :
Le 25 août
1944 : Paris...
libéré !

8 mai 1945 : l'Allemagne capitule

Paris libéré, certes, mais la guerre se poursuit ! Le 15 août
1944, les alliés débarquent en Provence. Le 4 septembre, le
général américain Patton franchit la Meuse ; les Allemands
n'ont pas perdu toutes leurs ressources. Ils lancent depuis la
Poméranie des fusées V2 qui, à la vitesse de Mach 5, atteignent la Grande-Bretagne. Le 23 novembre, le général Leclerc
entre dans Strasbourg. Malgré des contre-attaques allemandes
meurtrières, Berlin est bombardée le 3 février 1945. Les 13 et
14 février, Dresde est rayée de la carte : les trois vagues de
bombardements alliés feront 250 000 morts dans la population
de cette ville ! Le lundi 30 avril, dans son bunker de Berlin,
Hitler et Eva Braun, sa compagne, se suicident. Leurs corps
brûlés sont retrouvés dans la cour de la Chancellerie, par les
Russes. Enfin, le 8 mai 1945, le maréchal Keitel signe l'acte de
la capitulation définitive du IIIe Reich !

Le retour

Par le train, par bateaux traversant la mer Noire, la mer Égée, pour arriver à Marseille, à pied parfois, ou dans n'importe quel convoi, ils reviennent après cinq années passées en Allemagne, en Pologne, en Autriche : les prisonniers de guerre, ceux qui avaient été encerclés en 1940, victimes de l'impéritie de l'état-major. Certains d'entre eux, lorsqu'ils furent emmenés dans les camps nazis, avaient déjà accompli presque trois années de service militaire. Transférés aux confins de la Prusse, dans des usines, ou dans la plaine viennoise, dans quelque ferme, avec un grand KG – *Krieg gefangener* : prisonnier de guerre – peint dans le dos, ils devaient passer cinq années dans l'incertitude totale sur la date de leur retour. Certains furent libérés, pacifiquement, par les Américains, d'autres, de façon moins pacifique, par les Russes. Ceux qui s'attardèrent un peu en cours de route eurent la surprise de constater que, considérés morts, ils avaient déjà bénéficié de messes dites à leur mémoire.

À Paris, l'hôtel Le *Lutétia* qui avait servi de *kommandantur*, fut réquisitionné pour l'accueil des déportés, ceux qui avaient survécu aux camps de la mort, à des conditions de détention inimaginables de cruauté et de sadisme.

SAVIEZ-VOUS ?

Entre 40 et 50 millions de victimes

Dans le monde, la Seconde Guerre mondiale a fait entre quarante et cinquante millions de morts dont vingt millions de civils ! Six millions de Juifs ont été exterminés. En France, le nombre de tués est de près de 600 000. Les États-Unis ont perdu 300 000 combattants, la Grande-Bretagne près de 500 000, de même que l'Italie et la Tchécoslovaquie, et la Pologne 5 800 000 ! En URSS, ce sont vingt millions de personnes qui ont été tuées. L'Allemagne a perdu 3 300 000 soldats, mais, au total, en comptant ceux qui vivaient dans différents pays d'Europe centrale, le total des victimes s'élève à cinq millions. Enfin, pour la première fois, la bombe atomique est utilisée : le lundi 6 août 1945, le bombardier américain *Enola Gay* lâche sur la ville japonaise d'Hiroshima, à neuf heures trente, la première bombe atomique de l'histoire. Le 9 août, une seconde est lâchée sur Nagasaki. Elles font des centaines de milliers de morts. Les survivants sont atrocement brûlés.

Chronologie récapitulative

- ✔ 3 août 1914 : l'Allemagne déclare la guerre à la France
- ✔ Février à juillet 1916 : bataille de Verdun
- ✔ Juillet à octobre 1916 : offensive sur la Somme
- ✔ Mai-juin 1917 : mutineries dans l'armée française
- ✔ 11 novembre 1918 : armistice
- ✔ 28 juin 1919 : signature du traité de Versailles avec l'Allemagne
- ✔ 1924 : victoire du Cartel des gauches aux élections législatives
- ✔ 1936 : victoire du Front populaire aux élections législatives
- ✔ 7 juin 1936 : accords Matignon
- ✔ 3 septembre 1939 : la France déclare la guerre à l'Allemagne
- ✔ 14 juin 1940 : entrée des troupes allemandes à Paris
- ✔ 18 juin 1940 : appel du général de Gaulle
- ✔ 16-17 juillet 1942 : rafle du Vél'd'Hiv
- ✔ 6 juin 1944 : débarquement allié en Normandie
- ✔ 8 mai 1945 : capitulation allemande

Quatrième partie

De 1945 à nos jours : la France et l'Europe

Dans cette partie...

*V*ous allez comprendre combien l'instabilité ministérielle de la IVe République a pesé dans les hésitations face à la décolonisation. De Gaulle au pouvoir, la
Ve République qui nous régit toujours se met en place.
L'Algérie obtient son indépendance, et, après les
remous de mai 68, la France s'engage sur le chemin de
la modernité. Georges Pompidou, Valéry Giscard
d'Estaing, François Mitterrand et Jacques Chirac, ainsi
que leurs gouvernements et les Assemblées, ont permis
de réussir l'intégration de la France dans une Europe
résolument tournée vers le progrès.

Chapitre 10

1946 à 1958 : La IVᵉ République : le pouvoir aux partis

*A*près les vengeances de toutes sortes au lendemain de la guerre, la paix est à reconstruire. C'est ce que vont tenter de faire les hommes politiques de la IVᵉ République dans un inconfort parlementaire et gouvernemental permanent qui ne va pas faciliter la résolution des problèmes que posent l'agitation sociale et la décolonisation.

L'épuration commence

Les souffrances subies pendant les années de guerre ont pour conséquence l'épuration qui, dès juin 1944, vise à punir ceux qui ont collaboré avec l'occupant. Et cette punition consiste souvent en une exécution sommaire.

Quarante mille exécutions sommaires

C'est la revanche du Vél'd'Hiv : ce vélodrome dans lequel avaient été rassemblés les Juifs avant leur départ pour les camps de la mort va s'emplir, à partir d'août 1944, de toutes sortes de collaborateurs en attente d'un jugement qui en conduira beaucoup devant un peloton d'exécution improvisé. Partout en France, ceux qui ont collaboré, ou sont soupçonnés de l'avoir fait, vont subir le même sort : ou bien ils sont passés par les armes – il y aura entre 30 000 et 40 000 exécutions sommaires – ou bien ils sont emprisonnés.

Figure 10-1 :
Les femmes soupçonnées d'avoir collaboré avec des Allemands sont tondues.

Pétain condamné à mort

Les femmes qui ont eu avec l'occupant une attitude trop accueillante sont tondues et promenées dans les villes ou villages sous les huées et les crachats des habitants. Une confusion vengeresse, proche de l'anarchie, s'est emparée de la France. Des hommes politiques – dont Pierre Laval et l'écrivain Robert Brasillach – sont condamnés à mort et exécutés. Pétain est lui aussi condamné à mort, mais sa peine est commuée par le général de Gaulle en détention à vie. Charles Maurras, Pierre Benoît, Jean Giono et Sacha Guitry sont emprisonnés, pendant que d'autres dont la collaboration est pourtant avérée demeurent libres.

Pendant ce temps chez nos voisins

Du 10 janvier au 14 février 1946, la première assemblée générale de l'ONU se tient à Londres. Le 14 mai 1948, l'État d'Israël est créé, son gouvernement est assuré par Ben Gourion, jusqu'en 1963. En Tchécoslovaquie, en février 1948, les communistes s'emparent du pouvoir avec l'appui de l'URSS. Le 21 septembre 1949, la République populaire de Chine est proclamée, Mao Tsé-Toung en est le président, Tchang Kaï-Chek s'enfuit à Taiwan. De 1948 à 1962, la tension entre les deux blocs constitués par les États-Unis et l'URSS, et leurs alliés respectifs, est extrême ; c'est la première phase de ce qu'on appelle la Guerre froide.

Octobre 1946 à septembre 1958 : la IVᵉ République

De Gaulle aurait aimé disposer d'un pouvoir personnel étendu, et de deux chambres évitant toute précipitation dans les décisions. C'est le contraire qui lui est offert : il préfère s'en aller. L'instabilité politique va alors s'installer avant que le plan Marshall ne garantisse le renouveau économique et que l'idée de l'Europe ne fédère les énergies.

Vingt-cinq gouvernements en douze ans...

Une moyenne d'un gouvernement tous les six mois ! La constitution de la IVᵉ République favorise le système des partis. C'est pourtant un pouvoir fort et stable qui serait nécessaire pour aborder avec détermination le problème de la décolonisation dont la solution n'a pas encore été trouvée.

21 octobre 1945 : le vote des femmes

Après sa descente triomphale des Champs-Élysées le 26 août 1944, le général de Gaulle forme un nouveau gouvernement provisoire qu'il préside. Il fait organiser un référendum qui aboutit à l'élection d'une assemblée constituante. À cette occasion, une ordonnance datant du 21 avril 1944 est appliquée : les femmes, en ce 21 octobre 1945, votent pour la première fois !

13 octobre 1946 : une IVe République nous est née...

Élu chef du gouvernement, le général de Gaulle désirerait une constitution qui lui donne de larges pouvoirs, ainsi que deux chambres, une Chambre des députés et un Sénat. Mais le Parti socialiste et le Parti communiste préfèrent une assemblée unique et un président aux pouvoirs réduits. Finalement, les partis l'emportent et de Gaulle démissionne le 20 janvier 1946. Vincent Auriol est alors élu président de l'Assemblée constituante. Celle-ci élabore une constitution qui est adoptée par référendum le 13 octobre 1946. La IVe République est née ! La souveraineté populaire y est assurée par le Parlement, ce qui va conduire au renforcement des partis et à l'instabilité ministérielle. De 1946 à 1958, on ne comptera pas moins de vingt-cinq gouvernements !

16 janvier 1947 : Vincent Auriol président de la République

Le 10 novembre 1946, les députés de la nouvelle assemblée nationale sont élus à la proportionnelle. Le parti communiste, le Mouvement républicain populaire (MRP, fondé le 26 novembre 1944 par des chrétiens de gauche résistants), et les socialistes (SFIO) obtiennent 72 % des voix ! Le 16 janvier 1947, le socialiste Vincent Auriol est élu président de la République.

La naissance de FO et de la FEN

Les grèves d'octobre 1947 se transforment en insurrections. Les manifestants interrompent le trafic ferroviaire, obstruant les voies, de sorte que la capitale n'est plus ravitaillée. Près de 80 000 réservistes sont alors rappelés. La police réprime le mouvement, et la CGT demande la reprise du travail le 9 décembre 1947. Se séparant de la CGT, les syndicats Force ouvrière (FO) et la Fédération de l'Éducation nationale (FEN) vont voir le jour.

Il charge Paul Ramadier – socialiste – de former le premier gouvernement. Ce gouvernement est celui du tripartisme associant communistes, socialistes et républicains populaires.

1947 : pénurie et guerre froide

Dans un contexte de pénurie – les cartes de rationnement sont toujours en vigueur – et d'inflation, les difficultés apparaissent sans tarder. Elles prennent la forme de grèves de plus en plus étendues, dont la CGT prend la tête. Ramadier exclut alors les ministres communistes de son gouvernement le 2 mai 1947. Ils espèrent revenir au pouvoir, mais la guerre froide commence – face à face belliqueux entre les États-Unis et l'URSS, avec création de part et d'autre d'un arsenal nucléaire ; la France se rangera le 4 avril 1949 du côté des États-Unis en adhérant à l'OTAN, l'Organisation du traité de l'Atlantique nord. En octobre 1947, les produits alimentaires ayant augmenté de presque 50 %, et les salaires de 10 % à peine, une grève générale dans la métallurgie et dans les mines est déclenchée. Ramadier et son gouvernement démissionnent. Robert Schuman, MRP, entre en lice le 19 novembre 1947. Il se montre ferme face à la grève.

L'État-providence

L'après-guerre permet l'application rapide du programme du Conseil National de la Résistance. En réalisant le programme des nationalisations – Renault, les quatre plus grandes banques privées, l'électricité et le gaz, les transports aériens, les houillères –, l'État, imprégné des idées socialistes et communistes, devient le cœur d'une économie d'inspiration dirigiste. Le volet social comprend l'extension à tous les salariés de la Sécurité sociale. Elle est financée par des cotisations patronales et salariales, et gérée par des représentants des salariés. Elle prend en charge non seulement la maladie, mais aussi la vieillesse et l'invalidité. L'État prend aussi en charge l'indemnisation du chômage. Peu à peu, au fil des responsabilités financières et humaines qu'il accumule auprès des Français, il devient cet État sur lequel tout le monde compte désormais : l'État-providence.

Le SMIG voté par la troisième force

À partir d'octobre 1947, une troisième force politique naît de l'opposition au parti communiste et au parti fondé par de Gaulle, le RPF. Cette troisième force composée de socialistes et de MRP refuse la politique extérieure de l'Union soviétique et préfère se rapprocher des États-Unis. Elle permet d'enrayer l'inflation galopante et de voter, le 11 février 1950, un salaire minimal qui va longtemps porter le nom de SMIG – salaire minimum interprofessionnel garanti. L'homme fort de cette époque est le président du Conseil Henri Queuille qui parvient à piloter la troisième force en écartant à la fois les réticences des gaullistes et celles des communistes.

Le plan Marshall : des finances pour reconstruire

Grèves, hausses des prix, salaires qui ne progressent pas. La guerre a tant épuisé la France et l'Europe entière que les États-Unis lancent un plan de reconstruction de l'Europe, imaginé par le secrétaire d'État du président américain Truman : George Marshall. Ce plan qui porte son nom est accepté par la France, la Grande-Bretagne, par d'autres pays européens, mais refusé par la Russie et les pays de l'Est.

1950 : les premiers pas de l'Europe avec Jean Monnet

À partir de 1950, l'économie française va connaître un développement rapide. Les naissances augmentent : la population passe de quarante millions d'habitants en 1946 à quarante-cinq millions en 1958. C'est l'effet de ce qu'on appelle le baby-boom. La guerre commence à s'éloigner, et à laisser la place à la coopération européenne. Le 9 mai 1950, sur une idée de Jean Monnet, le ministre des Affaires étrangères, Robert Schuman, propose la mise en commun des ressources en charbon et en acier de la France et de l'Allemagne. Le 18 avril 1951, la CECA (Communauté européenne du charbon et de l'acier) voit le jour ; elle comprend la France, l'Allemagne,

UNE ANECDOTE

Pierre Mendès-France

Quinze ans, bac en poche ! Seize ans : Sciences Po ! Dix-sept ans : adhésion au parti radical, opérations coup de poing contre les Camelots du roi et l'Action française. Dix-neuf ans : plus jeune avocat de France. Service militaire dans l'aviation. En 1932, élu député de l'Eure – plus jeune député de France. Vous l'avez reconnu, il est né le 11 janvier 1907 à Paris : Pierre Mendès-France. En 1938, il fait partie du deuxième gouvernement du Front populaire, Léon Blum l'ayant nommé sous-secrétaire d'État au Trésor.

Aviateur pendant la campagne de France en 1940, il part ensuite avec d'autres parlementaires afin de continuer la lutte au Maroc. Rapatrié, il est arrêté et condamné au terme d'un procès inique. Il s'évade et rejoint Londres en février 1942. Il retrouve son escadrille lorraine en 1943, participant à des combats dans la Ruhr et dans le nord de la France. En 1943, de Gaulle l'appelle afin de lui confier le poste de commissaire aux Finances du Comité français de libération nationale. En 1944, Mendès est ministre de l'Économie du gouvernement provisoire. À son plan de rigueur, de Gaulle préfère celui de René Pleven qui prône la relance par l'emprunt et la fiscalité.

En 1953, il échoue à la présidence du Conseil. Il reçoit alors le soutien d'un nouveau magazine hebdomadaire, *L'Express*, fondé par Jean-Jacques Servan-Schreiber et Françoise Giroud. Cet hebdomadaire – lieu de rencontre des trois M : Mendès, Mauriac, Malraux – va mobiliser l'opinion en sa faveur. Le 18 juin 1954, Pierre Mendès-France est investi à la présidence du Conseil. Il conçoit son action gouvernementale comme un contrat avec la Nation, la considérant adulte et jugeant qu'il n'est pas utile de lui cacher les difficultés auxquelles elle doit faire face. Chaque samedi, il s'adresse simplement aux Français à la radio. Pour lui, la conjoncture de l'époque nécessite la décolonisation : il règle la crise indochinoise, commence son action en faveur de l'indépendance des États africains, mais la guerre d'Algérie va avoir raison de lui. Le 5 février 1955, après sept mois et dix-sept jours de présidence du Conseil, il démissionne, l'Assemblée lui ayant refusé sa confiance.

Président du parti radical, il devient ministre d'État du gouvernement Guy Mollet en janvier 1956, mais démissionne en mai, n'approuvant pas la politique menée en Algérie. Soutien de Mitterrand en 1974 et 1981, il s'engage pour la paix au Proche-Orient, organise des rencontres entre Israéliens et Palestiniens. Le 18 octobre 1982, il s'éteint à sa table de travail. Le pays tout entier lui rend hommage en lui faisant des funérailles nationales.

l'Italie, la Belgique, les Pays-Bas et le Luxembourg ces trois derniers pays formant le Benelux. En mars 1957, le traité de Rome qui fonde la Communauté européenne est signé par ces six pays.

Figure 10-2 :
À Dien-Bien-Phu : les parachutistes français et vietnamiens s'apprêtent à combattre les troupes du Viet minh.

1952 : Antoine Pinay, l'homme au chapeau

En 1952, le président du Conseil qui succède au gouvernement d'Edgar Faure – qui voulait augmenter les impôts de 15 % – s'appelle Antoine Pinay. Presque aussitôt sa nomination, il trouve un excellent moyen de drainer de l'argent : l'émission de l'emprunt qui porte son nom, un emprunt à 3,5 %, indexé sur l'or, mais surtout exonéré des droits de succession ! C'est la ruée sur cet emprunt Pinay qui permet à « l'homme au chapeau » de restaurer le franc, d'endiguer l'inflation et de réduire les dépenses publiques. Pinay deviendra, au fil du temps, un thaumaturge – un faiseur de miracles – qu'on va consulter comme un oracle dès que la monnaie se convulsionne. En attendant, son cabinet est bientôt renversé. En 1958, il devient ministre des Finances. Son action aboutit en 1960 à la création du nouveau franc : cent francs ne valent plus qu'un franc.

Outre l'efficacité économique de cette mesure, il faut admettre que ses conséquences sur les capacités personnelles des Français en arithmétique ne furent pas négligeables…

UNE BATAILLE

Dien-Biên-Phu, le 7 mai 1954

La Seconde Guerre mondiale favorise, en Indochine, l'émergence d'un homme politique formé au communisme en France : Ho-Chi-Minh. Il crée un front de résistance au colonialisme dans son pays qui s'identifie alors à la cause communiste : le Viêt-minh. Profitant de la confusion qui règne en France et en Europe en 1945, il proclame l'indépendance du Viêt Nam à Hanoi, jugeant inadmissible l'exploitation économique de son peuple par les Français. Les responsables politiques, en France, hésitent sur l'attitude à adopter, certains préférant la négociation à l'affrontement. Celui-ci intervient cependant sous la forme du bombardement de Haiphong, le 23 novembre 1946. Ho-Chi-Minh prend le maquis, la guerre commence le 19 décembre suivant.

Après 1949, les Vietnamiens, qui utilisent une forme de guérilla très efficace, bénéficient de l'aide de la Chine communiste. Cette guerre apparaît alors comme le double fer de lance de la guerre froide – les États-Unis venant en aide à la France. L'armée française subit des revers successifs. En janvier 1954, plus de 12 000 soldats sont encerclés par le Viêt-minh dans la plaine de Dien-Biên-Phu, choisie comme point de fixation par les Français afin d'épuiser les forces ennemies. En réalité, ce sont les Français qui subissent un désastre et doivent se rendre le 7 mai 1954. Sur les 12 000 hommes, 5 000 sont morts, 5 000 autres, prisonniers, mourront dans les semaines qui suivront.

Pierre Mendès-France parvient en un mois à la signature des accords de Genève : le 17ᵉ parallèle partage le Viêt Nam en deux. Au nord, la République démocratique, de régime communiste, et au sud, un régime proaméricain, les États-Unis prenant la relève de la France. Le Laos et le Cambodge deviennent indépendants. Les derniers soldats français quittent Hanoi le 9 octobre 1954. Le 5 février 1955, après s'être fréquemment opposé au parlement, Mendès-France démissionne.

En Afrique, la Tunisie et le Maroc deviennent indépendants en 1956, les États africains le sont en 1960, conservant avec la France de solides liens politiques, économiques et culturels.

Le début de la guerre d'Algérie

Des attentats en 1954 en Algérie, la rébellion armée qui s'étend en Kabylie et dans le Nord-Constantinois : la guerre d'Algérie commence...

1er novembre 1954 : la création du FLN

Le 1er novembre 1954, des Algériens créent un Front de libération nationale (FLN) et réclament l'indépendance de leur pays en commençant une série de sabotages, d'attaques de bâtiments civils et militaires, d'attentats. Le gouvernement de Pierre Mendès-France – François Mitterrand étant ministre de l'Intérieur – prend des mesures de sécurité et propose des réformes. Mais, entre le 20 et le 31 août, le FLN de la région du nord de Constantine attaque une trentaine de centres européens. Il y a 123 morts – dont 71 européens. Ce massacre provoque une rupture totale entre Européens et Algériens.

1956 : l'envoi des soldats du contingent

L'armée est alors appelée pour des opérations de maintien de l'ordre. En 1956, Guy Mollet devient président du Conseil alors que les élections ont porté au pouvoir un gouvernement de Front républicain. Son cabinet comprend notamment Mendès-France, ministre d'État, François Mitterrand à la justice, Gaston Defferre à la France d'outre-mer. Guy Mollet se rend en Algérie où, après avoir affronté la colère des Européens, il décide de porter la durée du service militaire à vingt-sept mois, et d'envoyer les soldats du contingent. De janvier à juillet 1956, leur nombre passe de 200 000 à 400 000.

Pendant ce temps chez nos voisins

En février 1953, Nikita Khrouchtchev devient le premier secrétaire du Comité central du Parti communiste, après la mort de Staline – il se fait le champion de la déstalinisation. Du 1er au 21 novembre 1956, l'URSS écrase la révolution hongroise, les troupes russes réoccupent Budapest. Le 5 octobre 1957, l'URSS lance le premier vaisseau de l'espace : le Spoutnik.

Le village de Sakhiet Sidi Youssef bombardé

Le FLN mène contre les soldats français une épuisante et incessante guérilla. Le 22 octobre 1956, l'avion dans lequel a pris place le dirigeant du FLN, Ahmed Ben Bella, qui se dirige vers la Tunisie, venant du Maroc, est contraint par les autorités françaises de se poser à Alger. Ben Bella est fait prisonnier et interné en France jusqu'en 1962 – il deviendra le premier président de la République algérienne, de 1963 à 1965. En 1957, le GPRA – Gouvernement provisoire de la République algérienne – est créé en dehors de l'Algérie afin d'en diriger le soulèvement. Au début de 1958, l'aviation française bombarde le village tunisien de Sakhiet Sidi Youssef, en représailles des raids de l'Armée de libération nationale algérienne. Les manifestations d'Européens se multiplient à Alger. Celle du 13 mai 1958, entraînée par le leader des étudiants Pierre Lagaillarde, se termine par l'occupation du Gouvernement général après une faible résistance des compagnies de CRS qui gardent le bâtiment.

Figure 10-3 :
Jean-Paul
Belmondo et
Jean Seberg
dans *À bout
de souffle*, de
Jean-Luc
Godard
(1960).

Un soir de mai, à Colombey...

Au soir du 13 mai, un comité de salut public est formé, présidé par le général Massu. Le soir même, le général Salan qui avait reçu du gouvernement français les pleins pouvoirs en Algérie, déclare qu'il « prend en main les destinées de l'Algérie française ». Il fait appel au général de Gaulle qui, depuis 1953, s'est retiré de la vie politique, et vit à Colombey-Les-Deux-Églises. Le 15 mai 1958, à dix-sept heures, le général de Gaulle, dans un communiqué, déclare qu'il se sent prêt à assumer les pouvoirs de la République. Le 29 mai, le président de la République, René Coty, sollicite le général de Gaulle afin qu'il forme un gouvernement. Le dimanche 1er juin, à quinze heures, de Gaulle se présente devant l'Assemblée. À vingt et une heures quinze, les résultats du vote sont proclamés : 329 députés – contre 224 – accordent l'investiture au gouvernement du général.

ARTS, CULTURE ET SCIENCES

Photos, films, livres et sport

Savez-vous que la fameuse photo de Robert Doisneau *Le Baiser de l'Hôtel de Ville* a été prise en 1950 ? Cette même année, Fernand Léger peint *Les Constructeurs* ; Matisse et Nicolas de Staël, en pleine maturité créatrice, offrent au public le meilleur de leur création : le premier en 1951 achève la décoration de la chapelle du Rosaire de Vence, le second, en 1952, commence, avec *Les Grands Footballeurs*, une sorte de révolution contre l'abstraction absolue. Au cinéma, on va voir, en 1949, *Jour de fête* de Jacques Tati, ou bien, en 1956, *Et Dieu créa la femme*, de Roger Vadim, avec Brigitte Bardot, ou bien encore, en 1960, *À bout de souffle* de Jean-Luc Godard, avec Jean-Paul Belmondo et Jean Seberg. Albert Camus, en 1947, écrit *La Peste*, Eugène Ionesco, *La Cantatrice chauve*, en 1950 ; la même année, Marguerite Duras publie *Un barrage contre le Pacifique*. Des exploits sportifs ? En 1948, Marcel Cerdan est champion du monde de boxe, aux États-Unis ; en 1954, Louison Bobet remporte son deuxième tour de France et devient champion du monde de cyclisme ; en 1956, Alain Mimoun remporte l'épreuve du marathon aux jeux Olympiques de Melbourne ; Just Fontaine devient, en 1958, le meilleur buteur de la coupe du monde de football en marquant treize buts !

Chapitre 11

1958 à 1969 : La Vᵉ République : le pouvoir au président

* * *

Dans ce chapitre :

▶ Assistez à la fin de la guerre d'Algérie

▶ Immergez-vous dans la France du général de Gaulle

▶ Vivez – ou revivez – les événements de mai 1968

* * *

*L'*Algérie devient indépendante dans la douleur et dans la tragédie. De Gaulle ensuite organise la France en tentant de lui donner son indépendance par rapport aux États-Unis. En 1968, le mouvement contestataire du monde étudiant, puis du monde ouvrier, le déstabilise. Son projet de régionalisation lui est fatal en 1969.

Une solution pour l'Algérie

C'est pour se retrouver face au devenir de l'Algérie que Charles de Gaulle sort de sa retraite de Colombey-Les-Deux-Églises. Il faut d'urgence mettre en place une nouvelle constitution, ce sera celle de la Vᵉ République qui est encore la nôtre.

La Vᵉ République : place au président !

Charles de Gaulle fait préparer par l'un de ses fidèles, Michel Debré, ministre de la Justice, une nouvelle constitution qui est présentée publiquement le 4 septembre 1958, place de… la République. Soumise aux Français par référendum, elle est massivement approuvée – 79,26 % de oui. La Vᵉ République vient de voir le jour ! La nouvelle constitution accorde au président de la République une place importante. Il est élu pour sept ans, par un collège de 80 000 grands électeurs – l'élection au suffrage universel sera décidée plus tard, par référendum, le 28 octobre 1962 : 61,75 % de oui. Cette constitution précise que :

- ✔ Le président peut dissoudre l'Assemblée nationale, soumettre aux Français certains projets de loi au moyen du référendum, et détenir les pleins pouvoirs en cas de menace exceptionnelle.

- ✔ Le président nomme tous les ministres à la tête desquels on ne trouve plus le président du Conseil, mais le Premier ministre.

- ✔ L'Assemblée nationale, qui vote les lois, peut contrôler le gouvernement par des motions de censure ou par la question de confiance.

- ✔ Le gouvernement dispose, lui, d'un article de la constitution lui permettant d'engager sa responsabilité si l'Assemblée est réticente : le 49.3. Les députés peuvent alors voter une motion de censure, et ainsi de suite…

L'Algérie : vers les accords d'Évian

Deux tendances opposées s'affrontent jusqu'aux accords d'Évian en 1962 : l'autodétermination décidée par le général de Gaulle, et l'Algérie française, désirée par la population européenne. Après le putsch des généraux français qui tentent de prendre le pouvoir dans la capitale algérienne, l'opposition au projet du président de la République devient clandestine et violente, avec l'OAS. Jusqu'à la signature des accords, suivie de l'arrivée de centaines de milliers de rapatriés…

Figure 11-1 :
Un soldat
harki devant
un village
détruit.

Pour l'Algérie, quel devenir ?

L'Algérie : de Gaulle semble d'abord favorable à l'Algérie française. Il propose la « paix des braves » ainsi que des réformes économiques et sociales. Mais ces propositions n'ont aucun effet sur les Algériens. De Gaulle commence alors à parler d'autodétermination – le droit pour les Algériens de décider de leur avenir. Les Européens manifestent leur opposition au projet : le 24 janvier 1960, une émeute fait vingt-deux morts dans le quartier des facultés à Alger. Des barricades se dressent dans la ville. L'armée n'intervient pas – le général Massu n'avait-il pas déclaré qu'elle était hostile à l'autodétermination, et favorable à l'Algérie française ? Mais de Gaulle reste ferme.

20 février 1961 : Pierre Lagaillarde fonde l'OAS

Finalement, les émeutiers abandonnent la partie et, le 2 février, Pierre Lagaillarde en tête – l'instigateur du mouvement – se rendent aux forces de l'ordre. Le référendum sur l'autodétermination en Algérie a lieu le 8 janvier 1961. Le oui l'emporte avec 75 % des suffrages. Le 16 janvier, le GPRA annonce qu'il est prêt à négocier avec la France, un de ses représentants va rencontrer en secret Georges Pompidou. De son côté, Pierre Lagaillarde, réfugié en Espagne, fonde, le 20 février 1961, l'Organisation de l'armée secrète (l'OAS) destinée à agir par tous les moyens pour que l'Algérie demeure française.

22 avril 1961 : Challe, Zeller, Jouhaud, Salan...

« Le cœur parfaitement tranquille. » C'est ainsi que de Gaulle qualifie son sentiment, le 11 avril 1961, lorsqu'on lui demande de quelle façon il envisage l'indépendance de l'Algérie. Parmi ceux qui l'entendent et refusent l'éventualité de l'indépendance, trois généraux, Challe, Zeller et Jouhaud, vont tenter de rééditer le coup de force de Massu et Salan du 13 mai 1958 : le 22 avril 1961, aidés de parachutistes, ils se rendent maîtres du gouvernement général d'Alger, arrêtent le ministre Robert Buron qui se trouvait là en mission et reçoivent le renfort de Salan qui arrive d'Espagne où il s'était réfugié. La population européenne est enthousiaste, mais ils ne sont guère suivis.

« Un quarteron de généraux en retraite... »

Le lendemain, 23 avril, le général de Gaulle se fait accorder les pleins pouvoirs, en vertu de l'article 16 de la constitution. Dans un discours prononcé le même jour, il dénonce l'action de ce qu'il appelle « un quarteron de généraux en retraite »... Se sentant isolé, ce « quarteron » abandonne la partie : Challe et Zeller se rendent, mais Jouhaud et Salan s'en vont renforcer les rangs de l'Organisation de l'armée secrète.

1961 : l'Algérie s'enfonce dans le chaos

Août 1961. L'OAS se montre de plus en plus active : les attentats sont de plus en plus nombreux et meurtriers en France et en Algérie, alors que, du 20 mai au 13 juin, les négociations avec le FLN ont échoué à Évian à cause du pétrole du Sahara et des garanties données à la Communauté européenne. En novembre, de nouvelles manifestations éclatent à Alger, elles font près d'une centaine de morts. FLN et OAS multiplient leurs actions dans une Algérie qui s'enfonce dans le chaos, pendant que le général de Gaulle est attaqué de tous côtés – et même conspué à Marseille.

8 février 1962 : neuf morts au métro Charonne

Le 7 février 1962, un attentat contre André Malraux rend aveugle une petite fille dont la photo publiée dans la presse rend l'opinion française très défavorable à l'OAS. Le lendemain, une manifestation communiste est organisée contre cette organisation terroriste : elle est réprimée avec violence par la police au métro Charonne. Le bilan est lourd : 200 blessés et 8 morts aux obsèques desquels assistent 500 000 personnes.

19 mars 1962 :
le cessez-le-feu en Algérie

La reprise des négociations avec le GPRA est décidée en février 1962 – des rencontres secrètes ont eu lieu aux Rousses dans le Jura. La signature des accords d'Évian – ville où se sont déroulés les pourparlers – a lieu le 18 mars, Krim Belkacem représentant le GPRA, Louis Joxe, Robert Buron et Jean de Broglie, le gouvernement français. Ces accords prévoient que les ressortissants français auront trois ans pour choisir leur nationalité – l'armée ne quittant le pays qu'au terme d'un délai identique. L'Algérie recevra une aide financière de la France – plan de Constantine – qui exerce un droit de préférence dans la distribution des permis de recherche et d'exploitation du pétrole, pendant six ans. Le 19 mars 1962 est proclamé le cessez-le-feu en Algérie, à midi.

Figure 11-2 :
Le général de Gaulle en Algérie.

La valise ou le cercueil

L'OAS n'accepte pas la signature des accords. Le 26 mars lors d'une manifestation qu'elle organise, rue d'Isly à Alger, une unité de tirailleurs ouvre le feu. La fusillade fait quatre-vingts victimes. L'armée secrète lance alors une campagne d'assassinats de musulmans. Les Européens se rendent compte rapidement que la cohabitation est impossible. Ils vont être près d'un million à tout quitter pour gagner la France, préférant « la valise au cercueil », après une colonisation qui aura duré 130 ans. Le 8 avril, en métropole, les accords d'Évian sont approuvés par référendum – 90 % de oui. Un second référendum a lieu en Algérie le 1er juillet : le oui obtient 99,7 % des voix. Entre 1954 et 1962, la guerre d'Algérie aura coûté la vie à près de 30 000 Français, à 140 000 combattants algériens et plusieurs centaines de milliers de civils.

Le drame des harkis

L'Algérie est évacuée rapidement par les Européens. Mais des Algériens étaient entrés au service de la France : des militaires, des fonctionnaires, des élus – on les appelle les harkis, du mot *harka*, en arabe qui signifie mouvement et désigne leur organisation. Ces 250 000 musulmans représentaient environ un million de personnes avec leur famille. À la veille de l'indépendance, le FLN promet de ne pas exercer de représailles contre eux. Personne n'est dupe : les harkis sont en danger de torture et de mort. Les officiers reçoivent l'ordre de les désarmer. Leur embarquement pour la France est formellement interdit !

Cependant, des officiers français vont braver ces ordres, ne se décidant pas à abandonner leurs hommes. C'est ainsi que des milliers de harkis vont arriver en France, représentant au total, avec leur famille et leurs proches, un groupe d'environ 100 000 personnes. Ceux qui restent en Algérie vont subir une vengeance terrible pendant les semaines qui suivent le cessez-le-feu. Plus de 50 000 d'entre eux sont massacrés. En France, les harkis ont été répartis dans plusieurs dizaines de camps d'accueil pendant des années. Ils composent aujourd'hui, avec leurs descendants, environ 1 % de la population française. Le drame de ces rapatriés clandestins est revenu dans l'actualité des années 1990. En 2001, le président Jacques Chirac a décidé, par décret, que le 25 septembre serait désormais la journée des *Harkis*.

1962 à 1969 : de Gaulle et la grandeur de la France

Le général de Gaulle va se montrer soucieux en toute circonstance de donner à la France une indépendance qui lui fait retrouver son importance sur le plan international.

Le coup d'État permanent

La guerre d'Algérie terminée, le monde de la politique ne verrait pas d'un mauvais œil que le général de Gaulle retourne à Colombey-Les-Deux-Églises écrire ses mémoires. Mais l'homme du 18 juin 1940 ne l'entend pas ainsi, même si les balles de l'attentat organisé contre lui au Petit-Clamart, le 22 août 1962, l'évitent de peu. Après avoir fait approuver par les Français sa décision d'être élu au suffrage universel, il choisit pour Premier ministre Georges Pompidou – le ministre des Finances étant Valéry Giscard d'Estaing. À l'Assemblée, une large majorité gaulliste laisse espérer au général une élection confortable à la fin de son septennat en 1965. Mais le centre-droit préfère voter Jean Lecanuet, et de Gaulle doit affronter au deuxième tour François Mitterrand qui dénonce la pratique gaulliste, la qualifiant de « coup d'État permanent » – situation dont il s'accommodera seize ans plus tard… De Gaulle l'emporte sur Mitterrand avec 55 % des voix, ce n'est qu'un demi-succès.

OTAN, suspends ton vol

Le général de Gaulle pratique alors une politique de « grandeur » afin de redonner à la France son rôle de puissance internationale. Pour ce faire, il prend ses distances par rapport aux États-Unis, en devenant, en 1964, la première puissance à reconnaître la Chine communiste. Puis, la France possédant depuis 1960 la bombe atomique, il lui fait quitter l'OTAN, en demeurant cependant dans l'Alliance atlantique. Favorable au dialogue avec l'Allemagne, il se méfie tant de l'Angleterre qu'il s'oppose à son entrée dans la Communauté économique européenne. D'ambitieux programmes sont mis en route qui aboutissent au lancement du paquebot France et à l'envol du

Concorde, deux magnifiques réussites techniques et esthétiques, mais deux gouffres financiers – si on omet l'aspect laboratoire de recherche et d'essai que fut le projet Concorde, aux retombées économiques considérables.

Pendant ce temps chez nos voisins

En 1961 est construit à Berlin, un mur qui sépare la zone est, capitale de la RDA (République démocratique allemande) de la zone ouest, rattachée à la RFA (République fédérale d'Allemagne). Le 11 octobre 1962 s'ouvre à Rome le concile Vatican II. Le 22 novembre 1963, le président des États-Unis John Kennedy est assassiné à Dallas, au Texas. En août 1964, les États-Unis s'engagent massivement dans la guerre du Viêt Nam. Le 4 avril 1968, le leader noir Martin Luther King est assassiné ; le 5 novembre de la même année, Richard Nixon est élu président des États-Unis. Le 11 septembre 1973, un coup d'État renverse et tue le président Salvador Allende au Chili, le général Pinochet prend le pouvoir.

Mai 68 : après le printemps, la plage

Les idées de 68 vont bouleverser le contenu des mentalités, supprimer nombre de blocages, changer bien des aspects de la société.

Six cents arrestations à la Sorbonne, le 3 mai 68

Mai 68. L'extrême gauche anarchiste et trotskiste progresse dans les milieux étudiants imprégnés de l'exemple du révolutionnaire cubain Che Guevara. L'heure est à la remise en cause d'une société dite de consommation, d'asservissement et d'inégalité, dans un climat qui donne l'illusion d'une rapide conquête de toutes les libertés. Au début de mars, à la faculté de Nanterre, des étudiants ayant manifesté contre la guerre du Viêt Nam sont arrêtés. La riposte du campus est immédiate :

les locaux administratifs sont occupés. L'agitation devient telle que le recteur fait fermer la faculté le 2 mai. Le 3 mai, une manifestation de solidarité a lieu à la Sorbonne dont le doyen fait appel à la police pour une évacuation sans ménagement – 600 arrestations.

Figure 11-4 : Les leaders étudiants Daniel Cohn-Bendit et Jacques Sauvageot le 13 mai 1968, après l'évacuation de la Sorbonne.

Cohn-Bendit expulsé

L'UNEF (Jacques Sauvageot) et le SNESup (Alain Gesmar) – Union nationale des étudiants de France et Syndicat national de l'enseignement supérieur – deux syndicats de tendance communiste, fortement influencés par l'idéologie maoïste et anarchiste – lancent alors un ordre de grève. Partout, on commence à voir et entendre celui qui donne les impulsions décisives au mouvement : Daniel Cohn-Bendit. Animateur de la tendance libertaire. Arrêté le 27 avril, il est expulsé vers le pays d'où il est venu : l'Allemagne.

« *La réforme, oui, la chienlit, non !* »

Dans la nuit du 10 au 11 mai 1968, des barricades s'élèvent dans le quartier latin, des voitures sont incendiées, les affrontements entre les étudiants et les forces de l'ordre font plus de 1 000 blessés. Bientôt les syndicats ouvriers rejoignent le mouvement étudiant. Le 13 mai, une manifestation gigantesque rassemble 900 000 personnes qui défilent de la République à Denfert-Rochereau. En tête, notamment : Mendès-France, Mitterrand, Waldeck-Rochet – secrétaire général du parti communiste – Sauvageot, Geismar et Cohn-Bendit, revenu sans s'annoncer… De Gaulle déclare alors, le 19 mai : « La réforme oui, la chienlit, non ! » Le 27 mai, le Premier ministre, Georges Pompidou, tente de calmer les esprits en signant les accords de Grenelle qui relèvent le SMIG, réduisent la durée du travail pour ceux qui font plus de quarante-huit heures par semaine, et renforcent le droit syndical dans l'entreprise. Mais le climat demeure tendu.

Peace and love

À Paris, l'Odéon, la Sorbonne, les Beaux-Arts deviennent des forums permanents où le monde ne cesse de se reconstruire. On sait que le mouvement est planétaire, qu'aux États-Unis, la guerre du Viêt Nam est de plus en plus contestée, que des colonies de hippies nomades commencent à jeter aux orties les portefeuilles bourrés des bonnes actions de leurs parents, pour partir vers Katmandou avec pour seul bagage un bissac où ballotte et souffre leur viatique pour les générations futures : *peace and love !*

Cependant, au-delà de certains clichés, le mouvement de mai 68 permet, dans le pays tout entier, une prise de parole collective qui ressemble à bien des égards à ce qui fut entrepris en 1789 pour la rédaction des cahiers de doléances. Les cadres traditionnels et souvent archaïques explosent, le féminisme, l'écologie prennent leur essor. Sur les murs fleurissent des slogans qu'on dit nouveaux, révolutionnaires : « Il est interdit d'interdire »… – ce sont, pour beaucoup, les mêmes que ceux qu'on a retrouvés sur les murs de Pompéi, cité des plaisirs pour les Romains, enfouie sous les cendres du Vésuve en l'an 79 ; la roue tourne…

30 mai 1968 : de Gaulle « Je ne me retirerai pas ! »

29 mai 1968. Vous n'auriez pas vu le général ? Où est passé le général ? Mystère ! Il s'est envolé ! Et ce n'est pas une image : il s'est envolé vers l'Allemagne, plus précisément pour Baden-Baden où sont stationnées les Forces françaises d'Allemagne (les FFA) qui ont à leur tête une vieille connaissance du chef de l'État : le général Massu. Que se disent-ils ? On ne le saura pas, mais dès le lendemain, 30 mai, de Gaulle est de retour. À la radio, il annonce fermement : « Je ne me retirerai pas ! » et le soir, un million de personnes se rassemblent sur les Champs-Élysées pour le soutenir. Il dissout l'Assemblée, annonce des élections qui se déroulent les 23 et 30 juin. Les candidats gaullistes triomphent. Mai 68, c'est fini. Les Français s'en vont tranquillement sur les plages dès le 1ᵉʳ juillet.

Figure 11-5 : Le Général de Gaulle de retour de Baden-Baden.

1970 : Marianne pleure son chêne abattu

Le 9 novembre 1970, celui qui confia un jour à son ministre de l'Intérieur Alain Peyrefitte : « Toute ma vie, j'ai fait comme si ! » entrait dans la liste prestigieuse des grands acteurs de l'Histoire.

« Si le non l'emporte... »

Qu'imaginer, après 68, pour répondre aux aspirations du pays ? La régionalisation ! De Gaulle y croit et se persuade que le pays l'attend. Elle permettrait une décentralisation qui accorderait davantage de pouvoirs aux élus des vingt et une régions-programme créées en 1964. Par ailleurs, dans les entreprises, une politique de participation est mise à l'étude afin d'associer les salariés aux bénéfices. Tout cela est soumis aux Français par référendum. De Gaulle prévient : si le non l'emporte, il se retire.

« La France est veuve »

Le 27 avril 1969, le non l'emporte – 53,18 %. De Gaulle rentre à Colombey-les-Deux-Églises, pour ne plus jamais revenir. Il meurt le 9 novembre 1970, à quatre-vingts ans. « La France est veuve ! », déclare Georges Pompidou. Jacques Faizant, dans Le Figaro, représente une Marianne – la France – qui pleure sur un chêne abattu. À Notre-Dame, le 12 novembre, une cérémonie religieuse réunit des chefs d'État venus du monde entier.

Chapitre 12

1969 à 1995 : Le prix de la modernisation : la rigueur

● ●

Dans ce chapitre :

▶ Découvrez le débonnaire Pompidou

▶ Visitez la France de Giscard

▶ Faites des économies avec Raymond Barre

▶ Modernisez-vous pendant les quatorze années Mitterrand

● ●

Après la disparition de Charles de Gaulle, son Premier ministre Georges Pompidou devient président de la République. L'homme à la cigarette, à la voix grave et ferme plaît à la France qui s'attriste sincèrement de sa mort en 1974. Valéry Giscard d'Estaing le remplace ; il tente d'installer en France ce qu'il appelle la « société libérale avancée », vaste programme qui se réduit, sous la contrainte économique, à la chasse au gaspi de Raymond Barre en 1979. En 1981, François Mitterrand va être élu président de la République, mandat renouvelé en 1988. Deux cohabitations plutôt réussies vont marquer ces quatorze années de présidence.

Pompidou, Giscard : la marche vers la rigueur

Il est difficile de prendre la succession d'un homme tel que Charles de Gaulle. Pourtant, le pari est réussi par l'homme à la cigarette, l'ami des poètes dont la voix grave et le propos précis séduisent une France sensible à la simplicité.

Pompidou et la nouvelle société

Georges Pompidou, issu d'un milieu modeste, image de la réussite d'un fils d'instituteur – Louis-le-Grand, Normale Sup', reçu premier à l'agrégation de lettres – laisse le souvenir d'un président débonnaire et proche du peuple.

15 juin 1969 : Georges Pompidou président

George Pompidou, Michel Rocard pour le PSU, Gaston Defferre pour le PS, Jacques Duclos pour le PC, Alain Krivine pour les trotskistes, Louis Ducatel, un indépendant, et Alain Poher proposent aux Français d'être parmi eux un successeur au général. C'est Georges Pompidou qui l'emporte le 15 juin, et devient le président de la République. Jacques Chaban-Delmas, ancien résistant, maire de Bordeaux, premier président de l'Assemblée nationale en 1958, est choisi comme Premier ministre.

Nouvelle société, nouvel avion...

Les années 70 sont le temps des grandes réalisations dans le domaine des industries de pointe – Airbus, la fusée Ariane –, le temps de la « nouvelle société » où les patrons et les salariés s'engagent à développer le partenariat social. C'est aussi le temps de l'Europe qui s'agrandit au Royaune-Uni, à l'Irlande, au Danemark – le 23 avril 1972, Georges Pompidou propose aux Français par voie de référendum cette nouvelle carte européenne, il récolte 50 % d'abstentions...

Figure 12-1 :
Atterrissage d'un Airbus A 320.

2 avril 1974 : la mort de Georges Pompidou

La gauche ne demeure pas inactive : au congrès d'Épinay, les 11 et 12 juin 1971, François Mitterrand prend la direction du parti socialiste. En 1972, il signe avec les communistes un programme commun de gouvernement. Cette alliance inquiète le pouvoir en place, mais un autre souci commence à s'emparer de tous les Français : le président est malade. Ils l'ont lu dans les journaux, ils l'ont vu à la télévision : Georges Pompidou, physiquement, a changé, son embonpoint traduit l'évolution de sa maladie, une maladie rare – un cancer sanguin, la maladie de Waldenstrom – dont il va mourir le 2 avril 1974, après avoir lutté courageusement, jusqu'au bout.

La fin de l'exode rural

En un peu plus d'un siècle, la France a vécu une mutation sans précédent. En effet, si en 1850 on compte, dans les campagnes, environ 80 % de la population totale du pays, en 1975, année où s'achève l'exode rural commencé au milieu du XIXe siècle, 80 % – parfois même 90 % – des habitants de l'Hexagone vivent dans les villes ou les zones périurbaines. L'industrialisation, la création du réseau ferré voilà 150 ans, la croissance des « Trente Glorieuses » après la Seconde Guerre mondiale, autant de raisons qui ont poussé, non seulement vers Paris, mais vers toutes les grandes villes, une grande partie de la population française. Aujourd'hui, beaucoup recherchent la maison individuelle avec le petit jardin dans un cadre préservé de la pollution des grandes cités. Ainsi s'est amorcé l'exode urbain, facilité par les moyens de transport modernes et rapides.

Giscard d'Estaing, le polytechnicien

Grande bourgeoisie, Polytechnique, ENA, combattant en Allemagne dans la 1re armée de De Lattre, croix de guerre : c'est Valéry Giscard d'Estaing. Esprit brillant à l'humour aiguisé, parfois coupant, il fait de louables efforts pour se rapprocher d'un peuple qui ne lui refuse pas sa sympathie, son image étant assouplie par les pitreries d'un Thierry Le Luron et d'un Pierre Desproges qui exacerbent dans leurs imitations ses effets de manche et de bouche…

**V. GISCARD D'ESTAING
LA PAIX ET LA SÉCURITÉ**

Figure 12-2 :
Affiche du
candidat
Valéry
Giscard
d'Estaing
en 1974.

Giscard, Mitterrand, Arlette… ?

1974, c'est la fin d'une période de trente années de croissance
– 1945 à 1974 – que l'économiste Jean Fourastié appelle les
« Trente Glorieuses ». Celui qui va commencer à écrire l'histoire de la période suivante – que certains historiens appellent
par ironie ou dérision *les trente piteuses* – se trouve parmi les
candidats qui se présentent à la présidence de la République
le 18 avril 1974 : Valéry Giscard d'Estaing, François Mitterrand,
Jacques Chaban-Delmas, René Dumont pour les écologistes,
Alain Krivine, Arlette Laguiller pour Lutte ouvrière, et Jean-
Marie Le Pen pour le Front national.

« Vous n'avez pas le monopole du cœur ! »

La campagne électorale se prépare activement. Le 11 mai, un
face à face télévisé est organisé entre Giscard et Mitterrand.
Plus de vingt-cinq millions de téléspectateurs le suivent – sur
presque trente millions d'électeurs. Une phrase de Giscard,
qu'on dirait presque tirée de *Cyrano de Bergerac*, traverse
alors l'écran – on a dit que c'est elle qui a fait de son auteur le
nouveau président de la République : à Mitterrand qui analyse
avec des compassions calculées la situation économique et
sociale, Giscard répond : « Monsieur Mitterrand, vous n'avez
pas le monopole du cœur ! » Résultat du scrutin : Giscard :
50,8 % ; Mitterrand : 49,2 %. La petite phrase a parlé !

Les trois Simone

« Il me paraît impossible d'imaginer pour l'Europe une renaissance qui ne tienne pas compte des exigences que Simone Weil a définies. » C'est Albert Camus qui l'affirme à propos de Simone Weil, née le 5 décembre 1909. Sœur du célèbre mathématicien André Weil, élève du philosophe Alain, normalienne et agrégée de philosophie, elle a laissé une œuvre considérable, bien que la tuberculose l'ait emportée à trente-quatre ans. Sa pensée tient dans la conviction qu'il faut réhabiliter le rôle de l'individu dans la société dominée par les machines et les choses. Issue d'une famille bourgeoise, elle veut connaître de l'intérieur la condition ouvrière, au point de se faire embaucher aux usines Renault en 1935. Engagée aux côtés des républicains et des anarchistes en Espagne en 1936, elle doit rentrer en France à cause d'une blessure. Pendant la guerre, elle trouve refuge aux États-Unis puis à Londres où elle ne peut s'entendre avec les gaullistes. Elle meurt le 24 août 1943, au sanatorium d'Ashford. Ses œuvres complètes sont publiées en 1988.

Simone de Beauvoir est née le 9 janvier 1908 à Paris. Agrégée de philosophie, elle a partagé la vie de Jean-Paul Sartre. Si elle partage avec lui les convictions existentialistes, elle enracine son expérience d'écriture dans le concret, dans l'autobiographie qui lui permet de conduire une réflexion directe sur le vécu. En 1949, la parution de son œuvre *Le Deuxième Sexe* crée une onde de choc : elle y démonte de façon énergique et engagée l'idée de la prétendue infériorité naturelle de la femme. *Le Deuxième Sexe* devient l'ouvrage de référence du mouvement féministe dans le monde entier. Simone de Beauvoir soutient Sartre dans ses activités politiques, voyage beaucoup, poursuit son action pour la libération de la femme. Elle est l'une des premières à prôner la libéralisation de l'avortement. Elle obtient en 1954 le prix Goncourt pour son roman *Les Mandarins*. Simone de Beauvoir est morte à Paris le 14 avril 1986.

Il reviendra à une autre Simone d'obtenir, en 1975, une loi sur l'interruption volontaire de grossesse : Simone Veil (avec un V, et non un W). Née le 13 juillet 1927, à Nice, Simone Jacob est arrêtée en mars 1944 par la gestapo et déportée à Auschwitz avec sa mère qui y mourra ainsi que l'une de ses sœurs. Libérée au camp de Bergen-Belsen en 1945, elle revient en France. En octobre 1946, elle épouse Antoine Veil, futur collaborateur de Michel Debré. Après une carrière dans la magistrature, Simone Veil occupe le poste de ministre de la Santé de 1974 à 1979. Elle devient ensuite la première présidente du Parlement européen, jusqu'en 1982. Ministre d'État de 1993 à 1995, elle prend en charge les Affaires sociales, la Santé et la Ville. Depuis 1998, Simone Veil est membre du Conseil constitutionnel.

La société libérale avancée

Jacques Chirac devient Premier ministre de Giscard le 27 mai 1974. Le nouveau président de la République décide de réduire la distance qu'impose sa fonction dans ses relations avec les Français. Il affiche une simplicité qui devient à la fois un atout et une cible. Plus généralement, il veut « décrisper » la vie politique. Son grand projet est la « société libérale avancée ». Des réformes sont conduites à bien, des décisions sont prises : la majorité est abaissée à dix-huit ans ; le ministre de la Santé, Simone Veil, fait voter une loi dépénalisant l'avortement ; l'ORTF (Office de la radiodiffusion et de la télévision française) éclate en trois chaînes publiques. Cependant, les réformes économiques et sociales peinent à se mettre en place. De plus, des tensions sourdes se développent entre le président et le Premier ministre qui, le 25 août 1976, déclarant ne pas disposer des moyens nécessaires pour exercer sa fonction, démissionne.

CHEZ NOS VOISINS

Pendant ce temps chez nos voisins

Le 4 novembre 1980, Ronald Reagan devient président des États-Unis, il succède à Jimmy Carter. Le 31 octobre 1984, le Premier ministre indien Indira Gandhi est assassinée. En novembre 1989, le mur de Berlin est détruit, c'est la chute du régime communiste. Le 3 novembre 1992, Bill Clinton devient le 42e président des États-Unis, il est réélu en 1996. En 1994, d'avril à juillet, au Rwanda, des extrémistes hutus massacrent les Tutsis. En décembre 2000, George W. Bush est élu président des États-Unis, son père avait occupé cette fonction de 1989 à 1993.

Les objectifs du professeur Barre

Raymond Barre, professeur agrégé d'économie à l'Institut d'études politiques, parvient à convaincre une France qui s'ignorait dépensière qu'il faut éteindre la lumière dans les pièces inoccupées, plutôt enfiler un pull qu'augmenter le chauffage, bref, qu'il faut faire des économies. Et il y réussit !

Le pays en plans

Jacques Chirac est remplacé par Raymond Barre, professeur d'économie politique et ministre du Commerce extérieur depuis janvier 1976. Il dispose d'une importante marge de manœuvre puisque le ministère de l'Économie et des Finances lui est aussi confié. Il va conduire, à l'aide de plans successifs, une politique d'austérité visant à combattre l'inflation : blocage des prix et des salaires élevés, augmentation des impôts. L'opposition se réjouit de ces mesures autoritaires et impopulaires qui, pense-t-elle, vont lui faire gagner des électeurs. Contre toute attente, c'est le contraire qui se passe puisqu'aux élections législatives du 19 mars 1978, la majorité obtient 290 sièges et l'opposition – qui n'avait pas réussi à se mettre d'accord sur le programme commun de la gauche – 201 sièges.

Mai 1979 : la chasse au gaspi

Raymond Barre est reconduit dans ses fonctions de Premier ministre. Mais la réussite de ses méthodes est mise à mal par le deuxième choc pétrolier en mai 1979 – le premier, en 1973, avait compromis la croissance, augmenté le chômage et l'inflation. C'est alors qu'est lancée une chasse au gaspi : on cherche par tous les moyens à faire des économies d'énergie afin de limiter les importations de pétrole ; l'adoption de l'heure d'été en 1976 poursuivait déjà cet objectif. Malgré tous les efforts de Raymond Barre, le nombre de chômeurs atteint 1 500 000, et l'inflation est de près de 14 % par an !

D'abord un bruit léger, pianissimo, murmure et file...

Une étonnante rumeur commence à ramper, puis à courir dans les salles de presse et un peu partout à partir du mois d'octobre 1979 : le président Valéry Giscard d'Estaing aurait reçu, à plusieurs reprises, et à titre personnel, des diamants de la part de l'empereur de Centrafrique, Bokassa Ier ! Exploitée par l'opposition, cette rumeur ne va pas s'éteindre. Elle se mêle à la campagne électorale de 1981 et remplace la petite phrase de 1974... – sans qu'il faille cependant lui attribuer un rôle décisif ! Valéry Giscard d'Estaing, au second tour des élections présidentielles de 1981, obtient 48,25 % des suffrages, et François Mitterrand 51,75 %.

François Mitterrand : quatorze années de présidence

Aucune hyperbole n'est de trop lorsque François Mitterrand arrive au pouvoir. L'« état de grâce » dure trois ans, la rigueur économique finissant par s'imposer. Elle est d'autant plus difficile à faire passer que le chômage ne cesse de progresser. C'est Laurent Fabius qui est chargé de faire admettre la rigueur aux Français, avant que la droite revienne et que se mette en place la première cohabitation. En 1988 débute un deuxième état de grâce qui porte pour un second mandat à la présidence François Mitterrand, image de la « Fransunie ». Celui-ci tente une ouverture au centre en nommant Michel Rocard Premier ministre qui règle le problème calédonien, instaure le RMI, crée la CSG. Édith Cresson le remplace en 1991. Elle laisse, dans le florilège des déclarations de responsables politiques, quelques métaphores piquantes, et certains jugements à l'emporte-pièce qui contribuent à l'écarter du gouvernement au profit de Pierre Bérégovoy, l'honnête homme dont on connaît la fin tragique.

Figure 12-3 :
21 mai 1981 :
investiture de
François
Mitterrand.

1981 : la France de Mitterrand

François Mitterrand, né à Jarnac en 1916, est le cinquième d'une famille de huit enfants. Son père, d'abord cadre des Chemins de fer, est devenu industriel vinaigrier. François Mitterrand, en 1981, a déjà une longue carrière politique derrière lui : député de la Nièvre en 1946, il occupe divers postes ministériels – dont celui des Anciens combattants, et celui de l'Intérieur sous Mendès-France – pendant une dizaine d'années. En 1965, aux présidentielles, il met de Gaulle en ballottage. En 1974, aux mêmes élections, il est battu de justesse par Valéry Giscard d'Estaing. En 1981, il est élu à la présidence de la République.

La vie en rose

L'élection du président François Mitterrand, le 10 mai 1981, déclenche des manifestations d'enthousiasme. Le 21 mai 1981, il pénètre seul dans le Panthéon et dépose trois roses sur le tombeau de Victor Schoelcher – qui abolit l'esclavage en 1868 –, sur ceux de Jean Jaurès et de Jean Moulin. Le même jour, le maire de Lille, Pierre Mauroy, est nommé Premier ministre. Son gouvernement va comporter quatre ministres communistes. Le 22 mai, l'Assemblée nationale est dissoute. Le 21 juin, alors que se déroule la première fête de la musique imaginée et lancée par Jack Lang, le parti socialiste remporte la majorité à l'Assemblée nationale aux élections législatives – 285 sièges contre 196 à l'opposition.

10 octobre 1981 : abolition de la peine de mort

Les lois permettant d'appliquer le programme du candidat Mitterrand sont rapidement votées : la peine de mort est abolie le 10 octobre 1981. Le 13 janvier 1982 paraissent les décrets sur les trente-neuf heures de travail par semaine, et sur la cinquième semaine de congés payés. Le 3 mars, les lois Defferre sur la décentralisation sont promulguées. Elles renforcent considérablement la responsabilité des élus dans les départements et les régions ; le président du Conseil général et celui du Conseil régional disposent désormais d'un pouvoir exécutif. Le SMIC – salaire minimum interprofessionnel de croissance, qui a remplacé en 1970 le SMIG – et les prestations sociales sont augmentés afin de relancer la croissance. Mais aucune mesure ne permet d'enrayer l'inflation qui demeure élevée, ni le chômage qui continue de progresser : deux millions de travailleurs sans emploi en 1983.

Pierre Mauroy bloque les salaires et les prix

Le gouvernement Mauroy décide alors d'instaurer la rigueur : blocage des salaires et des prix, augmentation des impôts – la recette Barre. Les rêves de mai 1981 s'évanouissent dans les urnes : la gauche perd trente et une villes de plus de 30 000 habitants aux élections municipales en 1983, et recule nettement aux élections au Parlement européen du 17 juin 1984 – ce jour-là, 43,2 % des Français s'abstiennent de voter – le Front national obtient 11 % des suffrages exprimés.

Quid du grand service public d'enseignement ?

Parmi les projets et promesses du candidat Mitterrand, celui concernant la création d'un grand service public laïc unifié – c'est-à-dire celui de la nationalisation de l'enseignement privé – vient à l'ordre du jour en mars 1984, Alain Savary étant ministre de l'Éducation. Cette éventualité provoque, le 24 juin, à Versailles, le rassemblement de plus d'un million de personnes qui manifestent contre le projet Savary – projet abandonné aussitôt par François Mitterrand qui reconnaît publiquement, le 12 juillet 1984, que la position qu'il avait prise était une erreur. Une semaine plus tard, Pierre Mauroy donne sa démission.

1984 : Faire accepter la rigueur

Laurent Fabius a tout pour réussir. Il réussit d'ailleurs parfaitement, dans un premier temps, la mission que lui confie le Président. Mais l'affaire du *Rainbow Warrior* et celle du sang contaminé vont nuire à son image et à sa carrière.

Le plus jeune Premier ministre donné à la République

Normale Sup, agrégation de lettres, Sciences Po, ENA, et, à trente-sept ans, le plus jeune Premier ministre donné à la République ! Difficile de faire mieux que Laurent Fabius qui, succédant à Pierre Mauroy, prend ses fonctions le 18 juillet 1984. Tout, dans son attitude, ses interviews télévisées, traduit sa volonté de se concilier l'opinion afin de remplir le rôle que Mitterrand lui a assigné : faire passer la rigueur nécessaire à l'incessante montée du chômage – alors que l'inflation a pu être réduite à 5 %.

Mauvaises affaires

Laurent Fabius va être atteint de plein fouet par deux affaires qui vont hypothéquer sa carrière. La première concerne les essais nucléaires français dans le Pacifique, sur l'atoll de Mururoa : un bateau de l'organisation Green-peace, le *Rainbow Warrior*, est coulé dans la rade d'Auckland, en Nouvelle-Zélande, le 10 juillet 1985. Cet attentat fait un mort : le photographe Fernando Peireira.

Une enquête aboutit à la conclusion suivante : les services secrets français ont voulu retarder la venue du bateau de Greenpeace à Mururoa, lieu des essais français, en le plastiquant. Deux suspects sont arrêtés, les époux Turenge, qui se révèlent être un colonel et un capitaine de l'armée française... Le 27 août, le président Mitterrand disculpe les services secrets français. Quelques semaines plus tard, Charles Hernu, ministre de la Défense, démissionne. Enfin, le 22 septembre, le Premier ministre Laurent Fabius, face à des preuves matérielles incontestables, admet que les services secrets français ont ordonné l'attaque du *Rainbow Warrior*.

La deuxième affaire qui atteint Laurent Fabius est celle du sang contaminé par le virus du sida, et transfusé à des hémophiles, en toute connaissance de cause, pour des raisons financières, alors qu'il aurait fallu le retirer du circuit de distribution. Administrativement innocent pour l'affaire du sang contaminé, Laurent Fabius est parfois jugé distant de ses ministres par l'opinion qui lui accordait sa confiance (Georgina Dufoix – « responsable, mais pas coupable » – sera relaxée lors du procès de 1999, et Edmond Hervé sera condamné, mais dispensé de peine ; Laurent Fabius sera également relaxé). Après ces deux affaires, le plus jeune Premier ministre donné à la République a entamé un retour progressif à la vie politique.

Expliquer

Laurent Fabius utilise efficacement l'outil télévisuel, usant d'un langage simple, multipliant les interventions où il explique son action ; cette façon de s'adresser aux Français n'est pas sans rappeler le style des samedis soir radiophoniques de Pierre Mendès-France en 1954. Sa cote de popularité ne cesse de monter, mais, dans son parti, cette réussite n'est pas appréciée : les militants du PS lui préfèrent Michel Rocard au congrès de Toulouse en 1985, et choisissent Lionel Jospin pour conduire la campagne des élections législatives en 1986.

Première cohabitation : le libéralisme économique

À la suite des élections de 1986, la majorité de gauche et l'opposition de droite vont devoir faire chambre commune !

« Au secours, la droite revient »...

« Au secours, la droite revient. » Ce slogan lancé par la gauche avant les élections législatives du 16 mars 1986 n'a aucun effet : la droite revient effectivement, ce qui oblige le président de la République à choisir un Premier ministre qui en est issu ; la première cohabitation de la Vᵉ République va commencer : Jacques Chirac, Premier ministre, va gouverner jusqu'aux présidentielles de 1988. Le dirigisme socialiste n'étant plus à l'ordre du jour, une série de privatisations est entamée : Havas, Matra, CGE, TF1, la Société Générale, Paribas, Suez. Ainsi est inauguré un libéralisme économique à l'anglaise qui rétablit la liberté des prix, permet de licencier sans autorisation préalable. Dans le domaine fiscal, l'impôt sur la fortune disparaît tandis que l'imposition directe entame une marche arrière.

Les enfants d'Izieu

Le 11 mai 1987 commence le procès de Klaus Barbie, devenu après sa carrière de chef de la police nazie à Dijon pendant la guerre, agent au service des Américains pour la lutte contre l'URSS. En 1972, Beate et Serge Klarsfeld (fils d'un déporté mort à Auschwitz), les chasseurs de nazis, retrouvent sa trace en Bolivie, et le 5 février 1983 il est livré à la justice française. Barbie, c'est le responsable de nombreuses rafles de Juifs qui seront déportés, dont celle des enfants d'Izieu, dans l'Ain, le 6 avril 1944 : quarante-quatre enfants de trois à treize ans sont arrêtés avec les cinq adultes qui s'occupent d'eux. Tous sont transférés vers Drancy, puis vers les camps de la mort dont pas un ne reviendra. Barbie, c'est aussi le tortionnaire de Jean Moulin. Le 3 juillet 1987, après trente-six jours d'audience, Barbie est condamné à perpétuité pour crimes contre l'humanité. Le 25 septembre 1991, il meurt en prison à Lyon.

Actions tragiques

L'année de la première cohabitation, 1986, coïncide avec une vague de terrorisme : entre le 4 et le 17 septembre, plusieurs attentats, dont le plus meurtrier a lieu rue de Rennes à Paris, coûtent la vie à onze personnes. Le 17 novembre, le PDG de Renault, George Besse, est assassiné par des membres de l'organisation Action directe. L'année se clôt sur la mort d'un étudiant, Malik Oussekine, victime d'un malaise après avoir été frappé par les CRS au cours d'une manifestation, à Paris, contre la réforme Devaquet qui veut élever les droits d'inscription à l'université. Les manifestants l'accusent de vouloir pratiquer une forme de sélection.

1988 : François Mitterrand réélu

François Mitterrand va effectuer un second mandat de sept ans. Il devient ainsi l'homme politique français ayant exercé le plus longtemps la fonction de président de la République. C'est Michel Rocard qui va devenir Premier ministre.

Rocard : l'ouverture au centre

Le premier tour des élections présidentielles a lieu le 24 avril 1988, et donne les résultats suivants : Mitterrand : 34,09 % ; Chirac : 19,94 % ; Barre : 16,54 % ; Le Pen : 14,39 % ; Lajoinie : 6,76 % ; Waechter : 3,78 % ; Juquin : 2,10 % ; Laguiller : 1,99 %. Le 8 mai, au second tour, François Mitterrand l'emporte avec 54,01 % des voix. Porté par la « génération Mitterrand », et se situant alors au-delà de la gauche, il désigne Michel Rocard comme Premier ministre, tentant ainsi une ouverture au centre – Michel Rocard a milité aux côtés de Pierre Mendès France ; il incarne une « deuxième » gauche, plutôt décentralisatrice et autogestionnaire.

Rocard : FLNKS, RCPR, RMI, CSG

Le 14 mai 1988, François Mitterrand dissout l'Assemblée nationale. Aux élections du 12 juin, les socialistes obtiennent 277 sièges, les communistes 27, l'UDF 130, et le RPR 128. Le Front national n'a plus qu'une élue : Marie-France Stirbois. Le gouvernement Rocard, après avoir apaisé la situation en Nouvelle-Calédonie – le FLNKS de Tjibaou demande l'indépendance de l'île, le RPCR de Jacques Lafleur désire qu'elle reste dans la

République – s'emploie à la tâche sociale. Le RMI est créé (Revenu minimum d'Insertion) et l'impôt sur la fortune est rétabli. Un nouvel impôt fait son apparition : la CSG (Contribution Sociale Généralisée) qui s'applique à tous les revenus.

Les grands travaux

Le 4 mars 1988, le président Mitterrand inaugure la pyramide du Louvre. L'architecte chinois, naturalisé américain, Ieoh Ming Pei a imaginé cette construction de verre qui semble négocier quotidiennement son intégration à un environnement d'une autre époque – et l'obtenir sans mal dans les effets du couchant qui confond les formes. D'autres constructions marquent les deux septennats de François Mitterrand : le Bibliothèque nationale de France qui porte son nom, l'opéra Bastille – inauguré le 13 juillet 1989 –, l'Arche de la Défense, le Grand Louvre, l'Institut du monde arabe, la Cité de la musique. La série des « grands travaux » s'est interrompue en 1995.

1989 : affaires louches

1989 : le mur de Berlin tombe dans la fièvre, l'allégresse, et dans une soudaineté que suivent de très près la réunification de l'Allemagne et la désagrégation du système soviétique. À Paris, les « affaires » commencent avec l'inculpation d'un ami personnel de François Mitterrand – Roger-Patrice Pelat. Il est accusé de recel de délit d'initié à l'occasion d'une opération boursière. Peu de temps plus tard, le 22 juin 1989, c'est Gérard Monate, l'ancien patron de la société Urba, qui est à son tour inculpé : le cabinet d'études qu'il a dirigé a servi au financement du parti socialiste.

Jean-Pierre Chevènement et la tempête

Le 2 août 1990, l'Irak envahit le Koweït, et l'annexe ! La France envoie des troupes qui vont participer à l'opération « Tempête du désert », après un ultime plan de paix proposé par Paris en janvier 1991. Des courants pacifistes se manifestent alors, réunissant les tendances les plus diverses ; leur action est encouragée par un événement dont le retentissement est international : le ministre français des Armées, Jean-Pierre Chevènement, ne partageant pas les options du gouvernement auquel il appartient, démissionne de son poste. Il est remplacé par Pierre Joxe.

18 mai 1990 : la rame TGV A n° 325 atteint la vitesse record de 515,3 km/h

Le TGV ! Le Train à grande vitesse qui fend l'air avec son nez de fin limier pistant le temps perdu prend forme, locomotive et wagons (ou « voitures » pour adopter la terminologie qu'a choisie le marketing SNCF, car « wagon » sonne un peu ferraille...) le 22 septembre 1981. Ce jour-là est inauguré le tronçon sud de Saint-Florentin (km 117) à Sathonay (km 389). En 1989, le 20 septembre, le TGV Atlantique dont la construction avait été décidée le 27 janvier 1982, est inauguré de Paris à Connerré dans la Sarthe. Le 18 mai 1990, il atteint la vitesse record de 515,3 km/h, battant ainsi le record du monde de vitesse sur rail !

Édith et les hommes

Au début d'avril, les forces alliées vainquent l'Irak. L'affaire Chevènement a aggravé des relations déjà tendues entre François Mitterrand et son chef de gouvernement Michel Rocard. Celui-là demande à celui-ci de démissionner et le remplace, le 25 mai 1991, par la première femme à occuper le rôle de chef de gouvernement : Édith Cresson. Onze mois plus tard, le 2 avril 1992, n'ayant pas réussi à s'imposer face à une présence masculine en majorité hostile, elle démissionne. Elle est remplacée par Pierre Bérégovoy.

Les affaires continuent...

Régulièrement, des nouvelles surprenantes sont livrées par la presse qui commente les démêlés de Bernard Tapie avec la justice, le cancer dont le président est atteint, ou bien ce suicide étrange de l'ancien Premier ministre...

Des jeux, un Tapie

1992, c'est l'année des jeux Olympiques d'Albertville qui se déroulent du 8 au 23 février. La chorégraphie des cérémonies d'ouverture est signée Philippe Découflé. 1992, c'est aussi l'année Tapie qui devient ministre de la Ville, poste qu'il doit quitter le 23 mai lors de sa mise en examen pour abus de biens sociaux – le 28 novembre 1995, il sera condamné à deux ans de prison, dont huit mois fermes, peine accomplie en 1997.

Un malade, drôles d'affaires...

1992, c'est encore, le 11 septembre, l'annonce du cancer de la prostate dont le président Mitterrand est atteint. En réalité, le président souffre d'un cancer depuis son élection en 1981 ! Mais il a décidé qu'il n'en serait jamais question, préférant produire de faux bulletins de santé avec la complicité de son médecin, le docteur Gubler. 1992, c'est enfin le retour des affaires avec l'inculpation de Pierre Botton, gendre de Michel Noir, maire RPR de Lyon ; inculpation également pour le maire PS d'Angoulême, Jean-Michel Boucheron, en fuite en Argentine.

Le suicide de Pierre Bérégovoy, l'homme des berges

Les affaires aux nombreux rebondissements ternissent considérablement l'image de l'homme politique en France. Le 1er mai 1993, l'irréparable survient dans une atmosphère de suspicion qui poursuit depuis quelques mois le Premier ministre Pierre Bérégovoy (en russe : l'homme des berges), qui vient d'être remplacé par Édouard Balladur. Accusé d'avoir reçu un prêt d'un million de francs sans intérêt de la part de Roger-Patrice Pelat, afin de s'acheter un appartement, Pierre Bérégovoy se suicide sur les berges du canal de Nevers, ne supportant pas que son honnêteté soit mise en cause.

Euh... oui !

Timide, le « oui » des Français, le 20 septembre 1992 ! On leur demandait s'ils acceptaient le traité de Maastricht, ville des Pays-Bas où avait été signé le traité européen prévoyant des conditions drastiques pour faire partie de l'Union : limitation à 3 % du déficit public, dette publique limitée à 60 % du PNB. « Oui », quand même, ont répondu 34,36 % des Français, le « non » réunissant 32,95 % des suffrages.

1993 : Édouard Balladur cohabite et privatise

Le Premier ministre, après les législatives de 1993, favorables à la droite, s'appelle Édouard Balladur. Il possède une riche expérience du monde et des fonctions politiques, mais cette expérience ne suffit pas à vaincre la mauvaise humeur qui se déclenche un peu partout en France, et provoque de nombreuses manifestations, dont celles des étudiants en 1994.

Les privatisations, Hue, les étudiants

Les 21 et 28 mars 1993 ont lieu les élections législatives. La droite l'ayant emporté, le président Mitterrand entame une seconde cohabitation, cette fois avec Édouard Balladur qui devient Premier ministre le 29 mars. Une nouvelle série de privatisations est décidée : Elf-Aquitaine, Rhône-Poulenc, BNP, UAP, AGF, etc. L'année suivante, au cours du 28e congrès du parti communiste, du 25 au 28 janvier 1994, Georges Marchais cède son poste de secrétaire général au maire de Montigny-lès-Cormeilles, Robert Hue. Ces nouveautés politiques n'empêchent pas le mécontentement de plusieurs catégories de Français : les marins-pêcheurs d'abord qui défilent dans les rues de Rennes le 4 février 1994 – lançant des fusées dont l'une tombe dans les combles du Parlement de Bretagne qui est la proie des flammes. Les lycéens et étudiants défilent aussi, en mars 1994 : ils protestent contre le projet du CIP – le contrat

---

L'autre Tonton

L'actualité mitterrandienne, en 1994, devient fort sombre : son conseiller François de Grossouvre se suicide, le 7 avril, dans le bureau qu'il occupe au Palais de l'Élysée. Par ailleurs, en septembre, paraît le livre du journaliste Pierre Péan, *Une jeunesse française*, où le passé du président de la République est révélé, avec l'assentiment de celui-ci. C'est un Mitterrand bien différent du « Tonton » débonnaire et paternaliste des années 80 qui apparaît alors, notamment lorsque son passé vichyste est évoqué. L'ouvrage de Pierre Péan provoque un trouble durable dans une France qui se prépare déjà aux élections présidentielles de 1995.

d'insertion professionnelle – qui permettrait de rémunérer un jeune à 80 % du SMIC. Ce projet qui était proposé par Édouard Balladur doit être retiré.

Figure 12-4 : Janvier 1996 : les journaux annoncent la mort de Mitterrand.

Chapitre 13

1995 à 2004 : Jacques Chirac : de Juppé à Raffarin

Dans ce chapitre :

▶ Revivez le premier septennat du président Jacques Chirac

▶ Faites le bilan des cinq années de cohabitation

▶ Informez-vous sur les réformes mises en place par le gouvernement Raffarin depuis 2002

*É*lu président de la République, Jacques Chirac nomme Alain Juppé Premier ministre. Le coup d'envoi de réformes importantes va être donné, provoquant de nombreux mouvements sociaux. En 1997, la dissolution de l'Assemblée nationale ouvre une période de cohabitation de cinq années. La gauche plurielle de Lionel Jospin est celle de la croissance qui culmine en 2000 à 3,9 %. Depuis, elle décroît régulièrement. Le gouvernement Raffarin, installé après la réélection de Jacques Chirac en 2002, tente de la relancer.

1995 : Jacques Chirac, président de la République

Beaucoup d'élections importantes reposent sur une petite phrase. Vous vous souvenez sans doute de « Monsieur Mitterrand, vous n'avez pas le monopole du cœur ! » de Valéry Giscard d'Estaing ; vous imaginez sans peine celles qui ont serti les diamants du même Giscard en 1981... En 1995, c'est la grande époque des Guignols de l'Info sur Canal+ – à cette époque, ils sont inspirés, incisifs et drôles : on voit apparaître un Jacques Chirac dont le parti politique est le premier de France, et qui sait que le mois de mai 1995 comblera ses désirs. En attendant, il répète son slogan qui sent bon le verger paisible et la patience végétale : « Mangez des pommes ! » Les pommes, sa force tranquille...

La fracture sociale en action

Le 7 mai 1995, 52,64 % des Français élisent Jacques Chirac président de la République. Lionel Jospin recueille 47,36 % des voix. Au premier tour, les voix s'étaient réparties ainsi : Jospin : 23,30 % ; Chirac : 20,84 ; Balladur : 18,58 % ; Le Pen : 15 % ; Hue : 8,64 % ; Laguiller : 5,30 % ; de Villiers : 4,74 % ; Voynet : 3,32 %. La « fracture sociale », thème majeur de la campagne de Jacques Chirac, va bientôt quitter son statut de formule gagnante pour devenir dans les faits un gigantesque mouvement social – le plus important depuis 1968 – qui concerne surtout le secteur public, en novembre et décembre 1995 : SNCF, RATP, EDF-GDF, La Poste, les enseignants.

Le secteur public en plan

Le Premier ministre Alain Juppé – choisi par Jacques Chirac le 18 mai 1995 – affronte la situation en maintenant le plan de réforme de la Sécurité sociale qui a mis le feu aux poudres. Ce

---

Les sans-papiers d'Ababacar

Depuis le 18 mars 1996, des immigrés africains sans papiers ont décidé d'occuper des églises afin de sensibiliser le pouvoir à leurs problèmes. Après avoir été expulsés de l'église Saint-Ambroise dans le IXᵉ arrondissement de Paris, et de quelques autres lieux de culte catholique, ils se retrouvent, en août, réfugiés dans l'église Saint-Bernard dans le XVIIIᵉ arrondissement. C'est là que les forces de l'ordre donnent l'assaut, le 23 août, en forçant les portes à coup de hache afin d'expulser les 220 sans-papiers qui l'occupent. Cette opération, largement médiatisée, crée un malaise considérable. Malgré les efforts de celui qui a pris la tête du mouvement, Ababacar Diop, la régularisation des sans-papiers se révèle lente et difficile au regard d'une législation pleine de contradictions.

plan prévoit la mise en place d'un régime universel d'assurance maladie, une révision des régimes spéciaux de retraite, l'allongement de la durée de cotisation pour une retraite à taux plein – allongement progressif de 37,5 à 40 années –, l'imposition des Allocations familiales, la réforme des caisses locales et nationales de sécurité sociale – création d'un conseil de surveillance –, réforme de l'hôpital, etc. Des grèves importantes se déclenchent alors à la SNCF, la RATP, EDF-GDF, La Poste, et dans l'Éducation nationale. Les grandes villes sont paralysées.

Touvier, Papon, la France face à la collaboration

Cour d'assises de la Gironde, à Bordeaux. 8 octobre 1997 : le procès de Maurice Papon, secrétaire général de la préfecture de la Gironde sous le régime de Vichy, s'ouvre. Maurice Papon est accusé de crime contre l'humanité : sous le régime de Vichy, numéro deux officiel de la région de Bordeaux, supervisant le service des questions juives, il a ordonné l'arrestation de près de 1 600 Juifs entre 1942 et 1944, hommes, femmes, enfants, personnes âgées, la plupart déportés à Auschwitz.

Papon est le deuxième Français qui va être jugé pour crime contre l'humanité, le premier étant Paul Touvier, condamné à la réclusion à perpétuité le 20 avril 1994 par la cour d'assises des Yvelines. Paul Touvier, ancien chef du service de renseignements de la milice de Lyon, était accusé de complicité dans l'assassinat de sept otages juifs fusillés par les Allemands, à Rillieux-la-Pape, en juin 1944.

Le 2 avril 1998, Maurice Papon est condamné à dix ans de réclusion criminelle pour complicité de crime contre l'humanité. Il se pourvoit en cassation, et peut ainsi rester en liberté. En octobre 1999, refusant de se présenter à la prison à la veille de sa comparution pour l'examen de son pourvoi en cassation, il prend la fuite pour la Suisse. Retrouvé et arrêté, il est aussitôt emprisonné le 22 octobre.

Trois ans plus tard, le 18 septembre 2002, il est remis en liberté, en raison de son âge – quatre-vingt-douze ans – et de son état de santé, libération qui ne manque pas de susciter de nombreuses polémiques. Désapprouvée par les uns, approuvée par les autres – dont Robert Badinter, ancien garde des Sceaux et ancien président du Conseil constitutionnel – elle a été rendue possible par une loi votée le 4 mars 2002, précisant que les prisonniers peuvent être libérés s'ils souffrent d'une maladie incurable ou si leur incarcération se révèle dangereuse pour leur santé.

Mais le mouvement s'épuise et, le 18 décembre 1995, la reprise du travail est générale. La plupart des réformes prévues vont, au fil des années qui suivent, se mettre en place.

1996, c'est aussi

- ✔ le 27 mars, l'enlèvement de sept moines français au monastère de Tibéhirine en Algérie. Deux mois plus tard, ils sont décapités par des membres du GIA qui les ont enlevés.
- ✔ Le 28 mai, l'annonce par Jacques Chirac de la suppression du service militaire et de son remplacement par le « rendez-vous citoyen ».
- ✔ Le 3 juillet : l'interdiction de l'amiante, son action cancérigène étant établie.
- ✔ Du 19 au 22 septembre, le cinquième voyage de Jean-Paul II en France. Il y célèbre le 1 500e anniversaire du baptême de Clovis.
- ✔ Le 23 novembre, le transfert des cendres d'André Malraux au Panthéon.
- ✔ Le 3 décembre, l'attentat dans le RER de Port-Royal, extension à la France de la guerre civile algérienne.

1997 à 2002 :
cinq années de cohabitation

Après la dissolution de l'Assemblée nationale décidée par Jacques Chirac, la gauche qui remporte les législatives va, à son tour, être appelée à cohabiter avec le président.

Cohabitation : troisième épisode

Afin de mieux asseoir son gouvernement, de lui donner une nouvelle légitimité, le président Jacques Chirac décide de dissoudre l'Assemblée nationale le 21 avril 1997, un an avant la date prévue des législatives. Les élections qui ont lieu le 25 mai donnent l'avantage à la gauche, à la surprise générale, avantage confirmé au second tour, le 1er juin : la gauche obtient

320 sièges – 249 PS, 37 PC et 8 écologistes –, la droite 256, et le FN un seul. Une troisième cohabitation se met en place : Lionel Jospin devient Premier ministre le 4 juin 1997.

1997 : la gauche plurielle

Le gouvernement de Lionel Jospin est celui de la « gauche plurielle » composé de socialistes, de communistes et d'écologistes. Le 19 juin, dans sa déclaration de politique générale, il annonce la création de 700 000 emplois pour les jeunes, la mise en place de la semaine de trente-cinq heures dans les cinq années à venir, et cela sans perte de salaire, l'augmentation de 4 % du SMIC à partir du 1er juillet 1997, l'attribution des Allocations familiales sous conditions de ressources, de nouvelles lois sur l'immigration, l'indépendance de la justice, la transparence de la police.

Mammouth : Allègre au rayon froid

Dans le même temps, le 24 juin 1997, une déclaration de politique particulière, effectuée par le nouveau ministre de l'Éducation nationale, va mettre en effervescence le monde

UN PORTRAIT

« Je suis une gamine finie ! »

Le 4 août 1997, décède, à l'âge de 122 ans, la doyenne de l'humanité : Jeanne Calment. Elle était née le 22 février 1875, plus jeune de quinze jours que Maurice Ravel… Dans le magasin de couleurs que tenait son père à Arles, elle se rappelle avoir vu Vincent Van Gogh. À la fin de sa vie, elle prétend même avoir eu l'occasion d'une danse avec lui – ce qui est plausible puisqu'au cours du séjour de Van Gogh non loin de chez les Calment, Jeanne avait, en 1888-1889, treize-quatorze ans. Elle a cinq ans à la naissance d'Apollinaire, dix ans à la mort de Victor Hugo, vingt-huit ans à la naissance de Marguerite Yourcenar. Elle survit à trois guerres et un mari. À 90 ans, elle vend en viager sa maison à un notaire qui lui verse 500 euros par mois ; à la mort de Jeanne, la maison doit lui revenir. Hélas pour lui, il meurt avant elle, à 77 ans, en 1996 ! Sa famille doit continuer à payer les mensualités ! En 1996, à 121 ans, elle enregistre son premier CD : *La Farandole* sur un rythme de rap. Elle y chante « Je suis une gamine finie ! »… et meurt quelques semaines plus tard.

enseignant : Claude Allègre, en quelques phrases, monte en épingle l'absentéisme supposé des professeurs, et parlant de l'excès de bureaucratisation de l'Éducation nationale, il projette de « dégraisser le mammouth » – un « mammouth » qui va se mettre à bouder son ministre à la métaphore sibérienne qui a jeté entre eux un froid définitif.

6 février 1998 : Claude Érignac assassiné

La France abasourdie apprend dans les premiers jours de février 1998 qu'un préfet de la République est assassiné en Corse.

La loi du silence

Une tragédie marque le début de l'année 1998 : le 6 février, le préfet de la région Corse, Claude Érignac, est abattu de trois balles de revolver dans la nuque, dans une rue d'Ajaccio, alors qu'il se rendait au théâtre. Cet assassinat du représentant de l'État suscite de vives réactions d'indignation dans l'île et sur le continent. Il faudra des semaines d'enquête pour qu'au-delà de la loi du silence des indices suffisamment sûrs puissent permettre l'arrestation puis le procès des auteurs de l'attentat. Ce procès se déroule en juin et juillet 2003 à Paris.

Colonna en prison

Après six semaines d'audience et huit heures de délibération, le verdict tombe dans l'après-midi du 11 juillet 2003 : la cour d'assises spéciale de Paris condamne à la réclusion criminelle à perpétuité les deux cerveaux du crime. Six autres prévenus écopent de peines qui vont de quinze à trente ans de réclusion. L'assassin présumé, Yvan Colonna, aujourd'hui en prison après une cavale de quatre ans, a été arrêté le 4 juillet 2003, dans le sud de l'île, près de Propriano où il était berger, par les policiers du RAID. Son procès devrait avoir lieu dans les deux années qui viennent.

1998 : la France gagne au tiercé

Pauvre Aimé Jacquet ! Pendant toute la période de préparation de l'équipe de France qui va participer à la coupe du monde de football, il est la cible des journalistes, des critiques de toutes sortes. On le ridiculise, on le désapprouve ! Pourtant, il demeure ferme sur ses choix, sur sa politique d'entraînement. Les matches se déroulent en juin dans plusieurs villes de France. Le grand favori est le Brésil. C'est alors que se produit l'inattendu, mais pas l'inespéré : l'équipe de France de football se retrouve en finale contre le Brésil le dimanche 12 juillet 1998 ! Mieux : l'équipe de France de celui que tout le monde adule maintenant, et affuble de l'hypocoristique « Mémé » – Aimé Jacquet – bat le Brésil ! 3 buts à 0 ! C'est la première fois que la France remporte la coupe du monde de football depuis sa création. Les joueurs devenus des héros sont acclamés sur les Champs-Élysées par plus d'un million et demi de personnes. Le tiercé gagnant « black-blanc-beur » enrichit (d'espoirs, d'énergie, d'optimisme) la France tout entière – du moins celle qui aime le football.

Figure 13-1 :
Champions
du monde !
L'équipe de
France
chante la
Marseillaise.

1998, c'est aussi :

✔ Le 28 janvier, l'inauguration du Stade de France par Jacques Chirac.

✔ Le 10 février, l'adoption du projet de loi sur les trente-cinq heures de Martine Aubry – bien accueille dans certaines grandes entreprises, elle l'est moins dans les petites qui se heurtent à des problèmes d'organisation. Les trente-cinq heures, c'est aussi la naissance de la fameuse RTT (réduction du temps de travail) dont le cumul des heures crée de nouvelles plages de loisirs.

- ✔ Le 22 mars, les 44,97 % d'abstentions au second tour des élections cantonales remportées par la gauche avec 47,32 % des suffrages.

- ✔ Le 2 septembre, le grave accident d'anesthésie qui plonge le ministre de l'Intérieur Jean-Pierre Chevènement dans le coma – il sortira de l'hôpital le 27 octobre.

- ✔ Le 5 novembre, le voyage à Craonne dans l'Aisne, de Lionel Jospin qui réhabilite la mémoire des soldats mutinés en 1917 et qui furent fusillés pour l'exemple.

1999 : « Gai, gai, pacsons-nous ! »

En janvier 1999 commencent les discussions qui vont conduire le 15 novembre au vote de la loi concernant le PACS : le pacte civil de solidarité. Le PACS est un contrat passé devant le greffe du tribunal d'instance, et qui permet à deux personnes majeures, de sexe différent ou de même sexe, d'avoir une vie commune. Il apporte, en dehors du mariage, des avantages fiscaux, des solutions juridiques, de protection sociale ou de succession qui répondent à une attente et suppriment une certaine précarité dans des couples hétérosexuels ou homosexuels. Cette nouvelle possibilité d'union de deux êtres déclenche des réactions de rejet dans la plupart des sensibilités religieuses qui voient là une remise en question du mariage traditionnel et une fragilisation des valeurs de la conjugalité. Des manifestations sont organisées – dont l'une le 31 janvier 1999 qui rassemble 100 000 personnes. Cependant, le lundi 15 novembre 1999, la loi sur le PACS est votée.

1999, c'est aussi :

- ✔ Le 24 mars, l'incendie d'un camion dans le tunnel du Mont-Blanc, provoquant la mort de plus de quarante personnes.

- ✔ Le 13 juin, les élections européennes qui consacrent la victoire… des abstentionnistes : 53,24 %.

- ✔ Le 19 juin : la mort d'Henri d'Orléans, 90 ans, prétendant au trône de France – il était le descendant de Louis-Philippe.

- ✔ Le 11 août, l'éclipse totale de soleil.

✔Le 12 août, le saccage par les militants aveyronnais de la Confédération paysanne, du McDonald's de Millau. À leur tête, José Bové qui va faire partie de tous les combats contre la mondialisation.

✔Le 12 décembre, le naufrage d'un pétrolier, l'Erika, au large du Finistère qui déclenche une marée noire. 400 kilomètres de côtes sont pollués.

✔Du 26 au 28 décembre, une tempête qui fait plus de cent morts en Europe provoque d'énormes dégâts dans une grande partie de la France.

Avril 2000 : du bruit dans Quévert

En six ans, à partir de 1994, une douzaine d'attentats sont commis en Bretagne. Celui qui secoue le McDo de Quévert va être fatal à une jeune femme de vingt-six ans.

Un engin explosif au McDo

La scène se passe à Quévert, sur la route de Dinan, dans les Côtes d'Armor. Le mercredi 19 avril 2000, Laurence Turbec, une employée du McDonald's ouvre une porte latérale du restaurant dans lequel elle prend son service vers dix heures du matin. Un engin explosif qui a été déposé là explose et la tue. Ce drame provoque colère et émotion. Qui a pu organiser cet attentat, l'ARB – Armée révolutionnaire bretonne – qui aurait voulu elle aussi son heure médiatique, comme celle de José Bové ? La police arrête de nombreux militants, plusieurs sont emprisonnés.

« Des bricoleurs approximatifs »

L'enquête continue jusqu'au procès qui a lieu quatre ans plus tard à Paris. Le 26 mars 2004, au terme des réquisitoires et plaidoiries, un acquittement général est prononcé pour Quévert : personne ne sait qui a déposé la bombe du McDo. En revanche, les dirigeants de l'ARB – des « bricoleurs approximatifs » selon un des juges – sont condamnés pour association de malfaiteurs ou pour leur participation à une série de douze attentats commis entre 1994 et 2000 : onze ans de prison pour Christian Georgeault ; trois ans pour Gaël Roblin, porte-parole d'Emgann, mouvement autonomiste breton ; cinq autres militants écopent de quatre à huit ans de prison, quatre ont été acquittés.

2000, c'est aussi :

✔ Le 17 janvier 2000 : la publication du livre de Véronique Vasseur, *Médecin chef à la prison de la Santé*, lève le voile sur les conditions de vie dramatique dans les prisons françaises.

✔ Le 9 février : la publication de chiffres qui démontrent que l'économie de la France se porte bien, que le chômage diminue, que l'excédent budgétaire dépasse trente milliards de francs.

✔ Le 25 juillet, le crash du Concorde d'Air France après son décollage de l'aéroport de Roissy. La catastrophe fait 113 victimes.

✔ Le 24 septembre, le référendum sur la durée du mandat présidentiel, ramenée à cinq ans. Le oui l'emporte, mais 70 % des Français se sont abstenus de voter.

Municipales de 2001 : Bertrand Delanoë maire de Paris

2001 : les municipales ! Le 11 mars se déroule le premier tour. Point de résultats vraiment tranchés ; la majorité gouvernementale marque le pas, l'opposition résiste. Il faut noter la défaite de deux ministres du gouvernement Jospin : Jean-Claude Gayssot à Béziers, et Dominique Voynet à Dole. Une victoire remarquée : celle de François Hollande qui l'emporte dès le premier tour à Tulle, dans les terres chiraquiennes. Le taux d'abstention, au niveau national, est de 38,73 % ! Le second tour est marqué par la victoire de la gauche à Paris – Bertrand Delanoë va en devenir le maire – et à Lyon. À Toulouse, la liste de Philippe Douste-Blazy l'emporte – Toulouse fait partie des quarante villes de 15 000 habitants qui sont gagnées par la droite : Strasbourg, Orléans, Rouen, Quimper, Blois, Nîmes, Châteauroux, Argenteuil, Épinay-sur-Seine, Lisieux, etc.

UNE DATE À RETENIR

11 septembre 2001 : les Tours jumelles en feu

2001 : il est à peine quinze heures en France, il est à peine neuf heures à New York ce mardi 11 septembre 2001. Dans le ciel de Manhattan, l'avion assurant la liaison Boston-Los Angeles – un Boeing 767 d'American Airlines – survole les gratte-ciel, se dirige vers le World Trade Center. Les témoins le voient qui fonce tout droit sur la tour nord qu'il percute, pénètre avant d'exploser, séparant les derniers étages de toute possibilité d'évacuation. Tous les passagers de l'avion sont morts, ainsi que les occupants des étages dévastés. Moins de vingt minutes plus tard, un avion identique assurant la même liaison pour United Airlines amorce un virage au-dessus de New York, au terme duquel il s'encastre dans la tour sud. Entre-temps, un Boeing-757 d'American Airlines qui avait décollé de Dulles à destination de Los Angeles s'écrase sur le Pentagone, le ministère américain de la Défense.

Presque à la même heure, un quatrième avion – Boeing 757 d'United Airlines –, parti de New York pour San Francisco, s'écrase près de Pittsburgh en Pennsylvanie. Les avions transportaient 276 passagers et membres d'équipage. Le monde entier est consterné par la tragédie que vivent les États-Unis, par cet attentat abominable qui va provoquer la mort de 3 000 personnes dans des conditions atroces. Le 13 septembre, Colin Powell désigne officiellement le milliardaire islamiste d'origine saoudienne Oussama Ben Laden, réfugié en Afghanistan, à la tête de son réseau Al-Qaida, comme le principal suspect de la vague d'attentats. La « croisade contre les forces du mal, afin d'éradiquer le démon du terrorisme » engagée alors par George Bush conduira l'armée américaine en Irak.

21 septembre 2001 : « Ô Toulouse… »

2001, Toulouse ! Toulouse et son nouveau maire, Philippe Douste-Blazy. La ville rose de Nougaro « Ô mon pays… » ! L'eau verte du canal du Midi, et la brique rouge des Minimes ! Douceur capitoline et délices de la table ! Toulouse, 10 h 17, le 21 septembre 2001, la tragédie : une explosion indescriptible fait trembler la ville. Elle provient de l'usine pétrochimique

AZF – fabrication d'engrais – qui appartient au groupe Total-Fina-Elf. Le bilan est terrible : 30 morts, plus de 10 000 blessés dont 2 500 seront hospitalisés. Des entreprises, des bâtiments publics et municipaux et plus de 30 000 logements sont endommagés.

Figure 13-2 : Septembre 2001 : explosion dans l'usine AZF.

Une lente indemnisation

Le traumatisme est énorme. Des habitants ont tout perdu. D'autres sont obligés de quitter leur logement éventré. Des milliers de vitres ont été brisées dans un rayon de plusieurs kilomètres. Malgré des enquêtes, malgré leurs révélations et leurs conclusions, malgré des mises en examen dont la première intervient le 7 novembre, l'indemnisation des sinistrés s'effectue lentement et beaucoup d'habitants voient avec crainte l'hiver approcher alors que leurs fenêtres sont brisées.

Aujourd'hui, même si on pense avoir trouvé la cause de l'explosion – un mélange accidentel de deux substances –, le traumatisme est toujours vif dans une ville qui mettra longtemps encore à panser toutes ses plaies.

LE SAVIEZ-VOUS ?

L'euro et son pluriel français

Il va bien falloir s'y faire ! Depuis déjà un certain temps, dans les magasins, le double étiquetage a permis de s'habituer à l'euro ! Voici maintenant, en ce 1er janvier 2002, les pièces et les billets qui portent l'inscription « Euro » – billets anonymes représentant des idées de ponts, d'arches, de portes ou de portiques, de fenêtres à vitraux, tout ce qui filtre la lumière, laisse passer l'air ou le vent. On y lit : « 20 Euro », sans « s » ！

Il n'en faut pas davantage à ceux dont le bagage grammatical est resté en transit dans quelque année scolaire indécise pour déclarer que le mot Euro est invariable ! Invariable certes, sur les billets et les pièces puisque ceux-là et celles-ci sont destinés à circuler dans une Europe où la règle du « s » pluriel n'est pas en vigueur partout ! En France elle l'est, « euro » est un nom commun, comme un autre ; et écrire avec son stylo ou avec son clavier « vingt euro, cent euro… », c'est faire la même erreur d'accord que celle qu'on remarque dans : « vingt banquier, cent million… » – au passage, remarquons que la liaison doit être faite : puisqu'on prononce « vingt-t-ans, quatre-vingts-z-ans », on prononce également : « vingt-t-euros, quatre-vingts-z-euros, cent-t-euros, cinq cents-z-euros ».

Inviolables, ces nouveaux billets ! Leur réputation a tenu pendant au moins trois mois : les premières falsifications ont commencé à sortir des scanners sophistiqués au printemps 2002, et poursuivent, par intermittence, leur carrière que la carte de crédit concurrence de plus en plus. Cependant, le système Monéo – la monnaie électronique –, mis au point pour les petits paiements, ne semble pas remporter le succès escompté : méfiants, les commerçants n'ont pas accepté qu'une commission jugée excessive soit prélevée sur chaque transaction.

Élection présidentielle : le choc du 21 avril 2002

L'élection présidentielle d'avril 2002 se prépare dans une sorte de consensus de l'incertitude : c'est Lionel Jospin qui devrait l'emporter, ou peut-être Jacques Chirac – les instituts de sondage ne parviennent pas à se mettre d'accord. La campagne distille comme d'habitude son lot de petites phrases, jusqu'au 21 avril…

Chirac ou Jospin ? Le Pen...

Chirac ou Jospin ? Jospin ou Chirac ? Le choix semble se résumer à ces deux candidats dès le premier tour des élections présidentielles d'avril 2002, tant les sondages effectués auprès des électeurs sont ajustés, dit-on, à la réalité. Le dimanche 21 avril au soir, la réalité montre un autre visage : devant des Français incrédules, les résultats s'affichent, excluant de la bataille du second tour Lionel Jospin (16,18 %) ! C'est Jean-Marie Le Pen qui arrive en deuxième position (16,86 %). Jacques Chirac a obtenu 19,88 % des voix. Viennent ensuite : François Bayrou (UDF, 6,84 %), Arlette Laguiller (Lutte Ouvrière, 5,72 %), Jean-Pierre Chevènement (MDC, 5,33 %), Noël Mamère (Verts, 5,25 %). Le PC n'obtient que 3,37 %, En revanche, l'extrême gauche trotskiste rassemble 13,71 % pour trois candidats. Des manifestations contre la présence du candidat du Front national au second tour se déroulent dès le lendemain des élections qui provoquent également de nombreuses réactions internationales.

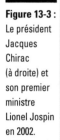

Figure 13-3 :
Le président Jacques Chirac (à droite) et son premier ministre Lionel Jospin en 2002.

BARCELONE   CONSEIL EUROPEEN

Jean-Pierre Raffarin, qui êtes-vous ?

Au second tour, le dimanche 5 mai, Jacques Chirac recueille 82,21 % des voix face à Jean-Marie Le Pen (17,79 %). L'abstention s'élève à 19,26 %. Le 6 mai, un nouveau Premier ministre est nommé. Il s'agit de Jean-Pierre Raffarin. Qui est Jean-Pierre Raffarin ? Né le 3 août 1948 à Poitiers, c'est le fils de l'ancien député de la Vienne, Jean Raffarin qui fut aussi ministre de Pierre Mendès-France. Diplômé de l'École supérieure de commerce de Paris, il commence sa carrière professionnelle en occupant le poste de chef de produits chez Jacques Vabre. De 1976 à 1981, il occupe des fonctions de communication au cabinet du secrétaire d'État au travail manuel, Lionel Stoléru. Directeur général de Bernard Krief communication, il devient ensuite président du Conseil général de Poitou-Charentes en 1988, et Sénateur de la Vienne en 1997. Il est aussi député européen en 1989, réélu en 1994. Son gouvernement comporte vingt-huit membres dont Nicolas Sarkozy ministre de la Sécurité intérieure et des Libertés locales ; Dominique de Villepin ministre des Affaires étrangères ; Michèle Alliot-Marie ministre de la Défense ; Luc Ferry ministre de l'Éducation nationale ; Francis Mer ministre de l'Économie et des Finances.

17 juin 2002 : dix femmes au gouvernement

Les élections législatives ont lieu le 9 juin 2002. La droite est en tête dès le premier tour, et confirme cette position au second tour du 16 juin. L'UMP, formation unique de la droite, née le 23

La croissance

Entre 1995 et 2000, la croissance se maintient à un niveau supérieur à ce qu'elle était au cours des quinze années précédentes. En 1998, par exemple, elle est de 3,5 %, en 1999, de 3 %, en 2000 de 3,9 %. Cette croissance est accompagnée d'une baisse du chômage qui passe de 12 % en 1998 à 9 % en 2000. En trois ans, entre 1997 et 2000, près de deux millions d'emplois sont créés ! La France s'efforce de demeurer dans les limites imposées par le traité européen de Maastricht, et elle y réussit, même si, en 2003, Jean-Pierre Raffarin est obligé de défendre bec et ongle son budget un peu trop déficitaire face à l'Europe des finances. Qu'en est-il de la croissance ces trois dernières années ? Elle diminue : 2,1 % en 2001, 1,2 % en 2002, 0,2 % en 2003, son niveau le plus bas depuis 1993. Pour 2004, les économistes ont prévu qu'elle se situerait aux environs de 1,5 %.

avril pour les élections législatives, obtient la majorité absolue à l'Assemblée avec 355 sièges, contre 140 au PS. Dès le lendemain, le 17 juin, le Premier ministre Jean-Pierre Raffarin est reconduit dans ses fonctions. Son équipe comprend douze nouveaux membres et compte dix femmes. Par exemple Noëlle Lenoir aux Affaires européennes et Claudie Haigneré à la Recherche. Le 25 juin, Jean-Louis Debré, député UMP-RPR de l'Eure, est élu à la présidence de l'Assemblée nationale.

Le train des réformes sur les rails de la rigueur

L'allongement de la durée de la vie, la baisse du nombre de cotisants conduit à l'adoption de la réforme des retraites : il sera nécessaire de travailler davantage. Les intermittents du spectacle doivent, eux aussi, fournir davantage d'heures pour percevoir une couverture sociale, ce qu'ils ne sont pas tous en mesure de réaliser facilement.

Une retraite moins précoce

C'est en août 2003 que la loi portant sur la réforme des retraites a été adoptée.

La France sexagénaire de 2040

2003, c'est le remue-ménage : le 1er février une journée nationale de manifestations se déroule à l'appel de l'ensemble des syndicats. Ils réclament une négociation avec le gouvernement sur la réforme des retraites rendue nécessaire pour différentes raisons, notamment celle de l'allongement de la durée de la vie : un Français sur trois aura plus de soixante ans en 2040 – contre un Français sur cinq aujourd'hui ! Deux jours plus tard, Jean-Pierre Raffarin, le Premier ministre, répond à cet appel en précisant la méthode et le calendrier de la réforme qui comportera une concertation avec les partenaires sociaux en février et mars. Ensuite aura lieu un débat parlementaire, puis, ce sera, avant l'été, le vote d'un projet de loi.

40 années de cotisations

Le 3 avril 2003, les syndicats – sauf la CFDT – organisent une nouvelle manifestation. Le 12 avril, les orientations générales de la réforme sont présentées par le ministère : allongement progressif de la durée de cotisation d'ici 2020, incitations pour que les salariés restent en activité au-delà de 60 ans, modification des règles de calcul des pensions pour les régimes de base ; pour les fonctionnaires la durée de cotisation passera en 2008 de 37,5 à 40 ans.

Pour vous, les salariés

La loi sur la réforme des retraites a été votée le 21 août 2003, et publiée le 22 août au *Journal officiel*. L'allongement de la durée d'assurance est programmée jusqu'en 2012 en deux étapes :

- ✔ Jusqu'en 2008, salariés et non-salariés doivent passer de 37,5 années de cotisations à 40 années, à raison de deux trimestres par année, soit 160 trimestres pour les assurés nés en 1948.
- ✔ Jusqu'en 2012, l'allongement de la durée d'assurance se fait à raison d'un trimestre par an, afin d'atteindre 41 ans, soit 164 trimestres pour ceux qui sont nés en 1952.

Pour vous, les fonctionnaires

Les fonctionnaires peuvent toujours demander la liquidation de leur retraite dès qu'ils ont quinze ans de services effectifs, soit par radiation d'office, soit parce qu'ils ont demandé leur retraite et qu'ils sont âgés de 60 ans, occupant un emploi sédentaire, 55 ans s'ils occupent un emploi actif depuis 15 ans. Les femmes fonctionnaires peuvent prendre leur retraite à n'importe quel âge, dès qu'elles justifient de 15 ans de services et remplissent des conditions d'ordre familial, notamment avoir élevé trois enfants pendant 9 ans, ou être mère de trois enfants. Ce qui change, avec la nouvelle loi, c'est que la durée de cotisation à taux plein passe de 37,5 ans à 40 ans en 2008, à raison de deux trimestres de plus par an.

Les intermittences du spectacle

Le mois de mai 2003 est traversé de grèves à répétition. Le mouvement est particulièrement suivi par les enseignants qui se mobilisent de plus en plus. En juin, rien ne s'arrange : aux manifestations reconduites contre la réforme des retraites s'ajoutent celles des intermittents du spectacle pour la défense de leur régime d'indemnisation du chômage. Ils devront avoir fait 507 heures de travail en dix mois et demi pour les artistes, en dix mois pour les techniciens, au lieu d'un an, afin de prétendre à une indemnisation de huit mois au lieu de douze.

Les abus des sociétés audiovisuelles

Ce nouveau système pousse beaucoup d'artistes sans grandes ressources vers le RMI, alors que les abus constatés dans les sociétés audiovisuelles employant des intermittents dans des conditions précaires se poursuivent. Beaucoup de festivals, de manifestations artistiques sont annulés dans les mois qui suivent. En août, le Centre Georges Pompidou est occupé à Paris. La loi de la réforme de leur statut est cependant votée et mise en application le 1er janvier 2004.

L'été meurtrier

Voici l'été 2003 et son soleil qui se lève de plus en plus chaud, au point que les nuits ne le tempèrent même plus ! Les plages sont envahies, et les rues de l'insouciance pullulent de chapeaux sous lesquels on ne pense presque plus. Pendant ce temps, les prompts secours ne cessent de conduire vers les hôpitaux tous ceux que l'âge a rendu fragiles et que l'air brûlant fait souffrir, fait mourir ! Plus de 15 000 décès supplémentaires vont intervenir en cette période de canicule exceptionnelle. La prise en compte de cette catastrophe se fait tardivement, les mesures prises arrivent après la bataille qu'ont livrée, sans grands moyens, les urgentistes, le personnel des hôpitaux. La rentrée va s'effectuer dans une atmosphère lourde de deuil et de reproche.

Cantonales, régionales : à gauche toutes – ou presque

Les élections cantonales et régionales vont se traduire en mars 2004 par un net changement de cap qui crée quelques surprises.

29 mars 2004 : l'aurore aux doigts de rose

Le printemps 2004 est celui de la fièvre préélectorale : dans chaque camp, on fourbit ses armes pour remporter les élections régionales ou cantonales – seule la moitié de chaque conseil général est renouvelée, l'autre moitié le sera en 2007, année des élections municipales. Le 21 mars, à l'issue du premier tour pour les élections régionales, la gauche totalise 40,24 % des voix auxquelles s'ajoutent les 4,99 % de l'extrême gauche. À droite, les résultats sont les suivants : UMP : 23,3 %, UDF : 11,9 % ; extrême droite : 16,32 %, divers : 3,25 %. Le bélier de la gauche est-il en train d'enfoncer la forteresse de la droite ? Le lundi 29 mars, sur toute la France se lève celle qu'Homère appelait l'aurore aux doigts de rose : le ciel est en effet tout rose sur la ligne d'horizon vers sept heures, l'heure à laquelle les Français prennent conscience que c'est désormais la couleur de leurs conseils régionaux – sauf l'Alsace.

Le PS, premier conseiller général de France

Pour ce qui concerne les élections cantonales, sur 2 034 sièges renouvelés, 834 vont au parti socialiste, 200 aux divers gauche, 108 au parti communiste, 44 aux radicaux de gauche, 4 à l'extrême gauche, 4 à l'extrême droite, 468 à l'UMP, 265 aux divers droite, 68 à l'UDF, et 23 aux divers et inclassables. Le parti socialiste devient ainsi le premier parti de France dans les conseils généraux. Pour la première fois depuis leur création par la Constituante en 1789, certains conseils généraux passent à gauche – ainsi celui de Loire-Atlantique. Au total, dix assemblées départementales de plus passent à gauche – Charente, Charente-Maritime, Cher, Doubs, Drôme, Oise, Saône-et-Loire, Seine-et-Marne, Loire-Atlantique, Ille-et-Vilaine –, la droite ne gagnant que la Corse-du-Sud.

Jean-Pierre Raffarin reconduit dans sa fonction

Peu de surprises dans le nouveau gouvernement dont la composition est annoncée le dernier jour de mars.

Le téléphone sonne...

Au lendemain des élections roses, tout le monde se demande ce que va faire le président de la République : dissoudre l'Assemblée nationale ? Changer de gouvernement ? La réponse est rapide : Jean-Pierre Raffarin qui est venu présenter la démission de son gouvernement est reconduit dans ses fonctions. Aussitôt, le traditionnel ballet des limousines aux vitres teintées commence à Matignon. L'arrondi des virages s'efforce de mimer les temps forts des films d'espionnage où la gomme sur l'asphalte pousse son cri d'orfraie... Les téléphones sonnent, ou ne sonnent pas...

31 mars 2004 : Sarkozy aux Finances, Fillon à l'éducation

Finalement, à dix-neuf heures trente, le 31 mars 2004, la composition du nouveau gouvernement est annoncée : Nicolas Sarkozy devient ministre de l'Économie, des Finances et de l'Industrie ; François Fillon, ministre de l'Éducation nationale, de l'Enseignement supérieur et de la Recherche ; Dominique de Villepin, ministre de l'Intérieur, Jean-Louis Borloo de l'Emploi, Michel Barnier des Affaires étrangères, Philippe Douste-Blazy à la Santé, Dominique Perben demeure à la Justice, Michèle Alliot-Marie à la Défense, Jean-François Lamour à la Jeunesse et aux Sports.

Francis Mer (Finances), Noëlle Lenoir (Affaires européennes), Luc Ferry (Éducation nationale) et Jean-Jacques Aillagon (Culture) s'en vont.

Une tâche gigantesque pour le gouvernement

Les années qui viennent vont être consacrées, notamment, à la réduction du déficit de la dette publique. Le gouvernement s'y est engagé ; des réformes souvent difficiles à accepter sont entreprises.

Dans le rouge...

Le nouveau gouvernement qui offre un visage plus social va se mettre au travail sans tarder. La tâche est énorme : la dette publique française est colossale, la politique financière menée depuis deux ans – baisse des impôts, dépenses multipliées ou amputation de recettes diverses : exonération de taxes professionnelles aux entreprises, restaurateurs, chercheurs, filière porcine, laitière, buralistes, hôpitaux... – a fait passer les comptes de la France dans le rouge.

Dette publique de la France : 1 000 000 000 000 d'euros !

La France est désormais le plus mauvais élève de l'Europe, avec le déficit public le plus élevé : 4,1 % de la richesse nationale produite. L'ensemble de la dette publique s'élève à 1 000 milliards d'euros, soit 16 000 euros par Français ! De plus, les 1,7 % de croissance espérés pour 2004 sont revus à la baisse et ramenés par les experts de l'INSEE à 1,4 %. Le premier grand chantier du nouveau gouvernement échoit à Philippe Douste-Blazy, le nouveau ministre de la Santé, remplaçant Jean-François Mattei, emporté par le coup de chaleur meurtrier de l'été 2003. Le nouveau ministre – né à Lourdes, non loin de la grotte de Massabielle – doit tenter de limiter le déficit chronique de l'assurance maladie : 11 milliards en 2003, 29 milliards en 2010, et, si rien n'est fait, 66 milliards en 2020 ! Il faudrait vraiment un miracle...

2004, c'est aussi :

⤳ 4 mars : mort de Claude Nougaro, poète aux cinquante ans de chanson.

L'Europe : une devise, un hymne, une journée

L'Europe ! Sa devise : *In varietate concordia*, en latin ; et en français : *L'unité dans la diver-sité*. Son hymne : *L'Ode à la joie*, tiré de la 9ᵉ Symphonie de Beethoven. Sa journée : le 9 mai ; ce jour est la date anniversaire du discours dans lequel Robert Schuman, en 1950, proposait une première ébauche de l'Europe.

✔ 5 au 7 avril : la Reine d'Angleterre Elisabeth II et son Altesse Royale Philip, duc d'Edimbourg, effectuent une visite d'État en France. Accueillis par le président de la République, ils viennent célébrer le centenaire de l'Entente cordiale, accords conclus par le Royaume-Uni et la France le 8 avril 1904.

✔ 1er mai : depuis minuit, l'Europe des quinze est devenue l'Europe des vingt-cinq, dix nouveaux pays s'étant ajoutés à la Communauté qui compte désormais plus de 450 millions d'habitants. Huit de ces nouveaux pays ont fait partie de l'ex-bloc communiste : l'Estonie, la Lettonie, la Lituanie, la Pologne, la Slovaquie, la République tchèque, la Hongrie, et la Slovénie ; les deux autres sont des îles méditerranéennes : Malte et Chypre.

2004, suite et fin :

✔ 5 juin : député-maire de Bègles, près de Bordeaux, Noël Mamère célèbre le premier mariage de deux homosexuels en France. Le 15 juin, il est suspendu de ses fonctions pour un mois, par le gouvernement qui avait demandé l'annulation de cette union, annulation obtenue auprès de la cour d'appel de Bordeaux, le mardi 19 avril 2005.

✔ 15 août : Laure Manaudou, 18 ans, 1,80 m, devient championne olympique du 400 m nage libre – la dernière médaille d'or française remonte à 1952 ! Le lendemain, elle termine médaille de bronze au 100 m dos, et le vendredi 20 août, elle décroche la médaille d'argent au 800 m nage libre ! À peine un an plus tard, le dimanche 24 juillet 2005, elle remporte la finale du 400 m libre dames des championnats du monde de natation à Montréal.

✔ 21 décembre : détenus depuis le 20 août par l'armée islamique en Irak, les journalistes Christian Chesnot (Radio-France Internationale) et Georges Malbrunot (Le Figaro) recrouvent la liberté. Ils sont accueillis le lendemain à l'aéroport de Villacoublay par le chef de l'État, le chef du gouvernement, plusieurs ministres, et par leurs familles.

Tsunamis du 26 décembre 2004 : 300 000 morts !

Le dimanche 26 décembre, peu après 7 h du matin (heure locale), un séisme de magnitude 9, survenu au large des côtes nord de l'île de Sumatra, provoque une série de tsunamis (raz de marée) qui dévastent les côtes d'Indonésie, celles du Sri-Lanka, du sud-est de l'Inde. La Thaïlande, la Birmanie, la Malaisie, le Bangladesh et les îles Maldives sont également touchés. Le bilan définitif de cette catastrophe s'élève à près de trois cent mille morts.

Constitution européenne : la France boude

Vingt-cinq pays peuvent-ils vivre en harmonie et en toute liberté sous un même toit, celui de l'Europe ? Sans doute, encore faut-il construire, ou consolider ce toit afin qu'il préserve ses protégés de toute sorte d'intempérie. Il est ensuite nécessaire de définir ou de préciser les compétences, les droits de chacun, pour que l'ensemble forme une unité dans sa diversité… Voilà, traduit en quelques images simples, le projet de Constitution européenne qui tente de se mettre en place.

L'appel du 14 juillet

Mercredi 14 juillet 2004. Cent deux hommes de la Queen's Company of the Grenadier Guards ouvrent le traditionnel défilé sur les Champs-Élysées. Ainsi est célébré le centenaire de l'Entente cordiale entre Français et Anglais. Traditionnelle aussi, en ce jour de fête nationale, l'interview du président de la République. Aux journalistes qui l'interrogent – Arlette Chabot et Patrick Poivre d'Arvor –, Jacques Chirac annonce que les Français seront appelés aux urnes afin de se prononcer par référendum sur la ratification de la Constitution européenne. Le chef de l'État juge que cette Constitution européenne est un *bon texte*, et déclare qu'il pèsera de tout son poids pour que le oui l'emporte. À peine un an plus tard, la France donne sa réponse…

Oui ou non ?

« Approuvez-vous le projet de loi qui autorise la ratification du traité établissant une Constitution pour l'Europe ? » On a vu et lu plus simple comme question référendaire destinée au plus grand nombre, à tous les habitants d'un pays dont on sollicite le suffrage pour une cause qui impressionne par son ampleur, et fait osciller l'opinion entre l'enthousiasme et l'anxiété. Dans la presse, on ne s'embarrasse pas de complications lexicales et syntaxiques, le choix se résume ainsi : oui ou non à la Constitution européenne. C'est clair ! Le dimanche 29 mai 2005 au soir, la réponse s'affiche sur les écrans de télévision : 54,68 % de non. C'est clair, également...

Oui et non

L'observation de la carte des résultats montre une France qui rejette massivement cette constitution que seuls approuvent les Yvelines, le Rhône, la Haute-Savoie, le Bas-Rhin, les Hauts-de-Seine, Paris, et sept départements situés dans les Pays de Loire et la Bretagne. Quatre-vingt-quatre départements ont dit non, avec des pointes de 69,5 % pour le Pas-de-Calais, 66,8 % pour la Somme, 66,75 % pour l'Aisne, 65,08 % pour la Seine-Maritime. Une analyse approfondie des résultats montre que le oui est plutôt la réponse des grandes villes, et que le non l'emporte dans les zones rurales ou dans les banlieues et les villes ouvrières aux prises avec l'emploi – Rouvroy, par exemple, dans le Pas-de-Calais, vote non à 84 %.

Historique d'un « bon texte »

Bon texte... L'appréciation du président Chirac qualifie le résultat d'une action qui a été menée à bien grâce à l'impulsion, au dynamisme d'un autre président de la République française (entre 1974 et 1981) : Valéry Giscard d'Estaing. Comment ce bon texte est-il né ? Petit retour en arrière...

Nice, Laeken, Rome...

En décembre 2000, le Conseil européen se réunit à Nice où la Charte des droits fondamentaux de l'Union européenne est proclamée. Ce même Conseil décide qu'il devient urgent de délimiter les compétences de l'Union, d'en simplifier les traités, et de préciser le rôle des parlements des pays qui la composent. Pour ce faire, une Convention européenne voit le jour après le sommet de décembre 2001 qui se tient à Laeken, en Belgique. De mars 2002 à juin 2003, cette Convention travaille sans relâche. Et le 18 juillet 2003 à Rome, le président de la Convention, Valéry Giscard d'Estaing, et le président du Conseil européen d'alors, Silvio Berlusconi, tout sourire, peuvent présenter à la presse le projet de Constitution européenne.

CHEZ NOS VOISINS

Deux cents morts à Madrid

Madrid. Jeudi 11 mars 2004. Entre 7 h 39 et 7 h 42, dix bombes explosent dans quatre trains de banlieue à Madrid. Le bilan est terrible : 198 morts et 1 430 blessés. Jamais l'Europe n'a connu une série d'attentats aussi meurtrière. L'opinion espagnole attend anxieusement que ses responsables lui désignent les auteurs de ce carnage. Le gouvernement de José Maria Aznar – le Premier ministre espagnol, chef du parti populaire – désigne alors l'organisation indépendantiste basque ETA. Mais la piste d'al-Qaida apparaît bien-tôt la seule crédible, une revendication enregistrée sur cassette vidéo précise que l'organisation terroriste a voulu venger « les crimes commis en Afghanistan et en Irak ». Trois jours après les attentats, les élections législatives se déroulent en Espagne. Le parti populaire est sanctionné par les électeurs qui lui reprochent ses engagements en Irak et la gestion hésitante de la crise terroriste. José Luis Rodriguez Zapatero, secrétaire général du parti socialiste espagnol – le PSOE – devient Premier ministre.

La marche triomphale

En décembre 2003, au sommet de Bruxelles, on ne sourit plus : l'Espagne et la Pologne qui se sentent défavorisées par rapport à l'Allemagne et la France, demandent que ce projet soit remis sur le métier. Ce qui est fait. Le 29 octobre 2004, enfin, le projet de traité constitutionnel européen est signé à Rome. Le processus de ratification est alors engagé dans les pays de l'Union, soit par voie parlementaire, soit par référendum pour les pays dont la constitution autorise ce recours. C'est d'abord une marche triomphale, les adhésions semblent se faire dans l'enthousiasme général.

Oui, oui, oui...

- La Lituanie, le 11 novembre 2004, est le premier État à ratifier la Constitution européenne : soixante-seize parlementaires ont voté pour, quatre contre et un député s'est abstenu.

- La Hongrie, le 20 décembre 2004, adopte la Constitution par voie parlementaire : trois cent vingt-deux voix pour, douze contre et huit abstentions.

- La Slovénie, le 1er février 2005, approuve le projet par soixante-dix-neuf voix pour, quatre voix contre et sept abstentions.

- L'Espagne, le 20 février 2005, utilise la voie référendaire. Avec 76,73 % de oui, on n'est pas loin du plébiscite...

- L'Italie, le 6 avril 2005, est le premier pays fondateur de l'Union à ratifier la Constitution européenne. Le Sénat l'approuve par deux cent dix-sept voix contre seize.

- La Slovaquie, la Grèce, ratifient le traité le 11 mai 2005, par voie parlementaire.

- L'Autriche, le 25 mai 2005, dit oui à la Constitution par voie parlementaire également.

- L'Allemagne, le 27 mai 2005, en fait autant.

- Le 29 mai 2005, les Français votent...

La France remplit ses urnes, et vide son sac...

Permettre de renégocier le traité, refuser une Europe trop libérale, préserver l'indépendance de la France, s'opposer à l'entrée de la Turquie dans l'Union européenne... Mais surtout, exprimer un ras-le-bol général, un fort mécontentement face à la situation économique et sociale actuelle. Tout cela a conduit plus de la moitié des Français vers le non. Pourtant, à la mi-mai, certains sondages donnaient encore le oui gagnant...

Laurent Fabius : non

On trouve toutes les tendances politiques sous le bulletin du non que beaucoup ont fourbi pendant des semaines comme une arme, ou une alarme. Le non le plus spectaculaire est prononcé le dimanche 12 septembre 2004, sur France 2, par le numéro 2 du parti socialiste : Laurent Fabius. Il réclame une Europe beaucoup plus sociale. Tous les socialistes ne suivent pas Laurent Fabius, loin s'en faut. Jusqu'au dernier jour avant les élections, François Hollande, le premier secrétaire du PS, tente de fédérer toutes les énergies autour de sa foi en l'Europe, de son oui que reprend avec conviction un ancien numéro 1 du même parti : Lionel Jospin, sorti de sa réserve pour l'occasion.

Clés et points-clés de la Constitution européenne

Que propose la Constitution européenne ? Aux valeurs déjà affirmées dans les précédents traités européens – le respect de la dignité humaine, la liberté, la démocratie, l'égalité, l'état de droit – s'ajoutent le respect des droits des minorités, la non-discrimination, la justice, le pluralisme, la tolérance, la solidarité, l'égalité entre les femmes et les hommes…

De nouveaux objectifs sont définis : l'action pour le développement durable, la promotion du commerce libre et équitable, l'élimination de la pauvreté, la mise en place d'une économie sociale de marché, la protection des droits de l'enfance, le respect de la diversité culturelle et linguistique… Par ailleurs, la Constitution confirme les institutions existantes – le Parlement européen, le Conseil européen, la Commission européenne, le Conseil des ministres, la Cour de justice ; elle crée une nouvelle fonction : le ministre européen des Affaires étrangères. Elle précise la répartition des compétences au sein de l'Union.

Elle confirme la Charte des droits fondamentaux adoptée par le Conseil européen de Nice en 2000 – droits civils, droits politiques propres à la citoyenneté européenne, droits économiques et sociaux. Six grands principes universels sont précisés : la dignité – rejet de traitements dégradants ; la liberté – de religion, de conscience, d'expression… ; l'égalité – protection des enfants, des personnes âgées, des handicapés ; la solidarité ; la citoyenneté – liberté de circulation et de séjour ; la justice – présomption d'innocence, interdiction de la double peine.

La constitution actualise l'ensemble des décisions prises par les traités précédents, en matière de politique sociale – protection des travailleurs, lutte contre les discriminations ; de politique économique – davantage d'autonomie pour la zone euro ; de politique étrangère et de défense – une diplomatie plus affirmée ; et de politique intérieure – un espace de liberté, de sécurité, de justice.

Nicolas Sarkozy : oui

À droite, le oui l'emporte nettement dans le camp de la majorité présidentielle. Nicolas Sarkozy en est un fervent promoteur – de même que Jean-Pierre Raffarin dont la cote de popularité est en berne. On parle alors, par précaution, d'un oui de droite et d'un oui de gauche… En même temps, il faut aussi constater que la même distinction doit être faite pour le non : sous la bannière du non de droite, on trouve Philippe de Villiers, Jean-Marie Le Pen ; sous celle du non de gauche, on voit se succéder, plus convaincus que jamais, Olivier Besancenot (Ligue communiste révolutionnaire), Marie-George Buffet (secrétaire nationale du PCF), Arlette Laguillier (Lutte ouvrière), Jean-Pierre Chevènement (Mouvement républicain et citoyen)…

Dominique de Villepin aux commandes

Lorsque le verdict des urnes tombe, les réactions sont unanimes : les Français ont utilisé leur bulletin pour manifester leur mécontentement face à une politique intérieure qui les inquiète. Leur non est bien davantage celui de la grogne sociale que celui du rejet de l'Europe. Dès le mardi 31 mai, Jean-Pierre Raffarin quitte le gouvernement. Dominique de Villepin, son remplaçant, forme un nouveau gouvernement qui comprend trente et un ministres au lieu des quarante de l'équipe Raffarin. Peu de changements, si ce n'est le retour de Nicolas Sarkozy qui devient ministre de l'Intérieur, la nomination au Quai d'Orsay de Philippe Douste-Blazy, ministre des Affaires étrangères, celle de Gilles de Robien à l'Éducation (en remplacement de François Fillon qui s'en va).

Figure 13-4 :
Dominique de Villepin remplace Jean-Pierre Raffarin à Matignon.

Un plan B ? Non, un plan D...

Et l'Europe ? Possède-t-on un plan B qui tiendrait compte du non ? Non ! Passé le temps des passions, la Communauté européenne va poursuivre sa voie, ainsi que l'a précisé, le 17 juin 2005, lors de la première journée du Conseil européen, Jean-Claude Juncker, président en exercice de l'Union : *Le processus de ratification poursuit son chemin. Il n'y aura pas de renégociation parce qu'il n'y a jamais eu de plan B, mais il y a un plan D de « dialogue » et de « débat ». Les États membres qui procéderont par voie parlementaire le feront au moment qu'ils jugeront opportun. Les États membres qui procéderont par voie référendaire le feront également au moment où ils le jugeront*

Londres, Charm el-Cheikh, des attentats meurtriers

Jeudi 7 juillet 2005, une série d'attentats à la bombe secoue le centre de Londres. Les premiers ont lieu à 8 h 50, heure locale, dans les stations de métro Liverpool Street, King's Cross et Edgware Road. À 9 h 47, une autre bombe explose dans un autobus à impériale, à Tavistock Square. Le bilan officiel et définitif, établi le 18 juillet, s'élève à 56 morts et 700 blessés. Les enquêteurs identifient bientôt les auteurs de ces actes terroristes, quatre kamikazes – trois d'entre eux sont des Britanniques d'origine pakistanaise. Revendiqués par l'« Organisation secrète, al-Qaida en Europe » qui les relie à la guerre en Irak, ces attentats coïncident avec l'ouverture du G8 de Gleneagles, en Écosse. La capitale londonienne est de nouveau la cible d'attaques terroristes, quinze jours plus tard, le 21 juillet 2005. Trois rames de métro et un bus sont visés, mais les explosifs font long feu et les terroristes s'enfuient. Quelques jours plus tard, la police londonienne parvient à identifier et arrêter les auteurs de ces nouveaux attentats revendiqués également par « al-Qaida en Europe ».

Les terroristes frappent encore, mais en Égypte, cette fois, dans la nuit du 22 au 23 juillet 2005, à 1 h 15, heure locale. Une voiture chargée d'au moins trois cents kilos d'explosifs fonce sur la façade de l'hôtel Ghazala Gardens, à Charm el-Cheikh, la station balnéaire à la fois la plus prisée et la plus sécurisée de la mer Rouge. Une deuxième voiture explose, presque au même moment, à l'entrée du souk, pendant qu'une dernière charge dévaste, dans un lieu tout proche, un ensemble de commerces et de restaurants. Ces trois attaques font 88 morts et 200 blessés.

opportun. Tous les membres du Conseil européen ont exprimé de la compréhension pour le fait que les États qui procéderont par voie référendaire auront besoin de plus de temps.

Non, oui, gel, oui...

- Les Pays-Bas, le 1ᵉʳ juin 2005, votent non à 61,6 %, pour un taux de participation de 64,8 %.

- La Lettonie, le 2 juin 2005, ratifie le traité par voie parlementaire.

- Le Royaume-Uni, le 6 juin 2005, par la voix de Jack Straw, devant la Chambre des Communes, décide de geler [QUOI ?] prévoyant l'organisation d'un référendum sur le traité constitutionnel européen. Cette décision est consécutive au rejet du texte par la France et les Pays-Bas.

- Chypre, le 30 juin 2005, ratifie la Constitution européenne, par voie parlementaire.

- Malte, le 6 juillet 2005, en fait autant.

- Le Luxembourg, le 10 juillet 2005, approuve la Constitution européenne, avec 56,52 % de oui.

- L'Estonie, la Suède et la Finlande, utilisent la voie parlementaire.

- Le Danemark, le Portugal et l'Irlande, ont opté pour le référendum.

2005, c'est aussi :

- 5 janvier : la journaliste Florence Aubenas et son chauffeur Hussein Hanoun sont enlevés en Irak. Leur captivité qui aura duré 157 jours – prend fin le 11 juin dans l'après-midi, au grand soulagement des comités de soutien qui s'étaient constitués afin que les deux otages ne soient pas oubliés.

- 2 avril : les Catholiques de France et du monde entier sont en deuil : le pape Jean-Paul II s'éteint au Vatican, à 21 h 37, à 84 ans, après un pontificat de 26 ans et 168 jours. Le 19 avril 2005, après 24 heures de conclave – l'assemblée des cardinaux électeurs –, le cardinal allemand Joseph Ratzinger devient le 265e pape sous le nom de Benoît XVI.

L'envol d'un géant

Toulouse. Mercredi matin, 27 avril 2005. Sous le ciel bleu, l'atmosphère qui règne autour des pistes de l'aéroport de Blagnac est un mélange de fièvre, de fête et d'attente. Dans le monde entier, des millions de téléspectateurs ne quittent plus leur écran où le géant des airs, majestueux et débonnaire, a roulé vers la piste 32, celle de l'envol prévu à 10 h 30. Pendant de longues minutes, les pilotes Claude Lelaie et Jacques Rosay effectuent les vérifications nécessaires avant le décollage. Ils sont assistés de Gérard Desbois, mécanicien navigant d'essais, gestionnaire des systèmes – alimentation en carburant, circuit hydraulique, électrique… –, et de trois autres ingénieurs navigants d'essais : Fernando Alonso, Jacky Joye et Manfred Birnfeld. Avant eux, des milliers d'autres ingénieurs, techniciens, ouvriers ont accumulé des millions d'heures de travail depuis plus de dix ans, afin que tout soit prêt...

À 10 h 28, lorsque les quarante mille spectateurs présents sur le site comprennent que l'envol est imminent, le silence devient impressionnant. Les réacteurs sont bientôt poussés au maximum. On les entend à peine. L'avion roule, prend de la vitesse, décolle… Il est 10 h 29. Pour la première fois, avec une aisance étonnante, l'Airbus A 380, le plus gros avion du monde, vient de faire connaissance avec son élément : l'air. Bientôt, il pourra parcourir 15 000 km sans escale, emmenant jusqu'à 860 passagers à 1 080 km/h !

- 16 mai : malgré un rappel à l'ordre du Premier ministre Jean-Pierre Raffarin qui avait décidé de rayer de la liste des jours fériés le lundi de la Pentecôte afin d'en affecter les bénéfices à l'aide aux personnes âgées, les Français menacent de faire grève le 16 mai. Cependant, le mouvement demeure limité : on compte entre 3 % et 30 % de grévistes selon les secteurs, bien que la grogne soit générale… Le 19 juillet 2005, un rapport présenté au nouveau Premier ministre, Dominique de Villepin, démontre qu'il vaudrait mieux choisir une autre solution pour aider les personnes âgées… Le lundi de la Pentecôte pourrait demeurer férié en 2006.
- 6 juillet, 13 h 48 : ce sera Londres… À l'issue de sa 117ᵉ session, tenue à Singapour, le Comité international olympique (CIO) a désigné Londres ville organisatrice des

XXXes Olympiades de l'ère moderne, par 54 voix, la ville de Paris n'obtenant que 50 voix, après l'élimination de New York, Moscou et Madrid. La déception est grande dans la capitale française, mais *l'essentiel est de participer*, n'est-il pas ?...

UN ÉVÉNEMENT IMPORTANT

1945 - 2005. Auschwitz : « Plus jamais ça ! »

Le cœur serré par l'émotion, c'est à vous tous, ici rassemblés, que je m'adresse. Il y a soixante ans, les barrières électrifiées d'Auschwitz-Birkenau tombaient, et le monde découvrait avec stupeur le plus grand charnier de tous les temps. Plus d'un million et demi d'êtres humains avaient été assassinés : le plus grand nombre d'entre eux gazés dès leur arrivée, simplement parce qu'ils étaient nés Juifs. Sur la rampe, toute proche d'ici, les hommes, les femmes, les enfants, brutalement débarqués des wagons, étaient en effet sélectionnés en une seconde, sur un simple geste des médecins SS. Mengele s'était ainsi arrogé droit de vie ou de mort sur des centaines de milliers de Juifs, qui avaient été persécutés et traqués dans les coins les plus reculés de la plupart des pays du continent européen.

Ainsi commence l'allocution prononcée par Madame Simone Veil au nom des anciens prisonniers juifs, à l'occasion de la cérémonie internationale de commémoration du 60e anniversaire de la libération du camp d'Auschwitz-Birkenau par l'armée soviétique. Cette commémoration s'ouvre le 27 janvier 2005 ; elle commence par le sifflement et le bruit d'un train qui freine brusquement, rappelant ainsi l'arrivée des sinistres convois au camp d'extermination. La France est représentée par le président de la République, Jacques Chirac, la Russie par Vladimir Poutine, l'Allemagne par Horst Kholer – qui demeurera silencieux –, l'Italie par Silvio Berlusconi, la Suisse par Samuel Schmid, la Grande-Bretagne par Jack Straw, son ministre des Affaires étrangères, Israël par Moshe Katsav, son président, et les États-Unis par Dick Cheney, vice-président. Madame Simone Veil, elle-même déportée à Auschwitz, a terminé ainsi son allocution :

Venus de tous les continents, croyants et non croyants, nous appartenons tous à la même planète, à la communauté des hommes. Nous devons être vigilants, et la défendre non seulement contre les forces de la nature qui la menacent, mais encore davantage contre la folie des hommes. Nous, les derniers survivants, nous avons le droit, et même le devoir, de vous mettre en garde et de vous demander que le « plus jamais ça » de nos camarades devienne réalité.

Chronologie récapitulative

- 13 octobre 1946 : naissance de la IVᵉ République
- 7 mai 1954 : chute de Dien-Biên-Phu
- 1ᵉʳ novembre 1954 : début de la guerre d'Algérie
- Janvier 1957 : bataille d'Alger
- 1 décembre 1958 : Charles de Gaulle, président de la République
- 18 mars 1962 : accords d'Évian, 3 juillet : indépendance de l'Algérie
- 19 décembre 1965 : de Gaulle élu président de la République au suffrage universel
- Mai 1968 : importantes manifestations des étudiants et des ouvriers
- 15 juin 1969 : Georges Pompidou, président de la République
- 1974 : mort de Pompidou (2 avril), élection du président Valéry Giscard d'Estaing (19 mai)
- 10 mai 1981 : François Mitterrand, président de la République. 1986 : première cohabitation
- 8 mai 1988 : François Mitterrand réélu président. 1993 : deuxième cohabitation
- 7 mai 1995 : Jacques Chirac, président de la République. 1997 : troisième cohabitation
- 5 mai 2002 : Jacques Chirac réélu président
- 28 mars 2004 : la gauche remporte les élections régionales et cantonales
- 29 mai 2005 : 54,68 % des électeurs français disent non à la Constitution européenne

Présidents de la République française

	Date de naissance	Date d'élection (R = réélu)	Fin du mandat
IIᵉ République			
Louis Napoléon Bonaparte	20-4-1808	10-12-1848	2-12-1852 (coup d'état)
IIIᵉ République			
Adolphe Thiers	18-4-1797	17-2-1871	24-5-1873 (démission)
Maurice de Mac-Mahon	13-7-1808	24-5-1873	31-1-1879 (démission)
Jules Grévy	15-8-1807	30-1-1879 R 28-12-1885	3-12-1887 (démission)
Sadi Carnot	11-8-1837	3-12-1887	24-6-1894 (assassiné)
Jean Casimir-Perier	8-11-1847	27-6-1894	15-1-1895 (démission)
Félix Faure	30-1-1841	17-1-1895	16-2-1899 (décès)
Emile Loubet	31-12-1838	18-2-1899	18-1-1906
Armand Fallières	6-11-1841	18-1-1906	18-1-1913
Raymond Poincaré	20-8-1860	18-1-1913	17-1-1920
Paul Deschanel	13-2-1855	17-1-1920	21-9-1920 (démission)
Alexandre Millerand	10-2-1859	23-9-1920	13-6-1924 (démission)
Gaston Doumergue	1-4-1863	13-6-1924	13-6-1931
Paul Doumer	22-3-1857	13-6-1931	6-5-1932 (assassiné)
Albert Lebrun	29-8-1871	10-5-1932 R 5-4-1939	10-7-1940 (déposé par Pétain)
IVᵉ République			
Vincent Auriol	27-8-1884	16-1-1947	23-12-1953
René Coty	20-3-1882	23-12-1953	8-1-1959 (démission)
Vᵉ République			
Charles de Gaulle	22-11-1890	8-1-1959 R 15-12-1965	28-4-1969 (démission)
Georges Pompidou	5-7-1911	15-6-1969	2-4-1974 (décès)
Valéry Giscard d'Estaing	2-2-1926	19-5-1974	24-5-1981
François Mitterrand	26-10-1916	10-5-1981 R 8-5-1988	17-5-1995
Jacques Chirac	29-11-1932	7-5-1995 R 5-5-2002	

■■■■■
Présidents de
la République
française
■■■■■

Cinquième partie
La partie des dix

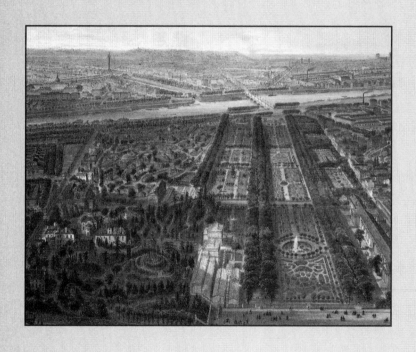

Dans cette partie...

Rencontrer un grand inventeur, visiter un monument de Paris, voilà ce que vous propose cette partie !

Chapitre 14

Les dix grands inventeurs français

Dans ce chapitre :

▶ Les Français n'ont pas tout inventé, mais dix d'entre eux méritent votre attention

*V*ous preniez le mot Ampère pour un nom commun ? Vous ignoriez que les Montgolfier inventèrent la montgolfière, que ceux qui inventèrent le cinéma étaient vraiment des Lumière ? Dans ce chapitre 14, allez de découverte en découverte !

Les Montgolfier : deux têtes en l'air

Joseph (1740 - 1810) et Étienne (1745 - 1799) Montgolfier, deux des seize enfants de Pierre Montgolfier, fabricant de papier de Vidalon-lès-Annonay en Ardèche, n'ont qu'une idée ; faire voler des ballons ! Après plusieurs expériences, ils invitent les conseillers généraux du Vivarais, le 4 juin 1783, dans la cour du couvent des Cordeliers à Annonay, pour le premier envol de leur ballon à air chaud – 12 mètres de diamètre, 770 m³ qui s'élève à 1 000 mètres, pendant 10 minutes, et parcourt 3 kilomètres. L'expérience est répétée à nouveau près de Versailles le 19 septembre 1783, en présence du roi Louis XVI et de la cour.

Le ballon de 1 000 m³ monte à 600 mètres et parcourt 3,5 kilomètres. On y a suspendu un panier en osier dans lequel se trouvent un mouton, un coq et un canard en pleine forme à l'arrivée. Le mouton, devenu un héros, est placé dans la ménagerie de la reine ! Le 21 novembre 1783, Pilâtre de Rosier et le marquis d'Arlandes sont les premiers humains à s'élever au-dessus du sol, à bord d'une montgolfière de 2 200 m³. Ils s'envolent du parc du château de la Muette, devant 500 personnes ; ils survolent Paris et se posent à la Butte aux Cailles, à 10 kilomètres environ. Le vol a duré une demi-heure à peine. Des Montgolfier venait de naître la montgolfière !

Figure 14-1 :
Le premier vol en montgolfière, le 21 novembre 1783.

Lavoisier : rien ne se perd, rien ne se crée

« Il ne leur a fallu qu'un moment pour faire tomber cette tête et cent années peut-être ne suffiront pas pour en reproduire une semblable ! » Celui qui prononce ces paroles le 9 mai 1794 est le mathématicien Joseph-Louis Lagrange. Il ne comprend pas que le tribunal révolutionnaire ait pu envoyer à la guillotine son collègue, le savant Antoine Laurent de Lavoisier, père de la chimie moderne. C'est parce qu'il faisait partie des fermiers généraux que Lavoisier a été exécuté. Demandant quinze jours de délai avant son exécution afin de terminer une expérience, il obtient cette réponse : « La république n'a pas besoin de savants ! »

Il est né en 1743 à Paris. Brillant élève, il devient avocat, mais, attiré par les sciences, il est nommé régisseur des poudres et salpêtres, et réside à l'arsenal. Il y entreprend des expériences de chimie, parvient à faire l'analyse de l'air, à identifier l'oxygène et l'azote, établit la composition du gaz carbonique, démontre que l'eau est obtenue par combustion de l'hydrogène. Avec Guyton de Morveau, Fourcroy et Berthollet, il modifie la nomenclature chimique, substituant aux noms fleuris et fantaisistes de l'alchimie, des termes précis tels sulfates, acétates et borates afin de désigner les sels. « Rien ne se perd, rien ne se crée, tout se transforme », ainsi a-t-il résumé sa théorie générale.

Ampère : une vie intense

Il est né à Lyon, le 20 janvier 1775, dans la paroisse de Saint-Nizier, quai Saint-Antoine. Son père, Jean-Jacques Ampère, lui donne pour prénom André-Marie. Jean-Jacques Ampère, fervent lecteur de Jean-Jacques Rousseau, s'inspire de *L'Émile* pour éduquer son fils : celui-ci n'ira pas à l'école, il découvrira tout par lui-même ! L'intelligence exceptionnelle d'André-Marie s'accommode de cette méthode périlleuse. Malheureusement, à dix-huit ans, ce père aimé est guillotiné en 1793, sur ordre de la Convention venue punir Lyon.

André-Marie en perd presque la raison, mais la rencontre de sa femme le sauve et il commence à publier des mémoires scientifiques importants qui le font remarquer du monde savant. Deuxième drame : son épouse meurt de tuberculose. Il quitte la région de Lyon. En 1809, on le retrouve professeur à l'École polytechnique où il enseigne l'analyse mathématique. Mathématicien, chimiste, physicien – et philosophe –, il se rend célèbre par ses découvertes dans le domaine de l'électromagnétisme. Il est l'inventeur du galvanomètre, du télégraphe électrique, de l'électro-aimant. Son nom a été donné à l'unité de mesure de l'intensité du courant électrique. Il meurt à Marseille en 1836.

Laennec : un homme de cœur

René Laennec est un enfant de Quimper, il y est né le 17 février 1781. Mais c'est à Nantes où son oncle était le premier directeur de l'école de médecine fondée par Napoléon en 1808 qu'il a commencé ses études médicales, dès quatorze ans ! En 1801, il est à Paris, suit les cours de Corvisart et de Bichat. Il publie des articles dans les revues médicales. Reçu premier au concours général de médecine et de chirurgie, il ouvre son propre cours d'anatomie pathologique à vingt-deux ans.

Des difficultés financières l'obligent à donner, en plus de son enseignement, des consultations qui lui amènent d'illustres patients, dont Chateaubriand, mais aussi de nombreux pauvres auprès desquels il se dévoue. En 1816, il est nommé à l'hôpital Necker où il enseigne la pathologie médicale. C'est alors qu'il invente un instrument qui va en même temps fonder l'auscultation médicale : le stéthoscope. Cet appareil révolutionnaire dans le monde médical va lui permettre de décrire avec précision les maladies des poumons et du cœur. Atteint de tuberculose, il est obligé de se retirer en son manoir de Kerlouarnec en Bretagne où il meurt à quarante-cinq ans.

Louis Braille : sur le bout du doigt

Le petit Louis Braille, né le 4 janvier 1809 à Coupvray, petit village de France situé à l'est de Paris, n'a que trois ans lorsqu'il se blesse dans l'atelier de bourrellerie de son père, avec une serpette. Son œil droit est gravement atteint, puis s'infecte. Le gauche est contaminé, et le petit Louis perd la vue ! À dix ans, il est admis à l'Institution royale des jeunes aveugles de Paris. Il est intelligent, tenace, travailleur. Il n'a que douze ans lorsqu'un capitaine, Barbier de la Serre, présente à l'Institut royal son invention d'écriture en relief destinée aux soldats qui peuvent ainsi communiquer pendant la nuit sans bruit et sans lumière. Louis l'étudie, propose des améliorations, puis met au point son propre système.

À dix-huit ans, il devient professeur dans son institution. Il enseigne l'histoire, la géographie, la grammaire, l'arithmétique, l'algèbre, la géométrie, le violoncelle, le piano ! Il rédige alors un *Procédé pour écrire les paroles, la musique et le plain-chant*. Avec la parution de la première édition de ce procédé naît officiellement le système Braille, en 1829. C'est ce système qui est encore en vigueur aujourd'hui. Louis Braille meurt le 6 janvier 1852, à quarante-trois ans, d'une tuberculose dont il était atteint depuis plus de quinze ans. En 1952, ses cendres sont transférées au Panthéon.

Pasteur : la rage de vaincre

Louis Pasteur est né le 27 décembre 1822 à Dole, dans le Jura. Après avoir intégré l'École normale supérieure en 1843, il entre à la faculté de Strasbourg où il devient professeur de chimie. En 1854, devenu doyen de la faculté des sciences de Lille, il se lance dans l'étude des fermentations. Il va mettre au point une technique permettant de réduire le niveau de contamination d'un milieu grâce à un chauffage de quelques minutes entre 55 et 60 °C en l'absence d'air. Ce procédé va porter le nom de pasteurisation. Pasteur découvre ensuite que les maladies infectieuses chez l'homme et les animaux sont dues à des micro-organismes.

Figure 14-2 :
Louis Pasteur
dans son
laboratoire.

Entre 1878 et 1880, il identifie trois espèces de bactéries : le streptocoque, le staphylocoque et le pneumocoque. Il affirme que chaque maladie est causée par un micro-organisme et établit les grands principes de l'asepsie. Le taux de mortalité consécutif aux opérations diminue alors considérablement grâce à ses découvertes. En 1880, il parvient à vacciner des poules contre le choléra. Ses travaux sur la rage conduisent à l'ouverture en 1888 du premier institut Pasteur. Il découvre enfin le vaccin contre cette terrible maladie. Il meurt le 28 septembre 1895, à Marnes-la-Coquette.

Louis et Auguste Lumière : quel cinéma !

Il y eut Edward Muybridge connu pour ses séries photographiques sur le mouvement, et qui conçut, dès 1878, une batterie de vingt-quatre chambres noires permettant de décomposer les allures d'un cheval. Il y eut en 1882 le Français Étienne Jules Marey qui expérimenta un fusil photographique, capable de prendre très rapidement une série de photos et de réaliser une image unique et synthétique du mouvement, au moyen de dix images par seconde. Il y eut, en 1889, l'Américain George Eastman qui inventa la première caméra, et puis Thomas Edison, en 1891, qui invente ce qu'il appelle le Kinétoscope : l'image est regardée directement dans le projecteur par un unique spectateur ! Enfin, les frères Lumière vinrent...

Louis et Auguste, issus d'une famille de Lyon, photographes à succès, chercheurs, inventeurs, déposent en 1895 le brevet d'une caméra qui fait office d'appareil de projection et de tireuse. Son nom ? Le cinématographe ! Leur premier film sort le 22 septembre 1895 à Lyon. Son titre : *La Sortie des usines Lumière*. Suivront : *L'Arrivée d'un train à La Ciotat, L'Arroseur arrosé, Le Déjeuner de bébé...* Le cinéma des Lumière fait désormais partie des nourritures de l'imaginaire, c'est le dessert du rêve – mais aussi, parfois, une purée de navets !

Pierre et Marie Curie : un rayonnement universel

En 1895, Pierre Curie, titulaire de la chaire de l'école de physique et de chimie de Paris, fils d'un médecin protestant, épouse Marie Sklodowska, une jeune Polonaise venue poursuivre ses études scientifiques à la Sorbonne en 1892. Reçue à l'agrégation des sciences physiques en 1896, Marie Curie s'intéresse alors de près aux récentes découvertes de Wilhelm Roentgen sur les rayons X et d'Henri Becquerel qui a découvert la radioactivité en 1896. Son mari décide de l'aider dans ses recherches et, en 1898, ils publient leurs premiers résultats annonçant la découverte de deux nouveaux radioéléments : le polonium et le radium. En 1902, Marie reçoit avec son mari et Henri Becquerel le prix Nobel de physique. Elle est la première femme à recevoir un tel prix.

Malheureusement, Pierre Curie meurt brutalement en 1906, écrasé par un camion. Marie se retrouve seule avec ses deux filles, Irène et Ève. En 1911, elle obtient le prix Nobel de chimie pour ses travaux sur le radium et ses composés. Pendant la Première Guerre mondiale, elle dirige les services radiologiques de l'armée. En 1921, elle participe à la création de la Fondation Curie. Mais les expositions répétées aux rayonnements du radium qu'elle subit depuis des années ont raison de sa santé : elle meurt d'une leucémie en 1934.

Roland Moreno : le marché aux puces

Roland Moreno, né au Caire en 1945, reçoit en cadeau à onze ans un livre qui le passionne : *Jean-François électricien*. Il se découvre alors une vocation de bricoleur qui va le conduire à fonder après son bac et des débuts dans le journalisme la société Innovatron dont le but est de trouver des idées et de les vendre. En 1974, il fait connaissance avec les circuits à mémoire. Et son génie de bricoleur le conduit à inventer la carte à puce qui offre une sécurité bien plus importante que les cartes à piste magnétique. Roland Moreno dépose ses brevets de 1974 à 1979. La télécarte pour le téléphone voit le jour en 1983 ; les banques décident d'équiper d'une puce les cartes de paiement en 1992. Depuis, ce système n'a cessé de trouver d'autres applications dans le domaine des télécommunications, de l'informatique. Et le marché aux puces demeure ouvert à toutes les innovations…

Les dix grands monuments parisiens

Dix grands monuments, seulement ? Non, il y en a cent, il y en a mille à Paris, mais les dix qui sont choisis seront vos points de départ pour en visiter un autre qui n'est pas cité ici, puis un autre, un autre encore ; et, disposant de l'histoire des premiers, vous comprendrez mieux les prochains puisque, dans les siècles passés, tout est lié, tout est cousin, tout est parent dans les vieux murs. Ainsi, vous avez découvert l'histoire et les trésors du Louvre : prolongez votre visite en allant au Palais-Royal ; vous rappelez-vous les personnages qui y sont passés, les événements qui s'y sont déroulés – tout cela se trouve dans les chapitres précédents, si vous avez bien suivi... Vous allez donc pouvoir imaginer sous ses arcades Bonaparte, Camille Desmoulins, et puis dans son bassin, Louis-Dieudonné qui se noie presque... Bonne visite !

Arc de triomphe de l'Étoile : un grand Chalgrin

50 mètres de hauteur, 45 mètres de largeur ! L'Arc de triomphe qui se situe à l'extrémité des Champs-Élysées est sorti de terre en 1806. Les architectes – Chalgrin dont c'est l'œuvre majeure, et son adjoint Raymond -   auxquels Napoléon en commanda la construction avaient d'abord décidé de l'installer place de la Concorde... La première pierre est posée le 15 août 1806 – le

jour de l'anniversaire de l'empereur. La dernière ne l'est qu'en juillet… 1836 ! Il faut dire qu'entre temps, l'Empire a disparu. Le monument reçoit sa consécration officielle le 15 décembre 1840, à l'occasion du retour des cendres de Napoléon.

Il existe un autre arc de triomphe, aux dimensions plus modestes : celui du Carrousel (14,60 m de hauteur, 17,60 m de longueur et 10 m de profondeur). Sa construction avait été décidée par Napoléon en 1806. Il servait d'entrée monumentale au Palais des Tuileries dont l'élévation avait été décidée par Catherine de Médicis au XVIᵉ siècle. Le Palais brûlé en 1871 lors de la Commune, il n'est resté de lui que cette entrée. Si l'Arc de Triomphe de l'Etoile est un grand Chalgrin, celui du Carrousel n'est donc qu'un petit souvenir…

Les Invalides : un hôtel élevé en pleine campagne

Figure 15-1 :
550 000 feuilles d'or ont redonné au dôme son éclat d'origine.

En 1670, Louis XIV et Louvois décident – en prévision des nombreuses guerres qu'ils projettent – de créer un hôtel accueillant les soldats invalides qui seront entretenus aux frais des abbayes. La première pierre en est posée le 30 novembre 1671. Il s'élève alors en pleine campagne, dans la plaine de Grenelle, près du faubourg Saint-Germain. L'architecte en est Libéral Bruant. En 1677, Jules Hardouin-Mansart achève l'église Saint-Louis des Invalides et fait construire le dôme – 107 mètres de hauteur – sous lequel se trouve depuis 1840 Napoléon dans un tombeau de porphyre. À l'occasion du bicentenaire de la Révolution française, en 1989, 550 000 feuilles d'or, soit 12,65 kg, ont redonné au dôme son éclat d'origine.

Le Jardin des Plantes : le souffle de Buffon

En 1635, un édit du roi Louis XIII crée le Jardin royal des plantes médicinales. Ouvert au public dès 1640. Les Parisiens vont pouvoir y contempler des plantes rapportées du monde entier par des explorateurs et botanistes tel Joseph de Jussieu (1704 - 1779) qui parcourt le Pérou et l'Équateur. Son frère Bernard rapporte en 1734 deux pieds de cèdres du Liban, non pas dans son chapeau comme le veut la légende mais dans un pot... qui tombe à terre et se brise quelques mètres avant le lieu de son implantation dans le Jardin royal ; les plants terminent quand même le trajet en chapeau ! Le naturaliste Buffon (1707 - 1788) contribue à l'essor du Jardin du roi en faisant construire l'amphithéâtre, le belvédère et les galeries. C'est Bernardin de Saint-Pierre (1737 - 1814) – l'écrivain, auteur de *Paul et Virginie* – qui en est nommé intendant à la Révolution. Le Jardin royal devient le Muséum d'Histoire naturelle le 10 juin 1793. Aujourd'hui il porte le nom de Jardin des Plantes.

Figure 15-2 :
Le jardin des Plantes au XIXᵉ siècle.

Notre-Dame de Paris : à chœur ouvert

Elle fut commencée en 1163 et vraiment terminée en 1300 ! Elle a abrité quantité de grandes heures de l'Histoire de France : Saint-Louis y a déposé la couronne d'épines du Christ avant son transfert à la Sainte-Chapelle. Philippe le Bel y a ouvert les premiers états généraux du royaume. Le maréchal de Luxembourg – un moment mêlé à l'affaire des poisons – est envoyé guerroyer par Louis XIV en Flandres. Il s'y couvre de gloire et rapporte tant de drapeaux ennemis qu'il acquiert le surnom de « tapissier de Notre-Dame ». La démolition de Notre-Dame fut décidée à la Révolution. En sursis, elle devint entrepôt pour le fourrage, les vivres, et même écurie ! Ses cloches ont été fondues – sauf le gros bourdon –, ses statues brisées. Elle a failli brûler pendant la Commune, elle a risqué la destruction pendant la Libération. Mais elle est toujours là, debout devant les siècles – et dans le roman de Victor Hugo. *Notre-Dame de Paris !* Depuis plus de 800 ans, le chœur toujours ouvert…

Sacré-Cœur : sacrée foi !

Soixante-dix-huit projets présentés, exposés sur les Champs-Élysées en 1874 – avec un dôme pour la plupart – un seul retenu, celui qui a été réalisé sur la Butte Montmartre : le Sacré-Cœur ! La construction d'un monument destiné à installer dans les mémoires que la France avait été battue par les Prussiens et que, tôt ou tard, Dieu aiderait les Français – emplis de foi – à prendre leur revanche, fut décidée dès 1870, en pleine occupation prussienne. La première pierre fut posée le 16 juin 1875. Sa construction engloutit des sommes considérables, notamment dans les fondations composées de 83 piliers enfoncés à 33 mètres et reliés entre eux par de solides armatures – travaux bien plus importants que prévu ! La basilique ne fut complètement achevée qu'en juillet 1914 ; sa consécration était prévue le 17 octobre de la même année. Mais, le 2 août, les Français partaient – pour quatre ans et 1 350 000 morts – à la reconquête du terrain perdu en 1870 : l'Alsace et la Lorraine…

Le Panthéon : aux grands hommes – et grandes femmes !

Rappelez-vous Louis XV, malade à Metz en août 1744, au point qu'il est contraint par les dévots de confesser à toute la France ses péchés ! Et son vœu, s'il guérissait, de remplacer la vieille église Sainte-Geneviève par un édifice digne de ce nom ! Eh bien cet édifice, vous l'avez devant les yeux lorsque vous regardez le Panthéon. Ce monument où reposent les grands hommes – et les grandes femmes… – auxquels la patrie est reconnaissante, est en effet la nouvelle église Sainte-Geneviève, construite par Soufflot à partie de 1758. Trop vaste pour l'époque – 110 mètres de long, 84 de large et 83 de haut – il souffre, dès que ses murs sortent de terre, de mouvements du sol, et son architecte est discrédité. Terminé par Rondelet, élève de Soufflot, l'église Sainte-Geneviève est transformée en 1791 en temple républicain où sont accueillis les restes de Voltaire et de Rousseau. On y a installé Victor Hugo à sa mort en 1885. Des femmes ? Oui, elles sont deux (c'est tout !) : Sophie Berthelot en 1907, et Marie Curie en 1995. En visitant la crypte du Panthéon, on remarque que de nombreuses places sont inoccupées. Vous qui lisez ce livre d'histoire de France, pensez-y…

Figure 15-3 :
Pierre et Marie Curie entrent au Panthéon le 20 avril 1995.

La tour Montparnasse : 120 000 tonnes debout

Construite en quatre ans, de 1969 à 1973, la tour Montparnasse culmine à 209 mètres. De son cinquante-neuvième étage, on découvre la capitale dans son ensemble ou certains de ses détails – tout près, par exemple, dans le cimetière du même nom, on peut apercevoir les tombes de Baudelaire, Maupassant, Gainsbourg… Elle va chercher son assise à 70 mètres de profondeur, afin que ses 120 000 tonnes se tiennent bien droit !

Le Louvre : il était une fois, les loups...

Figure 15-4 : Dans la pyramide du Louvre.

« Les loups sont entrés dans Paris »… En des temps où Serge Reggiani n'existait pas pour chanter cette chanson, les loups entraient vraiment dans Paris, par temps de grande famine et de grands froids ! Il fallait donc entretenir des meutes capables de les chasser. Lorsque Philippe Auguste décide de construire une muraille pour clore la ville aux modestes dimensions vers 1200, elle passe sur l'emplacement d'un ancien chenil de limiers spécialisés dans la chasse au loup, le lieu ayant conservé le nom de lupara – chasse au loup –, devenu le Louvre. Le Louvre de Philippe Auguste n'occupe qu'un emplacement restreint, marqué dans la cour carrée (celle-ci date du XVIe siècle) par un dallage spécial. Sans cesse en travaux d'agrandissement au cours des siècles, le Louvre a bénéficié des apports de François Ier, Henri II, Henri IV, Louis XIII, Louis XIV – la colonnade qui date du XVIIIe siècle est l'œuvre, notamment, du frère du conteur Charles Perrault –, Napoléon Ier, Louis XVIII, et surtout Napoléon III. Le Grand Louvre de François Mitterrand – et sa pyramide de verre –, décidé en 1981, est inauguré en 1993.

La Tour Eiffel : 210 485 130 visiteurs !

Certes, vous avez déjà fait sa connaissance p. 538. Mais peut-on imaginer la passer sous silence dans un chapitre consacré aux grands monuments de la capitale ? Voulez-vous des chiffres ? Sa hauteur totale avec antenne : 324 m. Son poids total : 10 100 tonnes. Le nombre de rivets qui la font tenir debout : 2 500 000. Le nombre de pièces métalliques qui la composent : 18 038. Le temps qu'il a fallu pour la construire : 2 ans, 2 mois, 5 jours, entre 1887 et 1889. Le nombre de visiteurs qu'elle a reçus depuis sa construction : 210 485 130. Le nombre de visiteurs en 2003 : 6 103 978. Le nombre de visiteurs qui l'ont regardée sans y monter : on ne sait pas… Le nombre de marches jusqu'à son sommet (ainsi, le connaissant, vous ferez seulement semblant de les compter…) : 1665. Repeinte dix-sept fois - environ une fois tous les sept ans ; elle est passée du brun-rouge à l'ocre jaune et, aujourd'hui, au bronze - elle réclame 60 tonnes de peinture pour se refaire une beauté, peinture appliquée par 25 peintres, du haut en bas, pendant une année. Avez-vous remarqué, sur la frise des quatre façades de la tour, le nom de soixante-douze savants auxquels Eiffel voulut rendre hommage ; on y trouve Ampère, Lavoisier, Becquerel, Arago, Monge, Daguerre, Cuvier, Bichat… Un dernier chiffre ? A vous de le trouver : depuis combien de temps n'y êtes-vous pas monté ?…

Beaubourg : des plaisirs infinis

Un beau bourg pour des plaisirs sans aucune limite, et pas chers ! Voilà ce qu'était le Beaubourg d'hier. Ce l'est encore aujourd'hui : dans le Centre Pompidou – construit en 1977 par Richard Rogers et Renzo Piano –, qui rayonne de ses couleurs vives pendant que grimpe le long de sa façade un serpent anthropophage, on peut, pour pas cher, trouver d'infinis plaisirs intellectuels en contemplant les collections permanentes ou les œuvres temporaires exposées au public admiratif et ébahi ! Des modernes les plus engagés aux surréalistes les moins illisibles, on trouve tout à Beaubourg. Braque, Picasso, Duchamp, Chagall, Kandinsky, Mondrian, Delaunay, De Chirico, Dali, Magritte, Ernst… L'extérieur annonce l'intérieur : l'art, c'est l'audace !

Figure 15-5 :
L'art, c'est
l'audace. Vue
du centre
Pompidou.

Quiz des champions

*V*ous voilà arrivé au terme de ce voyage dans plusieurs siècles d'Histoire. Mais qu'avez-vous retenu ? Répondez à 200 questions portant sur l'Histoire de France des origines à nos jours et testez votre QH... Votre Quotien Historien, bien sûr ! Qui sait ? Peut-être avez-vous manqué votre vocation ! Un petit conseil : répondez d'abord aux dix « questions très faciles », histoire de commencer en douceur ! Et si vous séchez, il n'est pas interdit de tourner les pages du livre, toutes les réponses sont à l'intérieur de ce volume ou dans *L'Histoire de France des origines à 1789 pour les Nuls*. Rendez-vous page 415 pour les résultats !

1 - Les grandes dates

1 – Vercingétorix est battu par Jules César à Alésia. Cela se passe :

    a – en 42 av. J.-C.
    b – en 52 av. J.-C.
    c – en 42 ap. J.-C.
    d – en 205 GTI (Graduation en temps international)

2 – Le Moyen Âge commence à la fin de l'Empire romain, c'est-à-dire en l'année :

    a – 513 de l'ère arabe
    b – 476 de notre ère
    c – 499 de notre ère
    d – 555 de l'ère gothe

3 – Charlemagne est couronné empereur par le pape Léon III le :

    a – 25 décembre 800, jour de Noël, à Rome
    b – 24 décembre 800 au milieu d'une immense crèche, à Aix-la-Chapelle
    c – 4 novembre 800, jour de la Saint Charlemagne
    d – 15 août 800 en la cathédrale Notre-Dame de Paris

4 – Dans le sud-ouest de la France, les derniers Cathares réfugiés dans la forteresse de Montségur sont vaincus par les chevaliers le :

    a – 16 mars 1344, ils sont décapités
    b – 16 mars 1244, ils sont brûlés vifs
    c – 16 mars 1144, ils sont écartelés
    d – 16 mars 1444, ils sont enterrés vivants

5 – « Tous maudits jusqu'à la septième génération ! » Cette phrase de vengeance est lancée d'un bûcher enflammé le :

a – 18 mars 1314, par Jacques de Molay, grand maître des Templiers

b – 30 mai 1431, par Jeanne d'Arc

c – 8 juillet 1617, par Léonora Galigaï

d – 27 octobre 1553, par Michel Servet

6 – La plus célèbre des batailles de François Ier, Marignan, s'est déroulée le :

a – mardi 14 septembre 1515

b – mardi 21 septembre 1515

c – mardi 28 septembre 1515

d – mardi 5 octobre 1515

7 – Que se passe-t-il de dramatique à Paris, le 1er août 1589 ?

a – la Seine, asséchée par la canicule, est traversée à pied sec

b – Jacques Clément assassine Henri III

c – Henri III assassine Jacques Clément

d – Henri III et Jacques Clément se noient dans la Seine

8 – Lors de la 4ème guerre de religion, les Protestants sont massacrés par les Catholiques :

a – le 24 août 1574, jour de la Saint Barthélemy

b – le 23 août 1573, veille de la Saint Barthélemy

c – le 26 août 1569, surlendemain de la Saint Barthélemy

d – le 24 août 1572, jour de la Saint Barthélemy

9 – L'explorateur français Samuel de Champlain fonde Québec en :

a – 1555

b – 1655

c – 1608

d – 1495

10 – L'année 1778 est marquée à Paris par le décès, à deux mois d'intervalle, de deux grands penseurs :

a – Montesquieu et Diderot

b – Voltaire et Rousseau

c – Bouvard et Pécuchet

d – Beaumarchais et Bartolo

11 – L'abolition des privilèges féodaux est votée par les députés de l'Assemblée nationale :

a – dans la nuit 2 au 6 août 1789

b – dans la nuit du 3 au 4 août 1789

c – pendant une représentation de *La Nuit des rois* de Shakespeare, le 31 septembre 1789

d – dans la nuit du 4 au 5 août 1789

12 – L'édit de Nantes permettait aux Protestants de célébrer leur culte. Louis XIV le révoque :

a – le 18 octobre 1685, à Fontainebleau

b – le 25 décembre 1661, à Nantes

c – le 1er septembre 1715, à Versailles

d – le 5 septembre 1638, à Paris

13 – La chute de Robespierre, qui marque la fin de la terreur, est provoquée :

a – le 4 floréal an III de la République

b – le 19 ventouse an IX de la République

c – le 22 frimeur an XX de la République

d – le 9 thermidor an II de la République

14 – La proclamation du Second Empire a lieu :

    a – le 2 décembre 1851   c – le 2 décembre 1849

    b – le 2 novembre 1850   d – le 2 décembre 1852

15 – Après la défaite de Napoléon III, la IIIe République est proclamée le :

    a – 4 septembre 1870, dans la salle du trône,   c – 31 septembre 1869, aux Invalides

        aux Tuileries

    b – 14 juillet 1871, place de la Bastille   d – 1er janvier 1872, au palais de l'Élysée

16 – En 1914, l'Allemagne déclare la guerre à la France le :

    a – 28 juillet   c – 4 août

    b – 3 août   d – 11 novembre

17 – Lors de la Seconde Guerre mondiale, le général de Gaulle, qui se trouve à Londres, lance un appel à la résistance le :

    a – 18 juin 1939   c – 18 juin 1942

    b – 18 juin 1940   d – 18 juin 1944

18 – Le débarquement des forces alliées en Normandie, lors de la Seconde Guerre mondiale, a commencé le :

    a – 8 mai 1945   c – 6 juin 1944

    b – 6 juin 1945   d – 10 mai 1944

II – Les grandes histoires d'amour

1 – Clovis est né des amours entre son père Chidéric Ier et la reine d'un pays voisin en 461. Il s'agit de :

    a – la reine d'Angleterre, Victoria Abrila Ire   c – la reine des Poméraniens

    b – la reine de Thuringe, Dame Basine   d – la reine d'Espagne, Conchita II

2 – Charlemagne, en 770, épouse la troisième de ses quinze femmes. Quel âge a-t-elle le jour de ses noces ?

    a – 35 ans, l'âge d'une maman   c – 16 ans, l'âge d'une lycéenne de seconde

    b – 50 ans, l'âge d'une grand-maman   d – 13 ans, l'âge d'une élève de quatrième

3 – Le fils clandestin de Robert le Diable, duc de Normandie, et d'Arlette sa maîtresse, gouvernera l'Angleterre en 1066. Il s'agit de :

    a – Richard Cœur de Lion   c – Guillaume le Conquérant

    b – Guillaume d'Urhan   d – Guillaume Apollinaire

4 – En 1115, le philosophe Abélard, 39 ans, séduit Héloïse, 16 ans. Le chanoine Fulbert, oncle de la jeune fille, se venge :

a – il fait châtrer Abélard
b – il le fait poignarder
c – il l'étrangle
d – il l'étouffe

5 – La belle Aliénor d'Aquitaine, reine de France, aime et épouse, en 1154 :

a – Louis VII
b – sa dame d'honneur, Aline Delonne
c – le roi d'Angleterre Henri II
d – le roi Sully-Tsair Ier

6 – En 1314, Philippe le Bel ordonne le châtiment des frères d'Aulnay que ses belles-filles recevaient la nuit. Ils vont être :

a – noyés dans la Seine
b – émasculés, puis attachés à la queue de chevaux fous
c – brûlés à petit feu
d – dévorés par des ours

7 – En 1385, Charles VI, seize ans, épouse une princesse de quinze ans. Qui est cette princesse ?

a – Erika du Chomedu
b – Isabeau de Bavière
c – la princesse de Clèves
d – la princesse Palatine

8 – Devenu fou en 1392, Charles VI va se consoler avec une belle Bourguignonne, est-ce :

a – Odinette de Champdivers
b – Louisette des Préverts
c – Odette de Reconnaissance
d – Odiverse de Champdinette

9 – Charles VII fait scandale en prenant pour maîtresse la Dame de Beauté, en 1444. De qui s'agit-il ?

a – Agnès Soral
b – Agnès Sorel
c – Charlotte Kainsbur
d – Agnès Borel

10 – En 1491, Charles VIII, laid, petit et bègue, va être aimé d'une splendide duchesse :

a – Anne de Beaujeu
b – Anne de Bretagne
c – Anne de Pairdhu
d – Edith de Retrouvet

11 – L'une des mille maîtresses de François Ier est aussi celle de son fils Henri II. Il s'agit de :

a – Diane de Montfort
b – Anne de Moitié
c – Diane de Poitiers
d – Fanny de Metz

12 – En 1609, Henri IV, à cinquante-six ans, tombe amoureux d'une jeune fille de 15 ans, est-ce :

a – Henriette d'Entragues
b – Henriette du Mans
c – Charlotte de Montmorency
d – Gabrielle d'Estrées

13 – La mère de Louis XIV, Anne d'Autriche, a aimé un grand personnage :

a – le cardinal Mazarin
b – le cardinal de Richelieu
c – le cardinal Quatrepoints
d – le cardinal de Retz

14 – En1659, Louis XIV doit rompre avec son plus grand amour qui n'est pas de sang royal. Il s'agit de :

a – Marie Mancini, nièce de Mazarin

b – Louise de la Vallière

c – la marquise de Montespan

d – Mademoiselle de Fontenay

15 – La marquise de Pompadour, maîtresse de Louis XV, s'appelait :

a – Marie Leszczynska

b – Jeanne Bécu

c – Jeanne Poisson

d – Jeanne Cherhal

16 – Marie-Antoinette eut une relation de cœur avec un beau Suédois qui s'appelait :

a – Harry de Vatanen

b – Axel de Fersen

c – Jean-Baptiste Bernadotte

d – Olaf Rheubonhome

17 – Joséphine et Marie-Louise ont été les femmes de Napoléon, mais qui fut sa maîtresse polonaise ?

a – Marie Vetsera

b – Marie Waleska

c – Marie Walesa

d – Marie Poppinska

18 – Victor Hugo fut un exilé politique de 1853 à 1870. Sa maîtresse ne le quitta pas d'une semelle. Elle s'appelait :

a – Erica Renoult

b – Juliette Capulet

c – Juliette Drouet

d – Julie Montagu

19 – Le 30 septembre 1891, le général Boulanger se suicide sur la tombe de sa maîtresse en Belgique. Elle s'appelait :

a – Marguerite de Bonnemain

b – Thérèse Quiry

c – Elise Cantonlat

d – Georgette des Groseilles

20 – Le général de Gaulle fut fidèle toute sa vie à la même femme ; les Français l'avaient surnommée :

a – Tante Lucie

b – Cousine Odette

c – Tante Yvonne

d – Bonne marraine

III – Les événements clés

1 – La guerre de Cent Ans qui opposa les Français aux Anglais a duré :

a – cent ans, de 1353 à 1453

b – cent seize ans, de 1337 à 1453

c – cent sept ans, de 1338 à 1445

d – cent vingt-deux ans, comme Jeanne Calment

2 – En 732, un événement qui décide de l'avenir de l'Occident se déroule à Poitiers :

a – Charles Martel y arrête les Arabes

b – Charles Martel y fait la paix avec les Arabes

c – les Arabes mettent Charles Martel en déroute

d – les Arabes inventent le premier téléphone

3 – L'instruction primaire devient obligatoire et laïque en 1882. Qui est à l'origine de cette loi ?

a – Marc Ferro
b – Luc Ferry

c – Jules Ferry
d – Léo Ferré

4 – Le 21 mars 1804, Bonaparte publie un document essentiel à la vie des Français :

a – le code pénal
b – le code civil

c – le livre de la cuisine française
d – le code de la route

5 – La Convention nationale (1792 à 1795) met en service :

a – la carte d'identité
b – le permis de conduire

c – la contravention
d – le système des poids et mesures (mètre, hectare, gramme, etc.)

6 – En 1936, le Front populaire obtient deux semaines de congés payés pour les salariés en signant :

a – le traité de Versailles
b – le décret des Maquignons

c – les accords de Matignon
d – les accords de Munich

7 – Le 22 septembre 1792, la Convention proclame :

a – le Directoire
b – le Consulat

c – la République
d – le Premier Empire

8 – En 1520 est construit le camp du Drap d'or, près de Calais. François Ier veut y éblouir :

a – Bismarck
b – Henri VIII d'Angleterre

c – Philippe II d'Espagne
d – Joseph II d'Autriche

9 – La naissance de la France date :

a – du traité de Verdun en 843
b – de la fin de l'Empire romain

c – du début du Moyen Âge
d – du traité de Paris en 1259

10 – Qui est à l'origine de l'ordonnance de Villers-Cotterets qui a imposé l'emploi de la langue française :

a – Louis IX, en 1249
b – Louis XIV en 1679

c – François Ier en 1539
d – Charles X en 1829

11 – La prise de la Bastille, prison royale, eut lieu :

a – le matin du 14 juillet 1789
b – en fin d'après-midi, le 14 juillet 1789

c – le soir du 14 juillet 1792
d – dans la nuit du 13 au 14 juillet 1789

12 – En 1431, après avoir presque bouté les Anglais hors de France, Jeanne d'Arc est :

a – décapitée puis brûlée à Paris
b – étranglée puis brûlée à Bourges

c – brûlée vive à Rouen
d – écartelée à Caen

13 – En 1894, le capitaine Alfred Dreyfus est accusé à tort d'espionnage au profit d'un pays européen :

a – l'Angleterre

b – l'Italie

c – l'Allemagne

d – l'Espagne

14 – Émile Zola publie en 1898 un article intitulé *J'accuse* pour prouver l'innocence de Dreyfus. Qui en écrit le titre ?

a – Émile Zola lui-même

b – Mathieu Dreyfus, frère d'Alfred

c – Jean Jaurès

d – Georges Clemenceau

15 – La Ve République commence :

a – en septembre 1958

b – en août 1946

c – en mai 1968

d – en mai 1981

16 – La Commune, révolte des Parisiens contre le pouvoir des Versaillais, a duré :

a – 100 jours

b – 7 ans

c – 70 jours

d – 1 semaine

17 – Lors de la dernière guerre mondiale, Paris fut libérée :

a – en mai 1945

b – en août 1944

c – en décembre 1944

d – en novembre 1945

18 – Le cessez-le-feu qui marque la fin de la guerre d'Algérie est proclamé le :

a – 19 mars 1962

b – 19 mars 1961

c – 8 mai 1964

d – 10 mai 1958

19 – Jugé trop indulgent par Robespierre, ce tribun de la Révolution est guillotiné le 5 avril 1794. Il s'agit de :

a – Honoré Mirabeau

b – Georges Danton

c – Jean-Baptiste Carrier

d – Bernard Thappy

20 – La Première Guerre mondiale est déclenchée, à Sarajevo, par l'assassinat de :

a – Gravilo Princip

b – François-Ferdinand, l'héritier d'Autriche-Hongrie

c – l'ambassadeur de France

d – l'ambassadeur d'Allemagne

IV – Les rois

1 – Le premier roi de France est :

a – Charlemagne

b – Clovis

c – Charles II, le Chauve

d – Clodion le chevelu

2 – Saint-Louis, c'est :

    a – Louis VI

    b – Louis V

    c – François II

    d – Louis IX

3 – En 1572, Henri IV épouse :

    a – Marguerite de Navarre

    b – Marguerite de Valois

    c – Marguerite du Rat

    d – Marguerite d'Angoulême

4 – Qui succède à Louis XII ?

    a – Louis XIII

    b – Henri II

    c – François Ier

    d – Charles X

5 – Le règne personnel de Louis XIV dure :

    a – 75 ans

    b – 33 ans

    c – 107 ans

    d – 54 ans

6 – Au sous-sol du Grand Louvre, on peut voir les fondations du palais de :

    a – Philippe le Bel

    b – Philippe Auguste

    c – Philippe Égalité

    d – Philippe-Gilles d'Ass

7 – Le 21 janvier 1793, Louis XVI fut guillotiné. Il avait :

    a – 67 ans

    b – 77 ans

    c – 39 ans

    d – 49 ans

8 – Louis XV est :

    a – le fils de Louis XIV

    b – le petit-fils de Louis XIV

    c – l'arrière-petit-fils de Louis XIV

    d – le petit-neveu de Louis II Funès

9 – Rue de la Ferronnerie, à Paris, le 14 mai 1610, Henri IV est assassiné par :

    a – Ravachol

    b – Ravaillac

    c – Clyde Barrow

    d – Damiens

10 – Dans la chanson bien connue, quel roi est évoqué sous le nom de Dagobert afin d'éviter la censure ?

    a – Charles VII

    b – Louis XVIII

    c – Louis XVI

    d – Henri Ier

11 – Louis XI fait de la France un pays stable et centralisé. Il est surnommé :

    a – l'universelle araigne

    b – le petit manitou

    c – tonton Louis

    d – Loulou Bécane

12 – Le bras droit de Charles V (paralysé du bras droit…) s'appelait :

    a – Braco Derecha

    b – Bertrand du Guesclin

    c – Jean de Montfort

    d – Pierre de Dreux

13 – En 1559, Henri II meurt après que cinq éclats de bois lui entrent dans la tête :

    a – pendant qu'il réparait sa lance   c – en chevauchant dans un sous-bois

    b – à la fin d'un tournoi   d – en bricolant

14 – Les Anglais établis en France, il ne reste à Charles VII qu'une partie de son royaume. On l'appelle :

    a – le roi d'Orléans   c – le roi de Parthénia

    b – le roi de Tours   d – le roi de Bourges

15 – Ce roi de France vécut de 1356 à 1360 dans une prison dorée à Londres, c'est :

    a – Charles d'Orléans   c – Jean le Bon

    b – Henri V   d – Philippe le Bon

16 – Fiancé à la gracieuse Marie Stuart, ce roi mourut en 1560, d'une méningite, à seize ans :

    a – Philippe IV   c – François III

    b – François II   d – Charles XII

17 – Le 8 avril 1498, pourquoi le roi Charles VIII meurt-il subitement ?

    a – Il est empoisonné   c – Il se voit dans un miroir

    b – Il heurte le linteau d'une porte   d – Il fait une chute de poney

18 – La reine Clotilde confie ses trois petits-enfants au roi Clotaire son fils. Qu'en fait-il ?

    a – Il assure leur éducation guerrière   c – Il les exile

    b – Il en égorge deux, le troisième s'échappe   d – Il les fait tondre

19 – Louis XI souffre de :

    a – troubles de la rate   c – hémorroïdes

    b – eczéma purulent   d – de tout cela à la fois

20 – Le 24 avril 1617, Louis XIII fait assassiner le conseiller de sa mère qui le méprise. Il s'agit de :

    a – Concino Concini   c – Sully Prudhomme

    b – Le Père Joseph   d – Charles de Luynes

V – Les événements insolites

1 – Clovis tue un de ses soldats qui avait refusé quel partage ?

    a – celui du vase de Soissons   c – celui des tâches ménagères

    b – celui des captives, butin de guerre   d – celui des paquetages

2 – En 1421, la France est gouvernée par :

    a – une femme (Isabeau de Bavière)   c – trois rois (Henri V d'Angleterre, Charles VI et VII)

    b – un évêque (Mgr Jagaillot)   d – deux empereurs (Frédéric Ier et II)

3 – En 1564, Charles IX prend une décision qui modifie les habitudes des Français :

a – l'année commencera le 1ᵉʳ janvier dès 1565

b – la durée d'une heure est portée à 120 demi-minutes

c – le travail de nuit est créé

d – la première semaine de congés payés est instaurée

4 – Gerbert d'Aurillac importe le zéro en France, en 999. Ce mot vient de l'indien sunya qui signifie :

a – cercle vide

b – trou plein

c – ovale à remplir

d – vacuité

5 – Charlemagne qui réorganise l'enseignement ne sait pas :

a – lire

b – écrire

c – compter

d – chahuter

6 – L'hymne anglais *God save the Queen* fut écrit par Lully pour remercier Dieu :

a – d'avoir guéri la fistule anale de Louis XIV

b – d'avoir gommé les vergetures de Madame de Maintenon

c – d'avoir créé le lavement

d – d'avoir logé les Anglais dans une île

7 – La marquise de Montespan utilisait une préparation contre les rides à base de saindoux et :

a – de poudre de plomb

b – d'huile de soja

c – de bouse de vache

d – de limaille d'or

8 – Pas de toilettes dans le Versailles de Louis XIV, mais combien de chaises percées ?

a – 12

b – 969

c – 1 820

d – 274

9 – Henry Chalais qui avait conspiré contre Louis XIII est décapité à Nantes. Le bourreau occasionnel doit lui donner :

a – 29 coups d'épée sur le cou

b – 112 coups de masse sur le corps

c – 63 coups de marteau sur la tête

d – 37 coups de pistolet dans le dos

10 – Charles IX était un peu bizarre. Il lui arrivait de courir dans les couloirs du Louvre :

a – avec une selle de cheval sur le dos

b – avec un serpent tenu en laisse

c – sans aucun vêtement

d – complètement nu

11 – Marié à Marie-Louise d'Autriche, Napoléon devient, par alliance, le :

a – neveu de Louis XVIII

b – petit-neveu de Louis XVI

c – oncle de Charles X

d – cousin de Louis-Philippe

12 – « Robespierre ira loin, il croit tout ce qu'il dit !... » cette phrase est prononcée par :

a – Mirabeau

b – Camille Desmoulins

c – Danton

d – Adolphe Thiers

13 – « Vous n'avez pas le monopole du cœur ! » Cette phrase est prononcée en 1974, lors d'un débat télévisé, par :

a – Mitterrand qui répond à Giscard

b – Giscard qui répond à Mitterrand

c – PPDA qui s'adresse aux téléspectateurs

d – le professeur Chabrol au professeur Barnard

14 – « La réforme oui, la chienlit non ! », le général de Gaulle prononce cette phrase en mai 1968 :

a – lors d'une allocution télévisée

b – en conseil des ministres

c – à Baden-Baden

d – à la Sorbonne

15 – Le président de la République Paul Deschanel est atteint de troubles mentaux en 1920. On le remarque parce qu'il :

a – se met nu dans les bassins de Rambouillet

b – se promène avec un entonnoir sur la tête

c – prend son chien pour un électeur

d – arrive à l'Elysée à dos de chameau

16 – En avril 1912, la Bande à Bonnot comprend Bonnot lui-même, l'homme à la carabine et :

a – Pierrot le Fou

b – Marcel le Flingueur

c – Raymond la Science

d – Pépé le Moko

17 – En 1870, alors que les Prussiens encerclent Paris, Gambetta réussit à fuir en province grâce à :

a – un vélo de course

b – des patins à roulettes

c – une montgolfière

d – une catapulte

18 – En 1830, Charles X abdique. Louis XIX lui succède. Combien de temps son règne dure-t-il ?

a – deux ans

b – deux semaines et quatre jours

c – deux heures et demie

d – deux minutes, car il signe aussitôt son abdication

19 – Sur le Northumberland qui l'emmène à Sainte-Hélène, Napoléon joue le jour de son anniversaire, il gagne :

a – une canne anglaise

b – le bicorne de Nelson

c – 80 napoléons

d – 80 louis

20 – La Fayette, admirateur des jeunes États-Unis, prénomme son fils :

a – Georges Washington

b – Colorado

c – Thomas Jefferson

d – Sinatra

VI – Les grands personnages

1 – Colbert, surintendant de Louis XIV, est d'un abord si froid que Madame de Sévigné l'appelle :

a – l'Arctique

b – le Pôle

c – le Nord

d – le Frigo

2 – Fouquet qui est devenu plus riche que Louis XIV va mourir :

a – décapité à l'épée

b – après dix-huit ans de forteresse à Pignerol

c – de rire

d – aux galères

3 – Richelieu, le ministre de Louis XIII, est surnommé :

a – la main de velours dans un gant de fer

b – le pied de taureau dans un escarpin

c – la cheville cavaleuse

d – la main de fer dans un gant de velours

4 – Sully, surintendant d'Henri IV, croit en l'agriculture. Ne dit-il pas : « Labourage et pâturage sont :

a – les deux pieds de la France »

b – les deux mains de la France »

c – les deux mamelles de la France »

d – la plus belle paire de France »

5 – En 1588, on prévient Henri de Guise que les proches du roi vont l'assassiner. Il répond :

a – Ils n'oseraient pas !

b – Je n'attends que cela !

c – Je les assassinerai ensuite !

d – Peuh !...

6 – Henri de Guise est assassiné le 23 décembre 1588. Henri III, en voyant le cadavre, déclare :

a – Il est gravement mort !

b – Pourtant, il le savait !

c – À votre guise, Guise !

d – Il est encore plus grand mort que vivant !

7 – Un huissier présente à de Gaulle Jacques Tati en lui disant : « Mon oncle » – titre d'un de ses films. De Gaulle répond :

a – Excellent film !

b – Je suis très fier de votre neveu !

c – Bravo !

d – Super !

8 – Afin de lutter contre le déficit en calcium, en 1954, Pierre Mendès-France institue, dans les maternelles :

a – le verre de jus de pomme

b – le verre de vin rouge pour les institutrices

c – le verre de lait

d – la douzaine d'huîtres

9 – Au soir de la bataille de Marignan, Bayard :

a – est armé chevalier par François Ier

b – arme chevalier François Ier

c – désarme les chevaliers ennemis

d – prend sa retraite

10 – En 1228, Blanche de Castille est soupçonnée d'attendre un enfant du légat du pape. Pour faire face à ces accusations :

a – elle se met nue devant un jury d'honneur

b – elle réunit ses accusateurs et les fait exécuter

c – elle fait exécuter le légat du pape

d – elle met des boules Quiès

11 – De 1643 à 1661, Mazarin a amassé une fortune évaluée :

a – à la moitié du budget de la France

b – au dixième du budget de la France

c – à la valeur de Versailles

d – au prix d'un cinq-pièces dans le XVI⁰ arrondissement de Paris

12 – Pendant les campagnes napoléoniennes, le Maréchal Murat ne fut blessé qu'une fois, par une balle :

a – dans la bouche, en criant « À l'attaque »

b – dans les jambes, en criant « Aïe, aïe, aïe ! »

c – dans une autre partie du corps…

d – au pied, en montant à cheval

13 – Le maréchal Ney fut condamné à mort par les royalistes en 1815. Il commanda lui-même son exécution en criant :

a – Soldats, droit au cœur !

b – Feu !

c – Vive l'empereur !

d – Vive Napo !

14 – Compagnon de Jeanne d'Arc, ce maréchal de France est accusé, en 1440, du meurtre de près de mille enfants. Il s'agit de :

a – Jules de Ré

b – Gilles II de Retz

c – Gille de Rais

d – J.L. Deray

15 – La Fayette imagine et impose la cocarde tricolore :

a – le 17 juillet 1789, en présence du roi

b – le 20 septembre 1792, après Valmy

c – en mars 1815, pour le retour de Napoléon

d – le 2 août 1830, lors de l'abdication de Charles X

16 – Outre ses dons d'homme politique, le Régent Philippe d'Orléans qui succède à Louis XIV est aussi :

a – un excellent compositeur de musique

b – un bon jardinier

c – un serrurier hors pair

d – un parfait cuisinier

17 – De 1716 à 1720, un financier écossais crée en France une bulle spéculative au moyen du papier monnaie. Il s'agit :

a – d'Averell Dalton

b – de John Silver

c – de John Law

d – de Johnny Walker

18 – Excellent administrateur de Saint-Domingue, cet ancien esclave est emprisonné par Bonaparte au fort de Joux où il meurt en 1803. Il s'agit de :

a – Serge Makélélé

b – Toussaint Louverture

c – Christophe Hispaniola

d – Leolel Fernandez

19 – Beaumarchais critique le pouvoir royal en faisant dire à Figaro dans l'une de ses pièces : « Sans la liberté de blâmer,

a – il n'est point de vérité »　　　　c – la cruche ne s'emplit pas »
b – on ne fait pas son beurre »　　　d – il n'est point d'éloge flatteur »

20 – Voltaire réhabilite la mémoire d'un protestant toulousain injustement accusé du meurtre de son fils. Il s'agit de :

a – Lally-Tholendal　　　　　　　c – Jean Calvin
b – Jean Calas　　　　　　　　　d – Pierre l'Ermite

VII – Les lieux de l'Histoire

1 – En 1952, en Côte-d'Or, un vase de bronze de 208 kg – trouvé dans la commune dont il porte le nom – est découvert dans une tombe datée de 2500. On l'appelle :

a – le critère de Vax　　　　　　c – le cratère de Sax
b – le cratère de Vix　　　　　　d – le cratère de Sex

2 – En mai – 52, Vercingétorix met Jules César en échec. Cela se passe à Gergovie qui se trouvait à l'emplacement de :

a – Dijon　　　　　　　　　　c – Malo-Brédune
b – Clermont-Ferrand　　　　　d – Perpignan

3 – À partir de 797, Charlemagne se fixe à proximité de sources qui calment ses rhumatismes. Elles se trouvent près de :

a – Vichy　　　　　　　　　　c – Aix-la-Chapelle
b – Aix-les-Bains　　　　　　　d – Perrier-Picon

4 – Compostelle, en Galice, lieu de pèlerinages dès 950, signifie :

a – le champ d'étoiles　　　　　c – le bon compost (bonne terre)
b – dans la compote　　　　　　d – contrôleuse des chemins de fer

5 – Une sanglante bataille a failli déplacer, en 992, le centre politique de la France vers l'ouest. Elle a eu lieu à :

a – Concarneau　　　　　　　　c – Conquereuil
b – Le Pouldu　　　　　　　　　d – Saint-Molf

6 – Où se trouve le piton rocheux de Montségur, place forte des derniers Cathares ?

a – En Ardèche　　　　　　　　c – Dans les Pyrénées-Atlantiques
b – En Ariège　　　　　　　　　d – Dans la Somme

7 – La première bataille navale de la guerre de Cent ans se déroule à L'Écluse, c'est-à-dire :

a – dans l'avant-port de Bruges　　c – dans le port d'Amsterdam
b – dans l'avant-port de Bordeaux　d – dans le port de Cherbourg

8 – En 1711, Louis XIV fait raser l'abbaye de Port-Royal-des-Champs, dans la vallée de Chevreuse. On peut voir ce qu'il en reste à :

a – Choisel

b – Magny-les-Hameaux

c – Million-la-Chapelle

d – Chevreuse

9 – Pendant la Première Guerre mondiale, des dizaines de milliers de soldats tombent au Chemin des dames qui se trouve :

a – entre Cerny-en-Laonnois et Craonne

b – entre Saint-Quentin et Boué

c – entre La Ferté-Milon et Villers-Cotterets

d – entre Charly et Château-Thierry

10 – L'auteur du *Grand Meaulnes*, Alain Fournier, tombe aux Éparges le 22 septembre 1914, dans le département de :

a – la Meurthe-et-Moselle

b – la Marne

c – la Haute-Marne

d – la Meuse

11 – Six millions de Juifs disparaissent dans les camps de la mort pendant la dernière guerre. Parmi eux, la mère et la sœur de Simone Veil, mortes à Auschwitz qui se trouve :

a – en Pologne

b – en Slovaquie

c – en Tchéquie

d – en Allemagne

12 – Partant de Paris, pour aller à Colombey-les-Deux-Églises où a vécu le général de Gaulle, il faut prendre la direction de :

a – Chaumont en Haute-Marne

b – Chaumont dans le Loir-et-Cher

c – Chaumont dans l'Oise

d – Châteaubriant

13 – En 1863, 62 légionnaires tiennent en échec 1 800 ennemis pendant une journée. Il y a trois survivants. Cela se passe :

a – au Cameroun

b – à Camerone, au Mexique

c – à Camaret, en Bretagne

d – à Campoformio

14 – La Grande Armée de Napoléon doit traverser la Bérézina gelée lors de la retraite de Russie. Cette rivière se trouve :

a – en Ukraine

b – en Russie

c – en Biélorussie

d – en Poldévie

15 – Nelson bat la flotte française le 21 octobre 1805, lors de la bataille de Trafalgar qui se situe :

a – au large des Açores

b – au large des côtes sud d'Espagne

c – près du cap Gris-Nez

d – au large d'Alexandrie

16 – Le 20 juin 1791, le roi Louis XVI et sa famille fuient Paris, mais sont arrêtés à Varennes. Où se trouve cette ville ?

a – près de Rennes

b – près de Verdun

c – près de Rennes-le-Château

d – près de Sète-Rottar

17 – « J'y suis, j'y reste ! », crie Mac-Mahon, le 8 septembre 1855, à la tête de ses troupes qui se sont emparées du fort de Malakoff. Où ?

a – en Crimée

b – au sud de Paris

c – au centre de Nantes

d – près de Saint-Pétersbourg

18 – En mars 1560, pour avoir voulu enlever le roi, cent protestants sont pendus au balcon :

a – de Diane de Poitiers

b – du château d'Amboise

c – du château de Versailles

d – du 14 juillet

19 – Des travaux mettent au jour en 1869 les arènes de Lutèce, datant du IIe siècle. Où se trouvent-elles ?

a – au sud de Nîmes

b – près du Lutétia, à Paris

c – métro Monge, à Paris

d – au Clos-Lucé

20 – L'armistice du 11 novembre 1918 est signé dans un wagon, à Rethondes, petite commune située :

a – à l'est de Compiègne, dans l'Oise

b – près de Versailles

c – à la Villette

d – au sud de Paris

VIII – Les grandes inventions et découvertes

1 – En 1770, il invente le fardier, un chariot à vapeur très lent et très bas :

a – Valéry Bougnat

b – Jean-Denis Bredin

c – Joseph Cugnot

d – Jean Moncorgé

2 – La première montgolfière s'envole le 4 juin 1783, à Annonay. On y a mis :

a – un mouton, un coq et un canard

b – un serpent, une rose et un renard

c – une vache, trois éléphants et deux girafes

d – une chèvre, une poule et chien

3 – « La République n'a pas besoin de savants. » Ainsi, Lavoisier est envoyé à la guillotine le 9 mai 1794. Il était :

a – le père de la physique moderne

b – le père de la chimie moderne

c – le père de la mécanique moderne

d – le fils de la rhétorique ancienne

4 – André-Marie Ampère, inventeur de l'électro-aimant, du galvanomètre, a donné son nom à la mesure de :

a – l'intensité du courant électrique

b – la puissance du courant électrique

c – l'intensité du champ électrique

d – les coups de foudre

5 – Nommé professeur à l'hôpital Necker en 1816, il invente un instrument d'auscultation, le stéthoscope. Il s'appelle :

a – Marcel Debalbec
b – Yann Poullaouec

c – René Laennec
d – Jean Charcot

6 – Né à Versailles en 1712, l'Abbé de L'Épée conçoit une méthode qui, depuis, a secouru de nombreuses personnes. Cette méthode concerne :

a – le sauvetage en mer
b – la fabrication des prothèses

c – l'asepsie
d – le langage des sourds-muets

7 – Devenu aveugle à trois ans, il met au point, en 1829, un système de lecture en relief qui porte son nom :

a – Didier l'Embrouille
b – Vincent Braille

c – Louis Braille
d – Bernard de Breteuil

8 – Louis Pasteur (1822-1895) découvre le vaccin contre :

a – la peste
b – le choléra

c – le tétanos
d – la rage

9 – Issue d'une famille de Lyon, les frères Lumière sortent le premier film en 1895. Ce sont Louis et :

a – Joseph
b – Ignace

c – Octave
d – Auguste

10 – En 1902, pour la première fois, une femme reçoit un prix Nobel. Il récompense ses travaux en physique. Il s'agit de :

a – Marie Curie
b – Isabelle Huppert

c – Mariah Carey
d – Irène Jolliot-Curie

11 – Ce père de l'aviation est aussi le père du mot « avion ». Son prototype, l'Éole, ressemblait à une chauve-souris. Il s'agit de :

a – Louis Blériot
b – Clément Ader

c – Louis Bréguet
d – Maxime Loiseau

12 – Brevetée en 1830 pour le point de chaînette, la machine à coudre est née du savoir-faire d'un tailleur du Rhône, du nom de :

a – Barthélemy Thimonier
b – Isaac Singer

c – Yakel Quicout
d – Théophile de Cannette

13 – Inventeur du phonographe avant Edison, du principe de la photo des couleurs, excellent poète, il est mort méconnu et misérable en 1888. Qui est-ce ?

a – Paul Verlaine
b – Stéphane Mallarmé

c – Charles Cros
d – Guy-Charles Cros

14 – En 1921, deux médecins biologistes découvrent le vaccin contre la tuberculose. Ce sont :

a – Albert Guérin et Camille Calmette

b – Albert Calmette et Camille Guérin

c – Albin Guéral et Camille Bermette

d – Alain Juppin et Jean-Pierre Raffaré

15 – La première greffe du rein est réalisée à Paris en 1959 par le professeur :

a – Jean Burger

b – Jacques Berger

c – Jean Hamburger

d – Jacques Hamberger

16 – Le squelette de Lucy, une australopithèque, est découvert en Éthiopie par une équipe de paléontologues dirigée par le Français :

a – François Coppée

b – Yves Coppens

c – l'Abbé Badis

c – Raymond Copain

17 – En 1794, la première ligne de télégraphie aérienne est installée entre Paris et Lille, par ses inventeurs :

a – Gustave et Maxime du Camp

b – Thibault et Thierry Chmonfisse

c – Claude et Ignace Chappe

d – Robert et Marc Chapatte

18 – La Société des Gens de Lettres a été fondée en 1838 par un romancier du XIXᵉ siècle :

a – Émile Zola

b – Honoré de Balzac

c – Victor Hugo

d – Guy de Maupassant

19 – Nicéphore Niepce a inventé :

a – l'eau chaude

b – la photographie

c – le fil à couper le beurre

d – la corde à nœuds

20 – Né au Caire en 1945, Roland Moreno a inventé :

a – le collier anti-puces

b – l'antibiotique anti-tiques

c – la carte à puce

d – le GSM

IX – Les guerres et batailles

1 – À Tolbiac, face aux Alamans, Clovis demande à Dieu la victoire. En échange :

a – il construit une cathédrale

b – il offre une tonne d'or à son curé

c – il embrasse le culte de Clotilde, la reine

d – il continue de s'occuper de son propre culte

2 – À la bataille de Fontenoy, le 11 mai 1745, Louis XV manifeste un étrange comportement alors que les boulets tombent dangereusement autour de lui :

a – il refuse de bouger

b – il essaie de les attraper

c – il fuit vers l'ennemi

d – il réprimande son cheval

3 – Napoléon a bénéficié d'un allié inattendu, le 2 décembre 1805 au matin, contre les Austro-Russes :

    a – le brouillard d'Austerlitz   c – le soleil d'Austerlitz

    b – la lune d'Austerlitz   d – les oies d'Austerlitz

4 – À Waterloo, le 18 juin 1815, Napoléon croit voir arriver les renforts français de Grouchy, mais ce sont les troupes :

    a – du maréchal Nouvoy-Lha   c – de l'Autrichien Moincherh

    b – du Prussien Blücher   d – de l'Anglais Marlborough

5 – Le 27 juillet 1214, Philippe Auguste remporte la bataille de Bouvines ; c'était un :

    a – dimanche   c – samedi

    b – lundi   d – vendredi

6 – À la bataille de Crécy, le 26 août 1346, afin de faire fondre ses chevaliers sur l'ennemi, Philippe VI de Valois prend l'incroyable décision de :

    a – tuer son avant-garde à pied   c – crier des horreurs

    b – transpercer les chevaux trop lents   d – chanter du Claude Françoué

7 – La bataille de Crécy est remportée par les Anglais dont les archers utilisent des flèches de frêne d'un mètre de longueur. Ils en tirent :

    a – deux à la minute   c – dix à la minute

    b – soixante-dix à la minute   d – une par ci, une par là

8 – À Azincourt, en 1415, pourquoi les 50 000 chevaliers français ont-ils été battus par à peine 10 000 Anglais ?

    a – ils avaient oublié leurs lances   c – ils se sont enlisés

    b – ils essayaient de nouveaux casques intégraux   d – ils n'avaient pas nourri leurs chevaux

9 – À Azincourt, après la bataille, 1 700 chevaliers français désarmés sont décapités par 200 Anglais. L'un des rares épargnés est le poète :

    a – Charles Péguy   c – Charles Le Quintrec

    b – Charles d'Orléans   d – François Villon

10 – La dernière bataille de la guerre de Cent Ans se déroule le 17 juillet 1453 à :

    a – Formigny, en Normandie   c – Castillon-la-Bataille

    b – Bordeaux   d – Dysney (Landes)

11 – Marignan, 1515. Mais, où se trouve Marignan ?

    a – près de Milan, en Italie   c – dans le Liechtenstein

    b – près de Zermatt, en Suisse   d – au sud d'Innsbruck, en Autriche

12 – Une bataille à deux : le robuste seigneur de la Châteigneraie contre le fluet baron de Jarnac. Le baron utilise son fameux coup… de Jarnac :

a – il lui tranche le jarret

b – il lui crève les yeux

c – il lui fait un croc en jambe

d – il lui donne un coup très mal placé…

13 – 1588 : l'invincible Armada ! 130 vaisseaux, 30 000 hommes, mais un échec total. Elle était lancée par :

a – les Français contre les Espagnols

b – les Espagnols contre les Français

c – les Anglais contre les Espagnols

d – les Espagnols contre les Anglais

14 – De juin 1627 à octobre 1628, Richelieu fait le siège de La Rochelle, ville protestante. Sur 28 000 habitants, les survivants sont au nombre de :

a – 17 500

b – 5 500

c – 11 200

d – 13 400

15 – En 1689, Louis XIV corrige physiquement Louvois qui avait fait ravager le Palatinat (nord de l'Alsace). De quelle façon ?

a – il lui donne une gifle

b – il lui décoche un crochet du gauche

c – il lui assène un coup de pincettes

d – il lui botte le derrière

16 – « Malbrouk s'en va-t-en guerre… » Le duc de Marlborough (Malbrouk) a bien existé. Il fut régulièrement vainqueur des Français. C'est l'ancêtre de :

a – Winston Churchill

b – Margaret Thatcher

c – Arnold Schwarzenegger

d – Mickey Rooney

17 – « Messieurs les Anglais, tirez les premiers ! » Au début de quelle bataille cette phrase fut-elle prononcée ?

a – Waterloo

b – Austerlitz

c – Wagram

d – Fontenoy

18 – De février à novembre 1916, Verdun fait 700 000 morts. En mars, un capitaine français, emmené prisonnier à Mayence, est déclaré mort. Il s'agit de :

a – Roger Salengro

b – Charles de Gaulle

c – Jean Giono

d – Louis Destouches

19 – Juillet 1942. Des dizaines de milliers de Juifs sont arrêtés en France lors de la rafle du Vél d'Hiv, puis déportés vers les camps de la mort. Cette opération porte le nom cynique de :

a – Vent printanier

b – Brise d'été

c – Souffle estival

d – Vent de juillet

20 – La dernière bataille de la guerre d'Indochnie, Dien-Bien-Phu, est un désastre pour les Français qui doivent se rendre aux forces viêt-minh le :

a – 8 mai 1953

b – 7 mai 1954

c – 7 mai 1953

d – 8 mai 1954

X – Les monuments historiques

1 – La Sainte Chapelle, sur l'île de la Cité à Paris, coûta 40 000 livres. Combien coûtèrent les reliques du Christ qu'elle abritait ?

a – 40 000 livres   c – 120 000 livres
b – 10 000 livres   d – 500 livres

2 – Tintin rend souvent visite au capitaine Haddock dans le château de Moulinsart, dessiné **par** Hergé qui avait pris pour modèle le château de :

a – Saumur   c – Chambord
b – Cheverny   d – Argol

3 – 365 cheminées ! 440 pièces ! Un escalier à double révolution ! Tel est le château de **Chambord**, construit à partir des plans de :

a – Michel-Ange   c – Léonard de Vinci
b – Jean Perrel-Nouvault   d – Tom Hatt

4 – La première pierre de l'Arc de Triomphe de l'Étoile construit à la gloire de la Grande **Armée** fut posée le 15 août 1806. Il fut inauguré le :

a – 29 juillet 1836   c – 2 avril 1810
b – 15 décembre 1840   d – 18 juin 1950

5 – Le dôme des Invalides, œuvre d'Hardouin-Mansart en 1677, a été redoré en 1989 au **moyen** de 550 000 feuilles d'or totalisant un poids de :

a – 500 tonnes   c – 12,65 kg
b – 5 000 tonnes   d – 126,5 kg

6 – Construite de 1164 à 1300, la cathédrale Notre-Dame de Paris possède un bourdon de 13 **tonnes** dans sa tour sud. Quel nom Louis XIV lui a-t-il donné ?

a – Maya   c – Sylvia
b – Emmanuel   d – Kristel

7 – Le Panthéon est dédié aux Grands hommes. Abrite-t-il cependant des femmes ?

a – En principe, non   c – Oui, deux
b – Non   d – Oui, quatorze

8 – Les loups ont souvent menacé Paris en des temps très anciens. Il fallait pour les chasser **entretenir** une meute située :

a – au Louvre
b – rue de la Grange-aux-Loups
c – square Saint-Lou
d – avenue Queue-Leu-Leu

10 – Quelle est la hauteur totale de la tour Eiffel depuis janvier 2005 ?

a – 324 m

b – 324 m le jour, 324,5 m la nuit

c – 342 m

d – 312 m

11 – Quel écrivain fut nommé intendant du Jardin royal – aujourd'hui Jardin des Plantes –, à Paris, pendant la Révolution ?

a – Jean-Jacques Rousseau

b – Bernardin de Saint-Pierre

c – Philippe Sollers

d – Restif de la Bretonne

12 – Construite en quatre ans, de 1969 à 1973, la Tour Montparnasse comporte combien d'étages ?

a – 37

b – 137

c – 59

d – 69

13 – Le centre Pompidou a été construit en 1977 sur les plans de :

a – Richard Roggers et Enzo Ferrari

b – Richard Rogers et Renzo Piano

c – Jean Reynaud et Enzo Pleyel

d – José Luis Borgès et Emile Cioran

14 – La cité fortifiée de Carcassonne qui date du XIIᵉ siècle fut sauvée de la destruction sous le Second Empire par l'Inspecteur général des monuments historiques :

a – Prosper Mérimée

b – Alphonse de Lamartine

c – Gérard de Nerval

d – Roger Trencavel

15 – « Qu'elle est belle ma fille d'un an ! » Qui parle ainsi de la forteresse de Château-Gaillard qu'il vient de faire construire en deux ans, de 1196 à 1198 ?

a – Philippe Auguste

b – Philippe le Bel

c – Richard Cœur de Lion

d – Richard Peter

16 – Dans ce château du XIIᵉ siècle, entièrement restauré au début du XXᵉ siècle, fut tourné le film de Jean Renoir *La Grande Illusion*, en 1937. Il s'agit du château :

a – du Haut-Koenigsbourg

b – de Combourg

c – de Langeais

d – d'Angers

17 – Le Mémorial de Caen, seul musée au monde à offrir une vue d'ensemble de l'Histoire de 1918 à nos jours, a été inauguré le :

a – 18 juin 1983

b – 8 mai 1985

c – 6 juin 1988

d – 11 novembre 1988

18 – Édifié à partir de 1335, en vingt ans, le Palais des Papes, à Avignon, accueille chaque année dans sa cour d'honneur les représentations du festival créé par :

a – Jean Marais en 1933

b – Jean Vilar en 1947

c – Jean Carmet en 1955

d – Jean Rochefort en 1904

19 – À l'emplacement de la forteresse de la Bastille s'élève la Colonne de Juillet sous laquelle reposent les restes des Parisiens tués :

a – lors des révolutions de 1830 et 1848   c – pendant les guerres napoléoniennes
b – en 1789   d – en 1870

20 – 260 sections de colonnes noir et blanc occupent la cour d'honneur du Palais-Royal à Paris, depuis 1986. Elles sont l'œuvre de :

a – Dany The Red   c – Daniel Buren
b – Jacques Tong   d – Fernand Burin

Questions très faciles

1 – Louis XIII est appelé :

a – le Roi-Soleil   c – le Sage
b – le Juste   d – le Fol

2 – Le mot Carolingien a pour origine :

a – Charles Ier le Grand (Charlemagne)   c – Carole Lhor Ire
b – Charles le Chauve   d – Carolin

3 – Épouse d'Henri II, elle est mère de trois rois :

a – Marie de Médicis   c – Catherine de Médicis
b – Simone de Médicis   d – Catherine II

4 – Le 9 mars 1796, Bonaparte épouse :

a – Marie-Louise d'Autriche   c – Marie-Louise de Beauharnais
b – Joséphine de Beauharnais   d – Joséphine d'Autriche

5 – Napoléon est mort :

a – sur l'île d'Elbe   c – à Waterloo
b – sur l'île de Sainte-Hélène   d – aux Invalides

6 – De 1648 à 1652, la révolte des princes et des parlementaires s'appelle :

a – les canons de Navarone   c – l'Arbalète
b – la Fronde   d – l'escampette

7 – En mai 1968, qui est l'animateur de la tendance libertaire ?

a – Daniel Cohn-Bendit   c – Maurice Cohn-Bendit
b – Gabriel Cohn-Bendit   d – Maurice de Saxe

8 – Le 1er mai 2004 à minuit, combien l'Europe compte-t-elle de pays ?

a – 15   c – 52
b – 25   d – 18

9 – L'hymne de l'Europe, l'Ode à la joie est tiré d'une symphonie de Beethoven :

a – la 9e c – la 12^e

b – la 5e d – la 3^e

10 – Les deux grands fondateurs du protestantisme au XVIe siècle sont :

a – Marek Lutin et Jean Calvaire   c – Martin Luther King et Calvin Chew

b – Martin Luther et Jean Calvin   d – Jean Luver et Martin Calva

Réponses aux questions du quiz

I. Les grandes dates

1-b; 2-b; 3-a; 4-b; 5-a; 6-a; 7-b; 8-d; 9-c; 10-b; 11-b; 12-a; 13-d; 14-d; 15-a; 16-b; 17-b; 18-c

II. Les grandes histoires d'amour

1-b; 2-d; 3-c; 4-a; 5-c; 6-b; 7-b; 8-a; 9-b; 10-b; 11-c; 12-c; 13-a; 14-a; 15-c; 16-b; 17-b; 18-c; 19-a; 20-c;

III. Les événements clés

1-b; 2-a; 3-c; 4-b; 5-d; 6-c; 7-c; 8-b; 9-a; 10-c; 11-b; 12-c; 13-c; 14-d; 15-a; 16-c; 17-b; 18-a; 19-b; 20-b

IV. Les rois

1-c; 2-d; 3-b; 4-c; 5-d; 6-b; 7-c; 8-c; 9-b; 10-c; 11-a; 12-b; 13-b; 14-d; 15-c; 16-b; 17-b; 18-b; 19-d; 20-a

V. Les événements insolites

1-a; 2-c; 3-a; 4-a; 5-b; 6-a; 7-c; 8-d; 9-a; 10-a; 11-b; 12-a; 13-b; 14-b; 15-a; 16-c; 17-c; 18-d; 19-c; 20-a

VI. Les grands personnages

1-c; 2-b; 3-d; 4-c; 5-a; 6-d; 7-b; 8-c; 9-b; 10-a; 11-a; 12-a; 13-a; 14-c; 15-a; 16-a; 17-c; 18-b; 19-d; 20-b

VII. Les lieux de l'Histoire

1-b; 2-b; 3-c; 4-a; 5-c; 6-b; 7-a; 8-b; 9-a; 10-d; 11-a; 12-a; 13-b; 14-c; 15-b; 16-b; 17-a; 18-b; 19-c; 20-a

VIII. Les grandes inventions et découvertes

1-c; 2-a; 3-b; 4-a; 5-c; 6-d; 7-c; 8-d; 9-d; 10-a; 11-b; 12-a; 13-c; 14-b; 15-c; 16-b; 17-c; 18-b; 19-b; 20-c

IX. Les guerres et batailles

1-c; 2-a; 3-c; 4-b; 5-a; 6-a; 7-c; 8-c; 9-b; 10-c; 11-a; 12-a; 13-d; 14-b; 15-c; 16-a; 17-d; 18-b; 19-a; 20-b

X. Les monuments historiques

1-c; 2-b; 3-c; 4-a; 5-c; 6-b; 7-c; 8-a; 9-a; 10-b; 11-c; 12-b; 13-a; 14-c; 15-a; 16-c; 17-b; 18-a; 19-c

Questions très faciles

1-b; 2-a; 3-c; 4-b; 5-b; 6-b; 7-a; 8-b; 9-a; 10-b

Index alphabétique

Disponibles dans la collection « Pour les Nuls »

Culture générale

Histoire

Titre	Auteur	Prix	ISBN
Versailles	Mathieu da Vinha, Raphaël Masson	22,900 €	978-2-7540-1552-3
La Seconde Guerre mondiale	Robert Belot, Klaus-Peter Sick	22,900 €	978-2-7540-0818-1
L'Histoire du monde	Philippe Moreau Defarges	22,90 €	978-2-7540-1265-2
L'Histoire de la Belgique	Fred Stevens, Axel Tixhon	22,90 €	978-2-7540-1482-3
La Préhistoire	Gilles Gaucher	22,90 €	978-2-7540-2185-2
La Rome antique	Guy de la Bédoyère, Catherine Salles	22,90 €	978-2-7540-1822-7
La Grèce antique	Stephen Batchelor, Marie-Dominique et Marc Porée	22,90 €	978-2-7540-1602-5
Le Gaullisme	Chantal Morelle	22,90 €	978-2-7540-0821-1
La Chine	Angélina Boulesteix	22,90 €	978-2-7540-1145-7
La Culture générale, 2e édition	Florence Braunstein, Jean-François Pépin	22,90 €	978-2-7540-1628-5
La Culture générale illustrée, 2e édition	Florence Braunstein, Jean-François Pépin	29,90 €	978-2-7540-1275-1
La Révolution française	Alain-Jacques Czouz-Tornare	22,90 €	978-2-7540-0811-2
Les Années 60	Stéphane Benhamou	22,90 €	978-2-7540-0610-1
La Mythologie illustrée	Collectif	29,90 €	978-2-7540-0989-8
Les Grandes Civilisations	Florence Braunstein, Jean-François Pépin	22,90 €	978-2-7540-0605-7
La Première Guerre mondiale	Jean-Yves Le Naour	22,90 €	978-2-7540-0616-3
La Ve République	Nicolas Charbonneau, Laurent Guimier	24,90 €	978-2-7540-0620-0
Le Moyen Âge	Pierre Langevin	22,90 €	978-2-7540-0563-0
Paris	Danielle Chadych, Dominique Leborgne	22,90 €	978-2-7540-0168-7
L'Égypte ancienne	Florence Maruéjol	22,90 €	978-2-7540-0256-1

Titre	Auteur	Prix	ISBN
La Mythologie	Christopher W. Blackwell, Amy Hackney Blackwell	22,90 €	978-2-7540-0257-8
L'Histoire de France illustrée	Jean-Joseph Julaud	29,90 €	978-2-7540-0110-6
L'Histoire de France	Jean-Joseph Julaud	22,90 €	978-2-8769-1941-9

Religions et spiritualité

Titre	Auteur	Prix	ISBN
Le Coran	Malek Chebel, Sohaib Sultan	22,90 €	978-2-7540-0982-9
La Torah	Arthur Kurzweil, Victor Malka	22,90 €	978-2-7540-0978-2
Le Christianisme	Richard Wagner, Père Denis Metzinger	22,90 €	978-2-7540-0991-1
L'Islam	Malcolm Clark, Malek Chebel	22,90 €	978-2-7540-0531-9
Le Judaïsme	Josy Eisenberg	22,90 €	978-2-7540-0596-8
La Bible illustrée	Éric Denimal	29,90 €	978-2-7540-0274-5
Le Catholicisme	John Trigilio, Père Pierre Lartigue	22,90 €	978-2-7540-0182-3
Le Bouddhisme	Jonathan Landaw, Stephan Bodian	22,90 €	978-2-7540-0062-8
La Bible	Éric Denimal	21,90 €	978-2-8769-1800-9
Zen ! La Méditation, 2e édition	Stephan Bodian	22,90 €	978-2-7540-0322-3
Sagesse et Spiritualité	Sharon Janis	21,90 €	978-2-8769-1769-9

Ésotérisme

Titre	Auteur	Prix	ISBN
Le Tarot divinatoire	Didier Colin	24,90 €	978-2-7540-1826-5
La Franc-Maçonnerie	Christopher Hodapp, Philippe Benhamou	22,90 €	978-2-7540-0150-2

Société

Titre	Auteur	Prix	ISBN
L'ONU	Yves Berthelot, Jean-Michel Jakobowicz	22,90 €	978-2-7540-1411-3
La Mondialisation	Francis Fontaine, Sylvie Goulard, Brune de Bodman	22,90 €	978-2-7540-0778-8
L'Instruction civique	Guillaume Bernard, Frédéric Monera	22,90 €	978-2-7540-0979-9
L'Europe, 2e édition	Sylvie Goulard	22,90 €	978-2-7540-1213-3
L'Écologie	Franck Courchamp	22,90 €	978-2-7540-0554-8

Titre	Auteur	Prix	ISBN
La Géopolitique	Philippe Moreau Defarges	22,90 €	978-2-7540-0623-1
La Justice	Emmanuel Pierrat	22,90 €	978-2-7540-0553-1
La Philosophie, 2ᵉ édition	Christian Godin	22,90 €	978-2-7540-0460-2
L'Économie	Michel Musolino	22,90 €	978-2-7540-0351-3
La Politique	Philippe Reinhard	22,90 €	978-2-7540-0335-3
La Géographie française	Jean-Joseph Julaud	22,90 €	978-2-7540-0245-5

Sciences et techniques

Titre	Auteur	Prix	ISBN
L'Histoire de l'aviation	Philippe Benhamou	22,90 €	978-2-7540-1146-4
L'Histoire des sciences	Vincent Jullien	22,90 €	978-2-7540-0977-5
La Physique	Dominique Meier (sous la dir. de)	22,90 €	978-2-7540-0915-7
La Conquête spatiale	Michel Polacco	22,90 €	978-2-7540-1143-3
Les Maths	Jean-Louis Boursin	22,90 €	978-2-7540-0093-2
L'Astronomie	Stephen Maran, Pascal Bordé	21,90 €	978-2-8769-1634-0

Beaux-arts

Titre	Auteur	Prix	ISBN
L'Humour	Gordon Zola	22,90 €	978-2-7540-1956-9
Le Louvre	Daniel Soulié	22,90 €	978-2-7540-1404-5
La Télévision	Marie Lherault, François Tron	22,90 €	978-2-7540-0976-8
Les Séries télé	Marjolaine Boutet	22,90 €	978-2-7540-0912-6
Le Rock	Nicolas Dupuy	22,90 €	978-2-7540-0819-8
L'Histoire de la peinture	Jean-Jacques Breton, Dominique Williatte	22,90 €	978-2-7540-0812-9
La Danse classique	Evelyne Cisneros, Scott Speck, Florence Balique	22,90 €	978-2-7540-1045-0
L'Histoire du cinéma	Vincent Mirabel	22,90 €	978-2-7540-0609-5
Le Jazz	Dirk Sutro, Stéphane Koechlin	22,90 €	978-2-7540-0779-5
L'Histoire de l'art illustrée	Jean-Jacques Breton, Philippe Cachau, Dominique Williatte	29,90 €	978-2-7540-0493-0
L'Histoire de l'art	Jean-Jacques Breton, Philippe Cachau, Dominique Williatte	22,90 €	978-2-7540-0229-5
L'Opéra	David Pogue, Claire Delamarche	22,90 €	978-2-7540-0244-8
La Musique classique	David Pogue, Claire Delamarche	22,90 €	978-2-7540-0151-9

Langue française

Titre	Auteur	Prix	ISBN
La Dictée	Jean-Joseph Julaud	14,90 €	978-2-7540-2415-0
La Poésie française	Jean-Joseph Julaud	22,90 €	978-2-7540-1700-8
La Littérature française	Jean-Joseph Julaud	22,90 €	978-2-7540-0061-1
Le Français correct	Jean-Joseph Julaud	21,90 €	978-2-8769-1640-1

Régions

Titre	Auteur	Prix	ISBN
L'Alsace	Pierre Kretz, Astrid Ruff	22,90 €	978-2-7540-1994-1
La Corse	Thierry Ottaviani	22,90 €	978-2-7540-1546-2

... en Poche

Titre	Auteur	Prix	ISBN
La Musique classique	David Pogue, Claire Delamarche	14,90 €	978-2-7540-2417-4
L'Histoire de la Suisse – tome 1 Des origines à 1815	Georges Andrey	11,90 €	978-2-7540-2262-0
L'Histoire de la Suisse – tome 2 De 1815 à nos jours	Georges Andrey	11,90 €	978-2-7540-2263-7
Zen ! La Méditation	Stephan Bodian	11,90 €	978-2-7540-0000-0
Sagesse et Spiritualité	Sharon Janis	11,90 €	978-2-7540-1758-9
L'Égypte ancienne	Florence Maruéjol	11,90 €	978-2-7540-1739-8
L'Histoire de France – tome 1 Des origines à 1789	Jean-Joseph Julaud	11,90 €	978-2-7540-0180-9
L'Histoire de France – tome 2 De 1789 à nos jours	Jean-Joseph Julaud	11,90 €	978-2-7540-0181-6
Paris Rive droite	Danielle Chadych, Dominique Leborgne	11,90 €	978-2-7540-0694-1
Paris Rive gauche	Danielle Chadych, Dominique Leborgne	11,90 €	978-2-7540-0695-8
La Culture générale – tome 1 Histoire, géographie, art et littérature	Florence Braunstein, Jean-François Pépin	11,90 €	978-2-7540-0798-6
La Culture générale – tome 2 Sciences, sports, loisirs et spiritualité	Florence Braunstein, Jean-François Pépin	11,90 €	978-2-7540-0799-3
La Franc-Maçonnerie	Philippe Benhamou	11,90 €	978-2-7540-0696-5
Le Bouddhisme	Jonathan Landraw, Stephan Bodian	11,90 €	978-2-7540-03148

Crédits photographiques

P. 7 : © Archivo Iconographico, S.A. / Corbis ; p. 16: © Corbis ; p.17 : © Gianni Dagli Orti / Corbis ; p. 21 : © Adam Woolfitt/ Corbis ; p. 24 : © Bernard Annebicque/ Corbis ; p. 27 : © Archivo Iconografico, S.A./ Corbis ; p. 30 : © Bettmann/ Corbis ; p. 33 : © Gianni Dagli / Corbis ; p. 42 : © Sandro Vannini/ Corbis ; p. 48 : © Bettmann/ Corbis ; p. 51 : © Corbis ; p. 52 : © Alinari Archives/ Corbis ; p. 54 : © Roger Wood/ Corbis ; p. 60 : © Ted Spiegel / Corbis ; p. 69 : © Corbis ; p. 83 : © Gian Berto Vanni / Corbis ; p. 92 : © Gianni Dagli Orti / Corbis ; p. 94 : © Ali Meyer/ Corbis ; p. 95 : © Michael Nicholson/ Corbis ; p. 100 : © Gustavo Tomsich/ Corbis ; p. 103 : © Archivo Iconografico, S.A./ Corbis ; p. 105 : © Stapleton Collection/ Corbis ; p. 111 : © Gianni Dagli Orti/ Corbis ; p. 118 : © Bettmann/ Corbis ; p. 130 : © Archivo Iconografico, S.A./ Corbis ; p. 133 : © Sandro Vannini/ Corbis ; p. 142 : © Leonard de Selva/ Corbis ; p. 148 : © Bettmann/ Corbis ; p. 152 : © Bettmann/ Corbis ; p. 164 : © Stapleton Collection/ Corbis ; p. 168 : © Bettmann/ Corbis ; p. 171 : © Archivo Iconografico, S.A./ Corbis ; p. 172 : © Leonard de Selva/ Corbis ; p. 179 : © Origlia Franco/ Corbis Sygma ; p. 186 : © Bettmann/ Corbis ; p. 191 : © Corbis ; p. 193 : © Paul Almasy/ Corbis ; p. 236 : © Archivo Iconografico, S.A./ Corbis ; p. 238 : © Corbis ; p. 239 : © Bettmann/ Corbis ; p. 251 : © Archivo Iconografico, S.A./ Corbis ; p. 255 : © Leonard de Selva/ Corbis ; p. 259 : © Archivo Iconografico/ Corbis ; p. 262 : © Summerfield Press/ Corbis ; p. 267 : © Leonard de Selva/ Corbis ; p. 271 : © Corbis ; p. 238 : © Archivo Iconografico, S.A./ Corbis ; p. 278 : © Brian Harding/ Eye Ubiquitous/ Corbis ; p. 287 : © John Heseltine/ Corbis ; p. 294 : © Stefano Bianchetti/ Corbis ; p. 297 : © Barney Burstein Collection/ Corbis ; p. 300 : © Corbis ; p. 304 : © Archivo Iconografico/ Corbis ; p. 316 : © Bettmann/ Corbis ; p. 320 : © Luc Roux/ Corbis Sygma ; p. 328 : © Philip de Bay/ Historical Picture Archive/ Corbis ; p. 337 : © Summerfield Press/ Corbis ; p. 344 : © Stefano Bianchetti/ Corbis ; p. 346 : © Stefano Bianchetti/ Corbis ; p. 348 : © Archivo Iconografico, S.A./ Corbis ; p. 355 : © Archivo Iconografico, S.A./ Corbis ; p. 363 : © Bettmann/ Corbis ; p. 367 : © Archivo Iconografico/ Corbis ; p. 381 : © Arte & Immagini srl/ Corbis ; p. 386 : © Archivo Iconografico, S.A./ Corbis ; p. 388 : © Cardinale Stéphane/ Corbis Sygma ; p. 393 : © Bettmann/ Corbis ; p. 399 : © Adam Woolfitt/ Corbis ; p. 400 : © Bill Ross/ Corbis ; p. 439 : © Philip de Bay/ Historical Picture Archive/ Corbis ; p. 449 : © Christie's Images/ Corbis ; p. 452 : © Fine Art Photographic Library/ Corbis ; p. 457 : © Archivo Iconografico/ Corbis ; p. 459 : © Maubec Sylva/ Corbis Sygma ; p. 464 : © Owen Franken/ Corbis , p. 471 : © Corbis ; p. 481 : © Corbis ; p. 487 : © Richard List/ Corbis.

Table des illustrations :

Les légendes des illustrations qui apparaissent sur les pages d'entrée de partie :